iBATIS 인 액션

쉽고 강력한 SQL 매핑 프레임워크 아이바티스

클린턴 비긴 ǀ 브랜든 구딘 ǀ 래리 메도스
이동국 ǀ 손권남

iBATIS 인 액션
쉽고 강력한 SQL 매핑 프레임워크 아이바티스

지은이 **클린턴 비긴 · 브랜든 구딘 · 래리 메도스** | 옮긴이 **이동국 · 손권남**

펴낸이 **박찬규** | 엮은이 **김윤래** | 디자인 **김민서**

펴낸곳 **위키북스** | 주소 경기도 파주시 교하읍 문발리 파주출판도시 535-7

전화 031-955-3658, 3659 | 팩스 031-955-3660

초판발행 2007년 5월 22일 3쇄발행 2009년 01월 23일

등록번호 제406-2006-000036호 | 등록일자 2006년 05월 19일

홈페이지 wikibook.co.kr | 전자우편 wikibook@wikibook.co.kr

ISBN 978-89-958564-3-7

iBATIS in Action
Original English language edition published by Manning Publishing.Co.,
209 Bruce Park Avenue, Greenwich, Connecticut 06830 USA.
Copyright ⓒ 2007 by Manning Publishing Co.
Korean language edition copyright ⓒ 2007 by Wiki Books Publishing Co.
All rights reserved.

이 책의 한국어판 저작권은 대니홍 에이전시를 통한 저작권자와의 독점 계약으로 위키북스에 있습니다.
신저작권법에 의해 한국 내에서 보호를 받는 저작물이므로 무단 전재와 복제를 금합니다.

이 책의 내용에 대한 추가 지원과 문의는 위키북스 출판사 홈페이지 wikibook.co.kr이나
이메일 wikibook@wikibook.co.kr을 이용해 주세요.

「이 도서의 국립중앙도서관 출판시도서목록 CIP는 e-CIP 홈페이지 | http://www.nl.go.kr/cip.php에서 이용하실 수 있습니다.
CIP제어번호: CIP2007001473」

사랑하는 나의 가족에게,

목 차

옮긴이 서문	xvii
서문	xxi
감사의 글	xxiii
이 책에 대해	xxvii
저자에 대해	xxxii
인 액션 시리즈에 대해	xxxii
표지 그림에 대해	xxxiii

1부   iBATIS 소개

1장   iBATIS의 탄생 철학

1.1	복합적인 솔루션 : 최고 중의 최고들로 구성하기	4
1.1.1	iBATIS의 기원 답사	5
	SQL	5
	옛날식의 저장 프로시저(Stored Procedure)	7
	현대적인 저장 프로시저	7
	인라인 SQL	8
	동적 SQL	9
	객체 관계 매핑	11
1.1.2	iBATIS의 장점 이해하기	12
	외부로 뺀 SQL	12
	캡슐화된 SQL	14
1.2	iBATIS가 적합한 곳	15
1.2.1	비즈니스 객체 모델	16
1.2.2	프레젠테이션 계층	17
1.2.3	비즈니스 로직 계층	19
1.2.4	퍼시스턴스 계층	20
	추상 계층	21

	퍼시스턴스 프레임워크 21
	드라이버 혹은 인터페이스 22
1.2.5	관계형 데이터베이스 22
	무결성 22
	성능 23
	보안 25
1.3	여러 종류의 데이터베이스로 작업하기 25
1.3.1	애플리케이션 데이터베이스 26
1.3.2	기업용 데이터베이스(Enterprise Database) 27
1.3.3	독점적 데이터베이스(Proprietary Database) 28
1.3.4	레거시 데이터베이스(Legacy Database) 29
1.4	iBATIS는 데이터베이스의 공통적인 문제점들을 어떻게 다루나? 30
1.4.1	소유권과 제어권 30
1.4.2	여러 이종 시스템들에 의한 접근 31
1.4.3	복잡한 키와 관계들 32
1.4.4	비정규화된 혹은 과도하게 정규화된 모델 33
1.4.5	빈약한 데이터 모델(Skinny Data Model) 35
1.5	요약 37

2장   iBATIS란 무엇인가?

2.1	SQL 매핑하기 40
2.2	어떻게 작동하나 41
2.2.1	작고 간단한 시스템을 위한 iBATIS 43
2.2.2	대규모 전사적 시스템을 위한 iBATIS 44
2.3	왜 iBATIS를 사용하나? 45
2.3.1	간단함 46
2.3.2	생산성 46
2.3.3	성능 46
2.3.4	관심사의 분리 47
2.3.5	작업의 분배 47
2.3.6	이식성: 자바, .NET 그리고 그 외... 48
2.3.7	오픈 소스와 정직성 48
2.4	iBATIS를 사용하지 않는 경우 49

2.4.1		개발자가 모든 것에 대해 영원한 결정권을 갖고 있을 때…	49
2.4.2		애플리케이션이 완전히 동적인 SQL을 요구할 때	50
2.4.3		관계형 데이터베이스를 사용하지 않을 때	50
2.4.4		그냥 작동하지 않을 경우	51
2.5		5분 내에 사용 가능한 iBATIS	51
2.5.1		데이터베이스 준비하기	52
2.5.2		코드 작성하기	53
2.5.3		iBATIS 설정하기(미리보기)	53
2.5.4		애플리케이션 빌드하기	55
2.5.5		애플리케이션 실행하기	56
2.6		미래: iBATIS는 어디로 가는가?	57
2.6.1		Apache 소프트웨어 재단	57
2.6.2		더 간단하게, 더 작게, 더 적은 의존성으로	58
2.6.3		더 많은 확장과 플러그인	58
2.6.4		추가적인 플랫폼과 언어	59
2.7		요약	59

2부   iBATIS 기초

3장   iBATIS의 설치와 설정

3.1		iBATIS 배포판 얻기	64
3.1.1		바이너리 배포판	64
3.1.2		소스로부터 빌드하기	65
		저장소 파헤치기	65
		빌드 수행하기	66
3.2		배포판의 구성	68
3.3		의존성	68
3.3.1		적재 지연을 위한 바이트코드 확장	68
3.3.2		Jakarta DBCP(Commons Database Connection Pool)	70
3.3.3		분산 캐시(Distributed Cache)	70
3.4		애플리케이션에 iBATIS 붙이기	70
3.4.1		단독 실행 애플리케이션에서 iBATIS 사용하기	71

3.4.2	웹 애플리케이션에서 iBATIS 사용하기	71
3.5	iBATIS와 JDBC	72
3.5.1	JDBC 리소스 해제하기	73
3.5.2	SQL 주입(injection)	73
3.5.3	복잡도 낮추기	74
3.6	계속되는 iBATIS 설정	76
3.6.1	SQL Maps 설정 파일	77
3.6.2	<properties> 요소	78
3.6.3	<settings> 요소	79
	lazyLoadingEnabled	79
	cacheModelsEnabled	80
	enhancementEnabled	80
	useStatementNamespace	81
	maxRequest (비권장)	81
	maxSessions (비권장)	81
	maxTransactions (비권장)	81
3.6.4	<typeAlias> 요소	82
3.6.5	<transactionManager> 요소	84
	<property> 요소	85
	<dataSource> 요소	85
3.6.6	<typeHandler> 요소	85
3.6.7	<sqlMap> 요소	86
3.7	요약	87

4장   매핑 구문으로 작업하기

4.1	기본적인 사항들	89
4.1.1	자바빈즈 생성하기	89
	어떻게 빈즈를 만드나?	89
	빈즈 탐색	92
4.1.2	SQL Map API	93
	queryForObject() 메서드	93
	queryForList() 메서드	93
	queryForMap() 메서드	94
4.1.3	매핑 구문의 타입들	95
4.2	<select> 매핑 구문 사용하기	98

vii

4.2.1	# 대입자로 인라인 파라미터 사용하기	98
4.2.2	$ 대입자로 인라인 파라미터 사용하기	100
4.2.3	SQL 주입에 대한 간단한 예	101
4.2.4	자동 결과 맵(Automatic result maps)	102
4.2.5	관련된 데이터 조인하기	104
4.3	매핑 파라미터	104
4.3.1	외부 파라미터 맵	105
4.3.2	인라인 파라미터 매핑 다시 보기	106
4.3.3	원시타입 파라미터	108
4.3.4	자바빈즈와 Map 파라미터	108
4.4	인라인 결과 맵과 명시적인 결과 맵 사용하기	109
4.4.1	원시타입의 결과(Primitive results)	110
4.4.2	자바빈즈와 Map 타입의 결과	112
4.5	요약	113

5장 쿼리가 아닌(non-query) 구문 실행하기

5.1	데이터 갱신을 위한 기초 다지기	115
5.1.1	쿼리가 아닌(non-query) 구문을 위한 SQL Map API	115
	insert 메서드	115
	update 메서드	115
	delete 메서드	116
5.1.2	쿼리가 아닌(non-query) 매핑 구문	116
5.2	데이터 삽입하기	117
5.2.1	인라인 파라미터 매핑 사용하기	117
5.2.2	외부 파라미터 맵 사용하기	118
5.2.3	자동 생성 key	120
5.3	데이터를 수정하고 삭제하기	123
5.3.1	동시 수정 다루기	123
5.3.2	자식 레코드를 수정하고 삭제하기	124
5.4	일괄 업데이트 실행하기	125
5.5	저장 프로시저로 작업하기	128
5.5.1	장·단점 고려하기	128

		극단적이 되지 말라!	128
		작업에 맞는 도구 사용하기	129
	5.5.2	IN, OUT 그리고 INOUT 파라미터	130
	5.6	요약	133

6장 고급 쿼리 기법

	6.1	iBATIS에서 XML 사용하기	134
	6.1.1	XML 파라미터	135
	6.1.2	XML로 결과 생성하기	137
	6.2	매핑 구문을 객체와 연관시키기	140
	6.2.1	복잡한 컬렉션(collection)	141
		데이터베이스 I/O	143
		"N+1 Select" 문제 살펴보기	143
		위 두 문제에 대한 해결책	144
	6.2.2	적재 지연(lazy loading)	145
	6.2.3	N+1 Select 문제 피해가기	146
	6.3	상속	148
	6.3.1	상속 매핑하기	150
	6.4	잡다한 다른 활용법들	151
	6.4.1	statement 타입과 DDL 사용하기	151
	6.4.2	매우 큰 데이터 셋 처리하기	152
		더 이상 질문를 회피하지 마세요...	152
		더 흥미로운 로우 핸들러의 또 다른 사용 예	154
	6.5	요약	159

7장 트랜잭션

	7.1	트랜잭션은 무엇인가?	160
	7.1.1	간단한 은행 예제	161
	7.1.2	트랜잭션의 특성 이해하기	162
		원자성(Atomicity)	163
		일관성(Consistency)	164
		격리성(Isolation)	164
		영속성(Durability)	165

7.2	자동 트랜잭션	165
7.3	로컬 트랜잭션	166
7.4	글로벌 트랜잭션	168
7.4.1	능동(active) 혹은 수동(passive) 트랜잭션 사용하기	169
7.4.2	트랜잭션을 시작하고 커밋하고 종료하기	170
7.4.3	글로벌 트랜잭션이 필요한가?	171
7.5	사용자 정의 트랜잭션	171
7.6	트랜잭션 구분하기	173
7.6.1	프레젠테이션 계층에서 트랜잭션 구분 짓기	175
7.6.2	퍼시스턴스 계층에서 트랜잭션 구분 짓기	176
7.6.3	비즈니스 로직 계층에서 트랜잭션 구분 짓기	176
7.7	요약	177

8장   동적인 SQL 사용하기

8.1	동적인 WHERE 조건절 다루기	180
8.2	동적 요소들과 친숙해지기	182
8.2.1	<dynamic> 요소	184
8.2.2	이항연산 요소	185
8.2.3	단항연산 요소	186
8.2.4	파라미터 요소	188
8.2.5	<iterate> 요소	189
8.3	모두 적용한 간단한 예제	190
8.3.1	데이터를 가져오고 표시하는 방법을 정의하기	191
8.3.2	데이터베이스 구조 결정하기	192
8.3.3	정적인 형태로 SQL 작성하기	192
8.3.4	동적인 SQL요소를 정적인 SQL에 적용하기	193
8.4	고급 동적 SQL 기법	194
8.4.1	결과 데이터 정의하기	194
8.4.2	필수 입력 항목 정의하기	195
8.4.3	정적인 형태로 SQL 작성하기	196
8.4.4	동적 SQL 요소를 정적 SQL에 적용하기	197

	8.5	동적 SQL에 대안이 되는 접근법 199
	8.5.1	자바코드 사용하기 200
	8.5.2	저장 프로시저 사용하기 204
	8.5.3	iBATIS와 비교하기 206
	8.6	동적 SQL의 미래 207
	8.6.1	간단해진 조건 요소 207
	8.6.2	표현식(Expression Language) 208
	8.7	요약 208

3부 iBATIS 실전

9장 캐시를 통한 성능 향상

	9.1	간단한 iBATIS 캐싱 예제 211
	9.2	iBATIS의 캐싱에 관한 철학 213
	9.3	캐시 모델 이해하기 214
	9.3.1	type 215
	9.3.2	readOnly 속성 215
	9.3.3	serialize 속성 216
	9.3.4	readOnly와 serialize 조합 216
	9.4	캐시 모델 내부의 요소사용하기 217
	9.4.1	캐시 비우기(Cache flushing) 217
		<flushOnExecute> 218
		<flushInterval> 219
	9.4.2	캐시 모델 구현체의 프로퍼티 설정하기 221
	9.5	캐시 모델 타입 221
	9.5.1	MEMORY 221
	9.5.2	LRU 223
	9.5.3	FIFO 224
	9.5.4	OSCACHE 225
	9.5.5	스스로 만든 캐시 모델 225
	9.6	캐싱 전략 수립하기 226

9.6.1	읽기전용, 장기간 유지 데이터 캐싱	227
9.6.2	읽기/쓰기 가능한 데이터 캐싱	229
9.6.3	낡게 되는(aging) 정적 데이터 캐싱하기	231
9.7	요약	234

10장 iBATIS 데이터 접근 객체(DAO)

10.1	상세한 구현 숨기기	236
10.1.1	왜 분리하는가?	237
10.1.2	간단한 예제	238
	dao.xml 설정파일	239
	DaoManager 생성하기	239
10.2	DAO 설정하기	241
10.2.1	<properties> 요소	241
10.2.2	<context> 요소	241
10.2.3	<transactionManager> 요소	242
	EXTERNAL 트랜잭션 관리자	243
	HIBERNATE 트랜잭션 관리자	243
	JDBC 트랜잭션 관리자	243
	SIMPLE 데이터 소스	243
	DBCP 데이터 소스	244
	JNDI 데이터 소스	245
	JTA 트랜잭션 관리자	246
	OJB 트랜잭션 관리자	246
	SQLMAP 트랜잭션 관리자	246
	TOPLINK 트랜잭션 관리자	247
	자체적으로 생성한 트랜잭션 관리자나 다른 트랜잭션 관리자를 사용하기	247
10.2.4	DAO 요소	247
10.3	설정 팁들	249
10.3.1	다중 서버	249
10.3.2	다중 데이터베이스의 방언(dialect)	250
10.3.3	실행시에 설정 변경하기	251
10.4	SQL Maps DAO 구현체 예제	252
10.4.1	iBATIS를 사용하는 DAO 설정	253
10.4.2	DaoManager 인스턴스 생성하기	254

	10.4.3	트랜잭션 관리자 설정하기	255
	10.4.4	맵 읽어들이기	256
	10.4.5	DAO 구현체 코딩하기	259
10.5		요약	261

11장 DAO 더 살펴보기

11.1		SQL Maps가 아닌 DAO 구현체	264
	11.1.1	하이버네이트 DAO 구현체	264
		DAO 컨텍스트 정의하기	264
		Account 테이블 매핑하기	265
		실제 DAO 구현체	266
	11.1.2	JDBC DAO 구현체	270
		JDBC DAO 구현체 살펴보기	271
11.2		다른 데이터 소스로 DAO 패턴 사용하기	275
	11.2.1	예제: LDAP으로 DAO 사용하기	276
		LDAP 용어 이해하기	276
		자바에서 LDAP으로 매핑하기	277
	11.2.2	예제: 웹 서비스로 DAO 사용하기	281
11.3		Spring DAO 사용하기	283
	11.3.1	코드 작성하기	284
	11.3.2	왜 iBATIS 대신에 Spring을 사용하는가?	285
11.4		개발자 스스로 DAO 계층을 생성하기	286
	11.4.1	구현체에서 인터페이스를 분리하기	286
	11.4.2	결합도 낮추기(decoupling)와 팩토리(factory) 생성하기	287
11.5		요약	290

12장 iBATIS 확장하기

12.1		플러그인 가능한 컴포넌트 설계 이해하기	292
12.2		사용자 정의 타입 핸들러로 작업하기	293
	12.2.1	사용자 정의타입 핸들러 구현하기	294
	12.2.2	TypeHandlerCallback 생성하기	295
		파라미터를 설정하기	296

xiii

	결과 가져오기	297
	null 다루기 – valueOf() 메서드는 왜 존재할까?	298
12.2.3	TypeHandlerCallback을 등록해서 사용하기	300
12.3	CacheController 다루기	301
12.3.1	CacheController 생성하기	302
12.3.2	CacheController의 저장, 가져오기, 삭제하기	303
12.3.3	CacheController를 등록해서 사용하기	304
12.4	지원되지 않는 DataSource 설정하기	304
12.5	사용자 정의 트랜잭션 관리	305
12.5.1	TransactionConfig 인터페이스 이해하기	306
12.5.2	Transaction 인터페이스 이해하기	308
12.6	요약	309

4부   iBATIS 활용하기

13장   iBATIS 최적 활용 기법

13.1	iBATIS에서 단위 테스트하기	314
13.1.1	매핑 계층 단위 테스트	314
	테스트용 데이터베이스 인스턴스	314
	데이터베이스 스크립트	316
	iBATIS 설정파일(SqlMapConfig.xml)	316
	iBATIS SqlMapClient 단위 테스트	316
13.1.2	데이터 접근 객체(DAO) 단위 테스트하기	317
	모의 객체로 DAO 단위 테스트하기	318
13.1.3	DAO 소비자 계층 단위 테스트 하기	320
13.2	iBATIS 설정 파일 관리하기	322
13.2.1	클래스패스 안에 두기	322
13.2.2	파일들을 함께 두자	324
13.2.3	리턴타입 별로 정리하라	325
13.3	명명 규칙	325
13.3.1	매핑 구문의 이름 짓기	325
13.3.2	파라미터 맵의 이름 짓기	326

	13.3.3	결과 맵 이름 짓기	326
	13.3.4	XML 파일들	326
		주 설정 파일	326
		SQL 매핑 파일	327
13.4		빈즈, Map 혹은 XML?	328
	13.4.1	자바빈즈	328
	13.4.2	Map	328
	13.4.3	XML	328
	13.4.4	원시 타입(primitives)	329
13.5		요약	329

14장 모두 종합해서 보기

14.1		설계 컨셉	332
	14.1.1	계정	332
	14.1.2	카탈로그	332
	14.1.3	장바구니	332
	14.1.4	주문	333
14.2		기술 선택	333
	14.2.1	프레젠테이션	333
	14.2.2	서비스	334
	14.2.3	퍼시스턴스	334
14.3		스트럿츠 최적화하기 : BeanAction	334
	14.3.1	BaseBean	335
	14.3.2	BeanAction	335
	14.3.3	ActionContext	336
14.4		기초 닦기	337
	14.4.1	src	337
	14.4.2	test	338
	14.4.3	web	338
	14.4.4	build	339
	14.4.5	devlib	339
	14.4.6	lib	339

14.5	web.xml 설정하기	340
14.6	프레젠테이션 설정하기	342
14.6.1	첫 번째 단계	342
14.6.2	프레젠테이션 빈즈 이용하기	345
14.7	서비스 작성하기	350
14.7.1	dao.xml 설정하기	351
14.7.2	트랜잭션 구분하기	352
14.8	DAO 작성하기	354
14.8.1	SQL Maps 설정	354
14.8.2	SQL Map	355
14.8.3	인터페이스와 구현체	357
14.9	요약	358

부록 A iBATIS.NET 빠른 시작

A.1	iBATIS 와 iBATIS.NET 비교	359
	자바 개발자가 왜 iBATIS.NET에 관심을 가져야 하는가?	360
	.NET 개발자는 왜 iBATIS.NET에 관심을 가져야 하는가?	360
	주요 차이점은 무엇인가?	361
	무엇이 유사한가?	361
A.2	iBATIS.NET으로 작업하기	361
	DLL 과 의존성	361
	XML 설정파일	362
	설정 API	364
	SQL 매핑 파일	364
A.3	어디에서 더 많은 정보를 얻을 수 있나?	367

부록 B iBATIS 팁 모음

B.1	매핑 구문에 XML 특수문자들(<,>,& 등)이 많을 때의 처리	369
B.2	iBATIS가 실행하는 쿼리를 Log4J 로거로 출력하기	369
B.3	DBCP 연결하기	370
B.4	작지만 자주 범하는 실수	371

옮긴이 서문

이 동국

최근 주위에서 이런 질문을 하시는 분들이 있습니다.

"프레임워크를 왜 사용해야 하나요?" 제가 어떤 답을 했을까요? 사실 답을 드리지 못했습니다. 아니 사실 이런 분들에게는 답이 없습니다. 그래서 프레임워크가 족쇄처럼 스스로를 억누르기만 하지 않을까 걱정되곤 합니다. 스스로가 깨닫지 못한다면 누가 설명한다고 해도 이해를 할 수 있을지 의문입니다. 개발자로서 능력이 있는지 없는지는 프레임워크의 사용과는 별개라고 생각합니다만 많은 분들은 능력이 있는 사람은 반드시 프레임워크를 사용한다라는 생각을 가지고 계신 듯합니다. 다른 분들은 몰라도 적어도 저는 아니라고 생각합니다. 물론 능력이 뛰어난 분들이 프레임워크를 잘 사용하시지만 반대로 프레임워크를 잘 사용하는 분들의 능력이 뛰어나다고 생각되지는 않습니다.

그럼 프레임워크는 뭘까요? 사전적인 의미를 찾아보니 '뼈대, 틀, 골자' 등으로 해석이 되는군요.

저는 프레임워크는 기존에 선배 개발자들이 개발을 하면서 나왔던 많은 표준안과 구조를 정리한 라이브러리 정도로 생각하면 어떨까 합니다. 많은 개발자들의 경험에 비롯한 것을 정리한 것이라면 적용하고자 하는 사람 스스로 내가 어떤 상황이고 어떻게 개발을 해야겠다라는 것을 정리해 보고, 탄생배경을 비교해보고 나서 가장 최적이라고 생각되는 프레임워크를 선택한다면 개발을 할 때 많은 이점이 있지 않을까 생각합니다.

최근에 퍼시스턴스 계층에 적용할 프레임워크를 검토하고 계신가요? 그렇다면 아이바티스와 하이버네이트 중에 하나를 검토하고 계시겠군요. 그렇다면 한 가지 질문을 더 드리겠습니다. 팀원 개발자들이 JDBC에 능숙한가요? 객체 지향 모델링에 능숙한가요? 물론 이 질문이 프레임워크 선택에 확실한 기준이 되는 것이 아니고 두 질문이 서로 연관이 되는 것도 아닙니다만 JDBC에 능숙한 분은 아이바티스, 객체 지향 모델링에 능숙하신 분은 하이버네이트를 추천합니다.

개인적인 생각으로 아이바티스는 JDBC에 대해 한 단계 나은 개발방식을 적용하고자 하시는 분에게 가장 적절하지 않을까 생각합니다.

2004년 6월 아이바티스 개발자 가이드와 튜토리얼을 문서담당자에게 등록해달라고 했던 것이 이번에 iBATIS In Action 한국어판 번역에 대한 의뢰를 받는 계기가 된 것 같습니다. 두 문서를 번역해서 배포한 저로서는 처음에 번역 의뢰에 대해 "이 프레임워크에 대한 책이 과연 필요할까?"와 "이 책으로 인해 좀 더 많은 사람들이 쉽게 적용을 하겠구나!" 하는 두 가지 생각이 동시에 들었습니다. 번역을 마친 현재로는 오직 많은 도움이 되길 바라는 마음 밖에 없습니다.

책이라는 매체가 모든 내용을 가지고 출판이 될 수는 없습니다. 책을 보시면서 추가적으로 필요한 예제소스는 검색을 통해서도 찾을 수 있고 경우에 따라 AppFuse라는 프레임워크 종합 선물세트와 같은 프로젝트 배포판을 통해서도 많은 도움을 얻으실 수 있을 겁니다. 그래도 필요한 사항을 찾을 수 없다면 역자인 저에게 메일(fromm0@gmail.com)을 보내주십시오. 개발업무로 바쁜 제가 모든 예제를 만들어 드릴수는 없을 테지만 가급적이면 이해하도록 도와드릴수 있는 예제를 만들어서 위키(http://openframework.or.kr/JSPWiki/)를 통해 배포하도록 하겠습니다.

감사의 말씀

이 책은 제가 태어나서 처음 제 이름이 실려서 나오는 책입니다. 감사의 말씀을 전하고 싶은 분들이 너무 많지만 그 중에서도 원고를 열심히 읽어주신 베타리더 분들과 이 책을 기다려주신 많은 개발자 분들에게 매우 감사합니다.

업무로 바빠 주말에 출근하고도 쉬는 날이면 어김없이 번역 때문에 노트북 앞에 앉아서 시간을 보내는 남편을 이해해준 제 아내인 진주에게 마음을 다하여 고마움을 표하고 싶습니다.

옮긴이 서문 II

손 권남

언제부터인가 자바 진영은 프레임워크의 태풍에 휩싸였다. 아파치 소프트웨어 재단을 필두로 하여 수많은 오픈 소스 개발자들이 다양한 영역에서 수많은 프레임워크들을 앞다투어 만들어 내어 자바 개발자들은 도대체 어떤 프레임워크를 선택해야 할지, 행복하다면 행복하고 불행하다면 불행한 고민에 빠져버렸다.

프리임워크의 범람으로 인해 자바 개발자들은 수많은 혁신적인 기법들을 입맛대로 골라서 적용할 수 있는 커다란 자유와 (게다가 절대 다수는 오픈 소스이다!), 익숙치 않은 프레임워크를 사용하는 프로젝트에 갑자기 투입되었을 때의 당황을 함께 겪게 되었다.

일반적으로 잘 만들어진 프레임워크를 제대로 공부해서 사용하면 코드의 가독성이 높아지고, 유지보수성, 생산성 등이 높아진다. 하지만 진입 장벽이 너무 높아 제대로 공부하기 어려울 경우에는 아무리 훌륭한 프레임워크라 하더라도 오히려 프로젝트를 좌초시키는 독으로 작용하기도 한다.

iBATIS는 그런 면에서 매우 훌륭하면서도 진입 장벽이 낮아 공부하기도 편한 (즉 제대로 사용하기 좋은) 프레임워크이다. iBATIS는 JDBC의 복잡하고 반복적인 코드는 모두 없애주면서도, 이미 개발자들에게 너무도 친숙한 SQL을 그대로 사용하기 때문에, '익숙해서 배우기 쉬우면서, 생산성과 유지보수성은 높여주는' 훌륭한 프레임워크라고 할 수 있다. 적은 노력으로 큰 성과를 얻을 수 있는 것이다.

또 iBATIS를 가장 많이 필요로 하는 곳으로 보이는 우리나라의 SI 환경을 보면, 데이터베이스의 정규화가 제대로 이뤄진 경우를 보기가 쉽지 않은 것이 사실이다. 개발 초기에는 의도에 맞게 잘 설계하였다 하더라도 수많은 요구사항 변경에 맞닥뜨리면서 제대로 설계를 변경할 시간 없이 일단 빨리 수정 사항을 반영하다 보면, 어느새 데이터베이스는 처음과는 다른 복잡하고 이해하기 힘든 모습을 띄게 되는 일이 허다하다.

iBATIS는 다른 객체 관계 매핑 프레임워크들과는 달리 정형화된 테이블 구조에 의지하지 않고 SQL 구문의 실행 결과에 객체를 매핑하는 방식이다. 따라서 테이블 구조가 복잡해지고 정규화돼 있지 않더라도 테이블을 변경할 필요 없이 기존 개발 방법에서 사용한 SQL을 그대로 사용할 수가 있으며, SQL에 적용한 튜닝들도 모두 그대로 유지된다. 이러한 우리나라의 SI 환경에는 iBATIS가 더없이 적합한 퍼시스턴스 프레임워크라고 생각한다(저자들도 이러한 점을 많이 강조한다).

오늘도 불철주야 개발에 매진하고 계실 우리 나라의 개발자 분들이 iBATIS를 통해 좀 더 즐겁게 개발하고, 또 개발의 재미도 느끼고 야근도 덜 할 수 있기를 기원한다.

감사의 말씀

나에게 있어 지난 6개월은 지난 내 인생 30년 중 가장 역동적이었다. 이런 와중에 『iBATIS 인 액션』의 번역까지 덥석 맡아버려 위키북스 관계자 분들께 본의 아니게 걱정을 많이 끼쳐 드렸다. 그럼에도 이해해 주시고 기다려 주신 위키북스 분들께 감사드린다.

함께 일할 수 있는 기회, 새로운 일을 해볼 수 있는 기회를 마련해 주신 이동국님께도 감사드린다. 나로서는 쉽게 가져볼 수 없는 기회를 동국님 덕분에 갖게 되었다.

요즘, 새로운 일을 맡아 무척 바쁜 와중에도 너무도 꼼꼼하게 베타리딩을 해주신 박서린님과 다른 모든 베타리더 분들께 감사드린다.

그리고...

못난 아들을 언제나 사랑해 주시고 아무리 실수해도 끝까지 믿어주시며, 회사 다니랴 책 번역하랴 몸 축난다고 걱정하시는 (그러면서도 살 빼라는 말씀은 잊지 않으시는) 우리 어머니, 아버지 너무 감사합니다.

서 문

소프트웨어 개발자로서의 내 경력을 보면, 나는 많은 다양한 환경에서 일을 해 보았다. 한 회사 안에서도 소프트웨어는 보통 많은 서로 다른 방식으로 개발되곤 한다. 개발자의 하루하루를 채우는 다양한 시도와 사람 그리고 개발 도구들의 세상을 보면, 금방 그 세상이 얼마나 다양한지 알아챌 수 있을 것이다. 나는 다음 컨설팅 프로젝트가 어떤 놀라운 도전 거리를 가져올지 결코 알 수가 없다. 그래서 언제나 내 연장통에는 다양한 도구들이 준비돼 있다. 몇 년간, iBATIS는 내가 JDBC를 직접 코딩할 때 시간을 아껴주는 그저 작은 코드 덩어리에 불과했었다.

그렇다면 iBATIS는 어떻게 내 연장통의 연장에서 수천 명이 사용하는 아파치 프로젝트가 되었을까? 나는 결코 iBATIS를 본격적인 오픈 소스 프로젝트로 만들고자 한 적은 없었다. 그저 소스를 내놓긴 했지만, 그걸 광고하거나 다른 사람들과 적극적으로 공유한 적은 없다. JPetStore(자바 애완동물 가게)를 살펴보자.

2002년 1월 1일, 인터넷을 떠돌던 PetStore(애완동물 가게) 이야기에 답변을 올렸다. 레드몬드에 있는 한 대형 소프트웨어 회사[1]가 C# 프로그래밍 언어와 .NET 플랫폼이 자바보다 훨씬 더 수십배는 생산성이 높다고 주장하였다. 나는 기술 불가지론자이다[2]. 그리고 비록 C#과 .NET이 상당히 훌륭하긴 하지만, 그런 식의 주장은 받아들일 수 없었다. 그래서 몇 주 동안 저녁마다 기업용 소프트웨어 벤더에서 정한 방식대로 만들어진 괴물 같던 JPetStore를 코딩하면서 보냈다. JPetStore는 자바 커뮤니티에서 많은 논의를 낳았다. 가장 뜨거운 이슈는 JPetStore가 Enterprise JavaBeans(EJB)의 퍼시스턴스 계층을 사용하지 않았다는 점이었다. 이는 iBATIS라고 불리우는 작고 나온 지 얼마 안 된 프레임워크로 대체되었다.

사람들이 종종 묻곤한다. "왜 다른 오픈 소스 툴을 사용하지 않았나요?" 그 당시에는

---

[1] **역자주** | Microsoft는 레드몬드에 있다.
[2] **역자주** | 경험해보지 않은 것은 믿을 수 없다.

iBATIS 같은 툴이 존재하지 않았었다. 많은 코드 생성기들이 있었다. 하지만 나는 개발과 빌드를 할 때, 코드 자동 생성에 관해 당신과 토론을 할 것이다. 나는 그저 자동으로 생성할 수 있는 것은 또한 프레임워크로 일반화될 수도 있다고 얘기할 것이다. 그리고 그것이 바로 iBATIS의 본질이다: 더 빠른 JDBC 코딩을 위한 일반화된 프레임워크.

자주 물어보는 다음 질문은, "왜 객체 관계 매핑 툴을 사용하지 않았나요?"이다. ORM 툴은 올바른 환경에서 사용해야 한다. 이는 개발자가 데이터베이스와 객체 모델을 전적으로 제어할 수 있을 때는 매우 잘 작동한다. 그럴 때는 쉽게 이상적인 매핑을 구성할 수 있고, 데이터베이스 모델과 객체 모델이 일치하지 않을 때 겪게 될 악몽 같은 조정 작업들을 할 필요도 없다. 하지만 누구도 내가 평소에 작업하던 종류의 데이터베이스에 객체 모델을 매핑하려는 것은 꿈도 꾸지 않을 것이다. 하이버네이트나 TopLink 같은 훌륭한 ORM 툴을 가지고 매핑을 할 수 있을지도 모른다. 하지만 정말 그래야 할까?

어떤이가 언젠가 나에게 망치를 가진 사람은 모든 것을 못으로 본다는 얘기를 해준 적이 있다. 당신도 이 이야기를 알고 있을 것이다. ORM 툴은 프레임워크이다. 프레임워크는 제약과 전제조건들을 깔고 있다. 이 제약과 전제조건들은 모든 환경이 아니라 특별한 환경에서만 잘 작동한다. 세상에 못만 있는 것은 아니다. 소프트웨어 개발자라는 우리의 직업은 가까이에 있는 문제들에 대해 가장 이상적인 해결책을 찾아 해결하는 것이다. 우리가 이미 알고 있거나 혹은 가장 유명하거나 또 혹은 인터넷을 뜨겁게 달구는 솔루션을 사용하는 것이 아니라, 우리가 직면한 문제를 가장 잘 풀어줄 수 있는 것이 가장 이상적인 해결책이다. 환경이 다양하면 다양한 도구가 필요한 법이다. iBATIS가 그 다양한 도구들 중 하나이다.

현재 iBATIS는 세 가지 언어로 구현되었다. 자바, C# 그리고 Ruby. 이는 10여명이 넘는 개발자들이 관리하고 있으며 수 천명의 개발자들로 이루어진 커뮤니티를 가지고 있다. iBATIS에 관해서 책에서 읽을 수도 있고, 인터넷에서 기사나 블로그 포스트를 읽을 수도 있다. 비록 iBATIS가 퍼시스턴스 계층의 최강자는 아니지만 그리고 그렇게 되기도 어렵겠지만, 그래도 매우 성공적이다. 내가 메일링 리스트의 질문에 답변하는 것을 멈췄을 때, 커뮤니티가 나 대신 답변한다는 것을 보고 알 수 있었다.

자생적으로 유지되는 커뮤니티는 오픈 소스 프로젝트 성공의 진정한 징표이다. 여러분이 여기까지 읽었다면, 당신도 커뮤니티의 일원이다. 당신도 우리의 작은 프레임워크의 성공을 축하해 주면 좋겠다.

– 클린턴 비긴

감사의 글

책을 쓰는 것은 소프트웨어를 작성하는 것보다 더 어렵다. 책을 쓰는 것과 소프트웨어를 작성하는 것을 모두 해본 저자 3명은 더 어렵다는 사실을 쉽게 인정할 수 있다. 이 책에 관련된 많은 사람들에게 소개할 때 그들도 그렇게 인정하리라고 확신한다. 이 작업으로 매닝 출판사에서 함께 참여한 재능있는 사람들을 신뢰하게 되었다. 발행인인 마잔 베이스(Marjan Bace), 제작 책임자인 메리 피어기스(Mary Piergies), 개발 편집자인 제키 카터(Jackie Carter)에게 특히 감사한다. 제키 없이는 이 책이 시작되지도 완성되지도 못했을 것이다. 그녀가 자주 전화를 해줘서 우리의 의욕을 북돋아주고 주의력 결핍증을 다루기 위한 별도의 약 처방이 필요 없이 우리 3명이 참고 견디도록 해 주었다. 이 책에 걸쳐 모든 사항에 대해 제키에게 감사한다.

다음으로 이 책을 읽는 힘든 작업을 수행하고 기술적인 에러를 넘어선 많은 부분에 대해 언급해준 베타리더들에게 감사할 것이다. 그들은 이 책의 좋은 점과 나쁜 점을 모두 알려주었고 이 책을 더 좋은 책으로 만들도록 도와주었다. 스벤 보덴(Sven Boden), 네이선 메이브(Nathan Maves), 릭 류만(Rick Reumann), 제프 커닝햄(Jeff Cunningham), 서리쉬 쿠마(Suresh Kumar), 스코트 소옛(Scott Sauyet), 딕 제터버그(Dick Zetterberg), 안잔 바츄(Anjan Bacchu), 벤자민 고릭(Benjamin Gorlick), 올리버 자이거만(Oliver Zeigermann), 도그 워렌(Doug Warren), 메트 레이블(Matt Raible), 요 사피라(Yoav Shapira), 코스 디파지오(Cos DiFazio), 닉 휴데커(Nick Heudecker), 라이언 브레이던백(Ryan Breidenbach), 그리고 페트릭 픽(Patrick Peak)에게 매우 감사한다. 기술적으로 정확하도록 원고를 교정한 스벤 보덴(Sven Boden)에게 특별히 감사의 말을 전하고 싶다.

iBATIS팀 없이는 소프트웨어도 책도 할 수 없었을 것이다. 이 책을 쓸 당시, 팀에는 3명의 저자인 클린턴 비긴, 브랜든 구딘, 그리고 래리 메도스가 있었다. 두명의 베타리더인 스벤 보덴(Sven Boden)과 네이선 메이브(Nathan Maves)과 자바용 iBATIS를 만드는 제프 버틀러(Jeff Butler)와 브라이스 루스(Brice Ruth)에 의해 합류한 iBATIS 팀원이었다. iBATIS는 론 그레이보스키(Ron Grabowski)와 로버트 레이브(Roberto Rabe)를 포함한 굉장히 노련한 .NET 개발자

팀이 형성된 이후 길레스 바비언(Gilles Bayon)에 의해 만들어진 .NET 구현체도 갖게 되었다. 우리는 iBATIS.NET팀으로부터 많은 것을 배웠고 그 팀은 .NET 진영을 열광시킬 것이다. 최근에는 RBatis라고 명명되는 루비용 iBATIS를 구현하는 존 티어슨(Jon Tirsen)이 합류했다. 그는 가장 최근에 추가된 멤버이고 레일즈와 엑티브레코드와 나란히 지속적으로 성공하길 크게 희망한다. 특별히 감사하는 멤버가 팀에 한명 더 있다. 테드 허스티드(Ted Husted)는 '클린턴의 연장통의 연장'에서 Apache 프로젝트로 iBATIS를 가져갔다. 그는 Apache 프로젝트만큼이나 .NET버전을 구축하는 것을 도와주었다. 그는 우리에게 가야할 방향을 제시해준 것이다. 고마워요 테드(Ted).

마지막으로 커뮤니티를 빼놓을 수 없다. iBATIS를 실제 사용하는 사람, 기부해주는 사람, 버그를 찾는 사람, 문서화를 담당하는 사람, 번역하는 사람, 베타리더, 저자, 블로거, 프레임워크 개발자 그리고 열심히 iBATIS를 알리는 모든 사람들 없이는 지금이 없을 것이다. 이 중에서 브루스 테이트(Bruce Tate), 로드 존슨(Rod Johnson)과 메트 레이블(Matt Raible)을 포함한 몇몇 사람의 이름을 얘기하고 싶다. IBM Developerworks, JavaLobby.org, DZone.com, InfoQ.com, 그리고 TheServerSide.com를 포함하는 몇몇 스탭과 커뮤니티 사이트에도 감사한다.

클린턴 비긴

오픈 소스 소프트웨어 개발자들은 광적이다. 돈을 위해 낮에는 일을 하고 명성과 영광을 얻기 위해 밤에는 오픈 소스 소프트웨어(또는 책)를 작성하기 위해 시간을 보낸다. 우리는 금방 우리를 잊어버릴 사람들에게 존경받을 자격을 얻기 위해 싸운다. 그동안 죽, 언제나 우리는 우리에게 사랑을 주고 자유를 느끼게 해주는 사람들로부터 벗어나 키보드에 시간을 소비하고 있다. 책, 코드, 키보드 어떤 것도 필요하지 않다. 명성과 영광을 위해서 한 단계씩 성장하면서도 가족들의 눈을 주의깊게 볼 필요가 있다. 가족들은 거칠고 광적인 모험에 대해 모든 것을 쏟아 지원해줄 준비가 되어 있다. 나이와 성숙도로 우리는 시간적인 소모가 걱정할 것이 되지 않는다는 것을 보여주기 시작하지만 시간적인 소모는 어쩔수 없이 발생한다.

먼저 나는 나의 아내인 제니퍼에게 감사한다. 그녀는 책방에서 일하는 점원이어서 나의 대학생활은 아주 유리했다. 그리고 때때로 나는 좋은 보석으로 그녀를 유혹하며 "고마워" 라고 그녀에게 말했다. 그녀의 사심없는 마음과 힘 그리고 지원은 이 모든 것을 가능하게 만들었다. 우리의 귀중한 아이들인 카메론과 마일스를 적어도 50%이상 책임지고 있다. 나는 또한 사랑과 격려를 아끼지 않는 나의 부모님인 도나와 레지널드에게 감사한다. 80년대에는 정말 극소수의 부모님들만이 컴퓨터가 무엇인지 알고 있었다. 만약 우리 부모님도 컴퓨터에 대해서 몰랐다면 컴퓨터를 사줄 수 없었을 것이다. 아무튼 나의 부모님은 나에게 Vic-20을 사주기 위해 가계 예산의 여유를 찾으려 노력하셨다. 그분들은 내가 아내와 무엇을 하고자 하는지에 대해서는 알지 못했지만 나를 신뢰했고 내가 하고자 하는 것을 할 수 있도록 충분히 믿어주셨다. 가장 비현실적인 일에 대해서도 성공이라는 것이 가능하다는 것을 보여주기 위해 용기와 확고한 낙관주의를 가지는 예를 들어 나를 이끌어주셨다. 내가 사용한 경험이 있고 마지막에는 내것이 된 첫 번째 x86 컴퓨터의 소유자였던 캐서린 이모에게 감사한다. 그녀는 1993년 그 낡은 8088을 교체하라고 16살 소년에게 1600달러를 빌려줄 만큼 나를 믿어주셨다.

브랜든 구딘

나는 우리들 대부분이 같은 이야기를 공유하는 광적인 긱(geek)[1]이라고 확신한다. 우리는 첫 번째 컴퓨터를 가졌을때의 좋은 기억이 있고 그 컴퓨터를 사주는 투자가 나중에 좋은 결과를 낳게 된다는 것을 아는 부모님을 신뢰한다. 우리가 성장함에 따라 우리의 노력이 결과적으로 이득이 되도록 희망하는 배우자와 자식을 가진 스스로를 알게 된다. 항상 대가가 지불된다고 생각하지는 않는다. 하지만 여전히 많은 시간을 소비하고 있다.

내 가족과 친구들의 지원과 격려 없이는 소프트웨어 개발에 나의 열정을 계속 쏟을 수는 없었을 것이다. 꿈꾸고 즐기고 일하고 화낼 여지를 준 많은 분들이 있다. 이런 분들에게 나는 내가 하고자 하는 것을 하도록 기회를 준 은혜에 보답해야 할 의무가 있게 마련이다.

먼저 코드를 작성할 기회를 준 신에게 감사한다. 내 경력에서 신의 섭리로 밖에 볼 수 없었던 많은 기회가 있었다. 코드를 작성하고 내 가족에게 줄 수 있는 것은 정말 축복이다. 키보드에서 무수히 많은 시간동안 헛된 노력을 하도록 기회를 준 나의 아내 캔다스와 아이들인 펠리시디, 케일리 그리고 아메리에게 정말 감사하다고 말하고 싶다. 당신들이 나에게 의욕을 갖도록 도와주었다.

---

1 역자주 | 학업이나 일, 컴퓨터 등에 몰두하다 보니 세상물정과는 거리가 멀어진 사람 또는 특정 분야에 대해 광적인 사람을 지칭.

나는 나의 어머니와 아버지인 게럴드와 린다 구딘에게도 감사한다. 당신들께서 BASIC 언어 카트리지와 Atari 400 컴퓨터를 가지고 집에 왔을 때, 난 거기에 완전히 빠져들었다. 당신들께서 주신 그 두 가지가 나의 첫 취미가 되었다.

나의 친구인 신 딜런이여 너의 모든 조언과 소프트웨어 개발 세계에 진출할 큰 기회를 준 점에 대해 감사한다.

마지막으로 iBATIS팀원이 되도록 기회를 준 클린턴에게 제일 감사한다.

래리 메도스

다른 사람의 글을 먼저 읽어보니 내가 하고자 하는 말이 다른 사람의 말을 되풀이 하는 것처럼 느껴진다. 우리가 비록 다른 곳에 있고 서로가 다른 사람들이라 하더라도 같은 시기에 같은 방향으로 모두 진행했다. 내가 1983년에 처음으로 컴퓨터를 받았을 때 부모님이 기대하는 것이 무엇인지를 알지 못했지만, 기대하셨던 것은 컴퓨터를 사용함으로써 열중하고 배울 때 큰 도움이 되는 도구로 활용하는 것이었다. 나에게 기술을 가르쳐준 많은 사람들이 있다. 그 모든 사람들에게 감사함을 다 전하는 것은 아마도 불가능할 것이다. 그래서 일일이 표현하지는 않을 것이다. 그 분들 중에서도 가장 크게 영향을 준 분에게만 감사하다는 말을 전할 것이다.

먼저 나는 많은 지원을 해주는 친구들과 매일 많은 시간을 노트북과 함께 보내도록 해준 멋진 가족들을 안겨준 신에게 감사하고자 한다.

두 번째로 이해와 격려를 아끼지 않은 나의 아내인 달라와 두 아이인 브랜던과 미카이에게 감사하고자 한다. 가족들은 많은 시간을 아빠 없이 보내야 했지만 불평하나 하지 않았다(그렇다고 항상 그랬다는 것은 아니고 가족들이 바라는 만큼을 하지 못했을 뿐이다).

마지막으로 iBATIS를 나에게 소개해준 브랜던과 작업을 함께 하도록 해주고 나를 팀의 일원으로 초대해준 클린턴에게 감사하고자 한다.

이 책에 대해

iBATIS는 한마디로 간결함(simplicity)이라고 표현할 수 있다. 나는 한 때 "iBATIS에 대한 책을 쓸 필요가 있다면, 내가 뭔가를 잘못하고 있는 것이다"라고 말한 적이 있다. 그리고 지금은 iBATIS에 관한 책을 쓰고 있다. 어떤 것이 얼마나 간결한지와는 상관없이, 책은 무언가를 배우는 최고의 방법임을 깨달았기 때문이다. 최근 종이책이 전자책(e-book)으로 대체되거나 뒤통수에 잭을 꼽아서 몇 초안에 정보를 업로드하는 방식으로 바뀔 거라는 등 많은 억측들이 있다. 둘 다 그다지 편안하게 느껴지지는 않는다. 나는 책을 좋아한다. 책은 편리하게 갖고 다닐 수 있고, 다루기도 쉽기 때문이다. 책에 메모를 남기고, 종이를 접고, 반으로 쪼개서 갖고 다닐 수도 있다. 낡고 헤진 iBATIS in Action 책이 바쁜 개발자의 사무실 바닥에 굴러 다니는 것을 본다면 나는 정말 더 없이 기쁠 것이다. 성공이군.

— 클린턴 비긴

무엇을 알고 있어야 하나?

나는 이 책이 iBATIS의 간결함이라는 주제를 계속 유지할 수 있기를 바란다. 하지만 추상적인 개념들은 때로 더 많은 말을 필요로 하기도 한다. 어떤 장들은 이론적인 배경을 갖추지 못하고 있다면 매우 길고 지루하게 느껴질 것이다. 다른 장들은 마치 "작동 방식은 이렇고, 여기 예제가 있다-자 이제 사용해 보라"라고 말하는 것처럼, 빠르게 핵심을 짚어 줄 것이다.

이 책은 여러분이 몇 가지 배경지식을 갖고 있다고 가정하고 쓰여졌다. 우리는 여러분이 자바를 알고 있다고 가정했다. 에둘러 말할 생각은 없다. 이 책이 여러분이 보는 첫 번째 혹은 두 번째 자바 책이어서는 안 된다(이미 자바를 충분히 공부한 상태여야 한다). 여러분은 JDBC 때문에 고통을 당해본 경험이 있어야 하고, 가능하면 객체 관계 매핑의 함정에 걸려본 경험이 있다면 더 좋다.

또한 여러분은 SQL에 대해서도 알고 있어야 한다. iBATIS는 SQL 중심의 프레임워크이다. 우리는 SQL을 숨기려는 시도는 하지 않는다. SQL은 자동으로 생성되는 것이 아니며, 개발자가 SQL에 대한 전적인 제어권을 갖고 있다. 따라서 여러분은 SQL로 개발한 경험을 충분히 갖추고 있어야 한다.

마지막으로 XML에 익숙해야만 한다. 더 나은 솔루션이 나오길 바라지만, XML이 iBATIS 개발에 딱 맞는다. XML은 커다란 텍스트의 블럭(예를 들면 SQL)을 작성하는 기능을 자바보다 훨씬 더 잘 지원하며(자바에는 여러 줄에 걸친 문자열을 생성하는 기능이 없다), 풍부한 마크업을 지원하여 사용자 정의 설정 문법을 만들어 낼 수 있었다. 미래의 iBATIS 버전에서는 설정하고 개발하는 다른 방법이 도입될 수도 있겠지만, 지금은 XML이 바로 그 방법이며, 여러분은 이를 충분히 알고 있어야 한다.

이 책은 누가 읽어야 하나?

개발자 커뮤니티가 우리의 주된 타겟 독자들이다. 우리는 여러분이 이번 절을 건너 뛰고, 고수준의 추상적인 주제들을 다루는 첫번 째 장을 대강 훑어보고, 소스 코드가 처음으로 나오는 장으로 옮겨가길 바란다. 우리는 여러분이 뒤에 텔레비전에서 사우스 파크를 켜놓고서 이 책과는 완전히 무관한 어떤 것을 코딩하면서 이 책을 다 읽을 수 있기를 바란다.

ORM에 상처받은 사용자들은 iBATIS와 이 책을 즐겁게 볼 수 있을 것이다. ORM은 실제로는 그렇지도 않으면서 은총알 솔루션으로 여겨지던 역사를 가지고 있다. 수많은 프로젝트들이 ORM을 사용하여 시작됐지만, 종국에는 SQL을 사용하며 끝을 맺었다. iBATIS는 새로운 문제를 더 만들지 않고 기존의 문제를 해결하는 데 중점을 두었다. 우리는 ORM에 반대하는 것이 아니다. 하지만 여러분들은 ORM 솔루션을 ORM이 아닌 다른 접근 방식이 더욱 효과적일만한 부분에 사용하면서 뜻하지 않은 장애에 한두 번쯤은 부딪혀 보았을 것이다.

아키텍트들은 고수준의 내용을 다루는 절들을 좋아할 것이다. 여기서는 iBATIS만의 독특한 접근 방식을 다룬다. ORM에는 과장된 면이 많이 있다. 그리고 아키텍트들은 ORM만이 유일한 길은 아니라는 것을 알고 있어야만 한다. 아키텍트들은 ORM 상자 옆에 있는 옛날 상자에 새로운 선을 가지고 새로운 상자를 그리는 방법을 배워야 한다. 그리고 그 상자를 다른 상자와 연결 할 수 있어야 한다. 물론 이 모든 것을 하는 동안 절대로 디미터의 법칙을 어겨서는 안된다!

데이터 모델러들은 아마도 이 책을 읽으려 하지 않을 것이다. 하지만 우리는 누군가가 그들을 설득해서 읽게 했으면 좋겠다. iBATIS는 부분적으로는 적절한 데이터베이스 정규화 (그리고 사려깊은 비정규화) 규칙을 따르지 않는 사람들이 만든 데이터베이스 설계에 대한 절망감 때문에 만든 제품이다. 데이터 모델러는 대부분의 세계에서 가장 큰 소프트웨어 회사 중 하나에서 만든 레거시 시스템과 ERP 시스템들의 문제점들에 익숙하게 될 것이다.

이 책을 읽어야 하는 다른 사람들에는 관리자·경영자, 데이터베이스 관리자, 품질 보증·테스터 그리고 분석가 등이 있다. 물론 겉 표지가 멋져서 사는 사람들도 열렬히 환영한다.

로드맵

이 책의 1부는 iBATIS에 관한 고수준 관점의 소개를 하고 있다. 여기에는 1장과 2장이 있으며, 이들은 iBATIS의 철학과 iBATIS가 무엇인지에 관한 내용이 담겨 있다. 이 장들은 iBATIS의 기원에 관해 궁금해 하는 사람들을 위한 배경지식을 제공해준다. 만약 iBATIS의 좀 더 실용적인 애플리케이션을 보고 싶고, 바로 업무에 적용하고 싶다면, 2부로 바로 넘어가도록 한다.

이 책의 2부는 3장부터 7장으로 구성되며, 독자들에게 iBATIS로 기본적인 애플리케이션을 만드는 방법을 안내해 줄 것이다. 이는 iBATIS로 개발을 하고자 한다면 꼭 읽어야 하는 장들이다. 3장은 프레임워크를 설치하는 방법을 보여준다. 4장과 5장 그리고 6장은 다양한 종류의 구문들을 사용하는 방법에 관해서 가르쳐 줄 것이다. 7장은 애플리케이션에서 트랜잭션을 제대로 사용할 수 있도록 도와줄 iBATIS의 트랜잭션 지원에 관해 상세하게 다루면서 2부를 마무리 짓는다.

3부는 고급 iBATIS 사용 기법에 관한 주제로 시작한다. 8장에서는 동적 SQL을 살펴볼 것이다. 이는 iBATIS의 가장 중요한 혁신적인 기능 중의 하나이며 애플리케이션에서 복잡한 쿼리를 사용하고자 한다면 필히 알고 있어야만 하는 것이다. 9장은 데이터 캐싱에 관해 논의하면서 고급 기법들을 계속 다루고 있다. 캐싱은 SQL 매핑 프레임워크에서 매우 복잡한 문제 중의 하나이며, 캐시를 어떻게 구현할 수 있는지 이해하고자 한다면 9장을 읽어야 한다. iBATIS는 사실 SQL 매퍼와 DAO 프레임워크 이 두 가지를 합친 프레임워크이다. DAO 프레임워크는 완전히 독립적인 것이지만, 항상 iBATIS의 한 부분을 차지하고 있었다. 따라서 이에 관해서도 얘기를 하는 것이 중요할 것 같다. 10장과 11장은 DAO 프레임워크에 관해 상세하게 다룬다. 또한 iBATIS는 매우 유연한 프레임워크이다. 가능하면 어디에서나 플러그인이 가능한 인터페이스를 사용하여 개발자가 그 자신의 기능을 프레임워크에 끼워 넣는 것이 가능하다. 12장은 바로 그렇게 할 수 있도록 iBATIS를 확장하는 방법에 대해 다루고 있다.

4부는 iBATIS를 실세계에서 사용하는 방법에 관해 다루고 있다. 13장은 iBATIS의 여러 가지 최적 활용 기법에 관해 다루고 있다. 이 책은 JGameStore라는 종합적인 애플리케이션을 담고 있는 14장으로 마무리 된다. 이 책의 다른 소스 코드들과 마찬가지로 JGameStore도

Apache 라이선스 2.0을 따른다. 독자들은 다운로드해서 원하는 대로 사용하는 데 주저하지 않아도 된다.

소스 코드의 코딩 규약과 다운로드

책에 나오는 리스트와 코드에 관련된 용어들은 지금 이것처럼-code font-코드 서체로 나타난다. 많은 리스트에 코드 주석들이 나오며, 중요한 개념들은 강조가 되어 있다. 몇몇 경우에는 원 안에 들어있는 숫자들이(번역시 소스코드에서 #1, #2 식으로 나타낸것들이 원서에는 까만원안에 숫자-❶-로 나옵니다) 리스트에 아래에 나오는 추가적인 설명들을 가리킨다.

이 책에 나오는 모든 예제와 JGameStore 애플리케이션에 관한 모든 소스 코드들을 매닝 출판사 웹 사이트 www.manning.com/begin에서 다운로드할 수 있다.

저자 온라인

iBATIS in Action 책을 구입하면, 매닝 출판사가 운영하는 개인 웹 포럼을 무료로 사용할 수 있다. 여기서 책에 관해 답글을 남기고, 기술적인 질문을 하고, 저자나 다른 사용자들로부터 도움을 받을 수도 있다. 이 포럼을 사용하고, 구독하려면 웹 브라우저에서 www.manning.com/begin을 주소창에 입력하면 된다. 이 페이지는 독자 여러분들이 일단 등록을 마친 뒤에 포럼을 사용하는 방법과 어떤 도움을 받을 수 있는지 그리고 포럼에서의 행동 규칙 등을 알려준다. 또한 여기서는 소스 코드와 오류 정정, 그리고 다른 다운로드 링크 등도 제공해준다.

매닝은 독자들에게 개별 독자들 간의 그리고 독자들과 저자들 간의 의미있는 토론을 할 수 있는 모임의 자리를 만들겠다는 약속을 하였다. 이는 저자들이 어느 정도의 활동을 꼭 하겠다는 약속이 아니다. 저자들은 저자 온라인에 자원해서 (그리고 돈을 받지 않고) 글을 쓴다. 우리는 독자 여러분들이 저자들이 흥미를 계속 유지할 수 있는 도전적인 질문을 하길 권한다! 저자 온라인 포럼과 앞에서 얘기한 문서들은 책인 출간되는 동안에는 항상 출판사의 웹 사이트에서 볼 수 있을 것이다.

저자에 대해

클린턴 비긴(CLINTON BEGIN)은 캐나다 ThoughtWorks사의 수석 개발자이며 애자일 멘터이다. 자바와 .NET을 기반으로 하여 기업용 애플리케이션을 9년째 개발하고 있다. 클린턴은 애자일 개발방법론, 퍼시스턴스 프레임워크 그리고 관계형 데이터베이스에 폭넓은 경험을 갖고 있다. 그는 iBATIS 퍼시스턴스 프레임워크의 창시자이다. iBATIS는 그가 객체 지향 개발자들이 기업용 관계형 데이터베이스를 다룰 때 부딪히게 되는 문제들을 해결하기 위해 설계한 것이다. 클린턴은 경험 많은 연설가로 공식적인 프레젠테이션과 튜토리얼 그리고 교육 세션 등을 샌프란시스코에서 뉴욕 시티 등을 돌며 진행하였다.

브랜든 구딘(BRANDON GOODIN)은 7년간 다양한 프로그래밍 언어와 기술들을 사용하여 기업용 애플리케이션을 개발해온 독립 컨설턴트이다. 산업 전반에 대한 그의 경험은 공장, 건강 관리, e-커머스, 부동산 그리고 레크리에이션 등에 걸쳐 있다. 그는 2003년 부터 iBATIS 프로젝트에 참여하고 있다.

래리 메도스(LARRY MEADORS)는 개발, 지원 그리고 교육 서비스등을 제공하는 독립 컨설턴트이다. 그는 다양한 데이터베이스와 다양한 프로그래밍 언어를 사용하여 90년대 후반 부터 기업용 웹 애플리케이션을 구축해왔으며 1.x 버전 때부터 iBATIS 프로젝트에 참여했다.

인 액션 시리즈에 대해

매닝(Manning)의 '인 액션(In Action)' 책들은 소개, 개략 그리고 하우투(how-to) 예제 등을 조합하여 배우고 기억하기 쉽게 디자인 되었다. 인지 과학의 연구에 따르면, 사람들은 스스로 동기를 부여받아 탐구하는 동안 배운 것들을 기억한다고 한다.

비록 매닝의 어떤 사람도 인지 과학자는 아니지만, 우리는 배움이 영원해야 하고, 탐험과 놀이 그리고 흥미있게 배운 것을 다시 얘기해 주는 단계로 나아가야 한다고 믿는다. 사람들은 오직 능동적으로 탐구하여 완전히 마스터한 새로운 것들 이해하고 기억한다. 인류는 행동하며(in action) 배운다. 인 액션 가이드의 핵심은 이것이 예제를 중심으로 하고 있다는 점이다. 이 책은 독자들이 직접 시도하고 새로운 코드를 가지고 놀며 새로운 아이디어들을 탐구하도록 북돋는다.

이 책의 제목에는 또 다른 더 실질적인 이유가 있다. 우리의 독자들은 바쁘다. 그들은 업무를 위해서 혹은 문제를 해결하기 위해서 책을 본다. 독자들은 쉽게 이리저리 왔다갔다 하며 원하는 때에 그들이 원하는 것을 배울 수 있어야 한다. 책은 독자들의 실 생활에서 도움이 되어 주어야 한다. 인 액션 시리즈의 책들은 그러한 독자들에 맞게 디자인되었다.

표지 그림에 대해

iBAITS 인 액션 책의 표지 그림은 'Geisiques'이다. 이는 지금은 소말리아에 있는 아프리카의 뿔(the Horn of Africa)지역의 Har-Geisa 부족의 주민이다. 이 일러스트는 1799년 마드리드(Madrid)에서 첫 출간된 스페인어판 지역별 의상 풍습 개론(a Spanish compendium of regional dress customs)에서 따온 것이다. 이 책의 제목 부분은 다음과 같이 말하고 있다:

> *Coleccion general de los Trages que usan actualmente todas las Nacionas*
> *del Mundo desubierto, dibujados y grabados con la mayor exactitud por*
> *R.M.V.A.R. Obra muy util y en special para los que tienen la del viajero universal*

가능한한 문자 그대로 번역하자면, 아래와 같다.

> R.M.V.A.R에 의해서 매우 정밀하게 디자인되고 인쇄된, 알려진 세상의 나라들에서 사용되는 현재의 일반적인 복장 수집품들. 이 작업은 자기 자신을 전세계를 여행하는 사람이라고 믿는 사람들에게 특히 도움이 될 것이다.

비록 디자이너나 조판공, 그리고 수작업으로 색을 입힌 작업자들에 대해서는 알려진 것이 하나도 없지만, 이 그림에서 그들 작업의 '정밀성'만큼은 분명하다. 'Geisiques'는 이 원색 수집품들의 많은 그림들 중 하나일 뿐이다. 그들의 다양함은 200년 전 세계의 마을과 지역들의 독창성과 개성을 생생하게 보여준다. 당시는 불과 몇십 킬로미터 떨어진 두 지역의 복장 규정을 보고서 어떤 사람이 어느 지역에 속해 있는지 확인할 수 있던 그런 때였다. 이 수집품들은 고립감과 그 시대의 거리감을 그리고 우리 자신의 역동적인 현재를 제외한 다른 모든 역사적인 시기에 활력을 심어준다.

복장 규정은 그 이후로 계속 바뀌었고, 당시에는 매우 풍부했던 지역에 따른 다양성도 점차 사라져 갔다. 이제는 한 대륙의 거주자를 다른 대륙에서 말하기가 종종 어렵다. 아마도 이를 긍적적으로 바라보면, 문화적 시각적 다양성을 개인의 삶에서 더 다양하게 교류하고 있다고 할 수도 있을 것이다. 혹은 더 다양하고 흥미있는 지적이고 기술적인 삶이거나.

매닝에 있는 우리들은 2세기 전의 지역별 삶의 풍부한 다양성 수집품의 사진에 의해 우리 삶으로 가져온 책 표지를 통해 컴퓨터 비즈니스의 창의력과 독창성 그리고 물론 재미까지 찬양한다.

1부

iBATIS 소개

iBATIS에 대한 고수준(high-level)의 소개를 하면서 이 책을 시작한다. 1, 2장에서는 iBATIS의 철학과 다른 퍼시스턴스 솔루션과의 차이점을 다룰 것이다. 자바에는 매우 많은 퍼시스턴스 솔루션들이 있다. 그리고 어떤 것을 언제 사용해야 할지 제대로 이해하기가 녹록치 않다. 1부의 1,2장을 읽고 나면, iBATIS의 기반이 되고 개발자들이 사용하게 될 기본 원리와 가치를 이해하게 될 것이다.

iBATIS

1장

iBATIS의 탄생 철학

: iBATIS 역사

: iBATIS 이해

: 데이터베이스 종류

SQL Structured Query Language이 나온 지도 상당히 오래되었다. 에드가 F. 코드가 데이터를 관계형 테이블의 집합으로 나타낼 수 있다는 아이디어를 제안한 것이 이미 35년이 넘었다. 그 이후로, IT 회사들은 관계형 데이터베이스 관리 시스템(RDBMS)에 수십억 달러를 투자했다. 하지만 몇 안 되는 소프트웨어 기술만이 관계형 데이터베이스와 SQL에 걸린 시간만큼 오랜 기간 동안의 시험 과정을 통과할 수 있었을 뿐이다.

이렇듯 오랜 기간이 지났음에도, 관계형 데이터베이스는 여전히 엄청난 힘을 뿜어내고 있으며 세계에서 가장 큰 규모를 가진 소프트웨어 회사들의 시스템을 구성하는 중요한 기반 구조의 역할을 하고 있다. 모든 지표들은 SQL이 향후 30년을 더 버텨내리라는 것을 예견하고 있다.

iBATIS는 관계형 데이터베이스와 SQL의 가치를 인정하고 산업 전반에 걸친 SQL에 대한 투자를 그대로 이어가겠다는 생각을 기반으로 하고 있다. 우리는 데이터베이스와 SQL 그 자체가 애플리케이션의 소스코드나 혹은 여러 번의 업그레이드를 거친 소스 코드보다도 더 오래 살아남는 것을 보곤한다. 어떤 경우에는 애플리케이션이 다른 언어로 새로 작성됨에도 불구하고 SQL과 데이터베이스는 대부분 변경 없이 그대로 사용되는 것을 볼 수 있다. 이것이 iBATIS가 SQL을 피하거나 숨기려 들지 않는 까닭이다. 대신 iBATIS는 SQL로 더 쉽게 작업할 수 있도록 SQL 사용을 기꺼이 받아들였고, 현대적인 객체 지향 소프트웨어와의 통합을 더 쉽게 만들어 주는 퍼시스턴스 계층(persistence layer) 프레임워크로 자리매김했다. 최근에는 데이터베이스와 SQL이 객체 모델을 위협한다는 루머가 돌지만 그렇게 될 리가 없다. iBATIS가 그렇게 놔두지 않을 것이다.

1장에서는 iBATIS의 역사와 작동 원리를 알아보고, iBATIS의 탄생에 영향을 끼친 것들에 대해 공부해 본다.

1.1 복합적인 솔루션 : 최고 중의 최고들로 구성하기

현대 세계에서는 복합적인 솔루션을 어디서든 찾아볼 수 있다. 겉으로 보기엔 서로 반대되는 두 생각을 받아들여 중간에서 그것들을 합치면 간극을 메워주는 아주 효율적인 방법이 만들어질 수 있음이 증명되었다. 때로는 이러한 조합이 완전히 새로운 산업을 창조해 버리는 결과를 낳기도 한다. 자동차 산업에서 이러한 예를 확실히 볼 수 있다. 자동차 산업에서 대부분의 혁신은 여러 가지 아이디어를 조합해서 나온 것이다. 승용차를 화물차와 합쳐서 멋진 가족용 미니밴을 만들어 냈다. 트럭을 전천후 차량(all-terrain vehicle)과 결합시켜서 도시적 신분의 상징이 된 SUV를 낳았다. 핫로드[1]와 스테이션 웨건[2]을 접목시켜서 아버지가 운전하기에 창피하지 않을 법한 가족용 자동차를 만들어 냈다. 휘발유 엔진에 전기 모터를 결합시켜 북미의 오염 문제에 대한 훌륭한 해결책을 제시하기도 했다.

복합적인 솔루션은 IT 산업에 있어서도 그 효과를 증명했다. iBATIS가 소프트웨어 애플리케이션의 퍼시스턴스 계층을 위한 바로 그러한 복합적인 솔루션이다. 그동안 애플리케이

---

1. **역자주** | 양산차를 기본으로 하여 엔진이나 기타 부품들을 개조 또는 교환해서 가속 성능이나 개성적인 디자인을 추구하는 작업. 이런 작업을 즐기는 사람을 핫로더라 한다.
2. **역자주** | 자동차 차체 형태의 한 종류로 세단형과 유사하나 차체 뒷쪽에 화물 공간이 있는 것이 특징이다.

션에서 데이터베이스에 SQL을 실행시키는 다양한 방법들이 개발되었다. iBATIS는 여러 가지 접근 방법들로부터 다양한 개념을 빌려다 만든 독보적인 솔루션이다. 어떤 접근법을 사용했는지 살펴보는 것으로 시작해보자.

1.1.1 iBATIS의 기원 답사

iBATIS는 관계형 데이터베이스에 접근하는 가장 잘 알려진 방법들로부터 가장 좋은 특징과 아이디어들을 차용하고, 그것들로부터 시너지를 이끌어낸다. 그림 1.1은 iBATIS 프레임워크가 몇 년간에 걸쳐 데이터베이스 통합을 위해 서로 다른 여러 접근 방법을 사용하여 개발하며 배운 것들을 취합하고, 복합적인 솔루션을 만들기 위해 최고의 지혜들을 모아 조합하는 것을 보여준다.

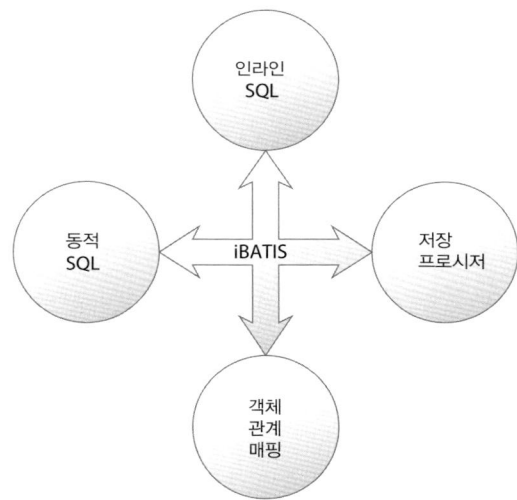

그 림 1.1 | iBATIS가 개발 프로세스를 단순화하기 위해 끌어다 모은 몇몇 개념들

다음 절은 데이터베이스와 소통하는 다양한 접근 방법들을 논의하고, iBATIS가 응용한 각 부분들에 대해 알아볼 것이다.

SQL

iBATIS의 심장부에는 SQL이 자리잡고 있다. 정의에 따르면, 모든 관계형 데이터베이스는 데이터베이스와 소통하는 1차적인 방법으로 SQL을 지원한다. SQL은 단순하고 비절차적

(non-procedural)인 언어로 데이터베이스와 함께 작동하며 사실은 두 가지 언어를 하나로 합친 것이다.

첫째는 데이터 정의 언어(Data Definition Language, DDL)로 CREATE, DROP, ALTER 같은 구문을 포함하고 있다. 이 구문들은 테이블, 칼럼, 인덱스, 제약조건, 프로시저 그리고 외래키 관계 등을 포함한 데이터베이스의 구조와 설계를 정의하는 데 사용한다. DDL은 iBATIS가 직접적으로 지원하는 것은 아니다. 비록 많은 사람들이 iBATIS를 이용해서 DDL을 성공적으로 실행시키고 있지만 사실 DDL은 일반적으로 데이터베이스 관리자들을 위한 것이며 개발자들의 영역 밖에 있는 것이다.

SQL의 두 번째 부분은 데이터 조작 언어(Data Manipulation Language, DML)이다. 이것은 SELECT, INSERT, UPDATE, DELETE 같은 구문들을 포함하고 있다. DML은 데이터를 직접 조작하기 위해 사용한다. 원래 SQL은 최종 사용자들이 사용하기에도 충분할 정도로 단순하게 설계된 언어이다. SQL을 사용하기 위해 복잡한 사용자 인터페이스의 프로그램은 필요 없으며, 아니면 아예 애플리케이션을 사용할 필요조차도 없게 설계한 것이다. 물론 이건 우리의 최종 사용자들에게 더 큰 희망을 품어볼 수 있었던 흑백 터미널을 사용하던 시절 얘기다![3]

요즘에는 데이터베이스가 너무 복잡해져서 최종 사용자가 데이터베이스에 SQL을 직접 날리는 것을 허용해 줄 수는 없다. 상상할 수 있겠는가? "이봐요, BSHEET 테이블에서 여러분이 찾는 정보를 찾을 수 있을 겁니다."라고 말하며 회계 관리 부서 직원들에게 SQL 목록을 넘겨주는 모습을...

SQL을 직접 사용하는 것이 최종사용자에게는 더 이상 효과적인 방법이 될 수는 없지만, 개발자들에게는 매우 강력한 도구이다. SQL은 데이터베이스에 접근하는 진정한 최적의 도구이다. SQL이 아닌 다른 데이터 접근 방식들은 SQL이 가진 전체 기능들 중의 일부 만을 수행할 수 있을 뿐이다. 이런 까닭에 iBATIS는 관계형 데이터베이스에 접근하는 1차적인 방법으로 SQL 사용을 채택하였다. 동시에 iBATIS는 아래에서 논의할 저장 프로시저와 객체 관계 매핑(object/relational mapping, O/RM) 도구 등과 같은 다른 접근 방법들의 여러 장점들도 제공하고 있다.

---

3. **역자주** | 당시의 애플리케이션 사용자들은 매우 높은 컴퓨터 사용 능력을 보유하고 있었다는 의미임

옛날식의 저장 프로시저(Stored Procedure)

저장 프로시저는 아마도 관계형 데이터베이스로 애플리케이션 프로그램을 작성하는 가장 오래된 방법일 것이다. 많은 옛날 애플리케이션들이 요즘에는 2-티어설계라고 불리는 방식을 사용했다. 2-티어 설계는 리치 클라이언트 인터페이스에서 데이터베이스에 있는 저장 프로시저를 직접 호출하도록 구성돼 있다. 저장 프로시저는 데이터베이스에서 실행시킬 SQL을 포함하고 있었다. 또 SQL과 함께 비즈니스 로직을 포함할 수도 있었으며 종종 실제로 포함하기도 했다. SQL과는 달리 저장 프로시저 언어는 절차적이며, 조건문이나 반복문같은 흐름 제어부를 가지고 있었다. 확실히 다른 어떤 것도 필요 없이 저장 프로시저만 가지고도 전체 애플리케이션을 작성하는 것이 가능할 정도였다. 많은 소프트웨어 업체들이 2-티어 데이터베이스 애플리케이션 개발을 위한 리치 클라이언트 도구들을 개발했는데, Oracle Forms, PowerBuilder, Visual Basic 등이 바로 그것이다.

하지만 2-티어 애플리케이션은 성능과 확장성에 문제가 있었다. 비록 데이터베이스가 엄청나게 강력한 장비라고 하더라도 수백, 수천 혹은 수백만이 될 수도 있는 사용자들을 감당하기에 최적의 선택이라고 보기는 어렵다. 현대 웹 애플리케이션에서는 이러한 확장성을 요구하는 경우가 일반적이다. 동시 사용자 라이선스, 하드웨어 자원 그리고 네트워크 소켓 등을 포함한 제약 사항들 때문에 2-티어 아키텍처는 대용량 작업에서 성공하기 힘들다. 게다가 2-티어 애플리케이션을 배포하는 것은 악몽이라 할만하다. 리치 클라이언트 애플리케이션의 배포와 관련된 일반적인 문제들과 더불어 복잡한 실행 데이터베이스 엔진까지도 클라이언트 장비에 배포해야 하는 경우도 생겼다.

현대적인 저장 프로시저

어떤 영역에서는 저장 프로시저가 여전히 웹 애플리케이션과 같은 3-티어나 N-티어 애플리케이션 개발에서 가장 좋은 해결책으로 꼽히고 있다. 요즘 저장 프로시저는 보통 중간 티어(middle tier)에서 호출되는 원격 프로시저처럼 사용되고 있으며, 성능에 관한 많은 제약들이 커넥션 풀이나 데이터베이스의 자원을 관리함으로써 해결되었다.

저장 프로시저는 여전히 현대적인 객체 지향 애플리케이션의 데이터 접근 계층 전체를 구현하는데 사용할 수 있는 유효한 방법이다. 또 저장 프로시저는 다른 방법들에 비해 데이터베이스의 데이터를 가장 빨리 관리할 수 있는 성능상 이점을 가지고 있다. 하지만 단순한 성능만 아니라 여러 가지 고려해야 할 사항이 더 있다. 업계에서는 비즈니스 로직을 저장 프로시저에 두는 것을 좋지 않은 개발 방식으로 간주하고 있다. 그렇게 여기는 큰 이유는 저장 프로시저가 현대 애플리케이션 아키텍처와 잘 맞아 떨어지게 개발하기 어렵기 때문이다. 저장 프로시저는 작성하고 테스트하고 배포하기가 어렵다. 더더욱 안 좋은 점은 데이터베이스가 개발 팀이 아닌 다른 팀의 영역인 경우가 종종 있고 엄격한 변경 관리가 어렵다는 점이다. 저장 프로시저는 현대 소프트웨어 개발 방법들을 따라잡기에는 변경을 받아들이는 속도가 충분하지 못하다. 게다가 저장 프로시저는 비즈니스 로직을 제대로 구현하기에 기능이 충분치 못하다는 문제도 있다. 비즈니스 로직이 다른 시스템이나 혹은 사용자 인터페이스를 제어하려 한다고 할 때, 저장 프로시저는 그 모든 로직을 처리하기에는 역부족이다. 현대 애플리케이션은 매우 복잡하며 데이터를 조작하는데 최적화 되어있는 저장 프로시저보다는 좀 더 일반적인 프로그래밍 언어를 필요로 한다. 이런 점 때문에, 몇몇 벤더들은 자바같은 강력한 언어를 자신들의 데이터베이스 엔진에 추가하여 더 강력한 저장 프로시저를 만들 수 있게 하고 있다. 하지만 이것이 상황을 진정으로 해결해 주지는 못한다. 이것은 애플리케이션과 데이터베이스의 경계를 불분명하게 만들 뿐이고 데이터베이스 관리자들에게 자신의 데이터베이스에서 자바나 C#을 사용해야 하는 짐을 안겨줄 뿐이다. 이것은 문제를 해결하는 적절한 방법이 아니다.

소프트웨어 개발에서 자주 다루는 문제로 과잉수정(overcorrection)이라는 것이 있다. 어떤 문제를 발견했을 때 처음으로 시도한 해결책이 종종 실제 해결책에 대한 정반대의 접근법이기도 하다. 문제를 해결하는 대신 완전히 다른 문제들을 꼭 그만큼 더 만들어내는 것이다. 이제 이와 관련해 인라인(Inline) SQL을 논의해 보려 한다.

인라인 SQL

저장 프로시저의 한계를 극복하는 접근 방법으로 일반 프로그래밍 언어에 SQL을 내장시키는 방법이 있다. 로직을 데이터베이스로 옮기는 대신, SQL을 데이터베이스에서 애플리케이션 코드로 옮기는 것이다. 이로 인해 SQL 구문이 프로그래밍 언어와 직접적으로 상호작용하는 것이 가능하다. 어떤 점에서는 SQL이 프로그래밍 언어의 기능 중에 하나가 되는 것이다. 이것은 COBOL, C, 게다가 자바 등을 포함한 많은 프로그래밍 언어에서 지원된다. 아래는 자바에서 사용하는 SQLJ에 대한 예제이다.

```
String name;
Date hiredate;
#sql {
    SELECT emp_name, hire_date
    INTO :name, :hiredate
```

```
        FROM employee
        WHERE emp_num = 28959
};
```

인라인 SQL은 프로그래밍 언어와 잘 통합된다는 점에서 상당히 멋지다. 해당 언어의 변수가 SQL의 파라미터로 직접 넘어갈 수도 있고, SQL 실행 결과도 비슷한 방식으로 변수에 직접 값을 넘겨줄 수 있다. 어떻게 보면 SQL이 프로그래밍 언어의 일부가 되는 것이다.

하지만 불행하게도 인라인 SQL은 폭넓게 받아들여지지 못했고, 몇몇 중대한 문제들 때문에 그 영역을 확장하기가 어렵다. SQL에는 여러 확장 기능들이 있고, 그것들은 특정 데이터베이스에서만 작동한다. 이렇게 SQL이 여러 가지 형태로 파생되면서 모든 데이터베이스 플랫폼에서 완벽하고 이식성 있는 인라인 SQL 파서를 만들기가 어렵다. 인라인 SQL의 두 번째 문제는 이것이 보통 실제 프로그래밍 언어의 일부로써 구현되지 못한다는 점이다. 대신, 전처리기(precompiler)가 인라인 SQL을 특정 언어에 맞는 코드로 변환하는 방식을 사용한다. 이로 인해 IDE 같은 개발 도구들이 문법 강조 기능이나 코드 자동완성 같은 고급 기능들을 제공하기 위해 인라인 SQL 코드를 해석할 필요가 생긴다. 인라인 SQL을 포함한 코드는 전처리기가 없으면 컴파일조차 되지 않으며 이러한 의존관계는 코드의 유지보수성을 떨어뜨리는 요인이 된다. 프로그래밍 언어 측면에서 인라인 SQL의 이러한 문제를 해결하는 한 가지 방법은 애플리케이션에서 SQL을 문자열 같은 자료 구조로 나타내는 것이다. 이러한 접근 방법을 보통 동적(dynamic) SQL이라고 한다.

동적 SQL

동적 SQL은 전처리기를 사용하지 않고 인라인 SQL을 다루는 방법이다. 대신, 현대 프로그래밍 언어에서 다른 문자 데이터를 다루는 것과 마찬가지로 SQL을 문자타입으로 다룬다. SQL이 문자타입이므로 인라인 SQL처럼 직접 프로그래밍 언어의 특징을 사용할 수는 없다. 따라서 동적 SQL은 SQL 파라미터를 설정하고 결과 값을 가져오는 견고한 API를 구현할 필요가 있다.

동적 SQL은 유연하다는 장점이 있다. 서로 다른 파라미터나 동적인 애플리케이션의 기능에 따라서 실행 시간에 SQL이 변경될 수 있다. 예를 들어 Query-By-Example[4] 웹 폼은

---

[4] 역자주 | 사용자에게 각 칼럼 이름과 그 옆에 빈칸을 주고 각 칼럼의 검색 조건을 빈칸에 채우고 '검색' 버튼을 누르면, 각 칼럼의 값이 사용자가 입력한 조건을 만족하는 행을 찾아주는 SQL 구문을 자동으로 생성해서 쿼리를 실행하는 방식

사용자가 어떤 필드를 검색할지, 어떤 검색어로 검색할지를 선택할 수 있다. 이러한 기능을 만들려면 SQL 구문의 WHERE 절이 동적으로 변해야만 한다. 동적 SQL에서는 손쉽게 가능한 일이다.

동적 SQL은 현대 프로그래밍 언어에서 가장 많이 사용되는 관계형 데이터베이스 접근 방식이다. 대부분의 현대 프로그래밍 언어들은 데이터베이스 접근을 위한 표준 API를 포함하고 있다. 자바 개발자와 .NET 개발자들은 각각 JDBC와 ADO.NET이라는 표준 API에 익숙할 것이다. 이러한 표준 SQL API는 일반적으로 매우 견고하며 개발자들에게 높은 유연성을 제공해준다. 다음은 자바에서 동적 SQL을 사용하는 간단한 예제이다.

```
String name;
Date hiredate;
String sql = "SELECT emp_name, hire_date"
        + " FROM employee WHERE emp_num = ? ";
Connection conn = dataSource.getConnection();
PreparedStatement ps = conn.prepareStatement (sql);
ps.setInt (1, 28959);
ResultSet rs = ps.executeQuery();
while (rs.next) {
name = rs.getString("emp_name");
hiredate = rs.getDate("hire_date");
}
rs.close();      | 이 두 라인은 try-catch
conn.close();    | 블록 안에 있어야 한다.
```

의심할 바 없이 동적 SQL은 우리가 예외 처리를 뺐음에도 불구하고 인라인 SQL이나 혹은 저장 프로시저처럼 세련되지 못하다. 이 API는 바로 위의 예제처럼 복잡하고 매우 길게 늘여 써야 한다. 이러한 프레임워크를 사용하면 일반적으로 반복적인 코드들을 양산하게 된다. 게다가 SQL 구문은 한 줄로 보기에는 너무 길다. 그러므로 SQL 문자열을 여러 줄로 분리해서 작성하고 연결할 필요가 있다. 연결된 SQL 구문은 가독성이 많이 떨어지고 유지보수와 작업을 어렵게 만든다.

그러면 SQL이 저장 프로시저로 데이터베이스에 있어서도 안 되고, 인라인 SQL로 언어 내부에 둬도 안 되고, 데이터로써 애플리케이션 내에 두어도 안 된다면 어찌하란 말인가? 그래서 우린 이러한 문제들을 모두 피해가기로 했다. 현대 객체 지향 애플리케이션에서는 관계형 데이터베이스와 소통하는 가장 강력한 방법 중의 하나로 객체 관계 매핑(Object Relational Mapping) 도구를 이용한다.

객체 관계 매핑

객체 관계 매핑(ORM)은 SQL을 개발자의 책임 영역에서 완전히 제거함으로써 객체의 영구적인 저장을 단순화하도록 설계돼 있다. 대신 SQL은 자동 생성된다. 어떤 개발 도구들은 컴파일시에 SQL을 정적으로 자동 생성하기도 하지만, 보통은 실행시에 동적으로 자동 생성한다. SQL은 애플리케이션의 클래스와 관계형 데이터베이스 테이블 간의 매핑을 기반으로 하여 생성된다. ORM의 API는 SQL을 없앨 수 있을뿐만 아니라 전형적인 SQL API보다 훨씬 단순하기도 하다. 객체 관계 매핑은 새로운 개념은 아니고 객체 지향(또는 객체 중심의) 프로그래밍 언어만큼이나 오래 전에 등장한 것이다. 최근 몇 년 사이에 ORM을 퍼시스턴스 계층에 대한 매우 강력한 접근 방법이 되도록 힘쓴 결과, 큰 진전을 보았다.

현대 ORM 도구들은 단순히 SQL을 자동 생성하는 것보다 더 많은 일을 한다. 이들은 전체 애플리케이션의 개발 생산성을 향상시키는 완전한 퍼시스턴스 계층 아키텍처를 제공해 준다. 훌륭한 ORM들은 모두 트랜잭션 관리 기능을 제공한다. 또 로컬과 분산 트랜잭션 모두를 제어하는 간단한 API를 포함하고 있다. ORM 도구들은 일반적으로 불필요한 데이터베이스 접근을 피할 수 있도록 여러 다른 종류의 데이터를 다루는 다양한 캐시 전략을 제공한다. ORM 도구가 데이터베이스 접근을 줄이는 다른 방법으로 데이터의 적재 지연(lazy loading) 기법이 있다. 적재 지연은 데이터 사용이 꼭 필요한 바로 그 순간까지 데이터 가져오기를 미룬다.

이러한 기능들에도 불구하고 ORM이 모든 것을 해결해 주는 완벽한 솔루션은 아니다. ORM이 모든 상황에 다 대응할 수는 없다. ORM 도구는 가정과 규칙(assumptions and rules)에 기반을 두고 있다. 가장 일반적인 가정은 데이터베이스가 적절하게 정규화(normalized)되어 있다는 것이다. 1.4절에서 논의하겠지만 가장 크고 값비싼 데이터베이스들조차 완벽하게 정규화되어 있지 못하다. 이로 인해 매핑 하기가 복잡해지고 편법이 필요해지며 설계가 비효율적이 된다. 어떤 객체 관계 솔루션도 모든 데이터베이스 각각에 존재하는 모든 기능과 성능 그리고 설계상의 미비점들을 지원해 줄 수는 없다. 이미 말했듯이 SQL은 완전히 표준화 되어 있지는 않다. 이런 까닭에 모든 ORM은 항상 특정 데이터베이스가 가진 기능 중 일부만을 지원할 수 있을 뿐이다.

그렇다면 복합적인 솔루션을 한번 살펴보자.

1.1.2 iBATIS의 장점 이해하기

iBATIS는 여러 솔루션들로부터 최고의 아이디어들을 도출하여 그 시너지를 이끌어낸다. 표 1.1은 위에서 논의한 각 접근 방법 중에서 iBATIS가 차용한 몇몇 아이디어들을 정리한 것이다.

표 1.1 다른 솔루션이 제공하는 것과 유사하게 iBATIS가 제공하는 장점

방법	비슷한 이점	해결된 문제점
저장 프로시저	iBATIS는 SQL을 캡슐화하고 외부로 분리하여 애플리케이션 외부에 SQL을 둔다. iBATIS는 저장 프로시저와 비슷하지만 객체지향적인 API를 제공한다. iBATIS는 또한 저장 프로시저를 직접 호출하는 방법도 지원한다.	비즈니스 로직이 데이터베이스 밖에 있도록 한다. 배포하기 쉽다. 테스트하기 쉽다. 이식성이 좋다.
인라인 SQL	iBATIS는 SQL을 원형 그대로 작성할 수 있다. 문자열 연결이나 파라미터 값 설정, 결과값 가져오기 등이 불필요하다.	iBATIS는 애플리케이션 코드내에 삽입되지 않는다. 전처리기가 불필요하다. SQL의 일부가 아닌 모든 기능을 사용할 수 있다.
동적 SQL	iBATIS는 파라미터를 기반으로 하여 동적으로 쿼리를 구성하는 기능을 제공한다. 쿼리 구성 API는 필요 없다.	iBATIS는 애플리케이션 코드에 섞인 연결된 문자열 블록으로 SQL을 작성할 필요가 없다.
객체/관계 매핑	iBATIS는 ORM 도구의 적재 지연(lazy loading), 조인해서 값 가져오기(join fetching), 실시간 코드 생성, 상속 등과 같은 많은 기능들을 동일하게 제공한다.	iBATIS는 어떠한 데이터 모델과 객체모델의 조합도 사용할 수 있다. 이들을 어떻게 설계 할지에 대한 제약이나 규칙 같은 것은 거의 없다.

이제 iBATIS를 이해했으니 다음 절에서 iBATIS 퍼시스턴스 계층의 중요한 특징 두 가지를 논의해보자. 바로 SQL의 외부 저장과 캡슐화이다. 이 두 개념이 합쳐져서 iBATIS가 이룩한 많은 가치와 고급 기능들을 제공해준다.

외부로 뺀 SQL

소프트웨어 개발에 있어 지난 10년간 얻은 지혜 중의 하나는, 한 사람이 개발하는 시스템을 설계할 때에도 그 부속 시스템들을 마치 각자 서로 다른 개발자가 개발하는 것처럼 만드는 것이다. 사용자 인터페이스 설계, 애플리케이션 프로그래밍 그리고 데이터베이스 관리같은 서로 다른 프로그래밍 역할에 따라 다뤄지는 사항들은 서로 분리하는 것이 좋다. 비록 이러한 역할 모두를 한 사람이 하더라도 이렇게 분리하면 시스템의 특정 부분에 집중할 수 있는 잘 계층화된 설계를 얻을 수 있다. 만약 SQL을 자바 소스 코드에 집어넣으면 데이

터베이스 관리자나 혹은 .NET 개발자들이 동일한 데이터베이스에서 작업할 경우 불편하게 된다. 외부로 뺀 SQL은 SQL을 애플리케이션 소스 코드로부터 분리하여 둘 모두를 명확하게 유지할 수 있게 한다. 그렇게 함으로써 SQL은 상대적으로 특정 언어나 플랫폼에 독립적인 상태가 된다. 대부분의 개발 언어들은 SQL을 문자타입으로 나타내어 긴 SQL 구문을 연결해야 한다. 다음의 간단한 SQL 구문을 보자.

```
SELECT
  PRODUCTID,
  NAME,
  DESCRIPTION,
  CATEGORY
FROM PRODUCT
WHERE CATEGORY = ?
```

자바 같은 현대 프로그래밍 언어에서 문자타입으로 SQL 구문을 표현하면 위 예제처럼 미려한 SQL 구문이 많은 언어 특징들로 인해 지저분해지고 관리하기 힘든 코드가 된다.

```
String s = "SELECT"
   + " PRODUCTID,"
   + " NAME,"
   + " DESCRIPTION,"
   + " CATEGORY"
   + " FROM PRODUCT"
   + " WHERE CATEGORY = ?";
```

단순히 FROM 구절 앞의 공백을 잊어버려서 SQL 오류가 발생할 수도 있다. 이 밖에도 SQL이 복잡해질 경우 발생할 수 있는 문제들을 쉽게 생각해낼 수 있을 것이다.

여기서 iBATIS의 핵심 장점을 찾을 수 있다. SQL을 쓰고자 하는 대로 그대로 쓰면 된다는 점이다. 아래는 iBATIS가 SQL 구문을 매핑할 때 어떻게 하는지 보여준다.

```
SELECT
  PRODUCTID,
  NAME,
  DESCRIPTION,
  CATEGORY
FROM PRODUCT
WHERE CATEGORY = #categoryId#
```

SQL이 구조나 단순성 측면에서 변한 것이 없음을 볼 수 있다. 기존 SQL과 가장 다른 점은 파라미터 #categoryId#의 형태가 특정 언어에 종속적인 세부사항에 따라 달라지는 점 등이다. iBATIS는 이를 더 이식성 좋고 읽기 쉽게 해준다.

이제 SQL을 소스 코드로부터 분리해서 우리가 더욱 자연스럽게 작업할 수 있는 곳으로 옮겼으니, 이것을 애플리케이션과 연결하여 우리가 사용할 수 있는 방식으로 실행시킬 수 있게 해보자.

캡슐화된 SQL

오래된 개념 중 하나로 모듈화가 있다. 절차적인 애플리케이션에서 코드는 여러 파일, 함수 그리고 프로시저로 분리된다. 객체 지향 애플리케이션에서는 코드가 클래스와 메서드로 조직된다. 캡슐화는 코드를 응집성 있는 모듈로 조직하는 것뿐만 아니라 또한 세부적인 구현을 숨기고 호출하는 코드에게 인터페이스만을 노출시키는 모듈화의 한 형태이다.

이러한 개념은 퍼시스턴스 계층으로도 확대 적용할 수 있다. SQL의 입력과 출력을 정의 (이게 인터페이스이다)하고 애플리케이션의 다른 부분으로부터 SQL 코드를 숨겨서 SQL을 캡슐화할 수 있다. 여러분이 객체지향 소프트웨어 개발자라면 인터페이스를 구현으로부터 분리하는 것과 같은 방식이라고 보면 된다. 여러분이 SQL 개발자라면 저장 프로시저 안에 SQL을 숨기는 것이 캡슐화라고 생각하면 된다.

iBATIS는 SQL을 캡슐화하기 위해 XML을 사용한다. 우리가 XML을 선택한 까닭은 일반적으로 모든 플랫폼에 이식가능하고, 산업 전반에 걸쳐 채용되었으며 그 어떤 언어나 파일 포맷보다 SQL처럼 오랫동안 살아남을 수 있을 것 같았기 때문이다.

iBATIS는 XML을 사용해서 SQL 구문의 입력과 출력을 정의한다. 대부분의 SQL 구문은 하나 혹은 그 이상의 파라미터를 가지며 테이블 형태의 결과를 만들어 낸다. 이는 결과가 여러 칼럼과 레코드의 연속으로 이루어짐을 뜻한다. iBATIS는 파라미터와 실행 결과를 객체의 프로퍼티로 매핑하게 한다. 다음 예제를 보자.

```xml
<select id="categoryById"
  parameterClass="string" resultClass="category">
    SELECT CATEGORYID, NAME, DESCRIPTION
    FROM CATEGORY
    WHERE CATEGORYID = #categoryId#
</select>
```

SQL이 XML 요소로 둘러싸여 있음을 보라. 이것이 SQL을 캡슐화한 것으로 단순한 <select> 요소가 SQL 구문의 이름과 파라미터 입력 타입과 결과 출력 타입을 정의하고 있다. 객체지향 소프트웨어 개발자들에게는 이것이 메서드의 시그너처와 비슷하게 보인다. SQL을 외부로 빼고 캡슐화함으로써 간결함과 일관성을 모두 이루어냈다.

API 사용법과 매핑 문법의 자세한 사항은 2장에서 다룰 예정이다. 그러기 전에 iBATIS가 우리의 애플리케이션 아키텍처의 어느 부분에 적합한지 이해하는 것이 중요하다.

1.2 iBATIS가 적합한 곳

대부분의 잘 설계된 소프트웨어는 계층화된 설계를 사용한다. 계층화된 설계란 애플리케이션의 기술적인 역할들을 응집성 높은 부분들끼리 묶어서 상세한 구현 방법을 특정 기술이나 인터페이스로부터 분리하는 것이다. 계층화된 설계는 견고한(3GL/4GL) 어떤 프로그래밍 언어로도 구현할 수 있다. 그림 1.2는 많은 비즈니스 애플리케이션에서 유용하게 쓸 수 있는 전형적인 계층화된 전략을 상위 레벨 관점에서 보여준다.

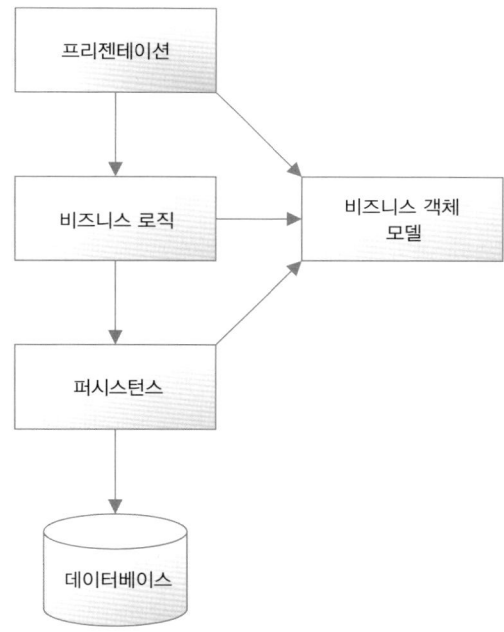

그림 1.2 | 디미터 법칙(Law of Demeter)을 따르는 전형적인 계층화 전략

그림 1.2에서 화살표는 "~에 의존한다", "~를 사용한다"라고 해석하면 된다. 이러한 계층화된 접근법은 디미터 법칙(Law of Demeter)[5]에 의해 영향을 받은 것인데, 이것은 다음의 한 문장으로 나타낼 수 있다.

"각 계층은 다른 계층에 대해 오직 제한된 정보만을 가질 수 있다: 오직 현재 계층에 인접한 계층에 대해서만."

이러한 개념은 각 계층이 오직 자기 바로 아래 계층과만 소통할 수 있다는 뜻이다. 이로 인해 의존성이 한 방향으로만 흐르는 것을 보장할 수 있다. 이는 계층화되지 않게 설계한 애플리케이션에서 흔히 나타나는 전형적인 '스파게티 코드'를 피할 수 있게 해준다.

iBATIS는 퍼시스턴스 계층 프레임워크이다. 퍼시스턴스 계층은 애플리케이션의 비즈니스 로직과 데이터베이스 사이에 자리잡고 있다. 이러한 구분은 퍼시스턴스 계층이 비즈니스 로직 코드와 (혹은 그 반대로) 섞이지 않도록 보장하는 데 있어서 매우 중요하다. 이러한 구분의 장점은 객체 모델을 데이터베이스 설계와 무관하게 변경될 수 있게 함으로써 코드의 유지보수성을 향상시켜준다.

비록 iBATIS가 퍼시스턴스 계층에 집중돼 있긴 하지만, 애플리케이션 아키텍처의 전체 계층을 이해하는 것도 중요하다. 비록 우리가 어떤 특정한 구현에 최소한으로 의존할 (혹은 전혀 의존하지 않을) 만큼 우리의 관심사를 분리시키더라도 이런 각 계층 간의 상호작용을 전혀 몰라도 된다고 믿는 것은 너무도 순진한 생각이다. 여러분이 얼마나 애플리케이션을 잘 설계하든 간에, 각 계층 간에는 우리가 꼭 알아야 하는 간접적인 행위 결합이 존재하게 된다. 다음 절에서는 각 계층들과 iBATIS와 그 계층들이 어떤 관계가 있는지 알아본다.

1.2.1 비즈니스 객체 모델

비즈니스 객체는 애플리케이션의 비즈니스 계층을 제외한 다른 부분들의 토대가 되는 역할을 한다. 비즈니스 객체는 처리할 도메인을 객체 지향적으로 묘사한다. 이 때문에 비즈니스 객체 모델을 이루는 클래스를 도메인 클래스(domain class)라고 부르기도 한다. 다른 모든 계층들은 데이터를 나타내고 특정 비즈니스 로직의 기능을 수행하기 위해서 비즈니스 객체 모델을 사용한다.

---

[5] **역자주** | 데메테르(Demeter) 그리스 신화에 나오는 여신. 곡물과 수확의 여신. 제우스의 누이이자 아내. 디미터 법칙은 '디미터 프로젝트'를 수행하는 과정에서 발견된 법칙이라 그렇게 이름 붙여졌다고 함.

애플리케이션 설계자들은 보통 다른 어떤 것보다도 비즈니스 객체 모델의 설계를 먼저 한다. 상위 레벨에서조차도 시스템에서 사용되는 용어 중 명사들로부터 이끌어낸 이름으로 클래스들을 구분한다. 예를 들면 도서관 애플리케이션에서 비즈니스 객체 모델은 장르 (`Genre`)라고 불리는 클래스를 포함하고 있을 것이고, 그 인스턴스들로 공상과학소설, 미스테리, 어린이 도서 등이 있을 것이다. 또한 책(`Book`)이라 불리는 클래스에 `The Long Walk`, `The Firm`, `Curious George` 같은 인스턴스 등도 있을 것이다. 애플리케이션이 더 발전해나감에 따라 클래스들이 송장항목(`InvoiceLineItem`) 같은 좀 더 추상적인 개념을 나타내기 시작할 것이다.

비즈니스 객체 모델 클래스는 약간의 로직을 포함할 수도 있다. 하지만 다른 계층, 특히 프레젠테이션 계층과 퍼시스턴스 계층에 접근하는 코드는 절대로 들어가면 안 된다. 게다가, 비즈니스 객체 모델은 절대로 다른 계층에 의존해서는 안 된다. 다른 계층은 비즈니스 객체를 사용할 수 있지만, 그 반대는 절대로 안 된다.

iBATIS 같은 퍼시스턴스 계층은 보통 비즈니스 객체 모델을 사용하여 데이터베이스에 저장된 데이터를 나타낸다. 퍼시스턴스 계층의 메서드들은 파라미터나 반환 값으로 비즈니스 객체 모델의 도메인 클래스들을 사용한다. 이 때문에 이 클래스들은 때때로 데이터 전송 객체(data transfer object)라고 부르기도 한다. 비록 데이터 전송이 이 클래스들이 하는 유일한 역할은 아니지만, 퍼시스턴스 계층 프레임워크의 입장에서 보건 나름대로 납득할 수 있는 이름이다.

1.2.2 프레젠테이션 계층

프레젠테이션 계층은 애플리케이션의 데이터와 제어 화면을 출력하는 책임을 맡고 있다. 이는 모든 정보의 레이아웃을 지정하고 출력 형식을 정의하는 책임을 맡고 있음을 뜻한다. 요즘 가장 인기 있는 기업용 애플리케이션의 프레젠테이션 계층 접근 방식은 HTML과 자바스크립트를 이용해서 웹브라우저를 통해 보여주는 웹이다.

웹 애플리케이션은 플랫폼에 독립적이고, 배포와 확장이 쉬운 장점을 가지고 있다. 아마존 닷컴은 웹 애플리케이션을 통해 책을 살 수 있는 완벽한 예이다. 단지 책을 구입하기 위해서 모든 사람들이 애플리케이션을 다운로드해서 설치하는 것은 매우 비현실적이라는 점에서 볼 때, 웹 애플리케이션을 사용한 것은 훌륭한 결정이다.

웹 애플리케이션은 높은 수준의 사용자 제어 방식이나 복잡한 데이터 처리가 필요할 경우에는 일반적으로 잘 작동하지 않는다. 이런 경우에는 탭, 표, 트리 그리고 내장 객체와 같은 운영 시스템 위젯을 사용하는 리치 클라이언트 방식이 더 낫다. 리치 클라이언트는 훨씬 더 강력한 사용자 인터페이스를 제공해 주지만 배포가 다소 어렵고 웹 애플리케이션이 제공하는 성능이나 보안 수준을 제공하려면 더욱 많은 신경을 써야만 한다. 리치 클라이언트 기술의 예로는 자바에서는 Swing이 .NET에서는 WinForms 등이 있다.

최근 들어 두 개념을 합친 복합적인 클라이언트로 웹 애플리케이션과 리치 클라이언트의 장점을 갖추려는 시도를 하고 있다. 고급 제어기능을 가진 매우 작은 리치 클라이언트를 웹 브라우저를 통해서 투명하게 사용자의 데스크톱으로 다운로드할 수 있다. 이러한 복합적인 리치 클라이언트는 어떠한 비지니스 로직이나 혹은 사용자 인터페이스가 들어가는 레이아웃조차도 포함하지 않는다. 대신, 애플리케이션의 겉 모양새와 비즈니스 기능 등은 웹 서비스를 이용하거나 혹은 리치 클라이언트와 서버 간의 매개체로 XML을 사용하는 웹 애플리케이션을 통해서 처리하게 된다. 이러한 방식의 유일한 단점은 애플리케이션의 개발과 배치에 더 많은 소프트웨어가 필요하다는 점이다. 예를 들어 매크로미디어의 Flex와 Laszlo 시스템의 Laszlo는 매크로미디어의 Flash 브라우저 플러그인을 필요로 한다.

그리고 모든 복합적인 프레젠테이션 계층의 멋진 축소판인 Ajax가 있다. Ajax는 제시 제임스 가렛이 만든 신조어로, 비동기 자바스크립트와 XML의 약어(Asynchronous JavaScript And XML, Ajax)이다. 하지만 사실 꼭 비동기적(asynchronous)이거나 XML을 이용할 필요는 없다. 그래서 요즘엔 Ajax는 간단히 '정말 멋진 자바스크립트를 매우 많이 이용해서 구성한 정말로 리치한 웹 기반 사용자 인터페이스' 정도의 의미로 사용된다. 구글은 그들의 GMail, 구글 맵, 구글 캘린더 애플리케이션에서 Ajax를 잘 활용한 예를 보여주고 있다.

iBATIS는 웹 애플리케이션과 리치 클라이언트 애플리케이션 그리고 복합적인 애플리케이션에서 모두 이용할 수 있다. 비록 일반적으로 프레젠테이션 계층이 퍼시스턴스 계층에 직접적으로 관여하는 경우는 없지만, 사용자 인터페이스에 대한 어떤 결정이 퍼시스턴스 계층에 대한 요구사항에 영향을 끼친다. 예를 들어 5000여 항목의 큰 리스트를 다루는 웹 애플리케이션을 생각해보자. 우리는 5000개를 한꺼번에 보여주려 하지는 않을 것이고 또한 지금 당장 사용하지도 않을 5000개나 되는 항목을 한 번에 데이터베이스에서 읽어오는 것도 좋은 생각이 아니다. 한 번에 10개 정도씩만 읽어서 보여주는 것이 더 나은 접근 방식이다. 따라서 우리의 퍼시스턴스 계층은 데이터의 일부만을 리턴하는 유연성이 있어야 하고, 우리가 원하는 정확히 10개의 항목만을 선택해서 가져올 수 있는 능력을 제공해 줄 수도 있어야 한다. 이러한 기능이 우리 애플리케이션에 불필요한 객체 생성과 데이터 가져오기를 막고, 네트워크 트래픽과 메모리 사용량도 줄여주게 된다. iBATIS는 데이터의 특정 범위만을 쿼리하는 기능을 제공해서 이러한 목적을 이룰 수 있도록 도움을 준다.

1.2.3 비즈니스 로직 계층

애플리케이션의 비즈니스 로직 계층은 해당 애플리케이션이 제공하는 포괄적인(coarse grained) 서비스들을 표현한다. 이러한 이유로 가끔 '서비스' 클래스라고 부르기도 한다. 상위 레벨에서는 누구라도 비즈니스 로직 계층의 클래스와 메서드들을 보고 시스템이 무엇을 하는지 이해할 수 있어야 한다. 예를 들어 은행 애플리케이션에서는 비즈니스 로직 계층에 `TellerService`(은행원서비스)라는 클래스가 있을 것이고, 이 클래스는 `openAccount()`(계좌개설), `deposit()`(예금), `withdrawal()`(출금) 그리고 `getBalance()`(잔고조회) 같은 메서드들을 가지고 있을 것이다. 이것들은 데이터베이스와 그리고 아마도 다른 시스템들과도 얽혀 있는 매우 큰 단위의 기능들이다. 따라서 이것들을 도메인 클래스(비즈니스 객체 모델)에 두기에는 너무 무겁고, 만일 도메인 클래스에 두게 되면 코드가 바로 응집성을 잃고(incohesive) 결합도가 높아지며(coupled) 일반적으로 유지보수하기가 힘들어진다. 이에 대한 해결책은 큰 덩어리 비즈니스 기능들을 관련된 비즈니스 객체 모델에서 분리하는 것이다. 객체 모델 클래스를 로직 클래스로부터 분리하는 것을 때때로 명사-동사 분리(noun-verb separation)라고 부르기도 한다.[6]

순수 객체지향 주의자들은 이러한 설계가 메서드를 직접적으로 관련된 도메인 클래스에 두는 것보다 덜 객체 지향적이라고 항변할지도 모른다. 무엇이 더, 혹은 덜 객체지향적이냐를 떠나서 분리하는 방식이 더 나은 설계이다. 주된 이유를 보자면 비즈니스 기능들은 보통 매우 복잡하다. 이들은 한 개 이상의 클래스들을 다루고 데이터베이스, 메시지 큐 그리고 다른 시스템들을 포함해 많은 기반 컴포넌트들을 다룬다. 게다가 종종 하나의 비즈니스 기능이 여러 비즈니스 클래스에 관련되는 일도 발생해서 메서드가 대체 어느 클래스에 속해야 하는지 결정하기 힘든 경우도 생긴다. 이 때문에 포괄적으로 구현된 비즈니스 함수는 비즈니스 로직 계층에 속하는 클래스의 메서드로 따로 분리하여 구현하는 것이 낫다. 상세하게 구현된(fine grained) 비즈니스 로직을 관련된 도메인 클래스에 두는 것은 상관없다. 비즈

---

[6] 역자주 | noun-verb separation 계좌라는 도메인 클래스가 있을 때, 계좌를개설하다()라는 메서드를 계좌 도메인 클래스가 아니라 은행서비스 비즈니스 로직 클래스에 두고, 계좌 도메인 클래스에는 소유자정보, 계좌 종류, 이자율 같은 정보만을 둔 상태에서, 은행서비스.계좌를개설하다(신규계좌의인스턴스); 와 같이, 계좌라는 도메인 클래스로부터 계좌 개설 로직을 분리해서 은행서비스 클래스에 따로 두고 도메인 클래스를 파라미터로 주어 로직을 수행하는 방식.

니스 계층의 포괄적으로 구현된 서비스 메서드는 도메인 클래스에 있는 더 상세하게 구현된 순수 로직 메서드를 호출해 사용할 수 있다.[7]

계층화된 아키텍처에서 비즈니스 로직 계층은 퍼시스턴스 계층 서비스를 사용하는 측이 된다. 비즈니스 계층은 데이터를 가져오거나 변경하기 위해서 퍼시스턴스 계층을 호출한다. 비즈니스 로직 계층은 트랜잭션을 구분짓는 훌륭한 장소이기도 하다. 왜냐하면 여러 가지의 서로 다른 사용자 인터페이스나 웹 서비스 같은 다른 인터페이스들을 사용하는 큰 덩어리 함수를 비즈니스 로직 계층에서 정의하기 때문이다. 트랜잭션 구분에 대해서는 다른 견해를 가진 사람들도 있겠지만 이에 대해서는 8장에서 더 살펴보기로 하자.

1.2.4 퍼시스턴스 계층

퍼시스턴스 계층이 바로 iBATIS가 있을 곳이다. 그러므로 이 책은 여기에 중점을 둘 것이다. 객체지향 시스템에서 퍼시스턴스 계층의 주된 관심사는 저장소와 객체 가져오기, 또는 더 자세히 말하면 객체에 저장된 데이터라고 할 수 있겠다. 기업용 애플리케이션에서 퍼시스턴스 계층은 데이터를 저장하기 위해 주로 관계형 데이터베이스 시스템과 소통한다. 하지만 어떤 경우에는 다른 종류의 영구적인 저장이 가능한 데이터 구조나 매체들을 사용할 수도 있다. 어떤 시스템은 단순히 쉼표로 분리된 텍스트 파일이나 XML 파일을 이용할 수도 있다. 기업용 애플리케이션에서 사용하는 데이터 저장 방식이 서로 공통점이 없고

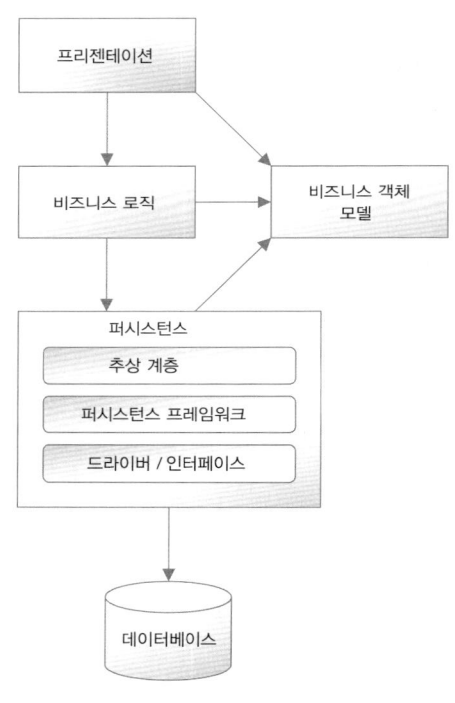

그림 1.3 ｜ 퍼시스턴스 계층의 내부적인 계층적 설계

---

[7] **역자주** ｜ coarse-grained와 fine-grained의 의미를 '포괄적으로 구현된'과 '상세히 구현된'으로 번역했다. coarse-grained는 듬성 듬성 탈곡된 곡식을 의미하고, fine-grained는 곱게 탈곡된 곡식을 의미한다. 이것을 IT 용어에 도입해서 coarse-grained method라는 것은 포괄적인 업무 단위를 수행하는 메서드를 의미하고, fine-grained method는 세부적인 업무 단위를 수행하는 메서드를 의미한다. 예를 들어 계좌이체를 생각해 보면, 은행서비스.계좌이체(이체정보);라는 메서드가 coarse-grained method이다. 이 메서드를 호출하면, 실제로는 계좌이체권한이있는사용자인지검사(), 이체금액이적합한지검사(), 받는사람의계좌가존재하는지검사(), 실제계좌이체()와 같은 세부적인 작업들이 실행된다. 이 세부적인 작업들을 fine-grained method라고 보면 될 것 같다.

다양하기 때문에 퍼시스턴스 계층의 두 번째 고려 사항으로 추상화가 필요하게 된다. 퍼시스턴스 계층은 데이터가 어떻게 저장되고 어떻게 전송되는지에 대한 세부 사항을 숨겨야 한다. 그러한 세부 사항들은 애플리케이션의 다른 계층으로 노출돼서는 안 된다.

이러한 사항들과 그것들이 어떻게 관리되는지에 대한 이해를 돕기 위해, 퍼시스턴스 계층을 세 가지 기본이 되는 부분으로 나눠보면 그림 1.3에서 볼 수 있는 것처럼 추상 계층, 퍼시스턴스 프레임워크 그리고 드라이버 혹은 인터페이스가 된다. 세 가지 부분을 좀 더 자세히 살펴보자.

추상 계층

추상 계층의 역할은 퍼시스턴스 계층에 일관성 있고 의미 있는 인터페이스를 제공해 주는 것이다. 이것은 클래스와 메서드의 집합으로 퍼시스턴스 구현의 세부 사항에 대한 퍼사드(façade-실제 구현 메서드를 감싸서 꾸며줌)의 역할을 한다. 추상 계층에 소속된 메서드는 특정 구현에 종속적인 파라미터를 요구하면 안 되고 특정 퍼시스턴스 구현에 종속적인 값을 리턴하거나 예외를 던져서도 안 된다. 적절한 추상 계층이라면 추상 계층을 수정하거나 추상 계층에 의존하는 다른 계층을 수정하는 일 없이 전체적인 퍼시스턴스 접근 방식(퍼시스턴스 API와 기반 저장소를 포함)을 변경하는 것이 가능해야 한다. 적절한 추상 계층 구현을 도와주는 패턴들이 존재하며 데이터 접근 객체(DAO^{Data Access Object})패턴이 그 중 가장 많이 쓰인다. 이 패턴에 대한 프레임워크도 있으며, iBATIS도 이 패턴을 구현하고 있다. 11장에서 iBATIS DAO 프레임워크를 살펴볼 것이다.

퍼시스턴스 프레임워크

퍼시스턴스 프레임워크는 드라이버(혹은 인터페이스)와 소통하는 책임을 맡고 있다. 퍼시스턴스 프레임워크는 데이터를 저장하고 가져오고 수정하고 검색하고 관리하는 메서드들을 제공할 것이다. 추상 계층과는 달리 퍼시스턴스 프레임워크는 일반적으로 기반 저장소(storge infrastructure)의 클래스에 종속적이다. 예를 들어 데이터를 저장하기 위해 XML 파일만을 전문적으로 다루는 퍼시스턴스 API가 있을 수 있다. 대부분의 인기 있는 프로그래밍 언어들은 관계형 데이터베이스를 다루는 표준 API를 가지고 있다. JDBC는 자바 애플리케이션에서 데이터베이스에 접근하는 표준 프레임워크이고 ADO.NET은 .NET 애플리케이션을 위한 표준 데이터베이스 퍼시스턴스 프레임워크이다. 표준 API들은 그 구현 결과물이 매우 완성도가 높고 일반적인 목적으로 사용할 수 있다. 하지만 이를 사용할 때는 반복적이고 부차적인 코드가 많이 필요하다. 이러한 이유로 표준 프레임워크를 기반으로 하여, 보다 특수한 상황에서 보다 강력한 기능들로 확장한 많은 프레임워크들이 생겨났다. iBATIS는 자바와 .NET에서 일관성 있는 접근법을 통해 모든 관계형 데이터베이스를 전담하여 다루는 퍼시스턴스 프레임워크이다.

드라이버 혹은 인터페이스

기반 저장소는 쉼표로 분리된 텍스트 파일처럼 단순할 수도 있고, 수백만 달러의 기업용 데이터베이스 서버처럼 복잡할 수도 있다. 이 두 경우 모두 하위 레벨에서 기반 저장소와 통신하는 소프트웨어 드라이버가 사용된다. 네이티브 파일 시스템 드라이버처럼 기능은 매우 일반적이지만 플랫폼에 종속적인 드라이버들도 있다. 아마도 파일 I/O 드라이버를 직접 볼 일은 없겠지만 그것이 존재한다는 사실은 확실히 알고 있을 것이다. 한편 데이터베이스 드라이버는 매우 복잡한 편이고 구현, 규모 그리고 행동 등이 서로 다르다. 퍼시스턴스 프레임워크가 하는 일은 드라이버와 통신하여 드라이버들 간의 차이점들을 최소화하고 간소화하는 것이다. iBATIS는 오직 관계형 데이터베이스만을 지원하기 때문에 관계형 데이터베이스를 중점적으로 살펴볼 것이다.

1.2.5 관계형 데이터베이스

iBATIS는 관계형 데이터베이스에 쉽게 접근하기 위해 만들어진 것이다. 데이터베이스는 제대로 사용하려면 수많은 일을 해줘야 하는 복잡하기 짝이 없는 녀석이다. 데이터베이스는 데이터를 관리하고 변경하는 책임을 맡고 있다. 텍스트 파일 대신 데이터베이스를 사용하는 것은 데이터베이스가 주로 무결성, 성능 그리고 보안적인 영역에서 아주 많은 이점을 제공하기 때문이다.

무결성

무결성은 아마도 가장 중요한 이점일 것이다. 무결성을 보장하지 않는다면 다른 장점들은 별 의미가 없게 된다. 데이터가 일관성이 없고 믿을만하지 못하고 값이 틀리다면 우리에게 별 가치가 없거나 혹은 아예 쓸모가 없기도 하다. 데이터베이스는 강력한 데이터 타입 제약 조건 엄수 그리고 트랜잭션 보장 등을 통해 무결성을 보장한다.

데이터베이스는 데이터 타입을 엄격하게 준수한다. 이것은 데이터베이스 테이블이 만들어질 때 그 칼럼이 특정 데이터 타입을 저장하도록 설정되야 함을 의미한다. DBMS는 테이블에 저장된 데이터가 각 칼럼 타입을 준수한다는 것을 확실하게 보장한다. 예를 들어 테이블은 어떤 칼럼을 VARCHAR(25) NOT NULL이라고 정의할 수 있다. 이 타입은 그 값이 문자열 데이터이고, 그 길이가 25를 넘지 않음을 보장한다. 정의의 NOT NULL 부분은 데이터가 꼭 존재해야 하고 해당 칼럼에 그 값이 꼭 제공되어야 함을 의미한다.

데이터 타입 엄수뿐만 아니라 테이블에 다른 제약 조건도 줄 수 있다. 이러한 제약 조건은 보통 범위가 넓어 한 개 이상의 칼럼을 다루게 된다. 제약 조건은 보통 여러 레코드나 혹은 여러 테이블의 유효성 검증에 관계한다.

제약조건의 한 형태로 UNIQUE 제약 조건이 있는데, 이것은 테이블의 해당 칼럼에 특정한 값이 오직 한 번만 나올 수 있음을 의미한다. 다른 종류의 제약 조건으로 외래키(FOREIGN KEY) 제약 조건은 테이블의 한 칼럼에 있는 값이 다른 테이블의 비슷한 칼럼에 존재하는 값과 같아야 함을 의미한다. 외래키 제약 조건은 테이블 간의 관계를 표현하기 위해 사용하며 이것은 관계형 데이터베이스 설계와 데이터 무결성에 필수적인 요소이다.

데이터베이스가 무결성을 관리하는 가장 중요한 방법 중의 하나로 트랜잭션을 이용하는 것이 있다. 대부분의 비즈니스 기능들은 서로 다른 종류의 데이터를 아마도 서로 다른 데이터베이스로부터 가져다 사용할 것이다. 일반적으로 이 데이터들은 어떤 연관 관계를 가지고 있으며 그 때문에 일관성있게 수정해야만 한다. 트랜잭션을 사용하면 DBMS는 모든 관련된 데이터들이 일관성 있는 방식으로 수정됨을 보장할 수 있다. 더욱이 트랜잭션을 사용하면 시스템의 여러 사용자들이 충돌 없이 동시에 데이터를 수정할 수 있게 된다. 트랜잭션에 대해서는 알아야 할 것들이 훨씬 많이 있다. 이에 대해서는 3장에서 좀 더 자세히 살펴보겠다.

성능

관계형 데이터베이스를 이용하면 텍스트 파일로는 쉽게 도달하기 어려운 높은 수준의 성능 향상을 이뤄낼 수 있다. 하지만 데이터베이스의 성능은 공짜가 아니며 매우 오랜 시간과 경험을 통해서만 얻을 수 있는 것이다. 데이터베이스 성능은 세 가지 핵심 요인인 설계, 소프트웨어 튜닝 그리고 하드웨어에 의하여 좌우된다.

데이터베이스 성능 향상을 위한 첫 번째 고려 사항은 설계이다. 나쁜 관계형 데이터베이스 설계는 그 비효율성이 지대하여 어떠한 소프트웨어 튜닝이나 하드웨어 증설로도 이것을 바로잡을 수 없다. 나쁜 설계는 데드락, 기하급수적으로 증가하는 (테이블과 테이블 간의) 관계 계산 혹은 단순히 수백만 행의 레코드를 읽어야 하는 사태 등을 일으킨다. 올바른 설계는 매우 깊이 고려해야 하는 사항이며 이에 대해서는 1.3절에서 더 이야기 할 것이다.

소프트웨어 튜닝은 대용량 데이터베이스에서 성능 향상을 위해 두 번째로 중요하게 고려해야할 사항이다. 관계형 데이터베이스 관리 시스템을 튜닝하려면 특정 RDBMS 소프트웨어 사용에 대해 잘 교육받고 경험이 많은 사람이 필요하다. 비록 여러 제품들 간에 공통적으로 적용되는 몇몇 RDBMS의 특징들이 있긴 하지만, 일반적으로 각 제품은 나름대로 복잡한 사정이 있고 서로 약간씩의 차이가 있어서 특정 소프트웨어를 위한 전문가가 있어야 한다. 성능 튜닝은 큰 이익을 줄 수 있다. 데이터베이스 인덱스 하나만 제대로 튜닝해도 복잡한 쿼리를 몇 분이 아니라 몇 초만에 수행하게 할 수 있다. RDBMS에는 캐시, 파일 관리자, 다양한 인덱스 알고리즘 그리고 운영체제등 고려해야할 많은 부분들이 있다. 동일한 RDBMS 소프트웨어도 운영체제가 바뀌면 행동 방식이 바뀌고, 거기에 맞춰 다른 방식으로 튜닝해야 한다. 말할 것도 없이 데이터베이스 소프트웨어를 튜닝할 때는 많은 사항들을 고려해야 한다. 정확히 무엇을 고려해야 할지는 이 책의 범위를 벗어난다. 하지만 튜닝이 데이터베이스 성능 향상에 가장 중요한 요소 중의 하나임을 아는 것이 매우 중요하다. DBA와 함께 일하자!

대용량 관계형 데이터베이스 시스템은 보통 컴퓨터 하드웨어를 많이 요구한다. 이런 까닭에 회사 내의 가장 강력한 서버가 데이터베이스 서버인 경우가 보통이다. 많은 회사에서 데이터베이스는 가장 중요한 영역이다, 그러므로 데이터베이스 하드웨어에 큰 돈을 투자하는 것은 당연하다. 고속 디스크 어레이, 고속 I/O 컨트롤러, 고속 하드웨어 캐시 그리고 네트워크 인터페이스 등은 모두 대용량 데이터베이스 관리시스템의 성능에 중요한 요소들이다. 하지만 고성능 하드웨어만 믿고 품질이 떨어지는 데이터베이스 설계나 RDBMS 튜닝을 게을리하지는 말라는 말이 있다. 하드웨어 증설을 성능 문제를 푸는데 사용해서는 안되고 성능 요구사항을 만족시키는데 사용하여야 한다. 하드웨어에 관한 더 이상의 논의는 이 책의 범위를 벗어난다. 하지만 여러분이 대용량 데이터베이스 시스템으로 작업할 때는 중요하게 고려해야만 한다. 다시 한 번 말하지만, DBA와 함께 일하자!

보안

관계형 데이터베이스 관리 시스템은 또한 보안 측면에서 더 많은 이점을 제공해준다. 우리가 매일 업무에서 사용하는 많은 데이터는 기밀에 속한다. 최근 몇 년간 보안이 일반화 되면서 프라이버시가 큰 관심사로 떠올랐다. 이런 까닭에 비록 사람의 이름처럼 단순한 것 조차도 기밀로 간주하게 되는데, 이름이 잠재적으로 '유일한 식별 정보'가 될 수도 있기 때문이다. 주민등록번호나 신용카드 번호 등의 다른 정보는 강력한 암호화 등을 통해 더 높은 보안 레벨로 보호해야만 한다. 대부분의 상업용 품질을 갖춘 관계형 데이터베이스는 데이터 암호화뿐만 아니라 매우 세세한 보안이 가능한 고급 보안 기능들을 갖추고 있다. 각 데이터베이스는 자기만의 보안 요구사항을 갖고 있을 것이다. 그 사항들을 이해하는 것은 매우 중요하다. 애플리케이션 코드가 데이터베이스의 보안 정책을 약화시켜서는 안 되기 때문이다.

서로 다른 데이터베이스는 서로 다른 수준의 무결성, 성능 그리고 보안을 제공할 것이다. 일반적으로 데이터베이스의 크기, 데이터의 값, 그리고 이 데이터베이스에 의존하는 것들이 얼마나 많은가 등에 의해 이 수준이 결정된다. 다음 절에서 서로 다른 데이터베이스의 형태들을 알아보자.

1.3 여러 종류의 데이터베이스로 작업하기

모든 데이터베이스들이 비싼 데이터베이스 관리 시스템이나 고성능의 하드웨어를 필요로 할 만큼 복잡한 것은 아니다. 어떤 데이터베이스는 벽장에 숨겨둔 오래된 데스크톱 장비로 돌려도 충분할 만큼 소규모일 수도 있다. 모든 데이터베이스는 서로 다르다. 데이터베이스들은 서로 다른 요구사항과 서로 다른 목적을 가지고 있다. iBATIS는 거의 모든 관계형 데이터베이스를 지원하지만, 항상 여러분이 작업하는 데이터베이스가 어떤 종류인지 이해하고 있어야 한다.

데이터베이스는 데이터베이스 설계나 규모보다는 다른 시스템들과의 관계에 따라 분류한다. 하지만 데이터베이스의 설계나 규모도 또한 관계가 어떠냐에 의해 좌우될 수 있다. 데이터베이스의 설계나 규모에 영향을 미치는 또 다른 요소로 그 데이터베이스가 얼마나 오래 되었는가(age)가 있을 수 있다. 시간이 지남에 따라 데이터베이스는 여러 방식으로 변하는 경향이 있고, 데이터베이스의 변화 방식이 적절한 형태가 되지 못하는 경우도 있다. 이 절에서는 애플리케이션 데이터베이스, 기업용 데이터베이스, 독점적(proprietary) 데이터베이스, 그리고 레거시(legacy) 데이터베이스 등 네 가지 형태의 데이터베이스에 대해 살펴본다.

1.3.1 애플리케이션 데이터베이스

애플리케이션 데이터베이스는 일반적으로 가장 작고 단순하며 작업하기 가장 쉬운 편이다. 이런 데이터베이스는 일반적으로 우리 개발자들이 작업하길 그리 꺼려하지 않으며 아마도 작업하길 원하기도 한다. 애플리케이션 데이터베이스는 보통 해당 프로젝트의 일부로써 애플리케이션과 나란히 설계하고 구현된다. 이런 까닭에 일반적으로 설계 측면에서 더욱 자유롭고, 특정 애플리케이션에 적합하게 설계할 여력도 충분하다. 애플리케이션 데이터베이스는 외부의 영향은 거의 받지 않고, 대개 1~2개의 인터페이스만이 존재할 뿐이다. 첫 번째 인터페이스는 애플리케이션을 위한 것이고 두 번째는 아마도 크리스탈 리포트(Crystal Report) 같은 단순한 리포팅 프레임워크나 툴 정보일 것이다. 그림 1.4은 매우 높은 레벨에서 본 애플리케이션 데이터베이스와 다른 시스템들과의 관계를 보여준다.

그림 1.4 │ 애플리케이션 데이터베이스 관계

애플리케이션 데이터베이스는 때로는 애플리케이션과 동일한 서버에 배치해도 될 만큼 작을 수도 있다. 애플리케이션 데이터베이스는 인프라스트럭처 구성에서도 더 많은 자유를 누릴 수 있다. 작은 애플리케이션 데이터베이스의 경우에는 일반적으로 회사가 Oracle이나 SQL Server 같은 데다 돈을 쓰는 대신 MySQL이나 PostgreSQL 처럼 더 싼 오픈 소스 RDBMS 솔루션을 이용할 수 있다. 어떤 애플리케이션의 경우에는 애플리케이션 자체가 돌고 있는 동일한 가상 머신 환경에서 함께 작동하는 내장 애플리케이션을 사용해서 아예 분리된 RDBMS가 불필요해지는 경우까지도 있다.

iBATIS는 애플리케이션 데이터베이스의 퍼시스턴스 프레임워크로서의 역할을 아주 잘 수행한다. iBATIS의 단순함 때문에 개발팀은 애플리케이션 개발에 박차를 가할 수 있을 것이다. 단순한 데이터베이스의 경우에는 RDBMS에 포함된 관리 도구를 이용해 데이터베이스 스키마에서 SQL을 생성하는 것도 가능할 수 있다. 그리고 iBATIS SQL Map 파일을 모두 생성해 주는 개발도구도 있다.[8]

---

8. **역자주** │ Abator, http://ibatis.apache.org/abator.html

1.3.2 기업용 데이터베이스(Enterprise Database)

기업용 데이터베이스는 애플리케이션 데이터베이스보다 규모가 크고 외부의 영향도 훨씬 많이 받는다. 기업용 데이터베이스는 의존하는 다른 시스템들과의 관계가 더욱 복잡하다. 이런 복잡한 관계를 맺게 되는 것들에는 웹 애플리케이션이나 리포팅 툴이 있을 수 있고, 이것들 또한 다른 시스템이나 데이터베이스와 복잡한 관계를 갖고 있을 수 있다. 기업용 데이터베이스는 외부 시스템과 인터페이스하는 종류가 많을 뿐만 아니라, 인터페이스가 작동하는 방식도 역시 다양하다. 어떤 것은 밤마다 일괄적인 데이터 적재 작업을 할 수도 있고, 어떤 경우에는 실시간의 트랜잭션을 수행하는 인터페이스일 수도 있다. 이 때문에 기업용 데이터베이스 자체는 사실상 한 개 이상의 데이터베이스를 조합한 경우도 있다. 그림 1.5는 기업용 데이터베이스를 상위 레벨에서 그린 것이다.

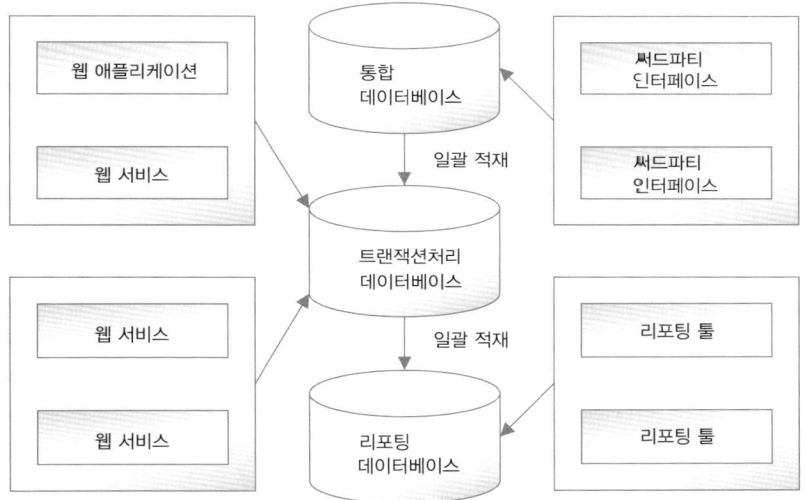

그림 1.5 ｜ 기업용 데이터베이스 아키텍처의 예제

기업용 데이터베이스는 그 설계와 사용에 더 많은 제약 사항들을 내포하고 있다. 무결성, 성능 그리고 보안의 측면에서 신경써야 할 점들이 더욱 많다. 이런 까닭에 기업용 데이터베이스가 때로는 관심사와 요구사항을 분리하기 위해 종종 여러 개의 데이터베이스로 쪼개진다. 만약 한 개의 데이터베이스로 기업용 시스템의 모든 요구 사항을 수용하려고 한다면, 그것은 매우 비싸고 복잡하거나 전혀 실용적이지 못하거나 혹은 사실상 불가능한 시도가 될 뿐이다.

그림 1.5의 예제에서는 요구사항을 수평적으로 비기능적 요구사항에 따라 나누었다. 즉 데이터베이스를 통합하는 관점, 실시간 트랜잭션 관점 그리고 리포팅하는 관점으로 나눈 것이다. 통합 데이터베이스와 리포팅 데이터베이스 둘 다 일괄 적재 방식(batch load)으로 트랜잭션 시스템과 소통한다. 이것은 이 시스템에서 리포팅이 정확히 실시간으로 이뤄질 필요는 없음을 의미하고, 트랜잭션 데이터베이스는 단지 정기적으로 제 3의 시스템으로부터 데이터를 적재하면 된다는 것을 의미하기도 한다. 이를 통해 얻는 장점은 트랜잭션 시스템이 커다란 부하의 부담을 덜었고, 데이터베이스 설계 또한 단순해질 수 있다는 점이다. 일반적으로 통합, 트랜잭션 그리고 리포팅을 단일한 데이터베이스로 설계하는 것은 효과적이지 못하다. 각각 역할에 대해 최적의 성능과 설계를 보장해 주는 패턴은 모두 따로 있다. 그렇더라도 실시간 통합과 리포팅 기능을 요구하는 시스템이 있을 수도 있다. 이러한 경우에는 수평적 방식의 설계는 제대로 작동하지 않는다. 이럴 때는 기업용 데이터베이스를 비즈니스 기능에 따라 수직적으로 나누는 것이 나을 것이다.

기업용 데이터베이스가 어떻게 설계되었든지 간에 애플리케이션 데이터베이스와 기업용 데이터베이스의 차이점을 쉽게 알아볼 수 있다. 애플리케이션 데이터베이스를 효율적으로 사용하고, 동일한 데이터베이스를 사용하는 다른 애플리케이션들과 조화를 잘 이루도록 하려면 운영 환경의 특정 제약 사항이 무엇인지 정확하게 이해하고 있어야 한다.

iBATIS는 기업용 데이터베이스 환경에서도 매우 잘 작동한다. iBATIS에는 복잡한 데이터베이스 설계와 대용량 데이터를 최적으로 다룰 수 있게 도와주는 많은 기능들이 있다. iBATIS는 다중 데이터베이스와도 잘 작동하며 어떤 형태의 객체도 단 하나의 데이터베이스에서 가져온다고 가정하지 않는다. 또한 다중 데이터베이스가 단일 트랜잭션으로 묶이는 시스템처럼 복잡한 트랜잭션도 지원한다. 게다가 iBATIS는 실시간 트랜잭션 시스템뿐만 아니라 리포팅과 통합 시스템 구현에도 매우 잘 작동한다.

1.3.3 독점적 데이터베이스(Proprietary Database)

소프트웨어 개발 부문에서 얼마간 일했다면 당연히 '직접 제작 대 구입' 논쟁을 들어봤을 것이다. 이것은 비즈니스 문제를 해결하기 위해 솔루션을 직접 제작해야 하는가 혹은 이미 그 문제를 해결했다고 하는 패키지 소프트웨어를 구입하느냐 하는 것에 대한 논쟁이다. 비용은 거의 비슷하지만(그렇지 않다면 논쟁거리도 되지 못했을 것이다) 실제 트레이드 오프[9]는 구현에

---

9. **역자주** | (동시에 달성할 수 없는 몇 개 조건을 취사 선택하여) 균형을 취하는 일

드는 시간과 문제에 대한 최적의 해결책인가라는 점에 달려있다. 직접 제작한 소프트웨어는 비즈니스의 요구에 정확히 부합하도록 만들 수 있지만 구현하는 데 더 많은 시간이 들게 된다. 패키지 소프트웨어는 비교적 빨리 구현할 수 있지만 때로는 요구사항에 정확하게 부합하지 않을 때도 있다. 그런 이유로 패키지 소프트웨어를 구입하기로 결정할 때 기업은 보통 양쪽 측면의 모든 장점을 얻기 위해서 해당 소프트웨어에 없는 기능들도 확장할 수 있는지, 소프트웨어의 독점적 영역까지 파고들어서 조사한다.

우리는 이런 상황이 얼마나 끔찍한 결과를 부르는지 논의해 볼 수도 있지만, 그냥 독점적 데이터베이스는 제 3의 소프트웨어에 의해 제어되도록 만들어진 것이 아님을 이해하는 수준에서 그치는 것이 나을 것 같다. 설계할 때 너무도 많은 가정과 제약 사항, 비표준 데이터 타입들 그리고 다른 경고의 징후들을 "스스로 위험 부담을 지도록 하시오"라는 의미로 받아들여야 한다. 이러한 경고에도 불구하고 어떤 기업들은 고작 몇 달러 아껴보자고 놀라운 짓들을 할 것이다. 그로 인해 소프트웨어 개발자들은 독점적 데이터베이스의 정글을 헤매는 데 시간을 허비하게 된다.

iBATIS는 독점적 데이터베이스와 작업하는 데 매우 훌륭한 퍼시스턴스 계층의 역할을 한다. 종종 그런 데이터베이스들은 읽기만 가능한데, 그럴 때 개발자들은 특정 SQL만 실행 가능하게 제한함으로써 iBATIS 사용에 자신감을 가질 수 있게 된다 iBATIS는 개발자가 명시적으로 수정을 요청하지 않았는데 몰래 데이터를 수정하는 일은 하지 않는다. 만약 수정이 필요할 경우에도 독점적 데이터베이스는 데이터의 구조를 까다롭게 제한한다. iBATIS는 그런 경우에 맞는 특별한 업데이트 구문을 사용할 수 있게 해준다.

1.3.4 레거시 데이터베이스(Legacy Database)

만약 현대 객체지향 애플리케이션 개발자들을 파멸로 몰아갈 수 있는 무언가가 있다면, 그것은 바로 레거시 데이터베이스일 것이다. 레거시 데이터베이스는 일반적으로 선사 시대의 기업용 데이터베이스가 아직도 남아 있는 것이라 보면 된다. 이것들은 기업용 데이터베이스의 복잡성과 뒤죽박죽인 설계 그리고 의존성 등을 모두 갖추고 있다. 이에 더하여 수년간에 걸친 수정과 긴급한 수리 작업, 오류 은폐작업, 오류 피해가기, 땜질식 문제 해결 그리고 기술적 제약 등의 전투에서 입은 상처들로 뒤덮여 있다. 게다가 레거시 데이터베이스는 종종 오래되었을 뿐만 아니라 아예 유지보수 지원도 되지 않는 매우 오래된 플랫폼에서 구현되었을 수도 있다. 이들은 현대의 개발자들이 작업할 수 있는 적합한 드라이버가 없을 수도 있다.

iBATIS는 이런 레거시 데이터베이스에도 도움이 될 수 있다. 작업할 시스템에 맞는 드라이버가 존재하는 한 iBATIS는 다른 어떤 데이터베이스들과도 동일한 방식으로 작업을 진행할 수 있게 해준다. 사실 iBATIS는 레거시 데이터베이스를 다루는 최적의 퍼시스턴스 프레임워크 중의 하나일 것이다. 왜냐면 iBATIS는 데이터베이스 설계에 대해 어떠한 가정도 하지 않기 때문에, 최악의 레거시 데이터베이스 설계에서조차도 잘 작동한다.

1.4 iBATIS는 데이터베이스의 공통적인 문제점들을 어떻게 다루나?

현대 소프트웨어 프로젝트에서 데이터베이스는 종종 레거시 컴포넌트 취급을 받기도 한다. 데이터베이스는 기술적인 측면과 비기술적인 측면 모두에서 다루기 어려운 존재라는 역사적인 인식이 있다. 대부분의 개발자들은 아마도 전체 데이터베이스를 완전히 재구축하고 다시 시작했으면 하는 희망을 품을 때도 있을 것이다. 데이터베이스를 그대로 둬야 한다면, 어떤 개발자는 DBA에게 이를 책임지게 하고 어디 방파제로라도 가서 길고 긴 산책을 하고 싶은 심정이 들지도 모른다. 이런 경우는 실용적이지도 않고 일어날 확률도 거의 없다. 믿거나 말거나 보통 데이터베이스가 그런 식으로 존재하게 되는 데는 이유가 있다. 비록 그 이유가 그다지 맘에 들지 않더라도... 아마도 그건 데이터베이스를 변경하기에는 비용이 너무 많이 들거나 변경을 가로막는 다른 의존관계들이 있기 때문일 것이다. 데이터베이스가 왜 잘못돼 있는지와는 무관하게, 우리는 비록 잘못된 데이터베이스라 하더라도 모든 데이터베이스를 효율적으로 다룰 수 있는 법을 터득해야 한다. iBATIS는 매우 복잡하게 혹은 형편없게 설계된 데이터베이스와도 잘 작동하도록 개발되었다. 다음 절에서는 몇몇 잘못된 데이터베이스의 일반적인 예와 iBATIS가 이를 어떻게 극복하는지를 보여준다.

1.4.1 소유권과 제어권

현대 기업용 시스템 환경에서 데이터베이스를 사용함에 있어 첫 번째이자 가장 어려운 점은 전혀 기술적인 문제가 아니다. 이것은 대부분의 기업들이 데이터베이스에 대한 소유권과 권한을 애플리케이션 개발팀에서 분리해 놓는다는 단순한 사실이다. 데이터베이스는 종종 기업 내부에서 분리된 전혀 다른 조직이 관리하곤 한다. 여러분이 운이 좋다면 이 조직이 소프트웨어 출시를 돕기 위해 개발팀과 함께 일할 수도 있다. 운이 좋지 않다면 데이터베이스 관리 조직과 여러분의 프로젝트 팀 사이에 벽이 존재하며, 벽 너머로 요구사항을 넘겨 보내고는 그들이 요구사항을 잘 받아 이해할 수 있기를 기대하는 수밖에 없는 경우도 있다. 슬픈 사실이지만 항상 일어나는 일이다.

데이터베이스 팀은 때론 함께 일하기 어려운 사람들이다. 주된 이유는 그들이 커다란 압력을 받고 있으며, 또한 한 개 이상의 다른 프로젝트 팀과 함께 일하기 때문이다. 그 들은 종종 여러 개의, 때로는 서로 상충되는 요구 사항을 다룰 때도 있다. 데이터베이스 관리는 매우 어려운 작업이며 많은 회사들은 이것을 매우 중요한 사항으로 다룬다. 기업의 데이터베이스에서 오류가 나면, 회사의 경영진이 이 사실을 통보받을 것이다. 그래서 데이터베이스 관리팀은 매우 조심스러워지게 된다. 데이터베이스를 변경하는 것이 애플리케이션을 변경하는 것보다 훨씬 더 엄격할 수도 있다. 데이터베이스에 대한 어떤 변경은 데이터 이전작업(migration)을 필요로 할 수도 있다. 다른 어떤 변경들은 성능에 나쁜 영향을 끼치지 않음을 보증하기 위한 주요한 테스트들을 필요로 할 수도 있다. 데이터베이스 팀과 함께 일하는 것이 어려운 것은 사실 그에 합당한 이유가 있는 것이니까 그들을 이해하고 조금이라도 도와주는 것이 좋을 것이다.

iBATIS는 데이터베이스 설계와 상호 작용에 대해 높은 유연성을 보여준다. DBA들은 실제 작동하는 SQL을 보길 원하고 또한 그들은 매우 복잡한 쿼리를 튜닝하게 도와 줄 수도 있다. 그리고 iBATIS는 DBA들이 그렇게 할 수 있도록 해 주는 프레임워크이다. iBATIS를 사용하는 어떤 팀은 심지어 DBA 혹은 데이터 모델러가 iBATIS SQL 파일을 직접 관리하도록 하기도 한다. 데이터베이스 관리자들과 SQL 프로그래머들은 iBATIS를 이해하는 데 어려움이 없을 것이다. iBATIS는 보이지 않는 곳에서 특별한 처리를 하지 않고, 있는 그대로의 SQL을 볼 수 있게 해 주기 때문이다.

1.4.2 여러 이종 시스템들에 의한 접근

중요한 데이터베이스라면 의심할 여지없이 하나 이상의 시스템이 의존하게 마련이다. 비록 단순히 하나의 데이터베이스를 공유하는 두 개의 웹 애플리케이션이라 하더라도 고려해야 할 사항이 여러 개 있다. 웹 쇼핑 장바구니라는 웹 애플리케이션이 카테고리(Category) 코드를 가지고 있는 데이터베이스를 사용한다고 해보자. 웹 쇼핑 장바구니만 고려한다면 카테고리 코드는 정적이고 결코 변하지 않기 때문에 성능 향상을 위해 그 코드들을 캐싱할 것이다. 자, 이제 두 번째 웹 애플리케이션인 웹 관리 시스템이 카테고리 코드를 수정하게 만들어져 있다고 하자. 웹 관리 시스템 애플리케이션은 다른 서버에서 작동하는 전혀 다른 프로그램이다. 웹 관리 시스템이 카테고리 코드를 수정할 때, 웹 쇼핑 장바구니 프로그램은 카테고리 코드를 캐시에 재적재해야 할지 어떻게 알 수 있을까? 이것이 때로는 매우 복잡한 문제가 되기도 하는 간단한 예이다.

서로 다른 시스템들이 서로 다른 방식으로 하나의 데이터베이스에 접근하고 사용한다. 한 애플리케이션은 웹기반 전자 상거래 시스템으로 매우 많은 데이터베이스 수정과 데이터 생성 작업을 수행한다. 다른 시스템은 데이터베이스의 테이블에 독점적인 접근을 필요로 하는 제 3의 시스템에서 데이터를 특정 시간마다 일괄 적재하는 작업을 할 것이다. 게다가 리포팅 엔진 역할을 수행하는 다른 시스템도 있어서, 끊임없이 복잡한 쿼리들을 날려대며 데이터베이스 테이블에 부하를 주기도 한다. 이처럼 복잡한 시스템이 있을 수 있음은 쉽게 생각해 볼 수 있다.

중요한 것은 데이터베이스가 한 개 이상의 시스템에 의해 사용되면 일이 어려워진다는 것을 알아야 한다는 것이다. iBATIS가 여러 방식으로 여기에 도움을 줄 수 있다. 우선 iBATIS는 트랜잭션 시스템, 일괄 처리 시스템 그리고 리포팅 시스템 등을 포함한 모든 종류의 시스템에서 잘 작동하는 퍼시스턴스 프레임워크이다. 이는 어떠한 시스템이 데이터베이스에 접근하든지 상관 없이, iBATIS는 훌륭한 도구라는 뜻이다. 두 번째로, 여러분이 iBATIS를 사용할 줄 안다면, 혹은 자바 같은 견고한 시스템만 사용할 줄 알아도, 여러 다른 시스템들과 소통하는 분산 캐시를 사용할 수 있을 것이다. 마지막으로, 너무 복잡한 경우에는 간단하게 iBATIS의 캐싱 기능을 꺼버리고, 데이터베이스를 함께 사용하는 다른 데이터베이스의 쿼리가 캐시 동시 사용을 고려하지 않았더라도 상관없이 완벽하게 작동하는 명시적인 쿼리와 수정 구문을 작성하면 된다.

1.4.3 복잡한 키와 관계들

관계형 데이터베이스는 매우 엄격한 설계 규칙들을 따르도록 설계돼 있고, 또한 그런 의도로 만들어진 것이다. 때때로 이런 규칙이 어떤 때는 좋은 이유로, 또 어떤 때는 좋지 않은 이유로 깨지기도 한다. 복잡한 키와 관계들은 보통 규칙이 깨지거나 규칙을 잘못 이해하거나 혹은 규칙을 과도하게 적용할 때 발생하게 된다. 관계 설계의 규칙들 중 한 가지는 각각의 데이터 레코드는 기본키(primary key)로 유일하게 구분되어야 한다는 것이다. 하지만 어떤 데이터베이스 설계는 실세계의 데이터를 키로 사용하는 자연키(natural key)를 사용하기도 한다. 게다가 더욱 복잡하게 설계하면 둘 혹은 그 이상의 칼럼을 조합하여 키를 만들 수도 있다. 또한 기본키를 종종 서로 다른 테이블들과의 관계를 생성하기 위해 사용하기도 한다. 그래서 복잡하거나 잘못된 기본키 정의는 다른 테이블들 간의 관계에까지 문제를 파생시키게 된다.

때로는 기본키 규칙을 따르지 않을 때도 있다. 그것은 때때로 데이터가 기본키를 전혀 갖고 있지 않기 때문이다. 이렇게 되면 유일하게 데이터를 구분하는 것이 어려워지는 만큼 데이터베이스 쿼리도 복잡해지게 된다. 이로 인해 테이블 간의 관계를 설정하는 것이 아주 어렵고 너저분해지게 된다. 또한 보통 기본키가 성능을 향상시켜주는 인덱스를 제공하고 데이터의 물리적인 순서를 결정하게 해 주는데, 이제는 그렇지 못하게 됨으로써 성능상의 악영향을 주게 된다.

다른 경우에는 기본키 규칙을 과도하게 준수할 때도 있다. 실용적이지 못한 이유로 자연키를 복합적으로 사용하는 데이터베이스도 있다. 이 설계는 규칙을 지나치게 심각하게 받아들이고 가능한 한 엄격하게 구현해서 생긴 결과이다. 자연키를 사용하여 테이블들 간의 관계를 설정하는 것은 사실상 실세계 데이터의 중복 사용을 발생시키며, 이는 데이터베이스 유지 보수에 언제나 나쁜 영향을 끼친다. 복합키는 또한 관계 맺기에 사용될 경우 더 많은 중복을 발생시켜, 이제는 관련된 테이블의 한 레코드를 단일하게 구분하기 위해서 여러 칼럼 정보를 유지해야만 하게 된다. 이렇게 되면 데이터베이스가 유연성을 잃게 된다. 자연키와 복합키 모두 관리하기 어렵고, 데이터 이전 작업을 악몽으로 만들 수 있기 때문이다.

iBATIS는 어떠한 복잡한 키 정의나 관계도 다룰 수 있다. 비록 데이터베이스 설계를 제대로 하는 것이 가장 좋겠지만, iBATIS는 의미 없는 키[10], 자연키, 복합키 혹은 아예 키가 없는 경우의 테이블까지도 다룰 수 있다.

1.4.4 비정규화된 혹은 과도하게 정규화된 모델

관계형 데이터베이스의 설계는 중복을 제거해가는 과정이다. 중복의 제거는 데이터베이스의 유연성, 관리 용이성 그리고 성능 향상을 보장하는 데 매우 중요한 역할을 한다. 데이터 모델에서 중복을 제거하는 과정을 정규화(normalization)라고 부르며 정규화에는 이를 완수하는 특정한 단계들이 존재한다. 표 형태의 원시 데이터는 매우 많은 중복을 포함하고 있고, 이를 비정규화된(denormalized) 상태로 간주한다. 정규화는 여기서 자세히 다루기에는 어려운 주제이다.

데이터베이스가 처음 설계될 때, 원시 데이터의 중복을 분석한다. 데이터베이스 관리자, 데이터 모델러 혹은 개발자는 원시 데이터를 수집하고 중복 제거를 위한 매우 특별한 규칙

---

10. **역자주** | sequence 등을 통해 순차적으로 자동 생성되는 키

에 따라서 이를 정규화한다. 비정규화된 관계 모델은 각각 많은 레코드와 칼럼을 가진 여러 테이블에 중복된 데이터를 포함하고 있다. 정규화된 모델은 최소한의 중복이나 아예 중복이 없고 테이블 개수가 더 많아질지라도, 각 테이블은 더 적은 레코드와 칼럼을 가지게 된다.

정규화에 완벽한 수준이란 없다. 비정규화 상태도 단순성이나 때로는 성능상의 장점을 지닐 수 있다. 비정규화된 모델이 데이터를 정규화했을 때보다 데이터를 더 빨리 저장하고 가져올 수도 있다. 이런 장점은 단지 더 적은 쿼리 구문만을 필요로 하고 더 적은 조인(join)만 계산하면 되며, 일반적으로 부하가 적다는 사실로도 알 수 있다. 비정규화는 항상 예외적인 것(어쩌다 필요한 것)일 뿐이며, 비정규화해야 하는 규칙 같은 것은 없다.

데이터베이스 설계에 좋은 접근 방법은 '교과서적'인 정규화 모델로부터 시작하는 것이다. 그리고서 필요에 따라 해당 모델을 비정규화한다. 데이터베이스를 나중에 비정규화하는 것이 비정규화된 모델을 다시 정규화하는 것보다 훨씬 쉽다. 그러니 새로운 데이터베이스 설계를 시작할 때는 항상 정규화된 모델에서 시작하도록 한다.

데이터베이스를 과도하게 정규화할 수도 있는데 그렇게 하면 문제가 생긴다. 너무 많은 테이블이 생겨서 관리해야 할 관계가 많아지게 된다. 이렇게 되면 데이터를 조회할 때 매우 많은 테이블 조인을 해야 되고 이는 밀접하게 관계된 데이터들을 수정할 때 많은 수의 업데이트 구문이 필요함을 의미한다. 이러한 특성들 모두 성능상에 부정적인 영향을 주게된다. 또한 이는 객체 모델에 데이터를 매핑하는 것을 어렵게 만든다. 개발자들은 잘게 나뉜 데이터 만큼 잘게 나뉜 많은 클래스들을 원하지는 않는다.

비정규화된 모델도 과도하게 정규화된 모델보다 심하면 심했지 문제가 많기는 매한가지이다. 비정규화된 모델은 보통 많은 레코드와 칼럼을 갖게 된다. 지나치게 많은 레코드는 단순히 생각해도 검색해야 할 데이터가 많아지기 때문에 성능에 부정적인 영향을 끼친다. 지나치게 많은 칼럼 또한 각 레코드의 크기가 커지고 그로 인해서 수정이나 쿼리를 수행하는 각 작업 시간에 더 많은 리소스를 차지하기 때문에 마찬가지로 좋지 않다. 이렇게 칼럼이 많은 테이블을 다룰 때는 특정 작업시 필요한 칼럼들만 수정이나 조회구문에서 사용하도록 신경 써야 한다. 더욱이 비정규화된 모델은 효율적인 인덱싱을 불가능하게 만든다.

iBATIS는 비정규화된 모델과 과도하게 정규화된 모델을 둘 다 잘 다룬다. iBATIS는 데이터베이스와 객체 모델의 크기(잘게 나뉘었는지, 큰 덩어리인지)에 대해 어떠한 가정도 하지 않으며, 또한 두 모델이 완전히 동일한지 혹은 서로 그다지 비슷하지 않은지도 가정하지 않는다. iBATIS는 객체 모델과 관계 데이터 모델의 분리를 매우 잘 정의하고 있다.

1.4.5 빈약한 데이터 모델(Skinny Data Model)

빈약한 데이터 모델은 가장 악질적이고 문제 많은 관계형 데이터베이스의 오용 사례 중 하나이다. 불행히도, 이것도 가끔 꼭 필요할 때가 있다. 빈약한 데이터 모델이란 기본적으로 각 테이블을 일반적인 데이터 구조체로 만들어서 이름과 값의 쌍으로 된 데이터 집합을 저장하는데, 이는 자바의 프로퍼티 파일(properties file)이나 Windows의 옛날 INI 파일과 매우 흡사하다. 때때로 이 테이블에는 데이터 타입 정의 같은 메타 데이터를 저장하기도 한다. 이것은 데이터베이스가 한 칼럼에 대해 한 개의 데이터 타입만을 지정하게 되어 있기 때문에 필요하다. 빈약한 데이터 모델을 더 잘 이해하기 위해 표 1.2의 일반적인 주소 데이터 예제를 살펴보자.

표 1.2 일반적인 형태의 주소 데이터

ADDRESS_ID	STREET	CITY	STATE	ZIP	COUNTRY
1	123 Some Street	San Francisco	California	12345	USA
2	456 Another Street	New York	New York	54321	USA

분명히 이 주소 데이터는 더 정규화할 만한 것이 있다. 예를 들어 COUNTRY(국가), STATE(주) 그리고 CITY(시)와 ZIP(우편번호)을 관계형 테이블로 분리할 수도 있다. 하지만 지금 방식이 더 간단하고 효과적으로 설계되어, 대부분의 애플리케이션에서 잘 작동한다. 요구사항이 복잡하지만 않다면 이건 별로 문제될만한 설계는 아니다.

만약 우리가 이 데이터를 가져다 빈약한 데이터 모델로 재구성한다면 표 1.3과 같이 될 것이다.

표 1.3 빈약한 데이터 모델 형태의 주소 데이터

ADDRESS_ID	FIELD	VALUE
1	STREET	123 Some Street
1	CITY	San Francisco
1	STATE	California
1	ZIP	12345
1	COUNTRY	USA
2	STREET	456 Another Street
2	CITY	New York
2	STATE	New York
2	ZIP	54321
2	COUNTRY	USA

이 설계는 진정 악몽 그 자체이다. 시작하기 전에, 이 데이터는 지금 상태보다 더 정규화할 수 있는 가능성이 전혀 없이, 이 자체를 가장 정규화된 형태로 볼 수 있다. 여기에는 COUNTRY, CITY, STATE 혹은 ZIP 테이블 간의 관계를 맺어 줄 수 있는 것이 없다. 칼럼이 한 개인 테이블에 여러 개의 외래키를 설정할 수는 없기 때문이다. 이 데이터는 또한 쿼리를 하기가 매우 어렵고, 여러가지 주소 필드(예: 거리명과 도시명을 모두 검색조건으로 할 경우)를 필요로 하는 Query-by-Example 스타일의 쿼리를 수행할 때는 매우 복잡한 서브 쿼리를 필요로 하게 된다. 데이터를 수정하는 상황이 되면 이러한 설계는 성능면에서 특히 취약함을 보여준다. 한 개의 주소를 입력하기 위해서 한 번이 아닌 다섯 번의 insert 구문을 한 테이블에 날려야 하기 때문이다. 이것은 잠재적으로 더 많은 락 경합(lock contention)을 일으키거나 심지어는 데드락(dead lock) 상태에 빠질 수도 있다. 더욱이 빈약한 데이터 모델의 레코드 수는 정규화된 모델의 5배가 된다. 이 늘어난 레코드의 수와 데이터 정의의 부족(칼럼 데이터 타입이 정확하게 정의되지 않음) 그리고 이 데이터를 수정하기 위한 update 구문 수의 증가 등으로 인해서 효율적인 인덱싱이 불가능해진다.

더 볼 것도 없이, 이러한 설계가 왜 문제가 많은지 그리고 왜 무슨 일이 있어도 이를 피해야만 하는지 쉽게 알 수 있다. 이 방식이 쓸모있는 경우는 애플리케이션에 동적인 필드가 있을 때이다. 어떤 애플리케이션의 경우에는 사용자가 레코드에 추가적인 데이터를 넣어야 할 때도 있다. 만약 사용자가 애플리케이션이 실행되고 있는 도중에 동적으로 추가적인 필드에 데이터를 삽입하고자 할 때 이 모델이 적합하다. 하지만 여전히 정해진 데이터들은 적절하게 정규화를 해야 하며, 그 이후에 추가적인 동적 필드를 부모 레코드와 연관시키면 된다. 이러한 설계는 여전히 위에서 논한 문제들을 가지고 있긴 하지만, 대부분의 데이터(아마도 중요한 데이터들)는 적합하게 정규화가 되어 있기 때문에 그 고통은 최소화된다.

비록 기업용 데이터베이스에서 빈약한 데이터 모델을 만나게 되더라도, iBATIS는 문제 없이 이 상황을 처리할 수 있다. 어떤 필드가 존재하는지 알 수 없기 때문에, 클래스를 빈약한 데이터 모델에 매핑하는 것은 매우 어렵고 어떨 때는 불가능하기도 하다. 운이 좋다면 이것들을 Hashtable에 매핑할 수 있을텐데, 다행히 iBATIS는 그런 기능을 지원한다. iBATIS를 이용하면, 모든 테이블을 사용자 정의 클래스로 매핑할 필요가 없다. iBATIS는 관계형 데이터를 원시타입(primitives), 맵(Map), XML 그리고 사용자 정의 클래스(예를 들어 자바빈즈)로 매핑하는 기능을 지원한다. 이러한 커다란 유연성으로 인해, iBATIS는 빈약한 데이터 모델을 포함한 여러 복잡한 데이터 모델에 대해서 매우 효율적으로 작동한다.

1.5 요약

iBATIS는 모든 문제를 해결하려 하기 보다는, 가장 중요한 문제들을 집중해서 해결하도록 설계된 복합적인 솔루션이다. iBATIS는 여러 접근 방법들로부터 아이디어를 차용했다. 저장 프로시저처럼 모든 iBATIS의 문장들은 시그너처(signature, 메서드의 입력 파라미터와 반환값 정의)를 가지고 있어서, 각 문장들에 이름을 부여하고 그것의 입력과 출력 파라미터들을 정의한다(캡슐화). 인라인 SQL과 유사하게, iBATIS는 SQL을 쓰고자 하는 그 형태 그대로 쓸 수 있으며, 각 프로그래밍 언어의 변수를 SQL의 파라미터와 결과로 직접 사용할 수 있다. 동적 SQL 처럼, iBATIS는 실행시에 동적으로 SQL을 변경할 수 있는 방법을 제공하여, 그런 쿼리들은 사용자의 요청에 따라 동적으로 생성될 수 있다. iBATIS는 객체 관계 매핑 도구들로부터 캐싱이나 적재 지연 그리고 고급 트랜잭션 관리 기능 등을 포함한 많은 개념들을 차용해 왔다.

애플리케이션 아키텍처에서 iBATIS는 퍼시스턴스 계층에 속한다. iBATIS는 애플리케이션의 모든 계층에서 필요로 하는 것들을 쉽게 구현할 수 있는 기능을 제공함으로써 다른 계층들을 지원하기도 한다. 예를 들어 웹 검색 엔진은 검색 결과를 페이징한 리스트를 필요로 한다. iBATIS는 쿼리에 시작 지점과 반환할 레코드의 수를 지정할 수 있게 함으로써 이런 기능을 지원한다. 이를 통해 데이터베이스의 세세한 사항은 애플리케이션으로부터 숨기면서 하위 레벨에서 페이징 작업을 할 수 있게 된다.

iBAITS는 어떤 규모나 목적을 가진 데이터베이스와도 잘 작동한다. iBATIS는 배우기에 간단하고 빠르게 적용 가능하기 때문에 작은 규모의 애플리케이션 데이터베이스와 잘 어울린다. iBATIS는 데이터베이스의 설계와 행위 그리고 의존관계 등 애플리케이션이 데이터베이스를 어떻게 사용하는지에 대해 영향을 끼칠 만한 사항들에 대해서 어떠한 가정도 하지 않기 때문에 대규모 기업용 데이터베이스와도 멋지게 작동한다. 데이터베이스의 설계가 엉망이고, 정치적 결정에 의한 혼란으로 도배가 돼 있더라도 iBATIS는 그러한 데이터베이스조차도 쉽게 사용할 수 있게 해준다. 위 모든 사항 외에도, i3ATIS는 거의 모든 상황에 대처할 수 있도록 매우 유연하게 설계돼 있으며, 동시에 반복적이고 불필요한 코드들을 제거함으로써 개발자의 시간을 아껴주기도 한다.

1장에서 우리는 iBATIS의 탄생 철학과 기원을 살펴보았다. 2장에서는 iBATIS가 정확히 무엇이고 어떻게 작동하는지에 대해 설명할 것이다.

2장

iBATIS란 무엇인가?

: 언제 iBATIS를 사용하나
: iBATIS를 사용하지 않는 경우
: iBATIS를 시작하자
: iBATIS가 나아갈 길

1장에서는 iBATIS의 배경 철학이 무엇이고 어떻게 이 프레임워크가 만들어졌는지에 대해 상세히 알아보았다. 또 iBATIS가 관계형 데이터베이스를 다루는 다양한 방법들로부터 여러 사상을 빌려온 복합적인 솔루션이라고 밝혔다. 그렇다면 iBATIS는 정확히 무엇인가? 2장은 이 질문에 대한 답이 될 것이다.

iBATIS는 데이터 매퍼로 알려져 있다. 마틴 파울러는 그의 저서인 「Patterns of Enterprise Application Architecture(Addison Wesley Professional, 2002)」에서 데이터 매퍼를 다음처럼 이야기하고 있다.

> 매퍼[1] 계층은 객체와 데이터베이스 그리고 매퍼 자체를 독립적으로 유지하면서
> 객체와 데이터베이스 간에 데이터를 이동시킨다.
>
> – Patterns of Enterprise Application Architecture에서 마틴 파울러

마틴은 데이터 매핑과 메타 데이터 매핑 간의 구별을 적절히 정의해 주고 있다. 여기서 마틴은 메타 데이터 매핑은 객체 관계 매핑툴을 사용하는 것이 적합하다고 설명하고 있다. 객체 관계 매핑 툴은 데이터베이스의 테이블과 칼럼을 애플리케이션의 클래스와 필드로 매핑

---

1 저자주 | 두 독립적인 객체 간의 통신을 구성해 주는 객체

한다. 이 말은 객체 관계 매퍼가 데이터베이스 메타데이터를 어플리케이션의 클래스와 클래스의 필드에 매핑한다는 의미이다. 그림 2.1은 클래스와 데이터베이스 테이블 간의 객체 관계 매핑을 보여준다. 이 경우, 클래스 각각의 필드는 데이터베이스에서 그에 대응하는 하나의 칼럼에 매핑된다.

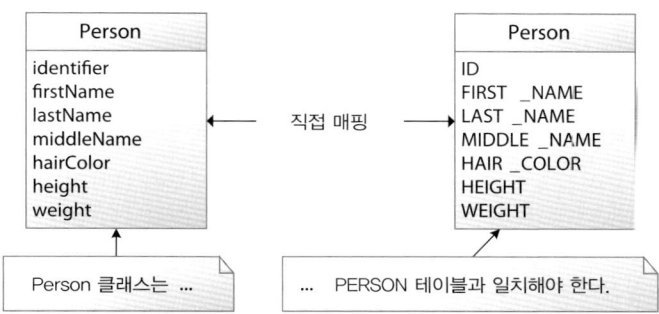

그림 2.1 | 객체 관계 매핑

iBATIS는 이와 달리 클래스를 테이블로, 필드를 칼럼으로 직접 매핑하지 않는다. 하지만 대신에 SQL 구문의 파라미터와 결과(이를테면, 입력과 출력)를 클래스에 매핑한다. 이 책의 나머지 부분에서 보게 되겠지만, iBATIS는 데이터 모델이나 객체 모델에 대해 어떠한 변경도 하지 않으면서 좀 더 유연하게 클래스와 테이블을 우회적으로 매핑하는 추가적인 계층이다. 우리가 다루고자 하는 우회적인 계층은 사실 SQL이다. iBATIS는 우회계층인 SQL을 사용하여 객체 모델로부터 데이터베이스 디자인을 분리시키는 좀 더 나은 방법을 제공한다. 이 말은 데이터베이스 설계와 객체 모델 간에 상대적으로 적은 의존성만이 존재한다는 것을 의미한다.

그림 2.2는 iBATIS가 SQL을 사용하여 데이터를 매핑하는 방법을 보여준다.

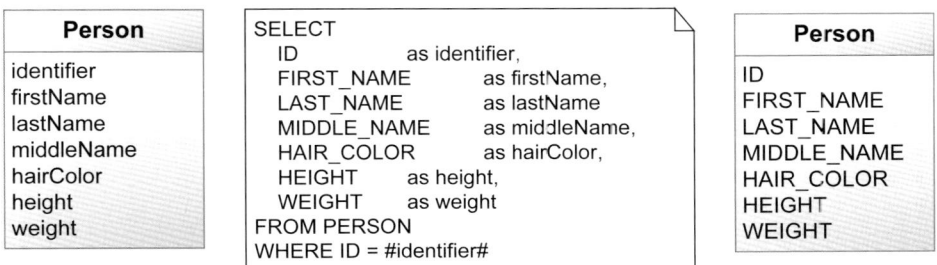

그림 2.2 | iBATIS SQL 매핑

그림 2.2에서 볼 수 있는 것처럼, iBATIS의 매핑 계층은 진짜 SQL이다. iBATIS는 개발자로 하여금 SQL을 작성토록 한다. iBATIS는 클래스의 프로퍼티와 데이터베이스 테이블 간의 파라미터와 결과값을 매핑하는 책임을 맡고 있다. 이런 이유 때문에 그리고 다양한 매핑 방법들로 인해 야기되는 혼란을 막고자, iBATIS팀에서는 보통 데이터 매퍼 대신에 SQL 매퍼라고 부른다.

2.1 SQL 매핑하기

모든 SQL 구문은 입력과 출력으로 이뤄져 있다. 입력은 대개 SQL 구문의 WHERE 절에서 볼 수 있는 파라미터이다. 출력은 SELECT 절에서 볼 수 있는 칼럼이다. 그림 2.3은 이러한 아이디어를 보여준다.

이 접근법의 장점은 개발자가 SQL 구문을 매우 유연하게 다룰 수 있다는 점이다. 개발자는 데이터베이스 테이블을 변경하지 않고도 데이터를 객체 모델과 일치하도록 조절할 수 있게 된다. 게다가 개발자가 데이터베이스의 여러 테이블, 내장 함수, 저장 프로시저로부터 생성되는 결과 값을 가져오는 것이 실질적으로 가능해진다. 개발자가 SQL의 능력을 모두 다 사용할 수 있게 되는 것이다.

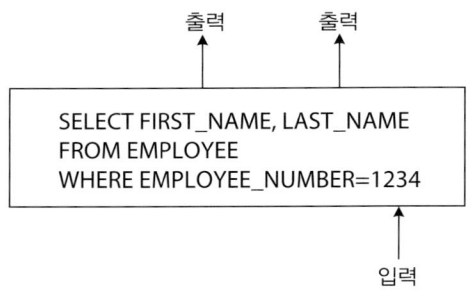

그림 2.3 | SQL은 입력과 출력으로 볼 수 있다.

iBATIS는 간단한 XML서술 파일을 사용하여 SQL 구문의 입력과 출력을 매핑한다. 리스트 2.1은 이에 대한 예이다.

리 스 트 2.1 매핑 서술의 예

```
<select id="getAddress"
        parameterClass="int"
        resultClass="Address">
  SELECT
    ADR_ID              as id,
    ADR_DESCRIPTION     as description,
    ADR_STREET          as street,
    ADR_CITY            as city,
    ADR_PROVINCE        as province,
    ADR_POSTAL_CODE     as postalCode
```

```
    FROM ADDRESS
    WHERE ADR_ID = #id#
</select>
```

여기서 주소(address)데이터를 반환하는 SQL SELECT 구문을 볼 수 있다. `<select>` 요소의 WHERE 절에서 #id#로 표시된 Integer 형 값이 파라미터로 설정됐다. 이 쿼리의 결과가 Address 클래스의 객체 인스턴스로 매핑됨을 알 수 있다. 이 클래스는 SELECT 절에서 각 칼럼에 지정한 별칭(alias, 쿼리에서 as 뒤에 지정된 이름)과 동일한 이름의 프로퍼티를 포함한다고 가정하고 있다. 예를 들어 별칭 id는 id라고 불리는 Address 클래스의 프로퍼티에 매핑될 것이다. 믿거나 말거나, 위 예제는 파라미터로 정수를 받고 출력으로 Address 객체를 반환하는 SQL 구문 매핑에 필요한 모든 것을 포함하고 있다. 이 구문을 실행하기 위해 사용되는 자바 코드는 다음과 같다.

```
Address address = (Address) sqlMap.queryForObject("getAddress",
                                                   new Integer(5));
```

SQL 매핑 방식은 완전한 기능을 가지는 어떠한 프로그래밍 언어에도 적용될 수 있는 이식성 높은 개념이다. 예를 들어 iBATIS.NET를 사용하는 C# 코드에서도 거의 동일하다.

```
Address address = (Address) sqlMap.QueryForObject("getAddress", 5);
```

물론 매핑, 특히 결과 매핑에 대해서는 좀 더 상세한 옵션이 있다. '2부: iBATIS 기초'에서 좀 더 상세히 언급할 것이다. 지금 당장은 iBATIS의 특징과 디점, 그리고 작동 방식에 대해 좀 더 이해하는 것이 중요하다.

2.2 어떻게 작동하나

무엇보다도 iBATIS는 JDBC와 ADO.NET 코드 작성을 대신하는 것이다. JDBC와 ADO.NET과 같은 API는 강력하지만 매우 장황하고 반복적인 성향이 있다. 리스트 2.2의 JDBC 예제를 보자.

리 스 트 2.2   잘 작성된 JDBC 예제

```
public Employee getEmployee (int id) throws SQLException {
  Employee employee = null;
  String sql = "SELECT * FROM EMPLOYEE " +
               "WHERE EMPLOYEE_NUMBER = ?";
```
SQL이 여기에 묻혀버린다.

```
     Connection conn = null;
     PreparedStatement ps = null;
     ResultSet rs = null;
     try {
        conn = dataSource.getConnection();
        ps = conn.prepareStatement(sql);
        ps.setInt(1, id);
        rs = ps.executeQuery();
        while (rs.next()) {
           employee = new Employee();
           employee.setId(rs.getInt("ID"));
           employee.setEmployeeNumber(rs.getInt("EMPLOYEE_NUMBER"));
           employee.setFirstName(rs.getString("FIRST_NAME"));
           employee.setLastName(rs.getString("LAST_NAME"));
           employee.setTitle(rs.getString("TITLE"));
        }
     } finally {
        try {
           if (rs != null) rs.close();
        } finally {
           try {
              if (ps != null) ps.close();
           } finally {
              if (conn != null) conn.close();
           }
        }
     }
     return employee;
}
```

JDBC API에 의해 야기되는 불편함을 쉽게 알아볼 수 있다. 코드의 모든 줄이 꼭 필요한 것이기 때문에 더 이상 코드를 줄일 수 있는 손쉬운 방법이 없다. 가장 좋은 것은 몇 라인을 유틸리티 성격의 메서드로 뽑아내는 것이다. 메서드로 뽑아낼 만한 가장 눈에 띄는 것은 PreparedStatement와 ResultSet과 같은 자원에 대해 close() 메서드를 호출해 주는 것이다.

내부적으로는 iBATIS도 JDBC 코드와 거의 비슷하게 작동할 것이다. iBATIS는 데이터베이스로부터 커넥션을 얻고, 파라미터를 설정하며, 쿼리 구문을 실행하고 결과를 가져오고 나서 모든 자원을 닫는다. 하지만 작성해야 하는 코드의 양은 눈에 띄게 줄어든다. 리스트 2.3은 정확히 같은 구문을 수행하기 위해 iBATIS가 필요로 하는 코드를 보여준다.

리 스 트 2.3   iBATIS는 JDBC보다 덜 장황하다.

```
<select id="getEmployee"
        parameterClass="java.lang.Integer"
        resultClass="Employee">
    SELECT ID                as id,
        EMPLOYEE_NUMBER      as employeeNumber,
        FIRST_NAME           as firstName,
        LAST_NAME            as lastName,
        TITLE                as title
    FROM EMPLOYEE
    WHERE EMPLOYEE_NUMBER = #empNum#
</select>
```

비교의 여지가 없다. iBATIS는 좀 더 간결하고 읽기 쉽고, 따라서 유지 보수하는 것도 더 쉽다. 이 장의 뒷부분에서 iBATIS의 이점에 대해 더 언급할 것이다. 하지만 지금은 자바 코드에서 이 쿼리문을 실행하는 방법이 궁금할 것이다. 위의 유사한 예제에서 보았듯이, 매우 간단한 한 줄의 코드만 있으면 된다.

```
Employee emp = (Employee) sqlMap.queryForObject("getEmployee",
                                                new Integer(5));
```

다른 것은 필요 없다. 이 코드는 구문을 실행하고 파라미터를 셋팅하며 실제 자바 객체로 결과를 가져온다. SQL은 XML파일을 통해 적절히 캡슐화되고 코드의 외부로 분리된다. iBATIS는 보이지 않는 곳에서 모든 자원을 관리하면서 리스트 2.2에서 먼저 보았던 JDBC 코드와 동일한 효과를 낸다.

여기서, iBATIS가 모든 시스템에서 같은 방식으로 작동하는지, 특별한 종류의 애플리케이션에 가장 적합한지에 대한 의문이 생긴다. 몇 절에 걸쳐 iBATIS가 어떻게 소규모 애플리케이션과 잘 작동하는가를 시작으로 그 물음에 답할 것이다.

2.2.1 작고 간단한 시스템을 위한 iBATIS

소규모 애플리케이션은 대개 오직 하나의 데이터베이스만 사용한다. 그리고 대체로 간단한 사용자 인터페이스와 도메인 모델을 가진다. 비즈니스 로직은 매우 기본적인 것만 있거나, 몇몇 간단한 CRUD(Create, Read, Update, Delete) 애플리케이션에서는 비즈니스 로직이 존재하지 않을 수도 있다. iBATIS가 소규모 애플리케이션과도 잘 작동하는 이유 세 가지를 보자.

첫째로 iBATIS 자체가 작고 간단하다. iBATIS는 어떠한 서버나 미들웨어도 필요로 하지 않는다. 추가적인 인프라스트럭처가 전혀 필요 없다. iBATIS는 다른 라이브러리에 의존성을 가지지 않는다. iBATIS는 최소 설치시 약 375KB의 디스크 용량을 차지하는 오직 두 개의 JAR 파일로 이뤄져 있다. SQL 매핑 파일 자체에 대한 설정이 없기 때문에 몇 분 안에 작동하는 퍼시스턴스 계층을 확보할 수 있다.

둘째로 iBATIS는 이미 존재하는 애플리케이션이나 데이터베이스의 설계 변경을 강요하지 않는다. 그러므로 이미 일부가 구현되었거나 개발이 끝난 소규모 시스템이 있더라도 여전히 iBATIS를 사용하여 쉽게 퍼시스턴스 계층을 리팩터링할 수 있다. iBATIS가 단순하기 때문에, 애플리케이션의 구조를 과도하게 복잡하게 만들지 않는다. 애플리케이션이나 데이터베이스의 설계에 대해 전제조건을 요구하는 객체 관계 매핑(ORM) 툴이나 코드 생성기는 그렇게 간단하지 않을 것이다.

마지막으로 현재 오랜 기간 운영중인 소프트웨어라면, 자그마한 규모의 소프트웨어가 큰 규모의 소프트웨어로 성장하는 것은 피할 수 없는 사실이다. 모든 성공적인 소프트웨어는 성장하는 경향이 있다. 이는 좋은 현상이다. iBATIS가 대규모 시스템에서도 잘 작동하기 때문에 iBATIS를 사용하는 소규모 애플리케이션이 전사적 애플리케이션의 요구 조건을 만족시키는 시스템으로 성장해가는 데도 문제가 없다.

2.2.2 대규모 전사적 시스템을 위한 iBATIS

iBATIS는 전사적인 애플리케이션을 위해 설계되었다. 다른 무엇보다도 iBATIS는 다른 솔루션에 비해 전사적인 애플리케이션 영역에서 많은 장점을 갖고 있다. iBATIS의 창시자는 대규모 시스템에서부터 전사적 시스템에 걸쳐 작동하는 애플리케이션을 다양하게 다루어 왔다. 이러한 시스템은 대개 하나가 아닌 많은 데이터베이스를 사용한다. 1장에서는 전사적인 데이터베이스, 독점적인 데이터베이스 및 레거시 데이터베이스를 포함한 다양한 형태의 데이터베이스에 대해 알아봤다. iBATIS는 이러한 데이터베이스들을 충분히 다룰 수 있도록 만들어졌으며, 결과적으로 전사적인 환경에 적합한 많은 다양한 기능들을 가지고 있다.

첫 번째 근거는 다른 부분에서도 말했지만, 너무도 중요해서 여러 번 얘기해도 지나치지 않다. 즉 iBATIS는 데이터베이스 또는 객체 모델의 설계에 대해 어떠한 전제도 하지 않는다. 이 두 설계가 어느 정도 불일치하는지에 상관없이, iBATIS는 그 애플리케이션에서 잘 작동할 것이다. 게다가 iBATIS는 전사적인 시스템의 구조에 대해 가정을 하지 않는다. 비즈니스 업무를 기준으로 하여 수직형태, 또는 기술을 기즌으로 수평형태로 데이터베이스를 분할하였다 하더라도, iBATIS는 여전히 효율이 높아지도록 데이터 작업을 수행하고 이 데이터를 객체 지향 애플리케이션에 통합할 수 있다.

두 번째로, iBATIS는 매우 큰 데이터 셋을 효율적으로 다룰 수 있는 기능들을 가지고 있다. iBATIS는 매우 큰 레코드 셋을 한꺼번에 처리할 수 있는 로우 핸들러와 같은 기능을 지원한다. 또 지금 당장 꼭 필요한 데이터만 가져오도록 일정 범위 내의 결과물을 가져오는 기능도 지원한다. 만약 10,000개의 행에서 500번~600번째 행만 원한다면, 어렵지 않게 해당 행만 가져올 수 있다. iBATIS는 이러한 작업을 매우 효과적으로 수행할 수 있도록 JDBC 드라이버에 파라미터를 넘겨줄 수 있다.

마지막으로, iBATIS는 데이터베이스 객체를 다양한 방법으로 매핑하도록 해준다. 전사적인 시스템의 함수가 트랜잭션 없이 작동하는 경우는 흔치 않다. 많은 전사적인 시스템들은 온종일 트랜잭션 성격을 가지는 함수를 수행하고, 밤 동안에는 일괄 처리 형태의 함수를 주로 수행하게 된다. iBATIS를 사용하면 동일한 클래스를 여러 가지 서로 다른 방법으로 매핑할 수가 있어서, 각 기능들을 최대한 효율있게 활용할 수 있다. 그리고 iBATIS는 여러 방식의 데이터 가져오기 전략을 제공해준다. 이를 통해 특정 데이터의 경우, 가져오기를 미루거나 객체 구조가 매우 복잡한 경우에는 성능 향상을 위해서 단 한 개의 SQL 구문만을 실행해서 모든 데이터를 읽어오게 할 수도 있다.

지금까지 한 이야기들이 마치 장사치의 광고 같다. 이 분위기를 살려서 iBATIS를 사용해야 하는 이유를 얘기해 보는 것은 어떨까? 이에 관해서는 바로 2.3절에서 다룰 것이다. 공정성을 기하기 위해, 조금 뒤 2.4 절에서는 iBATIS를 사용할 필요가 없는 몇몇 상황에 대해 이야기할 것이다.

2.3 왜 iBATIS를 사용하나?

거의 모든 시스템에서 iBATIS를 사용해야 하는 수많은 이유가 있다. 2장의 앞에서 배운 것처럼, iBATIS와 같은 프레임워크는 애플리케이션에 많은 구조적인 이점을 준다. 여기서 우리는 이러한 이점들과 이 이점들을 만들어 내는 iBATIS의 특징을 이야기할 것이다.

2.3.1 간단함

iBATIS는 오늘날 가장 간단한 퍼시스턴스 프레임워크 중 하나로 꼽힌다. 간단함은 iBATIS 팀의 설계 목표의 핵심이고 다른 어떤 것보다 높은 우선순위를 가진다. iBATIS의 매우 견고한 토대가 되는 JDBC와 SQL을 계속 유지함으로써 이러한 간결성을 확보하게 되었다. iBATIS는 훨씬 더 적은 코드로도 JDBC처럼 작동하기 때문에 자바 개발자들이 다루기가 쉽다. JDBC에 적용되는 거의 모든 지식은 iBATIS에서도 잘 적용된다. iBATIS를 XML 형태로 서술된 JDBC 코드라고 생각해도 된다. 이 말은 iBATIS가 다음에 설명할 JDBC가 가지지 못한 다른 많은 구조적인 이점을 가지고 있다는 뜻이다. iBATIS는 데이터베이스 관리자와 SQL 프로그래머가 이해하기에도 쉽다. iBATIS 설정 파일은 SQL 프로그래밍 경험이 있는 대부분의 사람들이 이해하기 쉽다.

2.3.2 생산성

좋은 프레임워크의 핵심적인 목표는 개발자의 생산성을 높여주는 것이다. 일반적으로 프레임워크는 장황한 코드를 제거하고 복잡한 구조적인 문제를 해결하면서 공통적인 작업을 다루기 위해 존재한다. iBATIS는 개발자의 생산성을 높여주는 데 성공했다. 이탈리아 자바 사용자 그룹의 연구[2]에 의하면, 파브리지오 지안네쉬Fabrizio Gianneschi는 퍼시스턴스 계층에서 62%에 달하는 코드의 양을 줄인 것을 확인했다. 이러한 코드량의 감소는 주로 작성할 필요가 없는 JDBC 코드 때문이다. SQL은 여전히 손으로 작성해야 하지만, 이 장의 앞부분에서 본 것처럼 SQL은 문제가 되지 않는다. JDBC API의 문제이며 ADO.NET도 마찬가지이다.

2.3.3 성능

성능이라는 주제는 프레임워크 제작자, 사용자 그리고 상업적인 소프트웨어 벤더들 사이에서 큰 논쟁을 불러 일으킬 것이다. 사실 모든 프레임워크는 저수준에서 몇 가지 과부하를 일으킨다. 대개 iBATIS와 손으로 작성된 JDBC를 비교했을 때 1,000,000번의 for 루프를 돈다면, 성능적인 면에서는 JDBC의 손을 들어줄 것이다. 하지만 운이 좋게도, 루프를 도는 것은 현대 애플리케이션 개발의 성능 관리에서 중점을 두는 부분이 아니다. 좀 더 중요한 것은 데이터베이스로부터 데이터를 가져오는 방법과 시점 그리고 얼마나 자주 가져오는

---

2. 저자주 | http://www.jugsardegna.org/vqwiki/jsp/Wiki?IBatisCaseStudy

가 하는 점이다. 예를 들어 데이터베이스로부터 페이징 처리된 데이터 리스트를 동적으로 읽어와서 사용하는 것은, 잠재적으로는 불필요한 수천 개의 행을 한꺼번에 데이터베이스로부터 가져오는 것이 아니기 때문에 애플리케이션의 성능을 명백히 향상시킬 수 있다. 유사하게 적재 지연 같은 기능을 사용하는 것은 주어진 상황에서 필요 없는 데이터를 가져오지 않도록 한다. 반면에 많은 테이블로부터 많은 데이터를 포함하는 복잡한 구조의 객체를 가져온다면, 하나의 SQL 문을 사용하여 적재하는 것이 성능을 명백하게 향상시킬 것이다. iBATIS는 나중에 자세히 언급할 많은 성능 최적화 기법을 지원한다. 지금은 iBATIS를 간단한 방법으로 설정해서 사용할 수 있고, 나아가 JDBC만큼 잘, 혹은 더 뛰어나게 수행된다는 것을 아는 것이 중요하다. 다른 중요한 고려사항으로 JDBC 코드는 항상 제대로 작성할 수 없다는 사실이 있다. JDBC는 정확하게 작성해야 할 많은 코드를 필요로 하는 복잡한 API이다. 불행히도 많은 JDBC 코드는 잘못 작성되어서 저수준에서조차도 iBATIS만큼의 성능을 내지 못한다.

2.3.4 관심사의 분리

전형적인 JDBC 코드에서는 애플리케이션의 모든 계층에 흩어져 있는 커넥션과 결과셋과 같은 데이터베이스 리소스를 드물지 않게 볼 수 있다. 여러분 모두 데이터베이스 커넥션과 SQL 구문이 JSP 페이지에 들어 있고, 결과셋을 반복문으로 돌리면서 그 사이에 HTML 코드를 집어넣는 너저분한 애플리케이션을 본 적이 있을 것이다. 이건 정말 악몽이다. 1장에서 애플리케이션 계층화의 중요성을 언급했다. 애플리케이션이 고수준에서 계층화되는 방식과 퍼시스턴스 계층이 내부적으로 계층화되는 방식을 보았다. iBATIS는 데이터베이스 커넥션과 PreparedStatement 그리고 결과셋 같은 퍼시스턴스 계층과 관련된 리소스를 관리하여 계층화를 지원하도록 도와준다. iBATIS는 데이터베이스에 독립적인 인터페이스와 API를 제공하여 애플리케이션을 어떠한 퍼시스턴스 계층 관련 리소스에도 의존하지 않게 해준다. iBATIS를 사용하면 임의로 생성되는 결과셋이 아니라 항상 진짜 객체만을 가지고 작업하게 된다. 사실 iBATIS를 사용하면 최적화된 계층화를 위반하는 것이 힘들어진다.

2.3.5 작업의 분배

몇몇 데이터베이스 관리자는 자신들이 운용하는 데이터베이스를 굉장히 아낀다. 그래서 다른 사람이 SQL을 작성하지 못하게 한다. 모든 사람들이 SQL 작성을 맡기고 싶어할 만큼

SQL을 잘 쓰는 사람도 있다. 어떤 이유든지 개발팀의 능력을 강화시키는 것은 언제나 멋진 일이다. 특히 SQL은 잘 작성하지만 자바나 C#을 작성하는 데는 능숙하지 못한 사람이 있다면, 그를 다른 일로 방해하지 말고 SQL 구문만 작성하도록 하라. iBATIS를 사용하면 그렇게 할 수 있다. SQL 문이 애플리케이션 소스 코드로부터 완전히 분리되기 때문에, SQL 프로그래머는 문자열 이어 붙이기에 대해 걱정할 필요 없이 SQL을 작성할 수 있다. 한 개발자가 자바코드와 SQL을 모두 작성한다 해도, 데이터베이스 성능을 튜닝하는 동안 DBA로부터 "SQL을 보여주세요"라는 요청을 받게 된다. JDBC를 사용할 때는 SQL이 보통 결합된 문자열이거나, 반복과 조건의 조합을 통해 동적으로 만들어지기 때문에 이러한 것은 쉽지 않은 일이다. 객체 관계 매핑 프레임워크(ORM)을 사용한다면 더욱 안 좋은 사태에 빠지게 된다. 이 때 SQL 구문을 보려면 애플리케이션을 직접 실행하면서 로그에 남은 SQL 문장을 찾아야 한다. 더구나 SQL 구문을 찾았다 해도 그것을 변경하는 작업을 할 수도 없다. 하지만 iBATIS는 데이터베이스에서 작동할 SQL 문을 개발하고 살펴보고 변경하는 것을 완전히 마음대로 할 수 있게 해준다.

2.3.6 이식성: 자바, .NET 그리고 그 외…

iBATIS는 이식성이 높은 개념이다. 상대적으로 단순하게 설계되었기 때문에, 어떠한 언어나 플랫폼에서도 구현될 수 있다. 이 글을 쓰는 시점에서 iBATIS는 자바와 Ruby 그리고 .NET의 C#이라는 가장 유명한 개발 플랫폼을 지원한다.

지금은 설정파일이 플랫폼 별로 완전히 호환되는 것은 아니지만 호환성 확보를 위한 계획이 수립돼 있는 상태이다. 좀 더 중요한 것은 개념과 접근법이 이식 가능하다는 것이다. 이식성이 높다는 것은 모든 애플리케이션에서 설계를 일관성 있게 할 수 있다는 의미이다. iBATIS는 애플리케이션의 설계와 무관하게 더 많은 언어와 다른 프레임워크보다 더 많은 형태의 애플리케이션에서 작동한다. 애플리케이션들 간의 일관성이 중요하다면, iBATIS는 좋은 선택이 되어 줄 것이다.

2.3.7 오픈 소스와 정직성

앞서 우리는 이 절을 '장사치의 광고' 라고 말했다. 사실 iBATIS는 오픈 소스 소프트웨어이다. 여러분이 iBATIS 사용한다고 해서 돈을 벌거나 하지 않는다. 책을 샀다면 우리는 돈을 벌게 된다. 그 말은 오픈 소스 소프트웨어의 가장 큰 장점 중 하나는 정직하다는 점이다. 우리가 진실이나 거짓을 과장할 까닭이 없다. 우리는 솔직히 iBATIS가 모든 문제에 대해 완벽한 솔루션은 아니라고 말한다. 그래서 상업적인 소프트웨어 문서에서 좀처럼 하지 않는 것을 해보자. iBATIS를 사용할 필요가 없는 경우에 대해 몇 가지 얘기해 보고 적절한 대안을 제시해 보겠다.

2.4 iBATIS를 사용하지 않는 경우

모든 프레임워크는 규칙과 제약을 중심으로 만들어졌다. JDBC와 같은 저수준 프레임워크는 매우 유연하고 완전한 기능을 제공하지만, 사용하기가 어렵고 너무 지루하다. 객체 관계 매핑 툴과 같은 고수준 프레임워크는 사용하기 좀 더 쉽고 불필요한 작업을 줄여주지만, 더 많은 가정과 제약 조건들 때문에 이를 적용할 수 있는 애플리케이션이 더 적어지게 된다.

iBATIS는 중간수준의 프레임워크이다. JDBC보다는 고수준이지만 객체 관계 매퍼보다는 저수준이다. 이로 인해 iBATIS는 특별한 애플리케이션 셋에 적합한 특별한 위치를 점하게 된다. 이전 절에서 작은 리치 클라이언트 애플리케이션 그리고 크고 전사적인 웹 애플리케이션 모두를 포함한 다양한 형태의 애플리케이션에서 iBATIS가 유용한 이유를 언급했다. 그러면 언제 iBATIS가 부적합한가? 다음의 몇 절에서는 iBATIS가 최고의 솔루션이 아닌 상황을 상세히 알아보고 추천할 만한 대안을 제시할 것이다.

2.4.1 개발자가 모든 것에 대해 영원한 결정권을 갖고 있을 때…

애플리케이션 설계와 데이터베이스 설계에 대한 모든 결정권을 개발자가 갖고 있다면, 여러분은 진정 운이 좋은 사람이다. 이러한 행운은 전사적인 환경이나 핵심 사항이 소프트웨어 개발이 아닌 비즈니스에서는 거의 불가능하다. 어쨌든 개발자가 설계에 대한 전권을 가지고 패키지 소프트웨어 제품을 만드는 회사에서 이런 경우가 있을 수 있다.

모든 결정권을 갖고 있을 때라면, 하이버네이트와 같은 완전한 객체 관계 매핑 솔루션을 사용하는 것이 좋다. 이 때는 객체 관계 매퍼가 제공해 주는 설계상의 이점과 생산성 향상을 제대로 누릴 수 있다. 아마도 함께 통합하고자 하는 전사적 데이터베이스 그룹이나 레거시 시스템도 방해할 수 없을 것이다. 더욱이 데이터베이스를 애플리케이션과 함께 배포할 것이기 때문에 이는 애플리케이션 데이터베이스의 분류에 들게 된다(1장 참조). 하이버네이트를 사용한 패키지 애플리케이션의 좋은 예로 아틀라시안[Atlassian]의 JIRA를 들 수 있다. JIRA는 개발자들이 전권을 가지고 만든 이슈 트래킹 패키지 소프트웨어 제품이다.

비록 지금은 전권을 가지고 개발한다 하더라도, 앞으로 애플리케이션이 어떻게 될지 고려하는 것도 중요하다. 데이터베이스가 애플리케이션 개발자의 제어권에서 벗어날 가능성이 있다면, 그때 퍼시스턴스 계층 전략에 어떤 문제가 생길지 조심스럽게 생각해 봐야 한다.

2.4.2 애플리케이션이 완전히 동적인 SQL을 요구할 때

애플리케이션의 핵심 기능이 SQL을 동적으로 생성하는 것이라면, iBATIS는 좋지 못한 선택이다. iBATIS는 매우 강력한 동적 SQL 생성 기능을 통해서 고수준의 쿼리 기법, 그리고 동적 update 구문 생성 기능까지도 지원한다. 하지만 어쨌든 시스템의 모든 구문이 동적으로 생성된다면 그냥 JDBC를 사용하거나 혹은 자신만의 프레임워크를 직접 만드는 것도 좋다.

iBATIS가 가지는 힘의 대부분은 개발자들에게 SQL 구문을 직접 수작업으로 작성하고 관리할 수 있는 완벽한 자유를 준다는 점에 있다. 애플리케이션에서 대부분의 SQL 구문이 SQL 자동 생성 클래스 같은 것으로부터 동적으로 생성된다면 iBATIS의 이러한 장점은 금방 무의미해지게 된다.

2.4.3 관계형 데이터베이스를 사용하지 않을 때

관계형 데이터베이스 이외의 것들을 위한 JDBC 드라이버도 존재한다. 일반적인 파일, 마이크로소프트 엑셀 스프레드시트, XML 그리고 그 외 형태의 데이터 저장소를 위한 JDBC드라이버가 존재한다. 비록 몇몇 사람들이 iBATIS와 이러한 드라이버를 성공적으로 사용했다고는 하지만 대부분의 사용자에게 추천할 만한 것은 아니다.

iBATIS는 환경에 대해 많은 전제조건을 걸지는 않는다. 하지만 트랜잭션과 전통적인 SQL, 그리고 저장 프로시저 구문을 지원하는 진짜 관계형 데이터베이스를 사용한다고 어느정도는 가정하고 있다. 몇몇 유명 데이터베이스도 관계형 데이터베이스의 핵심 기능을 지원하지 않는다. MySQL의 초기 버전은 트랜잭션을 지원하지 않아서 iBATIS도 MySQL의 초기버전과 잘 작동하지 않는다. 운이 좋게도 현재의 MySQL은 트랜잭션을 지원하고 트랜잭션과 호환되는 JDBC드라이버도 제공한다.

실제로 관계형 데이터베이스를 사용하지 않는다면 순수한 JDBC나 저수준 파일 입출력 API 사용을 추천한다.

2.4.4 그냥 작동하지 않을 경우

iBATIS는 커뮤니티가 성장하면서 나타나는 요구사항에 맞춰 지속적으로 많은 훌륭한 기능들을 구현하고 있다. 하지만 iBATIS도 몇몇 애플리케이션의 요구사항과는 상반되는 개발 방향이나 설계 지침을 분명히 가지고 있다. 사람들은 소프트웨어를 통해 놀라운 일을 해낸다. 그리고 복잡한 요구사항 때문에 iBATIS가 작동하지 않는 경우도 있다. 비록 우리가 요구사항을 만족시키는 기능을 추가할 수 있다 하더라도, 이로 인해 복잡도가 크게 증가하거나 iBATIS 프레임워크 자체의 역할 범위를 넘어서게 될 것이다. 따라서 우리는 프레임워크를 변경하지 않을 것이다. 이러한 경우에 대비해, 요구사항에 맞아떨어지도록 iBATIS를 확장할 수 있는 추가 가능한 인터페이스를 제공하도록 시도한다. 때로는 이것도 소용 없을 수도 있다. 이럴 때는 iBATIS(혹은 다른 프레임워크라 하더라도)를 억지로 고쳐서 iBATIS 본연의 목적에서 벗어나게 만들기보다는 다른 더 나은 해결책을 찾아보는 것이 좋다.

iBATIS를 사용하거나 사용해서는 안 되는 이유를 계속 알아보는 대신에, 이제는 간단한 예제를 살펴보자.

2.5 5분 내에 사용 가능한 iBATIS

iBATIS 프레임워크는 매우 간단한 프레임워크이고 시작하는 것 또한 그만큼 간단하다. 얼마나 간단한가? 결론을 말하면, 내가 5분 내에 iBATIS를 사용하는 완전한 애플리케이션을 개발하는 것이 충분히 가능할 정도로 간단하다. 대규모 ERP Enterprise Resource Planning 솔루션이나 덩치 큰 e-Commerce 웹 사이트 말고, iBATIS SQL Map으로부터 SQL 문을 수행하고 그 결과를 콘솔로 출력하는 간단한 명령행 도구를 만드는 정도라면 말이다. 다음 예제는 간단한 데이터베이스 테이블을 조회하는 정적인 SQL 문을 설정하고, 아래와 같이 콘솔에 그 결과를 출력할 것이다.

```
javac -classpath <...> Main.java
java -classpath <...> Main

Selected 2 records.
{USERNAME=LMEADORS, PASSSWORD=PICKLE, USERID=1, GROUPNAME=EMPLOYEE}
{USERNAME=JDOE, PASSSWORD=TEST, USERID=2, GROUPNAME=EMPLOYEE}
```

데이터 출력이 예쁘지는 않지만 뭘 하고자 하는지는 알 수 있을 것이다. 다음의 몇 절에 걸쳐서 아무 것도 없는 상태에서부터 위와 같은 기능을 갖추게 되는 상태까지, 단계를 거쳐가며 살펴볼 것이다.

2.5.1 데이터베이스 준비하기

예제 애플리케이션은 MySQL 데이터베이스를 사용해 실행할 것이다. iBATIS 프레임워크는 JDBC와 호환되는 드라이버만 가지고 있다면 어떠한 데이터베이스와도 작동한다. 단순히 설정 정보에 드라이버 클래스명과 JDBC URL을 제공해 주면 된다.

데이터베이스 서버를 준비하는 것은 이 책의 범위에 속하지 않기 때문에 우리는 데이터베이스가 이미 준비되어 작동하고 있다는 전제하에서 개발자가 해야 할 것이 무엇인지 알려 줄 것이다. 다음은 우리가 사용할 테이블을 생성하고 몇 가지 샘플 데이터를 추가하는 MySQL스크립트이다.

```
#
# 'user' 테이블용 테이블 구조
#
CREATE TABLE USER_ACCOUNT (
   USERID INT(3) NOT NULL AUTO_INCREMENT,
   USERNAME VARCHAR(10) NOT NULL,
   PASSSWORD VARCHAR(30) NOT NULL,
   GROUPNAME VARCHAR(10),
   PRIMARY KEY (USERID)
);

#
# 'user' 테이블의 데이터
#
INSERT INTO USER_ACCOUNT (USERNAME, PASSSWORD, GROUPNAME)
     VALUES ('LMEADORS', 'PICKLE', 'EMPLOYEE');
INSERT INTO USER_ACCOUNT (USERNAME, PASSSWORD, GROUPNAME)
     VALUES ('JDOE', 'TEST', 'EMPLOYEE');
COMMIT;
```

다른 데이터베이스 서버가 SQL로 조회 가능한 몇 가지 데이터를 가진 상태로 이미 준비되어 있다면, 자유롭게 사용해도 된다. SqlMap.xml 파일을 수정하여 원하는 SQL 구문을 파일에 넣고, 또 SqlMapConfig.xml 파일도 수정하여 여러분이 원하는 데이터베이스를 사용할 수 있게 iBATIS 설정을 변경해야 한다. 이를 작동시키려면 드라이버명, JDBC URL, 그리고 접속을 위한 사용자명과 비밀번호를 알고 있어야 한다.

2.5.2 코드 작성하기

이 애플리케이션이 우리의 첫 번째 완전한 형태의 예제이자 iBATIS 사용법에 대한 소개이기 때문에, 이 코드는 실제 애플리케이션보다 훨씬 더 단순할 것이다. 타입 안전성과 예외 처리는 나중에 알아보도록 하고 여기서는 고려하지 않을 것이다. 리스트 2.4는 완전한 코드를 보여준다.

리스트 2.4 Main.java

```java
import com.ibatis.sqlmap.client.*;
import com.ibatis.common.resources.Resources;

import java.io.Reader;
import java.util.List;

public class Main {
  public static void main(String arg[]) throws Exception {
    String resource = "SqlMapConfig.xml";              // ← iBATIS 설정
    Reader reader = Resources.getResourceAsReader(resource);
    SqlMapClient sqlMap = SqlMapClientBuilder.buildSqlMapClient(reader);
    List list = sqlMap.queryForList("getAllUsers", "EMPLOYEE");  // ← 쿼리 구문 실행
    System.out.println("Selected " + list.size() + " records.");
    for(int i = 0; i < list.size(); i++) {
      System.out.println(list.get(i));                 // ← 결과 출력
    }
  }
}
```

이게 전부다! 우리는 10줄 정도의 자바 코드로 iBATIS를 설정하고 구문을 실행하였으며 결과를 출력했다. 위의 자바 코드만으로 완벽하게 작동하는 iBATIS 애플리케이션을 만든 것이다. 나중에 더 개선할 것이지만, 일단은 기본적인 설정 방법을 알아보자.

2.5.3 iBATIS 설정하기(미리보기)

3장에서 iBATIS의 설정에 대해 깊이 있게 다룰 것이기 때문에, 여기서는 간단하게만 살펴볼 것이다. 여기서 옵션에 대한 설명을 하지는 않을 것이지만 기본적인 정보는 다룰 것이다.

먼저 SqlMapConfig.xml 파일을 보자. 이 파일은 iBATIS의 시작 지점이 되고 모든 SQL Map 파일(SQL 구문을 포함하고 있는)을 모아놓은 곳이다. 리스트 2.5는 우리의 간단한 애플리케이션을 위한 SqlMapConfig.xml 파일을 보여준다.

리 스 트 2.5 ｜ 역사상 가장 간단한 iBATIS 애플리케이션을 위한 SQL Maps 설정

```
<?xml version="1.0" encoding="UTF-8" ?>

<!DOCTYPE sqlMapConfig
    PUBLIC "-//ibatis.apache.org//DTD SQL Map Config 2.0//EN"
    "http://ibatis.apache.org/dtd/sql-map-config-2.dtd">

<sqlMapConfig>
  <transactionManager type="JDBC" >
    <dataSource type="SIMPLE">
      <property name="JDBC.Driver"
                value="com.mysql.jdbc.Driver"/>
      <property name="JDBC.ConnectionURL"
                value="jdbc:mysql://localhost/test"/>
      <property name="JDBC.Username"
                value="root"/>
      <property name="JDBC.Password"
                value="blah"/>
    </dataSource>
  </transactionManager>
  <sqlMap resource="SqlMap.xml" />
</sqlMapConfig>
```

❶ 유효성 체크를 위한 DOCTYPE과 DTD를 적는다

❷ 내장된 트랜잭션 관리자의 이름을 적는다

❸ SQL Map을 적는다

예상했겠지만, 위 설정은 데이터베이스에 연결하는 방법과 사용 가능한 SQL Map 파일들을 iBATIS에 지정해주는 역할을 한다. XML파일이기 때문에 유효성 검사를 위한 doctype과 DTD를 적어주어야 한다 ❶. SIMPLE은 내장된 트랜잭션 관리자의 이름이다 ❷. 그리고 이 부분에서 JDBC 드라이버, JDBC URL, 데이터베이스에 연결하기 위한 사용자명, 비밀번호를 제공한다. 그리고 나서 SQL Map을 적어준다 ❸. 여기서는 한 개의 SQL Map만 있지만, 원하는 만큼 얼마든지 SQL Map이 있어도 된다. 여기서 다른 일들도 할 수 있지만 그것들은 그에 관해서는 다음 장에서 다룰 것이다.

방금 핵심이 되는 설정파일을 보았으니, 이제 우리는 SqlMap.xml 파일을 살펴보자(리스트 2.6). 이 파일은 우리가 실행할 SQL 문을 포함하고 있다.

리 스 트 2.6   역사상 가장 간단한 SQL Map

```xml
<?xml version="1.0" encoding="UTF-8" ?>
<!DOCTYPE sqlMap PUBLIC "-//ibatis.apache.org//DTD SQL Map 2.0//EN"
    "http://ibatis.apache.org/dtd/sql-map-2.dtd">

<sqlMap>
    <select id="getAllUsers" parameterClass="string"
                             resultClass="hashmap">
        SELECT * FROM USER_ACCOUNT WHERE GROUPNAME = #groupName#
    </select>
</sqlMap>
```

위 리스트 2.6의 XML코드에서, GROUPNAME 파라미터를 위해 하나의 문자열 파라미터(parameterClass)를 받고 결과(resultClass)를 HashMap에 매핑한다.

| 경고 | 도메인 모델로 Map(이를테면 HashMap, TreeMap)을 사용하는 것은 추천하지 않는다. 하지만 여기서는 iBATIS가 제공하는 매핑이 얼마나 유연한지를 보여주기 위해 사용하였다. 매핑할 자바빈즈가 언제나 필요한 것은 아니다. Map과 원시형에도 또한 직접 매핑할 수 있다.

믿거나 말거나, iBATIS를 사용하는 데 필요한 모든 코드와 설정을 보았다. 위 코드는 인쇄를 위해 의도적으로 줄 수를 늘려 놓은 것인데, 그럼에도 불구하고 자바와 XML을 포함해서 약 50줄이면 충분하다. 하지만 더 중요한 점은 이 50줄 중에서 45줄은 설정 정보이고 각 SQL 구문마다 매번 작성하지 않고, 애플리케이션에서 단 한 번만 작성하면 되는 것이다. 이번 장의 초반에서 본 것처럼, JDBC는 각 SQL 구문별로 50줄이나 그 이상의 코드를 필요로 한다.

2.5.4 애플리케이션 빌드하기

보통은 대규모 애플리케이션을 빌드할 때 Ant와 같은 툴을 사용하여 빌드를 단순화할 것이다. 이 예제는 클래스가 오직 하나이기 때문에 Ant 스크립트를 만드는 수고는 하지 않겠다. 빌드하기 위해 클래스패스에 둘 필요가 있는 JAR 파일은 ibatis-common-2.jar 와 ibatis-sqlmap-2.jar이다. 그러고 나서 자바 컴파일러에 클래스패스를 지정하기 위해 다음과 같이 명령줄을 작성할 것이다.

```
javac -classpath <your-path>ibatis-common-2.jar;
      <your-path>ibatis-sqlmap-2.jar Main.java
```

물론 한 줄로 작성해야 한다. 그리고 <your-path> 대신에, JAR 파일의 실제 경로를 써야 한다. 모든 것이 정상이라면 컴파일러는 화면에 아무것도 출력하지 않을 것이다. 하지만 Main.class가 현재 디렉터리에 생성돼 있을 것이다.

2.5.5 애플리케이션 실행하기

애플리케이션을 실행할 때 몇 개의 추가적인 jar 파일이 있어야 하지만 많지는 않다. 애플리케이션을 실행하기 위해 클래스패스에 두어야 할 jar 파일은 ibatis-common-2.jar, ibatis-sqlmap-2.jar, commons-logging.jar 그리고 JDBC 드라이버(이 경우, mysql-connector-java.jar)이다. 이제 다음으로 아래 명령을 입력한다.

```
java -classpath <your-path>;mysql-connector.jar;commons-logging.jar;
                ibatis-common-2.jar;ibatis-sqlmap-2.jar;.
                Main
```

다시 한 번 설명하지만, 컴파일할 때와 마찬가지로 모두 한 줄에 적어야 한다. <your-path>는 시스템의 실제 경로로 대체해야 한다.

프로그램이 실행될 것이고 얼마나 많은 행이 선택되었는지 알려주고, 다음과 같이 대강의 형태로 데이터를 출력한다.

```
Selected 2 records.
 {USERID=1, USERNAME=LMEADORS, PASSSWORD=PICKLE, GROUPNAME=EMPLOYEE}
 {USERID=2, USERNAME=JDOE, PASSSWORD=TEST, GROUPNAME=EMPLOYEE}
```

iBATIS프레임워크는 유연성 있게 설계되었다. iBATIS는 단순히 SQL 구문을 실행하고 결과를 리턴하거나 혹은 훨씬 더 많은 일을 할 수도 있는 경량의 간결한 프레임워크이다.

유연성을 확보하는 핵심은 프레임워크를 제대로 설정하는 것이다. 다음 장에서는 두 가지 형태의 설정파일과 설정을 통해 어려운 상황을 타개할 수 있는 몇 가지 패턴을 살펴볼 것이다.

| 참고 | 설정파일은 바로 표준 XML문서이다. 최신의 XML 편집기를 가지고 있다면 DTD(Document Type Definition)를 사용하여 문서의 유효성을 검사할 수 있고, 몇몇 편집기는 편집할 때 코드 자동 완성을 제공한다.

가장 간단한 형태의 iBATIS를 보았다. 계속하기 전에, iBATIS가 어디로 가고 있는지 얘기해보자. 이는 iBATIS를 사용할지 말지 결정하는 데 자신감을 불어 넣어 줄 것이다.

2.6 미래: iBATIS는 어디로 가는가?

iBATIS는 최근 몇 달 동안 발전할 수 있는 많은 계기를 얻었다. 결과적으로 팀은 성장했고, 제품은 발전하고, 새로운 플랫폼 지원에 대해 이야기하기 시작했다. 좀 더 상세히 iBATIS의 미래에 대해 이야기해보자.

2.6.1 Apache 소프트웨어 재단

최근 iBATIS는 Apache 소프트웨어 재단의 일부가 되었다. 그 재단의 사명을 믿고 그들의 마음 가짐을 존중하기 때문에 Apache로 이전하기로 결정했다. Apache는 서버 그룹과 인프라스트럭처 그 이상이다. Apache는 시스템이고 오픈 소스 소프트웨어의 진정한 기지이다. Apache는 기술보다는 소프트웨어를 둘러싼 커뮤니티에 집중한다. 커뮤니티 없는 소프트웨어는 죽은 프로젝트이기 때문이다.

이 말이 iBATIS 사용자에게 의미하는 것은 iBATIS가 한 존재의 지휘하에 있지 않으며, 또 어느 한 존재에 의존하지도 않는다는 것이다. 누구도 iBATIS를 소유하지 못한다 – iBATIS는 커뮤니티의 소유이다. Apache는 소프트웨어를 보호하고 이러한 방식을 유지하도록 지켜준다. 그 말은, Apache 라이선스는 GPL과 같은 몇몇 라이선스처럼 오픈 소스 소프트웨어의 사용을 제한하지 않는다. Apache는 전염성을 가진 라이선스[3]가 아니기 때문에, 불합리한 제약조건을 지켜야 하는 걱정 없이 상업적인 환경에서도 자유롭게 소프트웨어를 사용할 수 있다.

Apache가 인프라스트럭처에 중점을 두고 있지는 않지만, 몇 가지 매우 좋은 인프라스트럭처를 가지고 있다. 현재 iBATIS는 Subversion 소스 컨트롤(SVN)과 이슈 트래킹을 위해 아틀라시안 JIRA, 협력적인 wiki 문서 작성을 위해 아틀라시안의 Confluence, 그리고 개발팀, 사용자 그리고 커뮤니티 간의 소통을 위한 Apache의 메일링 리스트 서버를 사용한다.

---

3. **역자주** | GPL 라이선스 소프트웨어는 전염성이 있어서 GPL 소프트웨어를 사용하는 다른 소프트웨어도 GPL로 만들어야 한다.

Apache는 iBATIS를 보호하기 위해 필요한 것들을 제공하고, iBATIS를 원하는 사람들이 있는한 계속해서 우리 곁에 있을 것이다.

2.6.2 더 간단하게, 더 작게, 더 적은 의존성으로

몇몇 프레임워크와는 달리 iBATIS 프로젝트에는 새로운 영역을 개척하거나 세계를 정복하려는 식의 목표 같은 것이 없다. iBATIS는 매우 집중도가 높은 프로젝트이고 각각의 버전을 발표할 때마다 우리는 단지 더 작게 더 간단하게 그리고 다른 라이브러리에 대한 의존성이 없게 유지하길 희망할 뿐이다.

우리는 iBATIS에 혁신의 가능성이 많이 있다고 생각한다. iBATIS의 설정을 좀 더 간결하고 작업하기 쉽게 만들 수 있는 새로운 기술과 설계 방식이 있다. 예를 들어 C#과 자바 모두 어트리뷰트(애노테이션annotation이라고도 부른다)를 가지고 있다. 차후 버전에서, iBATIS는 프레임워크를 설정하는 데 필요한 XML의 양을 줄이기 위해 이를 도입할 수도 있다.

개발 도구를 만들 수 있는 가능성도 많이 있다. iBATIS 설계 형태 덕분에 통합 개발 환경(IDE) 같은 GUI 툴에 적합하다. 또한 데이터베이스 스키마로부터 iBATIS 설정 파일을 자동으로 생성해 낼 수도 있을 것인데, 이런 개발 도구는 이미 나와 있다. 우리의 웹 사이트인 http://ibatis.apache.org에서 몇 가지 개발 도구를 살펴볼 수 있다.

2.6.3 더 많은 확장과 플러그인

iBATIS는 이미 많은 확장 가능한 항목들을 가지고 있다. 12장에서 이에 대해 상세히 다룰 것이다. 이미 개발자는 스스로 트랜잭션 관리자, 데이터소스, 캐시 컨트롤러 그리고 그 이상의 것들을 직접 구현할 수 있다. 하지만 우리는 iBATIS를 좀 더 확장 가능하도록 만들고자 한다. JDBC 구조의 모든 계층에 확장 기능을 넣을 수 있도록 설계하고자 하며, 이는 개발자가 자신의 결과셋 처리기와 SQL 수행 엔진을 구현할 수 있게 됨을 의미한다. 이를 통해 독점적인 방법으로 운영되는 좀 더 복잡한 시스템이나 레거시 시스템을 지원할 수 있게 될 것이다. 이를 통해서 또한 개발자들이 특정 데이터베이스나 애플리케이션 서버의 사용자 정의 기능의 장점을 십분 활용할 수 있게 될 것이다.

2.6.4 추가적인 플랫폼과 언어

1장과 2장에서 우리는 .NET과 자바를 위한 iBATIS를 언급했다. 이 책의 나머지는 자바 API에 대부분을 집중할 것이지만 대부분의 정보는 .NET 플랫폼에서 적용하는 것이 가능하다. 우리는 부록 A에서 .NET에 대해 좀 더 자세히 알아볼 것이다. iBATIS는 Ruby로도 구현되었다. 하지만 Ruby는 매우 다른 형태의 언어이며 이 때문에 Ruby용 iBATIS도 매우 다른 형태를 띄고 있다. 우리는 Ruby 구현체에 대해서는 더 이상 다루지 않을 것이다.

iBATIS 팀은 자바와 C# 이외에도 PHP 5와 Python을 포함한 다른 언어로 iBATIS를 구현하는 것에 대해 논의했었다. 우리는 iBATIS가 저수준 데이터베이스 API와 고수준 객체 관계 매핑 툴로, 제한적인 선택권만 있는 대부분의 플랫폼에 커다란 가치를 더해줄 수 있다고 믿는다. iBATIS는 중간영역을 채워주고, 다시 한 번 말하지만, iBATIS를 통해 일률적이고 일관성 있는 방식으로 애플리케이션을 구현할 수 있게 된다.

iBATIS를 납득할 만한 수준의 일관성을 유지하면서 다른 플랫폼으로 쉽게 이식하는 것에 대한 명세서 초안도 살펴보았다. 물론 iBATIS가 특정 언어와 플랫폼의 기능이 가지는 장점을 극대화하길 바라지만, iBATIS라고 확실히 부를 수 있고, 서로 다른 언어에서 iBATIS를 경험한 개발자들이 이게 iBATIS구나, 하고 알아볼 수 있는 어느 정도 수준의 유사성은 확보하길 바란다.

2.7 요약

2장에서는 iBATIS가 SQL 매핑이라고 불리는 접근법을 사용하여 객체를 관계형 데이터베이스에 저장하는 유일한 데이터 매퍼라는 사실을 공부했다. 우리는 iBATIS가 자바와 .NET에 대해 모두 일관성 있게 구현되었고, 애플리케이션 퍼시스턴스 계층에 일관성 있게 접근하는 것이 매우 가치 있는 일임을 배웠다.

우리는 iBATIS가 어떻게 작동하는지도 배웠다. 일반적으로 iBATIS는 내부적으로는 잘 작성된 JDBC 혹은 ADO.NET 코드처럼 실행된다. 만약 이것을 수작업으로 코딩하였다면 유지보수하기가 어려울 것이다. JDBC와 비교할 때 iBATIS 코드가 덜 장황하고 코딩하기 쉽다는 것을 알았다.

간결한 설계에도 불구하고, 소규모 시스템과 전사적 애플리케이션 같은 대규모 시스템 양쪽 모두에게 얼마나 적합한 프레임워크인지 논의해 보았다. iBATIS는 전사적인 수준의 퍼시스턴스 계층의 요구사항을 충족시켜주는 많은 기능을 가지고 있다. 로우 핸들러 같은 기능은 시스템 메모리를 완전히 고갈시키지 않고 한 번에 한 행씩 큰 데이터 셋을 효과적으로 처리할 수 있게 한다.

다른 경쟁 프레임워크와 iBATIS를 구별 짓는 많은 중요한 특징들을 얘기했다. 그리고 iBATIS를 사용하라고 강하게 주장하였다. 이러한 iBATIS의 특징은 다음과 같다.

- 간단함 | 가장 간단한 퍼시스턴스 프레임워크로 간주됨
- 생산성 | JDBC에 비해 62%정도 줄어드는 간결한 코드와 간단한 설정
- 성능 | 데이터 접근 속도를 높여주는 join 매핑과 같은 구조적인 강점
- 관심사의 분리 | iBATIS를 사용하면 차후 유지보수성을 높여줄 수 있도록 설계를 향상시킬 수 있다.
- 작업의 분배 | 전문성을 강화하기 위해 팀을 세분화하는 것을 돕는다.
- 이식성 | iBATIS는 완전한 기능을 가진 어떤 프로그래밍언어로도 구현될 수 있다.

장사치의 광고와 같은 설명을 모두 하고 나서는, iBATIS가 은총알이 아님을 인정했다. 어떠한 프레임워크도 은총알이 아니기 때문이다. 우리는 iBATIS가 최상의 해결책이 되지 못할 것 같은 상황에 대해 이야기했었다. 예를 들어 애플리케이션과 데이터베이스에 대한 완전한 결정권을 갖고 있다면, 객체 관계 매퍼(ORM)가 가장 좋은 선택일 것이다. 반면에, 애플리케이션이 주로 동적으로 생성되는 SQL 코드로 작업한다면 JDBC가 적합하다. 우리는 iBATIS가 주로 관계형 데이터베이스를 위해 설계되었다고 얘기했고 일반적인 파일이나 XML, 엑셀 스프레드시트나 다른 비-관계형 기술을 사용한다면, 다른 API를 사용하는 게 더 좋다고 했다.

마지막으로, iBATIS의 미래에 대해 언급하고 이 장을 마쳤다. iBATIS 팀은 미래를 위한 많은 설계 목표를 가지고 있으며 Apache 소프트웨어 재단이 앞으로 수년간 이를 지원할 에너지가 넘치는 커뮤니티를 보장해 줄 것이다.

2 부

iBATIS 기초

1부에서 보았듯이, iBATIS는 간결함을 기초로 하여 만들어졌다. JDBC, XML 그리고 SQL에 익숙하다면, 배워야 할 것이 별로 많지 않다. 2부에서는 설치, 설정, 매핑 구문, 그리고 트랜잭션 등을 포함한 iBATIS의 기본 기능들을 함께 사용해 볼 것이다. 배워야 할 것이 많은 것처럼 보이지만 사실 iBATIS는 이러한 것들의 어려운 점들을 간결하게 만들어 주며, 2부에서 소개하는 다섯 개의 장을 통해 매우 빨리 배우고 사용할 수 있을 것이다.

iBATIS

3 장

iBATIS의 설치와 설정

- iBATIS 설치
- iBATIS 대 JDBC
- 기본 설정

iBATIS 설치는 매우 간단해서 빠르게 끝낼 수 있다. iBATIS는 라이브러리이지 애플리케이션이 아니기 때문에, 사실 설치 절차 같은 것은 없고 애플리케이션에서 iBATIS를 사용하기 위한 몇 가지 단계만 거치면 된다.

개발자가 자바와 JDBC에 익숙하다면 다음이나 그 다음 문단까지만 읽어도 iBATIS 설치와 실행에 필요한 모든 것을 알 수 있을 것이다. 그렇지 않다면 아래 문단들은 설치 절차에 대한 개략 정도로만 읽고 3장의 나머지 부분에서 좀 더 세부적인 사항을 보면 될 것이다.

두 가지 방법으로 iBATIS를 얻을 수 있다. 바이너리 배포판을 내려받아 디렉터리에 압축을 풀거나 서브버전 저장소에서 소스의 사본을 체크아웃[1]하여 컴파일하는 것이다. 두 경우 모두 끝마치고 나면 서로 동일한 파일을 얻게 될 것이다.

---

1. **역자주** | 저장소에서 자신의 PC로 소스를 내려받는 것.

일단 배포판을 컴파일한 후에 단순히 애플리케이션의 클래스패스에 필요한 JAR 파일들을 추가해 주기만 하면 된다.

- `ibatis-common-2.jar` - iBATIS 공통 클래스[2]
- `ibatis-sqlmap-2.jar` - iBATIS SQL 매핑 클래스

이 두 jar 파일에 iBATIS의 가장 중요한 기능들이 포함돼 있고, 어떤 애플리케이션에서라도 iBATIS를 이용하는 데 필요한 거의 모든 것을 갖췄다고 볼 수 있다. 어떤 써드파티 라이브러리도 필요로 하지 않음에 주목하라. 다른 프레임워크들의 다양한 버전과 충돌하는 것을 피하기 위해 의도적으로 이렇게 한 것이다. 과거에 버전 간의 충돌을 경험해 본 사람들에게는 환영할 만한 장점일 것이다. 특별한 기능을 사용할 때 필요한 부가적인 JAR 파일들도 있으며 이는 3장의 뒷부분에서 알아볼 것이다.

이것이 전부다! 당신의 애플리케이션에서 iBATIS를 사용할 준비가 다 끝난 것이다. 지금까지의 설명만으로도 충분하겠지만, iBATIS의 다른 기능들을 사용하기 위해 필요한 사항들을 알고 싶다면 3.3절로 건너 뛰고, iBATIS 설정 방법을 알고 싶다면 3.6절로 건너 뛰면 된다. 설명이 불충분하게 느껴졌다면, 아래 몇몇 절의 더 상세한 설명을 읽어 보라.

3.1 iBATIS 배포판 얻기

이미 언급했듯이, iBATIS 배포판을 얻는 데는 두 가지 방법이 있다. 이미 컴파일 된 즉시 사용 가능한 바이너리 배포판을 내려 받거나, 서브버전 저장소에서 소스 코드를 받아서 배포판을 생성할 수도 있다. 두 가지 방법 모두 결과는 같다. 모두 당신의 애플리케이션에서 iBATIS를 사용할 수 있게 해 줄 완성된 배포판을 얻을 수 있으며 필요하다면 디버깅 정보를 포함한 완전한 소스 코드를 볼 수 있을 것이다.

3.1.1 바이너리 배포판

바이너리 배포판을 받는 것이 iBATIS를 시작하는 가장 빠르고 쉬운 방법이다. 이미 컴파일 된 상태이기 때문에 단지 내려받아서 압축을 풀고 사용하기만 하면 된다.

---

2. **역자주** | 책을 번역하는 동안에, 두 개의 jar 파일이 하나의 jar 파일로 통합되었다. 2.3 버전을 기준으로 ibatis-2.3.0.677.jar 파일 하나만을 사용한다. 이로 인해 클래스패스 설정이 좀 더 쉬워지고 배치작업이 좀 더 간단해졌다.

| 참고 | 현재 iBATIS의 바이너리 배포판은 http://ibatis.apache.org에서 내려받을 수 있다.

iBATIS의 바이너리 배포판은 iBATIS 사용에 필요한 이미 컴파일된 JAR 파일들과 컴파일에 필요한 모든 관련된 소스 코드 그리고 기본적인 문서를 포함하고 있다.

3.1.2 소스로부터 빌드[3]하기

만약 여러분이 프레임워크를 확장하고 버그를 수정하는 것에 관심이 있거나, 혹은 소스 코드를 직접 컴파일하여 여러분이 갖게 될 것이 정확히 무엇인지 알고자 한다면 서브버전 저장소로부터 소스의 사본을 내려받을 수 있다. 12장에서 프레임워크 확장의 과정으로 iBATIS 빌드를 세부적으로 다룰 것이므로 이번 절은 다소 간단한 소개 수준에서 끝낼 것이다. 하지만 빌드를 준비하는 데는 충분할 것이다.

| 참고 | 서브버전(Subversion, SVN) 저장소는 모든 신규 Apache 프로젝트에서 사용하는 버전 관리 시스템이다. 서브버전은 과거에 수많은 오픈 소스 프로젝트에서 사용된 CVS의 대체품이다. SVN의 목적은 소스 코드를 잃어버릴 것에 대한 두려움 없이 프레임워크를 변경할 수 있는 환경을 제공해 주는 것이다(왜냐하면 모든 개발자가 소스 사본을 갖고 있게 되므로, 서버는 여러 사본을 보유하고 있게 된다).

서브버전에 대해 더 알고 싶다면, 홈페이지인 http://subversion.tigris.org/를 방문해 보라. iBAITS의 서브버전 저장소는 현재 http://svn.apache.org/repos/asf/ibatis이다.

저장소 파헤치기

서브버전 저장소는 전체 iBATIS 배포판을 빌드할 수 있는 윈도우용 배치파일과 리눅스용 bash 셸 스크립트를 포함하고 있다. 일단 소스를 받고나서 필요한 것은 JDK를 설치하고 JAVA_HOME 환경변수를 설정해 주는 것뿐이다.

iBATIS를 구성하는 데 필요한 모든 것은 컴파일시의 요구조건을 만족시키는 JAR 파일과 스텁 클래스[4]들로, 저장소에 있다. 저장소는 표 3.1에 있는 최상위 디렉터리들을 가지고 있다.

---

3. **역자주** | 소스로부터 완전히 컴파일된 바이너리와 개발 문서 등을 얻는 과정
4. **역자주** | 메서드를 실제로 구현은 하지 않고 빈 메서드만 가지고 있는 클래스이다. iBATIS를 컴파일 할 때 필요한 라이브러리들을 모두 다 설치하지 않고 그 라이브러리들과 동일한 형태의 스텁 클래스를 만들어 두면, 컴파일 오류 없이 끝낼 수 있기 때문에 이를 사용한다.

표 3.1 아파치 서브버전 소스 제어 시스템에서 사용가능한 소스 코드 디렉터리의 구조

디렉터리	목적
build	프레임워크를 컴파일하는 데 사용하는 Ant 스크립트가 있고 컴파일 결과들도 모두 여기에 저장된다.
devlib	Apache 프로젝트에 속하면서 컴파일에 필요한 것들이 이 디렉터리에 있다.
devsrc	Apache 프로젝트에 속하지 않거나 저장소에 저장하기에는 너무 큰 프로젝트들 중 컴파일 시에 필요한 것들. 정상적으로 컴파일하기 위해 마치 API처럼 보이는 가짜 소스를 저장소에 두고 iBATIS를 컴파일하는 데 사용한다
doc	프로젝트 문서를 저장하고 있는 곳이다.
javadoc	Javadoc은 API문서를 소스 코드의 doc 주석으로부터 HTML 형식으로 생성해 주는 것이다. 그리고 빌드 과정에 필요한 설정 예제 파일들도 있다.
src	프레임워크의 실제 코드가 있는 곳이다. 12장에서 애플리케이션의 구조를 좀 더 세부적으로 알아볼 것이다.
test	단위 테스트(unit test)는 코드의 정확성을 테스트하는 한 가지 방법이다. iBATIS 프레임워크는 배포판 빌드 과정에서 자동화된 단위테스트를 위해 JUnit을 사용한다. 빌드 과정에서 테스트들을 실행하고 그 결과에 대한 보고서를 생성할 것이다.
tools	iBATIS로 작업하는 데 유용한 도구들이 있다. 예를 들어 Abator도 이 디렉터리에 있다.

빌드 수행하기

iBATIS를 컴파일하기 위해 build.bat(윈도우용)이나 build.sh(리눅스 혹은 매킨토시용)를 실행하면 된다. 컴파일 과정은 다음과 같다.

1. 배포 파일들이 들어갈 디렉터리를 깨끗이 정리한다.
2. 모든 소스 코드를 컴파일한다.
3. 컴파일된 클래스를 측정한다.
4. 단위 테스트를 수행한다.
5. 단위 테스트와 코드 커버리지 보고서를 생성한다.
6. Javadoc 문서를 생성한다.
7. 배포용 JAR 파일을 생성한다.
8. 모든 결과물을 한 개의 zip 파일로 묶으면 드디어 바이너리 배포판을 사용할 준비가 된 것이다.

현 시점에서 각 단계별로 수행하는 작업을 이해할 필요까지는 없기에 빌드시 화면상에 획 지나가버리는 메시지들에 따라 어떤 일이 수행되는지 정도만 슬쩍 훑어보고 넘어갈 것이다.

첫 번째 단계는 기존의 빌드가 현재의 빌드에 영향을 끼치지 못하도록 하는 것이다. 각 빌드를 실행할 때마다 아무것도 없는 깨끗한 상태에서 시작할 것이다.

두 번째 단계는 매우 명백히 알 수 있다(코드는 컴파일해야 하니까). 하지만 세 번째 단계는 잘 이해가 안 될 것이다. 여기서 일어나는 일은 컴파일한 코드를 복사하고 EMMA라는 커버리지 측정 도구로 측정하는 것이다. 이에 대해서는 나중에 간단히 설명하겠다.

다음 단계는 단위 테스트를 프레임워크 컴포넌트 전반에 걸쳐 실행한다. 이미 설명했듯이 이는 컴포넌트들이 기대한 대로 작동하는지 저수준으로 검사하는 것이다(예를 들어 결과를 알고 있는 입력 값으로 메서드를 호출하면 기대한 결과가 나오는지).

호환성 테스트는 1.x 버전을 사용하는 사용자들이 애플리케이션 코드를 다시 작성하지 않고 2.x 버전으로 업그레이드할 수 있는지 테스트한다.

빌드 과정에서 생성되는 보고서는 두 종류의 정보를 제공해준다. 첫째는 JUnit 보고서로 수행된 테스트가 성공했는지 실패했는지를 알려준다. 이 보고서는 `reports/junit/index.html`(빌드 디렉터리에 대해 상대적인 경로임)을 통해 확인할 수 있고, iBATIS 프레임워크에 변경을 가했을 때 테스트가 성공적으로 수행되었는지 여부를 확인하는 데 유용하게 쓰인다. 두 번째 보고서는 `reports/coverage/coverage.html` 이며 실행한 테스트의 코드 커버리지를 나타낸다. 코드 커버리지는 소프트웨어 테스팅의 한 측정 방식으로 프로그램의 소스 코드를 테스트한 정도를 나타낸다. 다시 말해 이는 테스트가 얼마나 효율적인지를 보여준다. 코드 커버리지 보고서는 네 가지 통계를 보여준다.

- 클래스 커버리지 - 어떤 클래스들을 테스트 했나?
- 메서드 커버리지 - 어떤 메서드들을 테스트 했나?
- 블럭 커버리지 - 어떤 블럭을 테스트 했나?
- 라인 커버리지 - 코드의 어느 줄을 테스트 했나?

만약 iBATIS 프레임워크 자체를 변경하였다면 변경 사항을 적절히 반영한 단위 테스트 코드를 작성하고 기존 단위 테스트들이 성공적으로 작동하는지도 테스트 결과 보고서를 검사해서 확인해야 한다. 일단 이렇게 하고 나면 변경 사항을 Apache의 이슈 트래킹 시스템(JIRA)에 마음 놓고 업로드해도 된다. 그리고 변경 사항이 프레임워크에 반영될 필요가 있는 것이라면 커미터 중 한 명이 다음 배포판에 포함시키도록 할 것이다.

자, 이제 배포판은 다 빌드했다. 뭐가 생겼지? 계속 읽고 알아보자.

3.2 배포판의 구성

전에 얘기했듯이 어떤 방식으로 배포판을 얻었든지(바이너리 혹은 소스 빌드) 결국 7개의 동일한 JAR와 ZIP 파일을 얻게 될 것이다. JAR 파일이란 자바 압축 파일로 자바 라이브러리를 배포하는 일반적인 방법이며, 사실 이것은 단지 ZIP 파일에 추가 정보를 넣은 것뿐이다. 다음 표는 배포판의 중요한 파일들이다.

표 3.2 iBATIS 배포판에서 가장 중요한 파일들

파일	목적
ibatis-common-2.jar	SQL Maps와 DAO 프레임워크 모두가 사용하는 공통 컴포넌트들을 포함하고 있는 파일이다.
ibatis-sqlmap2-jar	SQL Maps 프레임워크의 컴포넌트들을 포함하고 있는 파일이다.
ibatis-dao-2.jar	DAO 프레임워크 컴포넌트들을 포함하고 있는 파일이다.
user-javadoc.zp	iBATIS 자체를 개발하는 개발자가 아닌, iBATIS 프레임워크를 사용해서 개발을 하는 사용자들을 위해 필요한 것만 모아둔 JavaDoc 문서이다.
dev-javadoc.zip	iBATIS 프로젝트의 모든 JavaDoc 문서를 포함하고 있는 파일이다.
ibatis-src.zip	프레임워크의 JAR 파일을 빌드하는데 사용된 전체 소스를 포함하고 있는 파일이다.

의존성이 적고 필요한 파일들이 적은 것을 보고 iBATIS가 얼마나 가벼운 프레임워크인지 눈치챌 수 있을 것이다. iBATIS는 CGLIB 같은 다른 프레임워크를 통해 추가적인 기능을 수행할 수도 있다. CGLIB는 바이트코드 확장 프레임워크(common bytecode enhancement framework)로 다음 절에서 더 자세히 알아볼 것이다.

3.3 의존성

iBATIS에는 다음 절에서 살펴볼 적재 지연(Lazy Loading)을 위해 필요한 바이트 코드 확장처럼, 사용해 보고 싶을 만한 다른 기능들도 있다. 더 나아가 책의 나머지 부분에서 iBATIS 프레임워크의 기능들을 살펴볼 것이다.

그 기능들 중 많은 부분이 다른 오픈 소스 혹은 상용 패키지가 있어야 제대로 작동한다. 그러한 부가적인 기능들을 사용하려면 의존성 문제를 해결하고, iBATIS가 그것들을 사용할 수 있도록 설정해야 한다. 이번 절에서는 이러한 기능들에 대해 간단한 개요를 살펴본다.

3.3.1 적재 지연을 위한 바이트코드 확장

바이트코드 확장은 개발자가 정의한 다른 규칙이나 설정을 기반으로 하여 실행 시간에 코드를 수정하는 기술이다. 예를 들어 iBATIS 프레임워크는 SQL 쿼리를 다른 SQL 쿼리와 연관시키는 기능을 가지고 있다. 한 예로, 다음과 같은 상황을 생각해 볼 수 있다. 여러분은 고객 리스트를 가지고 있고 각 고객들은 주문 리스트가 있다(고객 객체의 한 부분으로). 그리고 주문 객체의 한 부분으로 주문 항목의 리스트가 있다. 이런 경우 이 리스트들이 연관성을 맺도록 SQL Map을 정의하고 오직 애플리케이션이 실제로 요청한 경우에만 데이터베이스로부터 자동으로 리스트를 읽어오도록 할 수 있다.

| 참고 | 여러분이 ORM 도구들에 익숙하다면, ORM 도구들이 제공하는 기능과 동일하다고 여길지도 모른다. 기능은 매우 유사하지만 사실 iBATIS 프레임워크는 이를 좀 더 유연하게 수행한다. ORM 도구들은 테이블과 뷰만을 연관시킬 수 있는 반면에 iBATIS 프레임워크는 데이터베이스의 객체뿐만 아니라 어떠한 수의 쿼리라도 연관시키는 것이 가능하다.

이 기능은 매우 유용하며 연관된 쿼리가 있는 경우에 코딩량을 약간 줄여줄 수도 있다. 하지만 1000명의 고객이 있고 각 고객이 각각 25개 주문 항목을 가진 1000개의 주문을 가지고 있다면, 이러한 조합의 데이터는 25,000,000개의 객체로 이루어지게 된다. 말할 필요도 없이, 이 모든 것을 한 번에 메모리에 올린다면 수행 불가능한 상황에 이르게 될 것이다

적재 지연(lazy loading)은 이러한 상황을 다루고자 하는 목적으로 생긴 것이다. iBATIS는 실제로 필요한 데이터만을 메모리에 적재할 것이다.

그래서 위의 예에서 관련된 리스트를 천천히 읽어오도록 SQL Map을 다시 설정할 수 있게 된다. 그리하여 여러분의 사용자가 고객의 리스트를 살펴볼 때는 오직 1,000명의 고객 리스트만 메모리에 있게 된다. 다른 리스트를 불러들이기 위한 정보는 계속 유지하고 있지만 실제로 요청이 들어오기 전까지는 데이터를 읽어오지 않는다. 그래서 주문 정보는 사용자가 고객을 클릭하여 고객의 주문을 보려하기 전까지는 메모리에 적재되지 않는다. 요청이 일어나는 시점에서 프레임워크는 해당 고객의 1,000개의 주문 리스트를 적재한다. 다른 주문이나 주문 항목은 적재되지 않는다. 그리고 나서 사용자가 주문을 클릭해 하위 정보를 더 보려 하면 오직 선택된 주문의 25개 주문 항목만을 읽어오게 된다.

이렇게 코드를 전혀 수정하지 않고 설정을 변경함으로써 25,000,000개의 객체를 2,025개로 줄였다. 이는 애플리케이션이 원래 설정 상태였을 때보다 천 번 더 실행될 수 있음을 뜻한다.

3.3.2 Jakarta DBCP(Commons Database Connection Pool)

iBATIS는 데이터베이스와의 연동을 단순하게 만들어주는 도구이기 때문에 당연히 데이터베이스에 접속할 필요가 있다. 요청이 있을 때마다 커넥션을 맺는 것은 시간을 잡아먹는 작업이 될 수 있다(어떤 경우에는 몇 초가 걸리기도 한다). 대신 iBATIS는 일단 접속을 맺으면 계속 유지하고 애플리케이션의 모든 사용자들이 공유하게 되는 커넥션 풀을 사용한다.

많은 벤더들이 자사 드라이버의 커넥션 풀을 제공하기도 하는데 다만 커넥션 풀 구현의 개수만큼 제공되는 기능과 설정 방식도 다양하다는 문제가 있다.

Jakarta Commons Database Connection Pool(DBCP) 프로젝트는 어떤 JDBC 드라이버라도 쉽게 커넥션 풀로 사용할 수 있게 만들어주는 래퍼(wrapper)이다.

3.3.3 분산 캐시(Distributed Cache)

다중 사용자 환경에서 캐싱은 문제의 소지가 있다. 또 다중 서버 환경에서 데이터를 캐싱하는 것은 다중 사용자 환경을 간단한 일로 보이게 할 만큼 훨씬 어려운 일이다.

이 문제를 다루기 위해 iBATIS는 OpenSymphony 캐시(OSCache)를 사용하는 캐시 구현을 제공한다. OSCache는 다중 서버를 클러스터링하도록 설정하여 확장성(scalability)과 오류 복구(fail over) 기능을 제공해준다.

iBATIS에 추가할 수 있는 몇몇 기능들을 살펴보았으니 이제 iBATIS를 애플리케이션에 붙여보자!

3.4 애플리케이션에 iBATIS 붙이기

iBATIS 설정을 마치고 나면 애플리케이션에서 이를 사용하기 위해 필요한 일은 오직 iBATIS 파일 경로(그리고 다른 의존관계에 있는 라이브러리들)를 컴파일할 때와 실행할 때의 클래스패스에 추가하는 것뿐이다. 그러면 클래스패스에 대해 알아보는 것으로 시작해보자.

모든 컴퓨터 시스템은 작업에 필요한 것들을 찾는 방법이 필요하다. 리눅스의 $PATH 환경 변수처럼 윈도우에는 %PATH% 환경 변수가 있고, 자바는 'classpath'라고 부르는, 필요한 컴포넌트를 찾기 위해 사용하는 경로 설정 방식이 있다.

초창기의 자바에서는 CLASSPATH 환경 변수를 설정했었다. 이 방법도 여전히 통하지만, 이는 시스템 상의 모든 자바 애플리케이션들에게 전부 다 적용되어 매우 너저분해지게 된다.

또한 Java Runtime Environment(JRE)에도 특별한 역할을 하는 lib/ext 디렉터리가 있어 이를 사용할 수도 있지만 특별한 경우를 제외하고는 피해야 할 방법이다. 왜냐하면 그 디렉터리의 모든 클래스들이 해당 JRE를 사용하는 모든 애플리케이션들에 의해 공유되기 때문이다. iBATIS를 이 디렉터리에 두는 것은 권장하지 않는다.

그럼 어떻게 iBATIS를 애플리케이션에서 사용할 수 있을까? 여러가지 방법이 있다.

3.4.1 단독 실행 애플리케이션에서 iBATIS 사용하기

단독으로 실행되는 애플리케이션에서는 실행 스크립트에 클래스패스를 지정할 수 있다. 이는 많은 애플리케이션들이 사용하는 쓸만한 접근 방식이다. 예를 들어 콘솔 기반의 단독 실행 애플리케이션이 있을 때 리눅스에서 iBATIS jar 파일들을 클래스패스에 추가하려면 다음과 같이 '-cp' 옵션을 사용한다.

```
java -cp ibatis-sqlmap-2.jar:ibatis-common-2.jar:. MyMainClass
```

애플리케이션 서버에서 iBATIS를 사용할 것이라면, 해당 애플리케이션의 클래스패스에 iBATIS를 추가하는 정확한 방법은 서버와 함께 제공되는 문서를 참조하라.

3.4.2 웹 애플리케이션에서 iBATIS 사용하기

웹 애플리케이션을 구축할 때는 iBATIS jar 파일들을 웹 애플리케이션의 WEB-INF/lib 디렉터리에 두어야 한다.

| 참고 | 왜 공유 디렉터리에 두면 안 되나?

> iBATIS jar 파일들을 공유 디렉터리에 두고 싶은 마음도 들 것이다. 예를 들어 Tomcat에서는 shared/lib 혹은 common/lib 디렉터리들이다. 하지만 jar 파일들을 공유 디렉터리에 두는 것은 특별한 이유(JNDI DataSource에 의해 사용되는 JDBC 드라이버 처럼)가 없다면 일반적으로는 해서는 안 된다.
>
> 그러면 안 되는 한 가지 이유로 jar 파일을 공유하고 있으면 해당 파일을 사용하는 애플리케이션이 변경되어 파일을 수정해야 할 때, 공유하고 있는 파일을 사용하는 모든 애플리케이션을 테스트해야만 한다. 게다가 클래스 로더(Class Loader)

에 관한 사항도 고려해야 한다. 자바는 완전히 동일한 바이트코드라 하더라도 두 개의 서로 다른 클래스로더가 읽어들이면 서로 다른 클래스로 간주한다. 이는 정적 변수들이 공유되지 않음을 의미하고 한 값을 다른 것으로 형변환하려고 하면 비록 동일한 클래스들 간이라고 하더라도 ClassCastException 예외가 발생하게 됨을 뜻한다. 자주 발생하는 또 다른 클래스 로더 문제로 클래스 로더가 어떻게 리소스를 찾는가에 관련된 것이 있다. 예를 들어 Tomcat의 common/lib 클래스 로더가 iBATIS를 적재할 때, 그 클래스 로더를 사용해서는 웹 애플리케이션의 설정 파일들[5]을 찾지 못한다.

정리하면, iBATIS의 jar 파일들을 웹 애플리케이션의 WEB-INF/lib 디렉터리가 아닌 다른 곳에 두고서, 제대로 작동 안 한다고 해서 메일링 리스트에 질문을 올리는 수고는 하지 않았으면 좋겠다. 가장 먼저 jar 파일들을 WEB-INF/lib 디렉터리로 옮기라는 말만 듣게 될 뿐이다.

3.5 iBATIS와 JDBC

JDBC에 관한 심도 있는 정의는 이 책의 범위를 벗어난다. 하지만 책의 나머지 부분에 대한 기초 지식을 제공하기 위해 일반적인 수준에서 알아볼 것이다.

Sun의 JDBC API는 자바 프로그래밍 언어의 데이터베이스 접속에 관한 표준이다. JDBC는 '한 번 작성하면 어디서나 실행한다(Write Once, Run Anywhere)'를 현실화시키는 자바 기술의 한 가지이다. 모든 데이터베이스는 데이터에 접근하는데 JDBC를 사용하기 때문이다.

Sun의 JDBC에 대한 가장 큰 기여는 구현이 아니라 인터페이스를 만든 것에 있다. 소프트웨어 공급 벤더가 JDBC에 정의된 인터페이스에 따라 자사 데이터베이스에 접속하는 기능을 구현해야 한다. 그렇지 않으면 개발자들은 그 데이터베이스를 사용하지 않으려 할 것이다. (최소한 자바 세계에서는) 특정 업체에 종속되는 것은 피해야 할, 좋지 않은 패턴으로 간주하기 때문이다.

JDBC API는 많은 개념을 Microsoft의 ODBC API로 부터 빌려 왔고 1997년에 발표된 1.1 버전부터 자바의 핵심 컴포넌트로 자리매김하였다. 1999년 JDBC 버전 2 API가 발표되었고

---

5. **역자주** | WEB-INF/classes 혹은 WEB-INF/lib에 있는 파일들.

2002년에 버전 3 API가 발표되었다. 버전 4는 지금 JCP-221의 일부로 설계중에 있다.

iBATIS 프레임워크는 현재 최소한 JDBC API 버전이 2여야 하며, 버전 3과도 호환된다.

JDBC에 대한 간단한 소개와 함께 iBATIS 없이 JDBC를 사용할 때 알아야만 하는 몇 가지 사항들을 살펴보자.

3.5.1 JDBC 리소스 해제하기

JDBC를 사용할 때 리소스를 획득해 사용한 뒤에 적절하게 그것을 해제해야 함을 잊어버리기 쉽다. 비록 가비지 컬렉션(garbage collection)[6]이 결국에는 이를 해제한다 하더라도 이는 시간이 걸리고 실제로는 제대로 해제한다는 보장도 없다. 단약 이 객체들이 해제되지 않는다면 애플리케이션은 결국 모든 리소스를 소진하고는 죽어버리게 될 것이다. iBATIS 프레임워크는 애플리케이션 개발자로부터 리소스를 관리하는 짐을 덜어줌으로써 리소스 관리를 도와준다[7]. 어떤 리소스가 할당되었고 해제되었는지 신경쓰는 대신, 개발자는 필요한 데이터와 그것을 어떻게 가져오는지에 집중할 수 있다. 하지간 여전히 개발자가 원한다면 리소스를 수작업으로 관리하는 것도 가능하다.

3.5.2 SQL 주입(injection)

(웹 애플리케이션에서 더욱 흔하게 발생하는) 다른 흔한 문제로 SQL 주입이 있다. 이는 애플리케이션을 이용해 개발자가 의도하지 않은 SQL을 실행하도록 하는 방법이다. 애플리케이션이 SQL로 전달할 파라미터에서 적절하게 특수문자를 제거하지 않고 문자열 연결 방식으로 SQL 문장을 구성하면, 악의를 가진 사용자가 쿼리를 변경시켜버리는 파라미터를 넘겨줄 수 있게 된다. 'select * from product where id=5와 같은 쿼리를 예로 보자. 만약 5를 사용자로 부터 직접 입력받고 이를 'select * from product where id=에 연결 시킨다면, 사용자는 '5 or 1=1'을 넘겨주어 SQL 문장으 의미를 왜곡시킬 수도 있다[8]. 더 나쁜 경우는 '5; delete from orders'를 넘겨서 일단 충실하게 한 개의 레코드를 읽은 뒤에 orders 테이블의 내용을 지워버릴 수도 있다. 유연성은 위험을 동반한다. 그러므로 iBATIS를 잘못된 방법으로 사용하면 이 또한 애플리케이션을 SQL 주입 공격에 노출시킬 수도

---

6. **역자주** | 더 이상 사용되지 않는 메모리를 반환하는 작업.
7. **역자주** | 즉 개발자가 리소스를 관리할 필요가 없다.
8. **역자주** | 이 경우에 'or 1=1' 조건 때문에 product 테이블의 전체 행이 반환되게 된다.

있다. 하지만 iBATIS는 이러한 공격의 여지를 주지 않는 `PreparedStatement`를 항상 사용하여 애플리케이션을 더 쉽게 보호할 수 있다. 오직 명시적으로 SQL 문자열을 치환하는 문법을 사용하는 SQL 문장의 경우에만 위험에 노출된다. 다음의 짧은 예를 보자. 다음 문장은 동적으로 테이블명과 칼럼명을 지정할 수 있다.

```
SELECT * FROM $TABLE_NAME$ WHERE $COLUMN_NAME$ = #value#
```

이러한 문장은 어떤 상황에서는 유연하고 쓸만할지도 모르지만 SQL 주입의 위험에 노출되어 있으므로 사려 깊게 사용해야만 한다[9]. 이것은 iBATIS의 문제가 아니다. 이러한 문장은 어떻게 설정하든지 간에 같은 문제를 발생시킨다. 동적으로 구성되는 SQL 문장에 영향을 끼치는 사용자의 입력은 항상 확인해야 한다.

3.5.3 복잡도 낮추기

JDBC는 매우 강력한 반면 또한 매우 저수준 API이기도 하다. iBATIS가 애플리케이션의 어느 부분에 적합한지 더 잘 이해하기 위한 유추를 해보자.

몇년 전에는 자바로 웹 애플리케이션을 만들기 위해서는 HTTP 레벨에서부터 시작을 해서 애플리케이션이 포트를 열고 요청을 기다리고 요청에 응답하도록 작성해야 했다. 몇 년 후에는 Sun이 소켓과 포트 레벨의 개발 같은 것은 할 필요 없는 Servlet 스펙을 제공해 주었고 개발자들은 이를 웹 개발의 시작 지점으로 사용할 수 있게 되었다. 그후 오래지 않아 스트럿츠 프레임워크(Struts Framework)가 등장하였고 이는 자바를 이용한 웹 개발을 한차원 더 높은 단계로 이끌었다.

최근에는 대부분의 자바 개발자들이 웹 애플리케이션을 HTTP 프로토콜 단계나 혹은 직접적인 Servlet 수준에서 개발을 시작할지 진지하게 생각하는 경우는 결코 없다. 대신 Tomcat 같은 서블릿 컨테이너를 도입하고 이를 스트럿츠 프레임워크(혹은 이와 유사한 Spring이나 WebWork)와 함께 사용한다.

퍼시스턴스 계층에 대해 동일 선상에서 살펴보면 자바 1.0이 나왔을 때는 JDBC 스펙이 존재하지 않았다. 데이터베이스를 사용하는 개발자들은 네트워크 프로토콜을 통해서 데이터베이스와 직접 소통하는 방법을 알아 내야만 했다. 자바 1.1이 나오면서 JDBC에 대

---

9. **역자주** | #value#의 경우에는 상관없지만 $TABLE_NAME$의 형태는 단순 문자열 치환이 되기 때문에 SQL 주입의 위험이 존재한다. 4장에서 다시 설명한다.

한 구상이 시작되었고 이제 우리는 소켓과 포트로 작업해야 하는 대신, JDBC를 데이터베이스 작업의 시작점으로 사용하게 되었다. 데이터베이스 개발에 있어서 iBATIS는 HTTP 개발의 Struts와 같은 역할을 한다. 데이터베이스 서버로 포트를 열거나 JDBC를 직접 사용하는 애플리케이션을 작성할 수도 있지만 iBATIS 같은 도구를 사용하여 Connection, Statement, ResultSet[10] 객체를 관리하는 방식으로 작성하는 것이 그 객체들을 비즈니스 로직에서 섞어 사용하는 것보다 훨씬 간단하다.

바로 스트럿츠처럼 iBATIS는 iBATIS가 사용하는 저수준 컴포넌트들에 따라오는 아주 큰 복잡성을 제거해 주는 추상 계층을 제공해준다. iBATIS가 애플리케이션에서 저수준 컴포넌트들을 완전히 제거하지는 않지만 꼭 필요할 때까지는 이들을 직접 다룰 필요가 없도록 해준다.

iBATIS가 대신 처리해 주는 복잡한 처리의 한 예인 JDBC 커넥션을 정상적으로 맺고 반환하는 코드 패턴을 살펴보자.

```
Connection connection = null;
try {
    connection = dataSource.getConnection();
    if(null == connection){
        // 꽈광
    }else{
        useConnection(connection);
    }
} catch (SQLException e) {
    // 꽈광
}finally{
    if(null != connection){
        try {
            connection.close();
        } catch (SQLException e) {
            // 꽈광
        }
    }
}
```

---

10. **역자주** | 각각 JDBC관련 자바 클래스들이다.

단순히 커넥션을 맺고 사용하고 정상적으로 반환하기까지 거의 20줄의 코드가 필요하다. 게다가 Statement와 ResultSet 객체를 안전하게 사용하기 위해서도 동일한 패턴의 코드가 필요하다. 일반 JDBC를 이용해서 iBATIS가 대신 처리해 주는 데이터베이스 커넥션 맺기, 파라미터나 결과 매핑, 적재 지연, 그리고 캐시 같은 많은 기능들을 구현하는 데 필요한 사항들을 고려해 보면 상당히 많은 양을 주의 깊게 코딩해야 함이 명백하다. 운 좋게도 이 장의 나머지 부분과 다음 몇 장에서 보겠지만, 코딩하는 것보다 iBATIS를 설정하고 작업하는 것이 훨씬 쉽다.

3.6 계속되는 iBATIS 설정

2장에서 iBATIS를 어떻게 설정하는지 간략하게 살펴보았다(안 읽었어도 걱정하지 않아도 된다. 너무 간단했으니까). 이 절에서는 SQL Maps 설정 파일을 만들면서 기본 설정을 구축해 볼 것이다. 이 파일은 iBATIS의 핵심이며 그림 3.1에서 볼 수 있다.

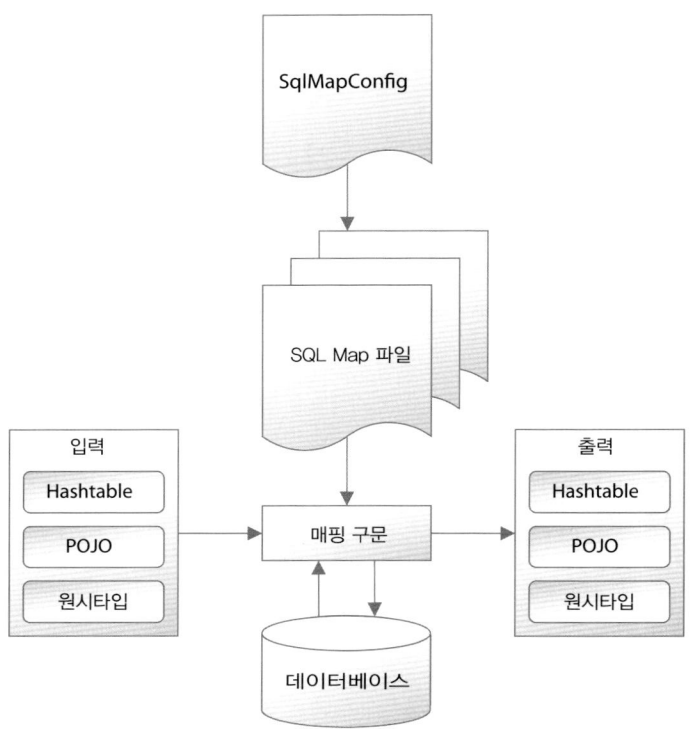

그림 3.1 | SqlMapConfig를 설정의 최상단에 두고 본 iBATIS 설정의 핵심 개념

앞의 그림에서 SqlMapConfig 파일은 최상단에 위치하여 전체 옵션을 설정하고 또한 각각의 SQL Map 파일들의 위치를 지정한다. 그 다음으로 SQL Map은 애플리케이션이 데이터베이스와 소통하기 위해 제공하는 입력 파라미터 값과 조합되는 매핑 구문을 정의한다.

자, 이 설정 파일을 좀 더 자세히 알아보자.

3.6.1 SQL Maps 설정 파일

SQL Maps 설정 파일(SqlMapConfig.xml)은 그림 3.1의 개념도에서 볼 수 있듯이 iBATIS 설정의 중심이다. 이 파일은 데이터베이스 접속에서부터 실제 사용할 SQL Map들까지 모든 것들을 프레임워크에 제공해준다.

| 참고 | 핵심 설정 파일은 보통 SqlMapConfig.xml이라고 이름을 정한다. 반드시 이 이름일 필요는 없지만 여기서는 관습을 따르기로 한다.

리스트 3.1에서 다음 절에서 알아볼 설정 파일의 예를 볼 수 있다.

리스트 3.1   SqlMapConfig.xml

```xml
<?xml version="1.0" encoding="UTF-8" ?>
<!DOCTYPE sqlMapConfig
    PUBLIC "-//ibatis.apache.org//DTD SQL Map Config 2.0//EN"
    "http://ibatis.apache.org/dtd/sql-map-config-2.dtd">
<sqlMapConfig>

    <properties resource="db.properties" />

    <settings                               ◀── ❶ 전체 설정 옵션
        useStatementNamespaces='false'
        cacheModelsEnabled='true'
        enhancementEnabled='true'
        lazyLoadingEnabled='true'
        maxRequests="32"
        maxSessions="10"
        maxTransactions="5"
        />

    <transactionManager type="JDBC" >       ◀── ❷ 트랜잭션 매니저 (7장에서 상세 설명)
        <dataSource type="SIMPLE">
            <property name="JDBC.Driver" value="${driver}"/>
            <property name="JDBC.ConnectionURL" value="${url}"/>
            <property name="JDBC.Username" value="${user}"/>
```

```
            <property name="JDBC.Password" value="${pword}"/>
        </dataSource>
    </transactionManager>

    <sqlMap resource="org/apache/mapper2/ii15/SqlMap.xml" />

</sqlMapConfig>
```

SQL Map 파일의 위치 저장 ❸

다음 몇몇 절에서 리스트 3.1 의 옵션들❶을 알아보고 트랜잭션 매니저❷도 살펴볼 것이다. 다음 세 장(4, 5, 6장)에서 ❸에서 정의한 매핑 구문을 알아보고 나서 7장의 트랜잭션으로 다시 돌아와서 세부적인 사항을 논의해 볼 것이다.

3.6.2 <properties> 요소

<properties> 요소는 설정을 좀 더 일반화하기 위해서 핵심 설정 파일의 외부에서 이름/값 쌍의 리스트를 제공해준다.

이는 애플리케이션을 배포할 때 특히 유용한데 공통 설정 부분은 모두 한 곳에 두고 각 환경별로 다른 값들을 properties 파일에 독립시켜 둘 수 있기 때문이다.

사용할 properties 파일을 지정하는 방법은 두 가지가 있고 둘 다 properties 요소의 속성이다. 속성들은 다음과 같다.

- resource - 클래스 패스상에 있는 리소스(혹은 파일)
- url - Uniform Resource Locator(URL)

resource 속성을 사용하면 클래스 로더가 애플리케이션의 클래스 패스에서 그 리소스를 찾으려는 시도를 하게 된다. 파일을 찾기 위해 클래스 로더를 이용하기 때문에 이를 리소스(resource)라고 부른다. 자바 문서에서는 이런 방식으로 데이터에 접근하는 것을 리소스라고 부르며 이는 비록 지역 파일 시스템의 파일일 수도 있지만 JAR 파일의 한 항목일 수도 있고 심지어는 다른 컴퓨터상에 존재할 수도 있다.

url 속성은 java.net.URL에 의해 처리되기 때문에 java.net.URL이 이해하고 데이터를 읽어들이는 데 사용할 수 있는 어떠한 유효한 URL도 가능하다.

위에서 본 예제에서 <properties> 요소는 XML 파일의 외부에 세부적인 데이터베이스 설정을 빼내서 클래스패스 상에 존재하는 db.properties라는 단순한 프로퍼티 파일에 두도록 하기 위해 사용하였다. 이러한 분리는 단순성 이외에도 여러가지 유용한 점이 있다. db.properties 파일이 다음 네 가지 프로퍼티 정의를 포함하고 있다고 생각해보자.

```
driver=com.mysql.jdbc.Driver
url=jdbc:mysql://localhost/test
user=root
pword=apple
```

위 예제에서는 다음과 같은 줄에서 properties 파일을 지정한다.

```
<properties resource="db.properties" />
```

이제 많은 사람들에게 익숙한 문법으로 프로퍼티의 이름을 이용하면 된다.

```
<property name="JDBC.Driver" value="${driver}"/>
<property name="JDBC.ConnectionURL" value="${url}"/>
<property name="JDBC.Username" value="${user}"/>
<property name="JDBC.Password" value="${pword}"/>
```

이 시점에서 여러분은 혼자 중얼거리게 될 것이다. "이런, 다른 개발 도구들이 프로퍼티를 사용하는 방법과 똑 같잖아!"

3.6.3 <settings> 요소

<settings> 요소는 약간은 잡동사니 설정 옵션이다. <settings> 요소에 속성을 추가함으로써 값을 지정할 수 있다. 여러가지 설정들이 있으며 각각은 SQL Maps 인스턴스에 전체적으로 적용된다.

lazyLoadingEnabled

적재 지연(Lazy Loading)은 정보를 필요할 때만 읽어들이고 다른 데이터는 명시적인 요청이 있을 때까지 적재를 미루는 기술이다. 다른 말로 하면 절대적인 요청이 들어올 때까지 애플리케이션이 가능한 한 일을 적게 하는 것이다.

이전 장에서 1000명의 고객 계좌가 각각 1000개의 주문을 가지고 있고 각 주문은 25개의 항목을 가진 예를 들었었다. 이 모든 데이터를 읽어 들이려면 25,000,000개의 객체를 생성하고 그것들을 메모리에서 유지해야 할 필요가 생긴다. 적재 지연을 사용하면 요구 사항을 거의 2,500개로 줄일 수 있으며 이는 원래 개수의 일만분의 1이다.

이 설정은 연관된 쿼리 구문(6.2.2 절에서 논의할 것이다)이 있을 때 적재 지연을 사용할지 여부를 지정하는 데 쓰인다. 사용 가능한 값은 'true' 혹은 'false'이며 디폴트 값은 'true'이다.

위 SqlMapConfig.xml 파일 예제에서는 적재 지연이 활성화돼 있다.

cacheModelsEnabled

캐싱은 성능을 향상시키는 기법으로 최근 사용된 데이터가 미래에 다시 사용될 것이라 가정하고 메모리에 계속 저장해 두는 것이다. 이 설정은 iBATIS가 캐싱을 사용할지 여부를 지정하는데 사용한다. settings 요소의 대부분의 값들과 마찬가지로 사용가능한 값은 'true'와 'false'이다.

위의 예제에서 캐싱을 활성화시켰는데, 캐시 활성화는 디폴트 설정값이기도 하다. 캐싱의 이점을 누리려면 매핑 구문에 캐시 모델도 설정해야만 한다. 이에 관해서는 9.1절에서 소개할 것이다.

enhancementEnabled

이 설정은 CGLIB에 최적화된 클래스를 통해 적재 지연 성능을 향상시킬지 여부를 지정하는 데 사용한다. 마찬가지로 사용 가능한 값은 'true'와 'false'이고 디폴트 값은 'true'다.

| 참고 | CGLIB는 실행 시간에 코드를 생성하는 라이브러리이다. 이는 iBATIS의 자바빈즈 속성 설정과 같은 특정 기능을 최적화시켜준다. 또한 구상 클래스(concrete class)의 적재 지연도 지원하여 적재 지연이 필요한 형에 대해 인터페이스를 생성해야만 하는 현상을 피하게 해준다. CGLIB는 http://cglib.sourceforge.net에서 구할 수 있다. 다른 성능 향상 기법들처럼 꼭 필요하다고 생각되지 않으면 사용하지 않는 것이 좋다.

위의 예에서는 enhancement를 활성화하였다. 하지만 CGLIB가 클래스 패스상에 없으면 이 기능은 조용히 비활성화될 것이다.

useStatementNamespace

이 설정은 매핑 구문이 적절한 이름을 가지고 있어야 iBATIS가 실행될 수 있도록 하는 옵션이다. 사용 가능한 값은 'true' 혹은 'false'이며 디폴트 값은 'false'이다.

다시 말해 SQL Map을 정의할 때(이에 대해서는 4.2.1절을 참조하라), 적절한 맵 이름을 가진 매핑 구문을 선택하는 데 사용된다는 것이다. 예를 들어 'Account'라는 이름을 가진 SQL Map이 있고 이 맵은 'insert', 'update', 'delete', 'getAll' 이라는 이름의 매핑 구문을 포함하고 있다고 가정하자. 계좌(Account) 하나를 추가하고자 한다면, 'Account.insert'라는 매핑 구문을 호출하면 되는 것이다. 이로써 서로 다른 맵에 원하는 대로 여러 'insert'라는 매핑 구문을 작성해도 이름이 충돌하지 않게 된다.

비록 'insertAccount'와 같은 이름을 이용해서 동일한 결과를 얻을 수도 있지만 명명공간(name space)를 사용하면 대규모 시스템에서 작업하는 데 도움이 많이 된다. 이는 쿼리 구문들이 논리적으로 조직화되어 있지 않은 경우, 구문을 찾는데 도움을 주기 때문이다.[11]

maxRequest (비권장)

요청이란 입력(insert), 수정(update), 삭제(delete) 그리고 저장 프로시저 호출과 같은 모든 SQL 작업을 의미한다. 위에 든 예에서, 디폴트 값인 512 대신에 최대 32개의 요청만이 한 번에 수행될 수 있도록 최대 요청 개수를 축소하였다.

maxSessions (비권장)

세션이란 스레드 차원의 메커니즘으로, 관련되어 있는 트랜잭션과 요청의 묶음에 대한 정보를 추적하는 데 사용한다. 위 예에서는 한 번에 10개의 세션만이 가능하도록 하였으며, 디폴트 값은 128개이다.

maxTransactions (비권장)

트랜잭션이란 말 그대로 데이터베이스 트랜잭션을 의미한다. maxRequest(위에 나옴)와 같이, 디폴트 값인 32 대신 활성 트랜잭션 개수를 5로 줄였다.

---

11. **역자주** | 명명공간을 사용할 경우에 매핑 구문의 id에 점(.)이 들어가면 안 된다.

| 참고 | 이 설정들은 이해하기 어려운 편인데 다행히도 이것들은 사용을 권장하지 않는 것들이다. 앞으로 출시될 iBATIS에서는 이들을 수동으로 설정할 필요가 없어질 것이다. 그러므로 대부분의 경우 이를 수정하지 말고 그냥 놔두면 된다. 기본 설정은 적절한 규모의 대부분의 시스템에서 잘 작동한다. 만약 이를 꼭 수정해야 한다면 항상 maxRequest 값이 maxSessions 값보다 크고, maxSessions 값이 maxTransactions 값보다 커야 함을 명심하라. 일반적으로 단순히 이 값들을 동일하게 유지하는 것이 좋다고들 한다. 또 이 설정들 중 어느 것도 직접적으로 커넥션 풀의 커넥션 개수나 혹은 애플리케이션 서버가 관리를 책임지고 있는 자원에 대해 영향을 미치지 않는다.

이제 <settings> 요소에 대해 알아야 할 것은 다 알아보았다. 그럼 이제 다음으로 넘어가 보자. 거의 다 왔다!

3.6.4 <typeAlias> 요소

꼭 타이핑할 필요가 없는데도 불구하고, org.apache.ibatis.jgamestore.domain.Account 같은 이름을 모두 다 타이핑하고 싶어하는 사람은 없다. <typeAlias> 요소는 완전한 형태의 클래스 이름(FQCN, Fully Qualified Class Name) 대신 'Account'를 사용하는 식으로 별칭(alias)을 정의하는 일을 한다.

위 예에서는 이 요소에 대한 실제 사용 예를 들지는 않았지만 곧 보여줄 것이고 나중에 사용할 SQL Map에서 별칭을 사용함으로써 어떻게 작동하는지 직접 보여줄 것이다.

별칭을 만들려면 다음과 같은 요소를 작성하면 된다.

```
<typeAlias alias="Account"
    type="org.apache.ibatis.jgamestore.domain.Account" />
```

이 "Account" 별칭은 설정 파일에서 정의한 이후 언제나 사용할 수 있으며, 새로운 데이터 타입이 필요할 때는 언제라도 완전한 클래스 이름이나 별칭 중 원하는 것 아무것이나 iBATIS 설정 파일에 기입해도 된다.

iBATIS는 개발자가 수작업으로 작성할 필요가 없도록 많은 데이터 타입의 별칭을 정의해 두었고, 표 3.3에서 이를 볼 수 있다.

표 3.3 몇몇 매우 긴 클래스명을 적는 시간을 아껴줄 데이터 타입의 기본 내장 별칭 정의들

별칭	타입
트랜잭션 매니저의 별칭	
JDBC	com.ibatis.sqlmap.engine.transaction.jdbc.JdbcTransactionConfig
JTA	com.ibatis.sqlmap.engine.transaction.jta.JtaTransactionConfig
EXTERNAL	com.ibatis.sqlmap.engine.transaction.external.ExternalTransactionConfig
데이터 타입	
string	java.lang.String
byte	java.lang.Byte
long	java.lang.Long
short	java.lang.Short
int	java.lang.Integer
integer	java.lang.Integer
double	java.lang.Double
float	java.lang.Float
boolean	java.lang.Boolean
decimal	java.math.BigDecimal
object	java.lang.Object
map	java.util.Map
hashmap	java.util.HashMap
list	java.util.List
arraylist	java.util.ArrayList
collection	java.util.Collection
iterator	java.util.Iterator
데이터 소스 팩토리 타입	
SIMPLE	com.ibatis.sqlmap.engine.datasource.SimpleDataSourceFactory
DBCP	com.ibatis.sqlmap.engine.datasource.DbcpDataSourceFactory
JNDI	com.ibatis.sqlmap.engine.datasource.JndiDataSourceFactory
캐시 컨트롤러 타입	
FIFO	com.ibatis.sqlmap.engine.cache.fifo.FifoCacheController
LRU	com.ibatis.sqlmap.engine.cache.lru.LruCacheController
MEMORY	com.ibatis.sqlmap.engine.cache.memory.MemoryCacheController
OSCACHE	com.ibatis.sqlmap.engine.cache.oscache.OSCacheController
XML 결과 타입	
Dom	com.ibatis.sqlmap.engine.type.DomTypeMarker
domCollection	com.ibatis.sqlmap.engine.type.DomCollectionTypeMarker
Xml	com.ibatis.sqlmap.engine.type.XmlTypeMarker
XmlCollection	com.ibatis.sqlmap.engine.type.XmlCollectionTypeMarker

기본 내장 데이터 별칭들은 정말로 시간을 많이 아껴준다. 하지만 당신 자신의 별칭을 정의하여 설정 파일을 더욱 더 단순화할 수도 있음을 기억하라.

3.6.5 <transactionManager> 요소

iBATIS는 데이터베이스 접근을 간소화하기 위한 것이기 때문에 데이터베이스의 트랜잭션도 개발자 대신 처리해준다. 8장에서 트랜잭션 관리에 대해서 더 상세히 공부해 볼 것이고, 지금 당장 설명하고자 하는 것은 iBATIS를 사용할 때 몇몇 종류의 트랜잭션 관리자가 필요하다는 점이다. 이미 개발자들이 선택할 수 있는 미리 정의된 여러 트랜잭션 관리자들이 있다. `transactionManager` 요소의 `type` 속성은 어떤 트랜잭션 관리자를 사용할지를 결정하는 것이다. 여러 구현체가 이미 통합된 상태로 제공되며 표 3.4에서 이 리스트를 볼 수 있다.

표 3.4 기본 내장 트랜잭션 관리자

이름	설명
JDBC	간단한 JDBC 기반 트랜잭션 관리 기능을 제공한다. 대부분의 경우 이것으로 충분하다.
JTA	컨테이너에 기반한 트랜잭션 관리 기능을 애플리케이션에 제공한다.
EXTERNAL	트랜잭션 관리자를 제공하지 않고 iBATIS 대신 애플리케이션이 직접 트랜잭션을 관리한다고 가정한다.

| 참고 | 이 트랜잭션 관리자들의 이름을 바로 전의 표에서 살펴보았다. 이는 트랜잭션 관리자를 구현한 완전한 클래스 이름을 별칭으로 만든 것이다. 이것은 iBATIS 설정 파일에서 흔히 볼 수 있는 형태이다.

트랜잭션 관리자에서 사용할 수 있는 또 다른 설정으로 `commitRequired` 속성이 있다. 이는 'true' 혹은 'false' 값을 가질 수 있으며, 디폴트 값은 'false'이다. 이 설정은 커넥션을 닫기 전에 커밋(`commit`)이나 롤백(`rollback`)이 필요한 상황에서 주로 사용한다.

(select나 저장 프로시저 호출 같은) 몇몇 작업에서는 보통 트랜잭션이 필요 없고 일반적으로 트랜잭션을 무시한다. 하지만 어떤 드라이버(예를 들어 Sybase 드라이버 같은 것들)는 커넥션의 트랜잭션이 시작되고서 커밋이 되거나 롤백이 될 때까지 해당 커넥션을 닫지 않는다. 이런 경우에, 이 설정을 사용하면 보통 트랜잭션이 필요한 어떠한 작업도 발생하지 않는다 해도 커밋이나 롤백을 강제로 수행하게 한다.

3 장
iBATIS 설치와 설정

<property> 요소

각 트랜잭션 관리자는 서로 다른 설정 옵션을 가질 수 있다. 이 때문에 iBATIS 프레임워크는 트랜잭션 관리자의 구현체에 제한 없는 수의 옵션을 지정할 수 있도록 하기 위해 <property> 요소를 사용한다.

<dataSource> 요소

자바에서는 javax.sql.DataSource 객체를 사용해서 커넥션 풀 작업을 표준화하였다. 트랜잭션 관리자의 <dataSource> 요소는 iBATIS가 어떤 클래스의 객체를 생성해서 데이터 소스 팩토리를 얻어올지 정하는 type 속성을 가지고 있다. 이 요소의 이름은 약간 오해를 살 수 있다. 왜냐하면 실제로는 DataSource가 아니라 DataSourceFactory 형의 구현체를 정의하기 때문이다. DataSourceFactory의 구현체가 실제로 DataSource 객체를 생성한다.

iBATIS는 기본적으로 세 가지 데이터 소스 팩토리 구현체를 제공하고, 각각 간단한 설명과 함께 표 3.5에 나열해 두었다. 8장에서 이에 대해 더 자세히 공부해 볼 것이다.

표 3.5 데이터 소스 팩토리

이름	설명
SIMPLE	Simple 데이터 소스 팩토리는 말 그대로 단순하다. 간단한 커넥션 풀을 내장한 데이터 소스를 설정하고자 할 때 이를 사용하며, iBATIS 프레임워크는 실제 JDBC 드라이버만 빼고 데이터 소스에 필요한 모든 것을 자체 내장하고 있다.
DBCP	DBCP 데이터 소스 팩토리는 Jakarta Commons Database Connection Pool* 구현을 제공한다.
JNDI	JNDI 데이터 소스 팩토리는 JNDI를 통해 할당된 컨테이너 기반의 데이터 소스를 공유하도록 사용된다.

* http://jakarta.apache.org/commons/dbcp

<transactionManager> 요소와 유사하게 <dataSource> 요소는 property 요소를 통해 무제한의 속성을 설정할 수 있다

3.6.6 <typeHandler> 요소

iBATIS 프레임워크는 JDBC 데이터베이스 전용 데이터 타입을 애플리케이션의 데이터 타입으로 변환하기 위한 타입 핸들러를 사용한다. 이를 통해 데이터베이스를 최대한 투명한 방식으로 사용하는 애플리케이션을 작성할 수 있게 된다. 타입 핸들러는 실질적으로는 번역기라고 볼 수 있다. 이는 결과셋의 칼럼을 가져다 자바빈즈의 프로퍼티로 변환한다.

대부분의 경우 이 컴포넌트는 매우 단순하다. `StringTypeHandler` 같은 경우는 단순히 결과셋의 `getString` 메서드를 호출하고 이를 String(문자열)형으로 리턴한다. 다른 경우 복잡한 변환이 필요한 경우도 있을 것이다. 예를 들어 데이터베이스가 Boolean 형을 가지고 있지 않다면, 데이터베이스에서 `true` 혹은 `false`를 나타내기 위해 'Y' 혹은 'N' 한 문자를 지정하게 하고 이를 애플리케이션에 Boolean 형으로 변환하여 넘겨줄 수도 있다.

12장에서 이런 종류의 상황을 다루는 사용자 정의 타입 핸들러를 만드는 방법을 공부할 것이기 때문에 여기서는 더 자세히 들어가지 않을 것이다. 이러한 상황을 다루기 위해 두 개의 클래스를 만들어야 하는데, 하나는 사용자 정의 타입 핸들러고, 하나는 타입 핸들러 콜백[12]이다.

사용자 정의 타입 핸들러를 작성하면 iBATIS에게 언제 그리고 어떻게 그것을 사용하라고 알려줄 필요가 있다. `<typeHandler>` 요소를 사용해 그러한 일을 하고 `jdbcType`과 `javaType` 사이에서 무엇을 변환할지 지정한다. 추가로 타입 핸들러를 관리하기 위해 콜백 클래스도 필요하다.

대부분의 경우, 사용자 정의 타입 핸들러가 필요한 경우는 거의 없다. iBATIS는 99%의 경우를 다룰 수 있는 타입 핸들러를 내장하고 있다. 보통 타입 핸들러가 필요한 경우는, 대부분의 데이터베이스에서 일반적으로 사용되는 전형적인 데이터 형 매핑을 지원하지 않는 이상한 데이터베이스 드라이버를 사용할 때 뿐이다. 가능하면 타입 핸들러는 사용하지 말고 애플리케이션 코드를 단순하게 유지하라.

3.6.7 <sqlMap> 요소

`SqlMapConfig.xml`의 마지막 부분에서 `<sqlMap>` 요소를 설정하였다. 여기서부터 iBATIS가 개발자들에게 진짜 중요한 역할을 해 주는 부분이 들어가기 시작한다.

`<sqlMap>` 요소는 사실 설정 파일에서 가장 간단한 요소 중의 하나로 오직 하나 혹은 두 개의 속성만 설정하면 된다.

`resource` 속성은 SQL Map 파일을 자바 클래스패스에 두고 리소스로서 참조하고 싶

---

12. **역자주** | call back, 어떤 이벤트가 발생할 때 자동으로 호출 되는 코드

을 때 사용한다. 일반적으로 리소스 방식이 제일 쉬운데, 이 경우 파일을 JAR 파일이나 WAR 파일 내에 저장하고 간단히 최상위 클래스패스에 상대적인 경로로 지정하여 참조하면 된다.

다른 경우로, 파일 위치에 관해 더 명확히 해두고 싶을 수도 있다. 그런 경우에는 url 속성을 사용할 수 있다. 이 속성은 파일의 위치를 결정하는데 java.net.URL 클래스를 사용한다. 그러므로 이 클래스가 인식하는 아무 URL 값이나 사용하여 속성 값을 지정할 수 있다.

3.7 요약

iBATIS 설치 과정은 매우 단순하다. 3장에서는 iBATIS 프레임워크를 얻는 두 가지 방법과 얻은 후 무엇을 해야 할지 알아보았다. iBATIS는 간단히 사용할 수 있도록 설계됐기 때문에 (다른 라이브러리에) 의존성이 적고 다른 도구들과 함께 사용하도록 확장하는 것도 매우 쉽다.

JDBC가 매우 강력한 API이긴 하지만 또한 저수준 API이고 JDBC를 사용하기 위해서는 동일한 코드를 반복적으로 작성해야 하는 어려움이 있다. iBATIS를 사용하면 데이터베이스 컴포넌트를 다룰 때의 복잡성으로부터 한 발 물러나서 해결하고자 하는 업무 문제에 더 집중할 수 있게 된다.

iBATIS 설정을 간단히 알아보았는데-지금까지 기록된 것들 중 아마도 가장 간단할 것이다! 4장에서는 좀 더 상세히 설정하는 방법과 애플리케이션에 완벽하게 들어맞도록 만드는 방법을 공부해 볼 것이다.

3장에서는 iBATIS 설정 파일을 자세히 살펴보았다. 어떤 프레임워크이든 명확하게 기초를 이해할 필요가 있다. 이번 장에서 기초에 대한 이해 혹은 빠르게 참조할 수 있는 가이드를 제공해 주었다.

이번 장에 책갈피를 꽂아 두고 막히는 것이 있을 때마다 다시 보라. 여기에서 해결책을 찾지 못하더라도 해결책을 찾을 수 있는 다른 장이 어디인지 알려주기 때문이다.

다음 몇몇 장에서 다룰 자바 API의 범위는 꽤 작은 편이지만 iBATIS 프레임워크를 어떻게 설정했느냐에 따라 다양한 방식으로 작동할 것이다. 여기서 다룬 모든 설정 옵션을 다음 몇몇 장에서 좀 더 풍부한 내용과 코드 예제를 통해 훨씬 자세하게 다룰 예정이다.

4 장

매핑 구문으로 작업하기

: 자바빈즈
: iBATIS API 사용법
: 매핑 구문
: 파라미터와 결과 사용법

3장에서 iBATIS SQL Map을 설정하는 방법과 매핑 구문의 예제에 대해 알아보았다. 이제 여러분은 애플리케이션의 데이터베이스 접근 계층을 구축하기 위해서 무엇을 어떻게 시작해야 하는지에 대한 기본기를 갖추었다고 할 수 있다.

4장과 5장에서는 매핑 구문과 매핑 구문을 생성하기 위한 SQL Map 사용법을 좀 더 상세하게 알아볼 것이다. 4장에서는 매핑 구문에 대한 일반적인 사항들과 매핑 구문을 사용하기 위해 알아둬야 할 것들에 대해 공부해 본다. 그리고 나서 데이터베이스로부터 데이터를 가져와 특정 타입의 객체(자바빈즈)를 리턴해 주는 매핑 구문 사용법과, 파라미터를 전달하여 데이터베이스로부터 가져올 값에 제약 조건을 지정하는 방법도 알아볼 것이다. 또 5장에서는 매핑 구문을 사용하여 데이터베이스를 업데이트하는 방법을 공부할 것이다.

4.1 기본적인 사항들

iBATIS를 시작하기 전에 이해하고 있어야 할 몇 가지 개념들이 있다. 먼저 자바빈즈를 사용한 기본적인 자바 개발에 대해 이해할 필요가 있다. 또 iBATIS가 사용할 수 있는 타입의 SQL 구문과 이러한 구문을 실행하기 위해 사용하는 API에 대해 알 필요가 있다.

이전에 언급한 것처럼, iBATIS는 객체 관계 매핑툴(ORM)이 아니고 쿼리 매핑툴이다. 그렇기 때문에 우리가 앞으로 공부할 iBATIS API만을 사용해서 개발해야 되는 것은 아니다. 애플리케이션이 사용할 빈즈를 생성하거나 데이터베이스에 접근하는 어떠한 종류의 API라도 사용가능 하다. 따라서 iBATIS로 할 수 없는 것이 있다면, 부작용에 대해 너무 걱정할 필요 없이 JDBC API를 그대로 사용할 수 있다. 일단은 iBATIS로 할 수 있는 것이 무엇인지 보고나서 자유롭게 사용하라. iBATIS가 모든 문제를 해결해 주지는 않지만 데이터 처리시의 자질구레한 일들을 간결하게 만들려는 노력은 하고 있다.

4.1.1 자바빈즈 생성하기

iBATIS에서 자바빈즈를 사용하는 것이 필수적인 사항은 아니지만, 이는 대부분의 경우(항상은 아니다)에 추천하는 사항이다. 자바를 처음 사용한다고 할지라도, 자바빈즈를 생성하는 것은 지극히 간단하다. 자바빈즈는 재사용이 가능한 컴포넌트로서, 이 컴포넌트들을 개발하고 조합해서 좀 더 복잡한 컴포넌트와 애플리케이션을 만들 수 있다. 자바빈즈 명세서(총 114쪽)는 Sun에서 자유롭게 볼 수 있으며, http://java.sun.com에서 간단한 검색으로 이 문서를 찾을 수 있다.

이 책에서 여유 페이지를 많이 둘 수 없기 때문에, iBATIS와 좀 더 관련이 있는 명세서 항목들만 요약해서 보여주도록 하겠다.

어떻게 빈즈를 만드나?

기본적으로 자바빈즈 명세는 자바에서 사용할 컴포넌트를 정의하는 규칙이다. 이러한 규칙들을 통해서 툴 개발자들(iBATIS를 만드는 사람들 같은)이 애플리케이션에서 사용하는 컴포넌트들과 툴이 서로 소통하는 방법을 파악할 수 있게 된다. 프레임워크 개발자와 애플리케이션 개발자를 위한 중간단계의 공통 언어라고 보면 된다.

실제로 iBATIS에 적용되는 유일한 규칙은 프로퍼티 명명규칙이다. 자바빈즈 안에서 프로퍼티명은 명세서에서 '접근자(accessor) 메서드'라고 부르는 한 쌍의 메서드에 의해 정의된다. 'value'라는 이름의 프로퍼티를 위한 접근자 메서드를 생성하는 패턴은 다음과 같다.

```
public void setValue(ValueType newValue);
public ValueType getValue();
```

이러한 접근자 메서드는 소문자 'v'로 시작하는 'value'라는 이름의 간단한 프로퍼티를 정의한다. 자바빈즈의 프로퍼티는 일부 예외도 있지만 언제나 소문자로 시작해야만 한다. 두 메서드를 위한 타입은 언제나 같아야 한다. 만약에 setter는 Long형의 값을 받으면서 getter는 Integer형의 데이터를 반환한다면, 문제가 발생하게 될 것이다. 언제나 타입을 동일하게 만들어야 한다.

여러 개의 단어로 이루어진 프로퍼티명은 단어를 구분하기 위해 각 단어의 첫 글자를 대문자로 하는 camel-case(혹은 camelCase)로 알려진 패턴을 사용하여 명명한다.

```
public void setSomeValue(ValueType newValue);
public ValueType getSomeValue();
```

자바빈즈용 프로퍼티를 만들 때, 축약형은 대개 가공되지 않은 단어로 처리된다는 것을 명심해야 한다. 예를 들어 축약형인 URL은 'url'이라는 이름의 프로퍼티가 될 것이다. 그리고 getUrl과 setUrl 메서드를 사용하여 그 프로퍼티에 접근한다.

명세서에서 다른 특이한 점은 대문자로 처리되는 두번째 문자를 가진 프로퍼티명은 앞에서와는 다른 방식으로 처리된다는 것이다. 프로퍼티명의 두번째 문자가 대문자일 경우, 프로퍼티를 위한 메서드의 get이나 set 부분 뒤의 이름이 그대로 프로퍼티명으로 사용되고 대소문자는 변경되지 않는다. 규칙이 혼란스럽게 느껴지는가? 표 4.1에서 상세하게 보여줄 것이다(또한 이 표에서 프로퍼티의 get과 set 메서드의 형태도 보여준다).

boolean 타입(원시타입)의 프로퍼티는 getter역할을 위해 `isProperty`를 사용하도록 한다. 하지만 타입이 Boolean(객체이거나 박싱[1])이라면, 표준적인 `getProperty`라는 이름을 대신 사용한다.

---

1. **역자주** | 박싱은 원시타입을 객체형으로 변환하는 것을 의미한다. 예를 들어 boolean 타입은 Boolean 타입, int 타입은 Integer 타입 등으로 변환된다.

표 4.1 자바빈즈 프로퍼티명과 메서드 예제

프로퍼티명/타입	Get 메서드	Set 메서드
xcoordinate / Double	`Public Double getXcoordinate()`	`public void setXcoordinate(Double newValue)`
xCoordinate / Double	`public Double getxCoordinate()`	`public void setxCoordinate(Double newValue)`
XCoordinate / Double	`public Double getXCoordinate()`	`public void setXCoordinate(Double newValue)`
Xcoordinate / Double	사용 불가	사용 불가
student / Boolean	`public Boolean getStudent()`	`public void setStudent(Boolean newValue)`
student / boolean	`public boolean getStudent()` `public boolean isStudent()`	`public void setStudent(boolean newValue)`

인덱스 처리된 프로퍼티는 값의 배열을 나타내는 프로퍼티이다. 예를 들어 Order 빈즈가 있다면, 그 Order에 관련된 OrderItem 객체를 위한 인덱스 처리된 프로퍼티가 필요할 것이다. 명세서에 따르면, 이 프로퍼티에 대한 get과 set 메서드의 시그너처는 다음과 같을 것이다

```
public void setOrderItem(OrderItem[] newArray);
public OrderItem[] getOrderItem();
public void setOrderItem(int index, OrderItem oi);
public OrderItem getOrderItem(int index);
```

경험에 따르면 빈즈의 프로퍼티를 (명세서의 오버로딩 규칙에 따라 버열 인덱스 프로퍼티를 사용한 위의 예제처럼) 오버로딩하는 것은, 대부분의 툴이 잘 지원하지 못하고 브통 개발자들에게 커다란 혼란을 야기시킬 수 있다. getOrderItem() 메서드 간의 차이점이 무엇인지 이름만 보고는 명확하지 않다. 이러한 이유로 나는 다음과 같은 시그너처를 선호한다.

```
public void setOrderItemArray(OrderItem[] newArray);
public OrderItem[] getOrderItemArray();
public void setOrderItem(int index, OrderItem oi);
public OrderItem getOrderItem(int index);
```

set 메서드를 구현하는 다른 방법(비표준이지만, 좀 더 기능적인)은 다음과 같다.

```
public BeanType setProperty(PropType newValue){
    this.property = newValue;
    return this;
};
```

Setter가 자바빈즈 인스턴스를 반환하기 때문에 다음처럼 setter를 연쇄적으로 호출할 수 있다.

```
myBean.setProperty(x)
       .setSomeProperty(y);
```

단 두 개의 프로퍼티만 있다면 그다지 유용하진 않지만, 더 많은 프로퍼티를 가지는 빈즈라면 키보드 치는 횟수를 많이 줄일 수 있다.

빈즈 탐색

빈즈를 인지하는 툴을 사용할 때는, getter과 setter 대신에 사용하는 '점 표기(dot notation)'를 사용하여 프로퍼티를 참조한다. 위에서 설명한 규칙에 따라 프로퍼티명을 결정한다. 표 4.2에서 몇 가지 예를 볼 수 있다.

표 4.2 빈즈 탐색 예제

자바 코드	점 표기(Dot notation)
anOrder.getAccount().getUsername()	anOrder.account.username
anOrder.getOrderItem().get(0).getProductId()	anOrder.orderItem[0].productId
anObject.getID()	anObject.ID
anObject.getxCoordinate()	anObject.xCoordinate

빈즈가 있고 그 빈즈의 프로퍼티명을 알아내고자 한다면, 자바에 내장된 `Introspector` 클래스를 사용하여 프로퍼티명을 출력해 주는 아래 메서드를 이용하면 된다.

```
public void listPropertyNames(Class c)
    throws IntrospectionException {
  PropertyDescriptor[] pd;
  pd = Introspector.getBeanInfo(c).getPropertyDescriptors();
  for(int i=0; i< pd.length; i++) {
    System.out.println(pd[i].getName()
        + " (" + pd[i].getPropertyType().getName() + ")");
  }
}
```

이 예제에서는 `Introspector` 클래스를 사용하여 해당 빈즈의 `PropertyDescriptor` 객체의 배열을 뽑아내고, 그 후 해당 배열을 돌면서 빈즈가 가지고 있는 프로퍼티의 이름과 타입을 출력한다. 이 기능은 문제 해결시에 유용하게 사용할 수 있다.

4.1.2 SQL Map API

이제 자바빈즈가 무엇인지 이해했다면, iBATIS가 제공하는 API를 살펴보자. SqlMapClient 인터페이스는 30개 이상의 메서드를 가지고 있으며 앞으로 이 책의 나머지 부분에서 모두 다룰 것이다. 지금 당장은 이번 장에서 사용할 일부만 살펴볼 것이다.

queryForObject() 메서드

queryForObject() 메서드는 데이터베이스로부터 한 개의 레코드를 가져다가 자바 객체에 저장하는데 사용하고 두 가지의 시그너처를 가진다.

- `Object queryForObject(String id, Object parameter) throws SQLException;`
- `Object queryForObject(String id, Object parameter, Object result) throws SQLException;`

첫 번째 것이 좀 더 보편적으로 사용되며 디폴트 생성자를 가진 객체를 생성한다. 디폴트 생성자가 없다면 런타임 예외를 던진다.

두 번째 형태는 반환하는 값으로 사용될 객체를 받는다. 매핑 구문을 실행한 후 결과 값은, 새롭게 생성되는 인스턴스 대신에 파라미터로 받은 객체에 지정될 것이다. 두 번째 형태는 생성자가 protected이거나 디폴트 생성자가 없어서 객체를 쉽게 생성할 수 없을 때 유용하게 쓸 수 있다.

queryForObject()를 사용할 때 기억해야 할 것은 쿼리가 하나 이상의 레코드를 반환한다면, 이 메서드가 예외를 던진다는 점이다. 왜냐하면 이 메서드는 오직 한 개의 레코드만 반환되는지 여부를 검사하기 때문이다.

queryForList() 메서드

queryForList 메서드는 데이터베이스로부터 한 개 이상의 레코드를 가져와서 자바 객체의 List를 만드는 데 사용하고, queryForObject()처럼 두 가지를 제공한다.

- `List queryForList(String id, Object parameter) throws SQLException;`
- `List queryForList(String id, Object parameter, int skip, int max) throws SQLException;`

첫 번째 메서드는 매핑 구문이 반환하는 모든 객체를 반환한다. 두 번째는 전체 결과의 일부만을 반환한다. 두 번째 메서드는 쿼리 결과에서 skip 파라미터에 지정된 개수만큼을 건너뛰고 max 파라미터에 지정된 개수의 레코드만 반환한다. 100개의 레코드를 반환하는 매핑 구문이 있을 때, 처음 10개의 레코드만을 원한다면 skip 파라미터에는 0, max 파라미터에는 10을 넣으면 된다. 그 다음 10개의 레코드를 원한다면, skip에 10이라는 값을 넣어 다시 호출하면 된다[2].

queryForMap() 메서드

queryForMap 메서드[3]는 데이터베이스로부터 한 개 혹은 그 이상의 레코드를 가져올 때 자바객체의 Map(List 대신에)을 반환한다. 다른 쿼리 메서드처럼 두 가지 형태를 가진다.

- `Map queryForMap(String id, Object parameter, String key) throws SQLException;`
- `Map queryForMap(String id, Object parameter, String key, String value) throws SQLException;`

첫 번째 메서드는 쿼리를 실행한 뒤에 Map 객체를 생성해서 반환한다. 결과 객체를 가리키는 키는 key 파라미터에 지정된 프로퍼티의 값이 된다. 그리고 결과값 객체는 매핑 구문이 생성하는 완전한 객체이다. 두 번째 형태는 첫 번째와 유사한 Map을 반환하지만 결과값 객체는 value 파라미터에 지정된 프로퍼티 값이 된다.

이런 애매한 설명보다는 예제를 보는 것이 독자들이 이해하기에 훨씬 나을 것 같다. account를 반환하는 매핑 구문 예제를 생각해보자. 첫 번째 메서드를 사용하여 Map에 대한 key로 accountId 프로퍼티를, 그리고 값으로 완전한 account 빈즈를 반환하는 Map을 만들 수 있다. 두번째 메서드를 사용하여, Map의 key로 accountId 프로퍼티를 그리고 값으로 계좌의 이름만을 가지는 Map을 만들 수 있다.

```
Map accountMap = sqlMap.queryForMap(
    "Account.getAll",
    null,
    "accountId");
```

---

2. 역자주 | 두 번째 메서드는 2.3버전부터 비권장으로 바뀌었다.

3. 역자주 | http://openframework.or.kr/JSPWiki/Wiki.jsp?page=QueryForMapExample 참조.

```
    System.out.println(accountMap);
    accountMap = sqlMap.queryForMap(
        "Account.getAll",
        null,
        "accountId",
        "username");
    System.out.println(accountMap);
```

지금까지 iBATIS를 사용하기 시작하는데 필요한 API의 모든 부분을 살펴보았다. 매핑 구문을 생성하는 여러 가지 다른 방법들을 살펴보자.

4.1.3 매핑 구문의 타입들

지금까지 배운 SQL Map API를 사용하기 전에 매핑 구문을 만드는 방법을 알 필요가 있다. 바로 전 예제에서 'Account.getAll' 이라는 이름의 매핑 구문을 호출했지만 (간단한 애플리케이션을 살펴본 2장을 제외하고) 호출하는 매핑 구문이 어디에 있는지는 말하지 않았다. 이는 <select> 매핑 구문의 한 예였다.

매핑 구문에는 자체적인 목적과 속성들 그리고 자식요소(child elements)를 가진 다양한 타입이 있다. 당연한 말이긴 하지만 일반적으로 하고자 하는 목적에 부합하는 구문 타입을 사용하는 것이 제일 좋다(예를 들면 <update>나 혹은 더 포괄적인 <statement> 타입 대신 <insert>를 사용해서 데이터를 삽입하라). 명시적인 타입을 사용하면 그 자체로 구문의 역할을 설명해 주는 것이며, 몇몇 경우에는 추가적인 기능들(<insert>에서는 <selectKey> 자식 요소를 사용할 수 있다. 이에 관해서는 5.2절에서 살펴 볼 것이다)도 제공되기 때문이다.

표 4.3은 매핑 구문(과 나중에 언급될 두가지 관련된 XML 요소)의 각각의 타입과 추가적인 정보를 보여준다.

표 4.3 매핑 구문의 타입과 그에 관련된 XML 요소

구문타입	속성	자식요소	사용하는 경우	좀 더 상세히 다루는 부분
<select>	id parameterClass resultClass parameterMap resultMap cacheModel	모든 동적인 요소	데이터 조회	4장 4.2절;

표 4.3 매핑 구문의 타입과 그에 관련된 XML 요소 (계속)

구문타입	속성	자식요소	사용하는 경우	좀 더 상세히 다루는 부분
⟨insert⟩	id parameterClass parameterMap	모든 동적인 요소 ⟨selectKey⟩	데이터 입력	5장 5.2절;
⟨update⟩	id parameterClass parameterMap	모든 동적인 요소	데이터 수정	5장 5.3절;
⟨delete⟩	id parameterClass parameterMa	모든 동적인 요소	데이터 삭제	5장 5.3절;
⟨procedure⟩	id parameterClass resultClass parameterMa resultMap xmlResultName	모든 동적인 요소	저장 프로시저 호출	5장 5.5절;
⟨statement⟩	id parameterClass resultClass parameterMap resultMap cacheModel xmlResultNam	모든 동적인 요소	거의 모든 것을 실행하는 데 사용할 수 있는 쿼리 구문 모두	6장 6.4.1절; 8장
⟨sql⟩	id	모든 동적인 요소	매핑 구문은 아니지만 매핑 구문 내에서 사용될 수 있는 컴포넌트를 만들기 위해 사용	4장 4.1절;
⟨include⟩	refid	없음	매핑 구문은 아니지만 매핑 구문에 ⟨sql⟩ 타입으로 생성된 컴포넌트를 삽입하기 위해 사용	4장 4.1절

이번 장에서는 <select> 구문을 주로 다룰 것이다. 위 테이블에는 매핑 구문을 빌드할 때 공통적으로 사용하는 <sql>과 <include> 라는 두 개의 추가적인 요소가 있다. 이 요소들을 함께 사용하면 컴포넌트를 생성하여 매핑 구문에 삽입할 수 있다. 중복 없이 재사용하길 원하는 복잡한 SQL 문이 있을 때 이 요소들을 유용하게 사용할 수 있다.

<sql> 요소는 여러 개를 조합하면 완전한 SQL 구문을 만들어 낼 수 있는 텍스트 조각을 생성하는데 사용한다. 예를 들어 WHERE 절에 복잡한 조건들이 있는 쿼리가 있다고 하자. 복잡한 조건들을 사용하여 레코드 개수를 조회할 필요가 있지만 조건들을 중복으로 사용하고 싶지 않다면, <sql> 조각에 그 조건들을 두고 실제 데이터를 반환하는 쿼리뿐만 아니라, 결과 개수를 세는 쿼리에 <sql> 조각을 삽입한다. 리스트 4.1은 간단한 예를 보여준다.

리스트 4.1   <sql>과 <include> 태그 예제

```xml
<sql id="select-order">                    ← ❶ 모든 칼럼을 가져온다.
  select * from order
</sql>

<sql id="select-count">                    ← ❷ 레코드 개수를 가져온다.
  select count(*) as value from order
</sql>

<sql id="where-shipped-after-value">       ← ❸ 특정 날짜 이후에 배송된 주문
  <![CDATA[                                    들을 포함시켜라.
  where shipDate > #value:DATE#
  ]]>
</sql>

<select
  id="getOrderShippedAfter"                ← ❹ 특정 날짜 이후에 배송된 주문
  resultClass="map">                           들의 모든 칼럼을 가져온다.
  <include refid="select-order" />
  <include refid="where-shipped-after-value" />
</select>

<select
  id="getOrderCountShippedAfter"           ← ❺ 특정 날짜 이후에 배송된 주문
  resultClass="int">                           들의 개수를 가져온다.
  <include refid="select-count" />
  <include refid="where-shipped-after-value" />
</select>
```

위 예제는 지극히 단순하지만, 지나치게 복잡하지 않고 명확하게 이 기법을 보여준다. 위에서 3개의 SQL 조각을 정의한다. 하나는 테이블에서 모든 칼럼의 값을 가져오고❶ 다른 하나는 쿼리로부터 반환되는 레코드의 개수를 얻어오며❷ 마지막은 데이터를 걸러내기 위해 사용하는 조건이다❸. 그리고 나서는 이 SQL 조각들을 이용해서 두 개의 매핑 구문을 만들

없는데, 하나는 완전한 객체를 반환하는 `getOrderShippedAfter`❹이고, 다른 하나는 개수를 가져오는 `getOrderCountShippedAfter` 이다❺. 이번 예제에서는 SQL 코드를 중복해서 작성하는 것이 더 쉬웠을지도 모른다. 하지만 좀 더 복잡한 작업이나 동적인 SQL(동적인 SQL사용에 대한 자세한 정보는 8장에서 볼 수 있다)을 사용하기 시작하면, 코드를 중복시킬 경우 오류가 나기 쉽다.

4.2 <select> 매핑 구문 사용하기

데이터베이스로부터 데이터를 조회하는 것은 애플리케이션의 가장 기본적인 사용 목적 중의 하나이다. iBATIS 프레임워크는 SELECT 구문을 쉽게 사용할 수 있게 만들어졌고, 데이터베이스로부터 원하는 모든 데이터를 쉽게 가져올 수 있도록 많은 기능을 제공한다.

4.2.1 # 대입자로 인라인 파라미터 사용하기

지금까지의 모든 예제들은 어떠한 조회 기준 없이 쿼리를 실행했기 때문에 매우 단순했다. 인라인 파라미터는 매핑 구문에 조회 기준을 추가하는 손쉬운 방법이고, 두 가지 방법 중 하나를 사용하여 지정하면 된다.

첫번째 방법은 해시(#) 문법을 사용하는 것이다. 다음은 `accountId` 값으로 하나의 Account 빈즈를 가져오는 간단한 인라인 파라미터 전달 문법을 사용하는 예제이다.

```
<select id="getByIdValue" resultClass="Account">
  select
    accountId,
    username,
    password,
    firstName,
    lastName,
    address1,
    address2,
    city,
    state,
    postalCode,
    country
  from Account
  where accountId = #value#
</select>
```

매핑 구문 내의 #value# 문자열은 SQL을 실행하기 전에 적용할 필요가 있는 간단한 파라미터를 전달하도록 iBATIS에 알리는 대입자이다. 다음과 같은 방법으로 매핑 구문을 호출할 수 있다.

```
account = (Account) sqlMap.queryForObject(
    "Account.getByIdValue",
    new Integer(1));
```

iBATIS 프레임워크가 이 구문으로 무엇을 하는지 잠시 보자.

먼저, 'Account.getByIdValue' 라는 이름의 매핑 구문을 찾고 #value# 대입자를 PreparedStatement 파라미터로 변환한다.

```
select
    accountId,
    username,
    password,
    firstName,
    lastName,
    address1,
    address2,
    city,
    state,
    postalCode,
    country
from Account
where accountId = ?
```

그리고 나서, 이 파라미터를 1(위에서 queryForObject()에 두 번째 파라미터로 전달되는 정수)로 설정한다. 마지막으로 PreparedStatement를 실행한다. 그 뒤 결과 레코드를 받아서 객체로 매핑하고 반환한다.

이것이 저수준의 정보처럼 보이긴 하지만, 여기서 어떤 일이 발생하는지 이해하고 있어야 한다. iBATIS에 대한 가장 흔한 질문 중 하나가 "WHERE 절에서 LIKE를 어떻게 사용하는가?" 이다. 위 구문을 보라. 와일드카드를 SQL 문에 쉽게 삽입할 수 없으므로 와일드카드를 파라미터에 포함시켜야만 한다. 이러한 딜레마를 해결하기 위한 세 가지 방법이 있다.

- 전달되는 파라미터 값 안에 SQL 와일드카드 문자를 포함시켜야 한다.
- 검색할 텍스트가 파라미터로 전달할 수 있는 SQL 표현식(예를 들면 '%' || #value# || '%')의 일부분이 되도록 만든다.
- 문자열 대체 문법(4.2.2 절에서 다룰 것이다)을 대신 사용해야 한다.

99

4.2.2 $ 대입자로 인라인 파라미터 사용하기

인라인 파라미터를 사용하는 다른 방법으로 파라미터 형태의 구문으로 변환하기 전에 SQL에 직접 값을 삽입하는 문자열 대체($) 문법이 있다. 이 방법은 주의해서 사용해야 한다. SQL 주입 공격을 받을 수 있는 여지가 있고, 남용하면 성능상의 문제를 야기할 수 있다.

다음은 LIKE연산자를 다루는 한 방법이다. 아래 예를 보자.

```
<select id="getByLikeCity" resultClass="Account">
  select
    accountId,
    username,
    password,
    firstName,
    lastName,
    address1,
    address2,
    city,
    state,
    postalCode,
    country
  from Account
  where city like '%$value$%'
</select>
```

이 구문과 이전의 #을 사용한 구문의 차이점은 iBATIS가 구문에 전달할 파라미터를 다루는 방식에 있다. 동일한 방법으로 이 구문을 호출한다.

```
accountList = sqlMap.queryForList(
    "Account.getByLikeCity",
    "burg");
```

이번에는 iBATIS가 이 구문을 다음처럼 변환한다.

```
select
    accountId,
    username,
    password,
    firstName,
    lastName,
    address1,
    address2,
```

```
        city,
        state,
        postalCode,
        country
    from Account
    where city like '%burg%'
```

구문이 이미 완전한 상태이기 때문에, 어떠한 파라미터도 설정하지 않는다. 하지만 이 기법을 사용하면 SQL 주입 공격에 애플리케이션을 노출시킨다는 점을 기억해야만 한다.

4.2.3 SQL 주입에 대한 간단한 예

SQL 주입 공격은 악의를 가진 사용자가 의도하지 않은 어떤 것을 하도록 애플리케이션에 특정 형태의 데이터를 전달하는 것이다. 예를 들어 4.2.2 절의 예제에 다음과 같은 문자열을 파라미터로 넘겨준다면,

```
burg'; drop table Account;--
```

간단한 조회 구문이었던 것이 좀 더 극악무도한 SQL 구문 여러 개로 변해버린다.

```
    select
        accountId,
        username,
        password,
        firstName,
        lastName,
        address1,
        address2,
        city,
        state,
        postalCode,
        country
    from Account
    where city like '%burg';drop table Account;--%'
```

현재 당신의 영리한 사용자는 'burg'로 끝나는 데이터베이스 내의 모든 레코드를 조회하도록 하는데, 이것은 별 문제될 것이 없다. 하지만 그는 또한 데이터베이스에서 테이블을 삭제하기도 한다 (운이 좋다면 한 테이블만 삭제될 것이다. 사용자가 진짜 똑똑하다면 이것이 여러 개의 테이블을 처리하고 삭제할 수 있는 기회임을 눈치챘을 것이다). 문자열 뒤의 '--'는 'drop table' 구문 뒤에 오는 어떠한 것도 무시

하도록 데이터베이스에 지시하여 어떠한 에러도 발생하지 않는다.

당신의 소스 코드로 인해 운영환경 내에서 실제로 이러한 일이 발생한다면, 회사에서 굉장히 힘든 날이 될 것이다. 일찍이 언급한 것처럼, 대체 문법은 주의해서 사용하라.

4.2.4 자동 결과 맵(Automatic result maps)

아마도 위 예제에서 결과 맵(result map)을 정의하지 않았지만 결과 클래스(result class)를 정의했다는 것을 눈치 챘을지도 모른다. 그럼에도 이것이 작동하는 것은 iBATIS가 자동 결과 매핑을 수행하기 때문이다. 자동 결과 매핑은 필요한 순간에 결과 맵을 만들고, 매핑 구문이 처음 실행될 때 이를 매핑 구문에 적용한다.

이 기능은 세 가지 방법(단일 칼럼 선택, 고정 칼럼 목록 선택, 그리고 동적 칼럼 목록 선택)으로 사용할 수 있다.

| 경고 | 결과 맵이나 결과 클래스 둘 중 어느 것도 제공하지 않는다면, iBATIS는 구문을 실행하고 아무것도 반환하지 않는다. 이것은 iBATIS의 초기버전부터 있던 사항이고 많은 이의 고민을 만들어낸 원인이 되었다. 운이 나쁘게도, 몇몇 사용자는 삽입과 업데이트 작업에 `select` 구문을 사용하는데, 이러한 방법이 좋지 않기는 하지만, 우리는 운영중인 애플리케이션을 보호하기 위해 남겨두었다.

쿼리에서 오직 하나의 칼럼만을 가져오고자 할 때는, 별칭 'value'를 사용하여 간단히 처리할 수 있다.

```
<select id="getAllAccountIdValues"
    resultClass="int">
    select accountId as value
    from Account
</select>

List list = sqlMap.queryForList(
    "Account.getAllAccountIdValues", null);
```

이것은 간단한 Integer 객체의 List로 account 테이블의 모든 `accountId` 값을 반환한다.

만약 다중 칼럼이 필요하다면, 빈즈의 프로퍼티명이나 자동 결과 매핑을 사용하여 Map의 키로 칼럼 명을 사용하도록 할 수 있다.

자동결과 매핑으로 빈즈를 매핑할 때 기억해야 할 하나의 경고 사항이 있다. 여러분이 조회한 칼럼이 데이터베이스에는 존재하지만 매핑하는 빈즈에 존재하지 않는다면 어떠한 에러나 경고, 데이터도 발생하지 않으며 데이터는 간단하고 조용히 무시될 것이다. Map 객체에 매핑할 때도 이와 유사한 문제가 발생한다. 비록 데이터는 가져오지만 원래 의도와는 다른 형태일 수도 있는 것이다.

좀 더 견고한 데이터 매핑 방법을 원한다면 외부 결과 매핑(4.4 절) 사용법을 살펴보라.

이러한 두 가지 잠재적인 문제에도 불구하고, 자동 매핑은 프레임워크가 매핑을 대신 수행해 주길 원할 경우나 매핑을 처음 수행할 때 발생하는 부하를 걱정할 필요가 없는 경우에는 잘 작동한다.

쿼리 구문에서 선택된 필드목록이 실행시에 변경될 수 있다면, 동적인 결과 매핑을 사용할 수 있다. 리스트 4.2에서 동적인 결과 매핑을 사용한 예제를 볼 수 있다.

리스트 4.2 동적 결과 매핑 예제

```
<select id="getAccountRemapExample"
  remapResults="true"                          ❶ 매핑 구문이 실행될 때마다 결과
  resultClass="java.util.HashMap" >              매핑을 재수행한다.
  select
     accountId,
     username,
     <dynamic>                                 ❷ 이 기법을 시연하기 위해 간단한
        <isEqual                                  동적 SQL을 포함하고 있다.
           property="includePassword"
           compareValue="true" >
           password,
        </isEqual>
     </dynamic>
     firstName,
     lastName
  from Account
  <dynamic prepend=" where ">
     <isNotEmpty property="city">
        city like #city#
     </isNotEmpty>
     <isNotNull
        property="accountId"
        prepend=" and ">
           accountId = #accountId#
     </isNotNull>
  </dynamic>
</select>
```

리스트 4.2의 예제는 매핑 구문이 반환하는 데이터를 변경하는 방법을 보여주는 동적 SQL❷로 조합된 remapResults[4] 속성❶을 사용한다. 동적 SQL을 8장부터 다루기는 하지만, 이 예제에서는 includePassword 프로퍼티 값을 이용해 결과에 어떤 필드들을 포함시킬지 여부를 판단하는 매핑 구문을 생성하기 위해서 동적 SQL을 사용한다. 이 값에 따라 결과에 password 필드를 포함할지 여부가 결정될 것이다. 알아둬야 할 것은 이 구문을 실행할 때마다 결과 맵을 다시 만들기 때문에 성능상의 비용이 터무니없이 비싸다는 점이다. 그러므로 이 기능은 절대로 필요한 경우에만 사용하라.

4.2.5 관련된 데이터 조인하기

리포팅이나 혹은 다른 여러가지 목적으로 다중 데이터 테이블을 하나의 '평평한' 구조로 조인하고자 하는 때가 많다. iBATIS 프레임워크는 테이블을 객체에 매핑하는 게 아니라 SQL 구문을 객체에 매핑하기 때문에 이러한 조인을 쉽게 할 수 있다. 단일 테이블 조회와 다중 테이블 조회를 매핑하는 것에는 다를 바가 전혀 없다.

7장에서, 주문에 대한 주문 상세정보 목록의 예제와 같이 관련된 자식 객체의 목록을 제공하는 다중 테이블에 대한 작업 방법을 좀 더 상세히 알아볼 것이다.

지금으로서는 단일 테이블 조회와 다중 테이블 조회를 매핑하는 것의 차이점이 전혀 없다는 점만 다시 한 번 얘기하고자 한다.

SQL이 입력 값을 가진다는 점에서 함수와 어느 정도 유사하다고 말했다. 그리고 이러한 입력값에 기초하여 출력값을 만든다. 다음 절에서는 이러한 입력 값을 만드는 방법에 대해 살펴볼 것이다.

4.3 매핑 파라미터

매핑 구문에 파라미터를 매핑할 때는 인라인 매핑과 외부 매핑이라는 두 가지 방법이 있다. 인라인 파라미터 매핑을 사용하는 것은 원하는 것에 대한 몇 가지 힌트만 iBATIS에 제공한다는 의미이다. 반면에 외부 파라미터 매핑은 좀 더 명시적이다. iBATIS가 해줬으면 하는 것을 명확하게 iBATIS에게 알려주는 것이다.

---

4. **역자주** | remapResults 속성에 관한 자세한 설명은 http://openframework.or.kr/blog/?p=130 참조.

4 장
매핑 구문으로 작업하기

4.3.1 외부 파라미터 맵

외부 파라미터 맵을 사용할 때는 6개의 속성을 명시해줄 수 있다. 그 속성들을 명시하지 않는다면, iBATIS가 리플렉션(reflection)을 사용하여 적당한 값을 결정할 것이지만 시간을 다소 소비하고 명시적으로 선언해 주는 것만큼 정확하지는 못 할 것이다. 표 4.4에서 매핑 파라미터에서 사용 가능한 속성의 목록과 각각을 사용하는 방법에 대한 간단한 설명을 볼 수 있다.

표 4.4 파라미터 매핑 속성

속성	설명
property	파라미터 맵의 property 속성은 매핑 구문에 전달되는 자바빈즈의 프로퍼티 이름이거나 Map의 키 이름이다. 이 이름은 매핑 구문 안에서 한번 이상 필요한 대로 사용할 수 있다. 예를 들어 같은 property가 SQL update 구문의 SET 절에서 수정되고 WHERE 절에서 key의 일부로 사용된다면, 이 이름은 매핑 구문에서 두 번 참조될 수 있다.
javaType	javaType 속성은 파라미터의 자바 프로퍼티 타입을 명시적으로 지정하는 역할을 한다. 대개 리플렉션을 통해 자바빈즈 프로퍼티의 타입을 알아 낼 수 있지만 Map과 XML 매핑과 같은 경우에는 프레임워크가 프로퍼티의 타입을 알아낼 수 없다. 이러한 경우 javaType이 셋팅되지 않고 프레임워크도 그 타입을 판단할 수 없다면, 타입은 Object 타입으로 간주된다.
jdbcType	jdbcType 속성은 파라미터의 데이터베이스 타입을 명시하는데 사용한다. 몇몇 JDBC드라이버는 드라이버에 칼럼타입을 알려주지 않으면 칼럼의 타입을 알아내지 못한다. 이에 대한 완벽한 예제로 PreparedStatement.setNull(int parameterIndex, int sqlType)가 있다. 이 메서드에는 타입을 명시해야 한다. 몇몇 드라이버는 Types.OTHER나 Types.NULL을 보내서 암시적인 타입을 허용할 것이다. 일관되게 특정 타입으로 유지되지 않고 경우에 따라 다른 타입으로 작동할 수도 있기 때문에 어떤 드라이버를 사용할 때는 정확한 타입으로 명시할 필요가 있게 된다. 이러한 상황을 위해, iBATIS는 parameterMap 프로퍼티 요소의 jdbcType 속성을 사용하여 타입을 지정할 수 있도록 하고 있다. 이 속성은 대개 칼럼을 null로 설정할 때만 필요하다. 타입 속성을 사용하는 다른 이유는 자바 타입이 모호할 때 데이터 타입을 확실히 명시하고자 함이다. 예를 들어, 자바에는 오직 한가지 날짜 타입(java.util.Date)만이 있지만, 대부분의 SQL 데이터베이스에는 적어도 세 개의 관련 타입이 있다. 이것 때문에 칼럼타입이 DATE인지 혹은 DATETIME인지 명시해야 할 수도 있다. jdbcType 속성은 JDBC의 Types 클래스(java.sql.Types)에 있는 상수와 일치하는 모든 문자열로 설정할 수 있다.

표 4.4 파라미터 매핑 속성 (계속)

속성	설명
nullValue	nullValue 속성은 프로퍼티 타입에 기초하여 어떤 유효한 값으로 라도 설정할 수 있다. nullValue 속성은 DB로 보내지는 null값을 대신하는데 사용한다. 이것은 자바빈즈나 Map 항목에서 이 값을 만난다면, NULL이 데이터베이스에 기록된다는 의미(DB에서 결과를 가져올 때의 null값 대체의 행위와 반대되는)이다. 이를 통해 null값을 지원하지 않는 타입(이를테면 int, double, float 기타 등등)을 위해 애플리케이션 내에서 매직 null 넘버(magic null number)를 사용할 수 있게 된다. 이러한 타입의 프로퍼티가 null로 지정된 값(이를테면, -9999)과 일치하면 그 값 대신에 NULL을 데이터베이스에 기록한다.
mode	이 속성은 저장 프로시저 지원을 위해서만 사용된다. 5.5.2 절에서 상세히 다룰 것이다.
typeHandler	타입 핸들러(javaType과 jdbcType 속성에 기반하여 iBATIS가 선택하는 것 대신에)를 명시하고자 한다면, 이 속성을 사용하면 된다. 대개, 이것은 12장에서 다룰 사용자 정의 타입 핸들러를 지정하는 데 사용한다.

iBATIS에서의 인라인 파라미터 매핑은 대부분의 매핑 구문에서 잘 작동한다. 성능을 향상시키고자 하거나 인라인 파라미터 매핑이 기대한 것과 다르게 작동하는 경우에 외부 파라미터 맵이 필요하다. 5장에서 모든 조건을 갖춘 외부 파라미터 맵을 살펴볼 예정이고, 이번 장에서는 다루지 않을 것이다.

4.3.2 인라인 파라미터 매핑 다시 보기

4.2 절의 시작부분에서 실행시간에 실제값으로 대체되길 원하는 프로퍼티의 이름을 iBATIS에 알리는 가장 간단한 방법으로 인라인 파라미터 매핑을 사용하는 것에 대해 알아보았다. 추가적으로 파라미터 이름, 데이터 타입 그리고 null 값을 콜론(:)으로 구분하여, 외부 파라미터 맵이 지원하는 것처럼 데이터 타입과 null 값 대입자를 파라미터에 지정할 수 있다. 데이터베이스 타입은 데이터베이스에서 null이 가능한 칼럼을 사용할 때 공통적으로 필요하다. 이유는 JDBC API가 데이터베이스에 null값을 전달할 때 다음 메서드를 사용하기 때문이다.

```
public void setNull(
    int parameterIndex,
    int sqlType);
```

타입이 무엇인지 iBATIS에 명시하지 않으면, 두 번째 파라미터에 java.sql.Types.OTHER를 사용하겠지만 몇몇 드라이버는 이를 허용하지 않고(예를 들면 최근 Oracle 드라이버는 이를 허용하지 않는다) 오류를 발생시킬 것이다.

| 팁 | 인라인 파라미터 맵과 null 값에 관련하여 오류가 발생할 때 로그에서 예상치 못한 숫자 1111을 보게 된다면, 이 드라이버에서는 명시적인 타입 지정 없이 null 값을 지정하지 못한다는 뜻이다. OTHER 상수의 값은 정수 1111이다.

인라인 파라미터를 사용할 때, iBATIS에 타입이 무엇인지 알리는 방법은 프로퍼티 이름 뒤에 java.sql.Types의 타입명을 추가하고 콜론 문자로 구분하면 된다. 다음은 데이터베이스 타입을 명시하는 매핑 구문의 예제이다.

```
<select id="getOrderShippedAfter"
        resultClass="java.util.HashMap">
  select *
  from order
  where shipDate > #value:DATE#
</select>
```

| 참고 | XML로 작업하고 있다는 것을 기억하라. 위 예에서 shipDate < #value:DATE# 라는 조건을 포함하는 getOrderShippedBefore라는 매핑 구문을 만들고자 한다면, < 대신에 <를 사용해야 한다. XML에서 '보다작은'(<) 기호는 새로운 요소가 시작됨을 의미하기 때문이다. CDATA를 사용할 수도 있지만, CDATA 부분에서는 동적 SQL 태그가 파싱되지 않기 때문에 동적 SQL(8장)과 CDATA는 조심해서 사용해야 한다. 대개 XML에서 >는 잘 작동하지만, 이 대신에 >를 사용하는 것이 좀 더 안전할 것이다.

Null 값 대체를 통해서 자바 코드에 있는 '매직 넘버(magic number)'를 데이터베이스에서는 null 값으로 처리하도록 지정한다. 대부분의 애플리케이션에서 '매직 넘버'를 사용해서 개발하는 것은 설계상 좋지 않다(사실, 이 방법이 좋은 경우는 하나도 없는 것 같다). 이 기능은 잘 못된 모델 설계를 가지고서 iBATIS로 개발을 시작하는 사람들을 위해서 제공되는 것이다. 데이터베이스 칼럼에서 null 값을 가질 필요가 있다면, 마찬가지로 자바 모델의 프로퍼티도 null 값으로 매핑해야만 한다.

iBATIS의 현재 버전에서는 name=value 문법을 사용하여 파라미터 맵에 어떠한 값이라도 명시할 수 있다. 예를 들어 다음의 예제는 바로 앞의 예제와 동일하다.

```
<select id="getOrderShippedAfter" resultClass="hashmap">
  select *
  from "order"
  where shipDate > #value,jdbcType=DATE#
</select>
```

인라인 파라미터 맵은 손쉽게 파라미터 맵을 생성하기 위한 것임을 기억하라. 매핑 구문에서 `YourNamespace.YourStatement-InlineParameterMap` 형태의 파라미터 맵 관련 오류가 발생한다면, 'YourNamespace'라는 명명공간 내의 'YourStatement'라는 이름의 매핑 구문의 인라인 파라미터 매핑을 살펴보라. 그곳이 오류가 발생하는 위치다. 파라미터 맵을 정의하지 않았다고 해서 파라미터 맵이 존재하지 않는 것은 아니다.

4.3.3 원시타입 파라미터

결과 매핑에서 본 것처럼, 원시값은 다른 객체로 감싼 형태로만 사용할 수 있다. iBATIS에 원시타입의 값을 전달하고 싶다면 빈즈를 사용(4.3.2절을 보라.)하거나 원시 래퍼 클래스(예를 들어 Integer, Long 등) 중 하나를 사용해야 한다.

| 참고 | 원시 타입의 배열을 iBATIS에 전달할 수는 있지만 배열을 사용하는 것은 이 장의 범위를 벗어나는 것이다. 동적 SQL에서 배열을 사용하는 것에 관해서는 8.2.5 절을 보라.

좋다. 이제 계속 가보자. 그리고 너무 원시적으로 되진 말자.

4.3.4 자바빈즈와 Map 파라미터

빈즈와 Map 파라미터는 차이점이 있긴 하지만, 동일한 문법으로 이들을 사용할 수 있다. 이 둘 간의 차이점은 파라미터 맵을 적재할 때의 작동 방식에 있다.

빈즈를 사용하여 파라미터 맵을 만들고 존재하지 않는 프로퍼티를 참조하는 시도를 한다면, 파라미터 맵을 적재할 때 바로 실패하게 될 것이다. 이는 애플리케이션 사용자가 버그를 발견하기 전에 개발자가 먼저 버그를 찾을 수 있도록 해 주기 때문에 유익한 것이다.

Map으로 하면 프로퍼티가 존재 여부를 iBATIS가 알 수 있는 방법이 없다(Map은 컴파일시가 아닌 실행시 구성되기 때문이다). 따라서 잠재적인 오류를 알아낼 수 있는 방법이 없다.

이것은 중요한 차이를 가져온다. 실패를 미리 알려주는 것이 좋은 것이다. 애플리케이션을 배포하기 전에 발견하고 고친 버그는, 사용자들에게 영향을 줄 수 없다. 버그가 적다면 사용자들은 좀 더 생산적이 되고, 여러분이 만든 소프트웨어는 가치가 올라간다.

좋다. 지금까지 입력 값을 알아보았으니, 이제부터는 출력 값을 알아보러 가자.

4.4 인라인 결과 맵과 명시적인 결과 맵 사용하기

인라인 결과 맵은 사용하기 매우 쉽고 대부분의 경우 제대로 작동하기 때문에 매우 좋다.

명시적인 결과 맵도 좀 더 나은 성능을 보이고 설정 시에 명백하게 유효성을 검사하며 좀 더 정확하게 작동하기 때문에 iBATIS에서 가치 있게 사용할 수 있다. 명시적인 결과 매핑을 사용하면 실행시에 예측하지 못한 행동을 하는 경우가 적다. 표 4.5에서 명시적인 결과 맵에서 사용 가능한 속성들을 설명하고 있다.

표 4.5 결과 맵 속성

속성	설명
property	결과 맵의 property 속성은 매핑 구문이 반환할 결과 객체 자바빈즈의 프로퍼티 이름이거나 Map의 키이다. 이 이름은 매핑 구문 안에서 한 번 이상 필요한 대로 사용할 수 있다.
column	column 속성을 이용해서 property의 값으로 사용할 ResultSet의 칼럼명을 지정한다.
columnIndex	조금(최소한)이라도 성능향상을 원한다면, columnIndex 속성을 이용해서 칼럼 이름 대신에 ResultSet 내의 칼럼 순서를 지정할 수도 있다. 이는 99%의 애플리케이션에서 불필요한 것이며, 이를 사용하면 성능 때문에 유지 보수성과 가독성을 희생시키는 것이 된다. JDBC 드라이버에 따라 성능 향상이 있을 수도 있고 없을 수도 있다.
jdbcType	jdbcType 속성은 property 값으로 사용될 ResultSet 칼럼의 데이터베이스 칼럼 타입을 명시하는 데 사용한다. 비록 결과 맵에서는 파라미터 맵에서처럼 null 값과 같은 어려움이 없다고 하더라도, 타입을 명시하면 Date 프로퍼티와 같은 몇몇 매핑 타입에서 쓸만한 역할을 할 수 있다. 자바는 하나의 Date 타입만 있지만, SQL데이터베이스에는 여러 개(일반적으로 적어도 3개)가 있기 때문에, 날짜(혹은 다른 타입) 값을 정확하게 지정하고자 한다면 날짜를 정확하게 명시할 필요가 있다. 이와 유사하게 VARCHAR, CHAR 또는 CLOB는 문자열을 생성한다. 그래서 이 경우에도 타입을 명시할 필요가 있다. 사용하는 드라이버에 따라 이 속성을 설정할 필요가 없을 수도 있다.
javaType	javaType 속성을 사용하여 결과 값을 저장할 프로퍼티의 자바 타입을 명시적으로 지정한다. 대개 리플렉션을 통해 자바빈즈 프로퍼티의 타입을 알아 낼 수 있지만, Map과 XML 매핑과 같은 경우에는 프레임워크가 프로퍼티의 타입을 알아낼 수 없다. javaType이 지정되지 않고 프레임워크가 그 타입을 판단할 수 없다면, Object 타입으로 간주한다.
nullValue	nullValue 속성에 데이터베이스의 NULL 값을 대체하기 위해 사용되는 값을 명시한다. 그래서 ResultSet으로부터 NULL을 읽었다면, 자바빈즈 프로퍼티는 NULL대신에 nullValue 속성에 명시된 값으로 지정될 것이다. Null 속성 값은 어떠한 값도 될 수 있지만 해당 프로퍼티 타입에 유효한 값이어야 한다.

표 4.5 결과 맵 속성 (계속)

속성	설명
select	select 속성을 통해서 iBATIS가 혼합(이를테면, 사용자가 정의한) 프로퍼티 타입을 자동으로 적재할 수 있도록 객체 간의 관계를 서술한다. 매핑 구문 프로퍼티의 값은 다른 매핑 구문의 이름이어야 한다. 매핑 구문 속성과 동일한 property 요소에서 정의하는 데이터베이스 칼럼의 값(column 속성)은 관련된 매핑 구문에 파라미터로 전달될 것이다. 따라서 해당 칼럼이 꼭 지원돼야 하며, 원시 타입이어야 한다. 이에 관해서는 6장에서 자세히 다룰 것이다.

이제 어떤 속성들이 있는지 알았으니, 이걸 어떻게 사용할 수 있을까? 계속 읽으면서 알아보자.

4.4.1 원시타입의 결과(Primitive results)

자바 언어에는 8개의 원시타입(boolean, char, byte, short, int, long, float, double)이 있고, 이들 각각은 대응하는 래퍼 클래스(Boolean, Char, Byte, Short, Integer, Long, Float, Double)를 가지고 있다.

    iBATIS에서 원시타입의 결과를 직접 얻어올 수는 없지만, 원시타입의 결과를 래퍼 클래스로 가져올 수는 있다. 예를 들어 특정 고객(customer)의 주문(order) 횟수를 알고 싶다면, 다음 예제처럼 원시타입 int가 아닌 Integer를 사용할 수 있다.

```
Integer count = (Integer)sqlMap.queryForObject(
  "Account.getOrderCountByAccount",
  new Integer(1));

<select
  id="getOrderCountByAccount"
  resultClass="java.lang.Integer" >
  select count(*) as value
  from order
  where accountId = #value#
</select>
```

결과를 빈즈로 받는다면, 다음 예제처럼 그 빈즈는 결과를 받는 int 프로퍼티를 가지고 있을 것이다.

```java
public class PrimitiveResult {
  private int orderCount;
  public int getOrderCount() {
     return orderCount;
  }
  public void setOrderCount(int orderCount) {
     this.orderCount = orderCount;
  }
}
```

```xml
<resultMap id="primitiveResultMapExample"
   class="PrimitiveResult">
   <result property="orderCount"
     column="orderCount" />
</resultMap>

<select id="getPrimitiveById"
   resultMap="primitiveResultMapExample">
   select count(*) as orderCount
   from order
   where accountId = #accountId#
</select>
```

그러니까 핵심은 다음과 같다. iBATIS는 결과를 어떠한 타입으로도 매핑 할 수 있지만, 오직 객체 인스턴스만 반환하기 때문에, 원시타입의 값은 간단한 래퍼 클래스나 빈즈 또는 Map 중 하나로 감싸야만 한다.

| 참고 | 다시 말하지만, J2SE 5를 사용하는 경우에는 이러한 사항이 모두 맞는 것은 아니다. queryForObject()와 같은 메서드는 여전히 객체의 인스턴스를 반환한다. 객체를 원시타입(int나 long와 같은)으로 직접 형변환을 할 수는 없지만, 래퍼 클래스 타입(Integer 혹은 Long)으로 형변환 할 수는 있다. 그리고 나서 컴파일러로 하여금 원시타입으로 변환하게 할 수 있다. 하지만 이 경우에 주의할 점이 있다. 반환되는 객체가 null이라면 래퍼 클래스 타입 또한 null이 될 것이다. 이러한 상황이 발생한다면 원시 타입은 null이 될 수 없기 때문에 애플리케이션이 NullPointerException을 던질 것이다.

때로는(실제로는 대부분의 경우에) SQL 구문에서 한 개 이상의 칼럼을 가져올 것이다. 이러한 경우, 결과를 자바빈즈나 Map으로 만드는 것이 낫다.

4.4.2 자바빈즈와 Map 타입의 결과

iBATIS 프레임워크는 결과 매핑에 (Integer, Long 혹은 그 외의 원시 타입의 래퍼 클래스 이외에) Map이나 자바빈즈 객체를 사용할 수 있다. 이 두 가지 접근 방법의 장점과 단점을 표 4.6에 요약하였다.

표 4.6 데이터 구조로서의 자바빈즈와 Map의 장점과 단점

접근방식	장점	단점
자바빈즈	성능 컴파일 시 강력한 타입 검사 컴파일 시 이름 검사 IDE에서의 리팩터링 지원 형변환이 줄어듬	코드량의 증가(get/set)
Map	코드량의 감소	느림 컴파일 시 검사하지 않음 약한 타입 실행시 오류 발생이 잦음 리팩터링 지원 없음

다른 규칙들과 마찬가지로, 도메인 데이터(예를 들어 데이터베이스에서 편집을 위해 계좌나 주문정보를 가져오기)에는 빈즈를 사용하는 것을 추천한다. 이에 반해 Map을 사용하는 것은 덜 중요하고, 좀 더 동적인 데이터(예를 들어 리포트나 그 외 출력 방법들)에 사용하는 것을 추천한다.

결과 맵을 만들 때 필드를 매핑하는 프로퍼티가 존재하지 않는다면, 결과 맵이 적재될 때 즉시 예외가 발생하게 된다. 오류를 빨리 발견하는 것은 좋은 일이다. 이는 사용자가 보기 전에 오류를 잡을 수 있다는 것을 의미하기 때문이다.

반면에 존재하지 않는 칼럼을 분명히 존재하는 프로퍼티에 매핑한다면, 데이터를 가져올 때 난처한 실행시간 오류가 발생하게 될 것이다. 그러므로 DAO 계층에 대해 많은 단위 테스트를 해야 한다(iBATIS의 최적 활용법 등에 대해서 더 알고 싶다면 13장을 보라).

4.5 요약

4장에서는, 자바빈즈, SQL Map API 그리고 매핑 구문에 관해 깊이 있게 알아보았다. 여기서 알아본 주제들에 관해서 익숙해지면, 매핑 구문을 만드는 것도 다른 개발 작업들만큼 쉬워질 것이다.

 애플리케이션의 군살을 빼고 실행시간 오류를 최대한 없애고자 한다면 명시적으로 개발하라! 명시적인 파라미터와 결과 맵을 사용하고 파라미터를 지정하고 결과 값을 가져올 때 명시적으로 형을 지정하는 자바빈즈를 사용하라. 이렇게 하면 애플리케이션의 시작 속도도 또한 빨라지고(iBATIS가 실행시간에 조사할 필요가 없기 때문이다), 더 빨리 실행되며 그리고 메모리 소모량도 줄어든다.

 5장에서는 iBATIS의 쿼리가 아닌 것들에 관련된 사항들을 알아보고, 데이터베이스 관리에 필요한 필수 작업들에 대해 공부하는 것도 끝마칠 것이다.

5 장

쿼리가 아닌(non-query) 구문 실행하기

: iBATIS API에 대해서 좀 더 알아보기
: 데이터 삽입하기
: 데이터를 수정하고 삭제하기
: 저장 프로시저 사용하기

데이터베이스에 쿼리를 하여 데이터를 가져오는 것은 무척 중요한 일이다. 하지만 대부분의 애플리케이션에서는 데이터베이스에 데이터를 넣는 작업 또한 필요하다. 5장에서는 iBATIS 프레임워크를 사용하여 데이터베이스에 데이터를 저장하는 몇 가지 방법을 알아볼 것이다. 4장에서 소개한 여러 개념이 여기에서 사용되기 때문에 iBATIS가 처음이거나 4장을 읽지 않았다면, 일단 먼저 앞의 내용을 읽어야 할 것이다. 4장의 파라미터 매핑 관련 정보(그리고 약간의 결과 매핑 정보)가 이번 장의 쿼리가 아닌 매핑 구문에서도 마찬가지로 적용된다.

5.1 데이터 갱신을 위한 기초 다지기

4장에서는 사용 가능한 모든 구문 타입들과 기본적인 쿼리 사용에 관련한 API를 공부하였다. 여기서 우리는 쿼리가 아닌 구문을 실행하는 데 일반적으로 사용되는 API를 공부하고, 데이터베이스 갱신과 관련한 매핑 구문을 다시 살펴볼 것이다.

5.1.1 쿼리가 아닌(non-query) 구문을 위한 SQL Map API

다음에 나올 6장에서 데이터베이스를 갱신하는 고급 기법을 살펴볼 예정이므로, 여기서는 데이터베이스를 갱신하는 데 가장 자주 사용하는 세 가지 메서드인 `insert`, `update`, `delete`의 기본적인 내용을 주로 다룬다. 이 세 가지 메서드를 각각 5장의 뒷부분에서 상세하게 다룰 것이며, 지금은 이들을 사용하는 데 필요한 것들만 간단히 소개하려고 한다.

insert 메서드

이미 눈치채고 있겠지만, `insert` 메서드는 SQL `insert` 구문에 해당하는 매핑 구문을 실행하는 데 사용한다.

```
Object insert(String id, Object parameterObject)
                            throws SQLException;
```

`insert` 메서드는 두 개의 파라미터를 받는다. 하나는 실행할 매핑 구문의 이름이고 또 하나는 데이터베이스에 데이터를 삽입하는 `insert` 구문을 구성하는 데 사용할 파라미터 객체이다.

데이터베이스를 갱신하는 데 사용하는 세 가지 메서드 중에 `insert` 메서드만 유일하게 객체를 반환한다(5.2.3절을 참조하라).

update 메서드

`update` 메서드는 SQL `update` 구문에 대응하는 매핑 구문을 실행하는 역할을 한다.

```
int update(String id, Object parameterObject)
                            throws SQLException;
```

`insert` 메서드처럼 `update` 메서드도 실행할 매핑 구문의 이름과 매핑 구문을 구성하는 값을 제공하는 데 사용할 파라미터 객체라는 두 개의 파라미터를 가지고 있다. (지정된 JDBC

드라이버가 이를 지원한다면) 반환되는 값은 update 구문에 의해 영향을 받은 레코드의 개수이다.

delete 메서드

delete 메서드는 update 메서드와 거의 동일하다. 어쨌든 update SQL 구문 대신 delete SQL 구문을 실행할 때 사용한다.

```
int delete(String id, Object parameterObject)
                            throws SQLException;
```

위의 두 메서드에서 사용하는 것과 동일하게 delete에서도 실행할 매핑 구문의 이름과 매핑 구문을 구성하는데 사용할 파라미터 객체라는 두 개의 파라미터를 사용한다. 이 메서드는 삭제된 레코드의 개수를 반환한다.

5.1.2 쿼리가 아닌(non-query) 매핑 구문

표 5.1은 4장의 표 4.3의 일부분이다. 데이터베이스를 갱신하는 데 일반적으로 사용할 수 있는 세 개의 주요 매핑 구문 타입과, 이 구문들을 생성하는 데 사용할 수 있는 두 개의 최상위 레벨 설정 요소가 있다.

표 5.1 데이터를 갱신하는 데 사용하는 매핑 구문(그리고 관련된 XML 요소)

구문타입	속성	자식요소	사용하는 경우	좀 더 상세히 다루는 부분
⟨insert⟩	id parameterClass parameterMap	모든 동적인 요소 ⟨selectKey⟩	데이터 입력	5장 5.2절;
⟨update⟩	id parameterClass parameterMap	모든 동적인 요소	데이터 수정	5장 5.3절;
⟨delete⟩	id parameterClass parameterMa	모든 동적인 요소	데이터 삭제	5장 5.3절;
⟨procedure⟩	id parameterClass resultClass parameterMa resultMap xmlResultName	모든 동적인 요소	저장 프로시저 호출	5장 5.5절;

5장
쿼리가 아닌(non-query) 구문 실행하기

구문타입	속성	자식요소	사용하는 경우	좀 더 상세히 다루는 부분
<sql>	id	모든 동적인 요소	매핑 구문은 아니지만 매핑 구문 너에서 사용될 수 있는 컴포넌트를 만들기 위해 사용	4장 4.1절;
<include>	refid	없음	매핑 구문은 아니지만 매핑 구문어 <sql> 타입으로 생성된 컴포넌트를 삽입하기 우해 사용	4장 4.1절

<sql>과 <include> 요소에 대한 더 많은 정보는, 4장의 4.1.3절을 참조하라.

이제 기초를 다졌으니 이것들을 함께 조합하여 사용하는 방법을 공부해보자.

5.2 데이터 삽입하기

데이터베이스에 데이터를 삽입하는 것은 데이터를 가져오는 것과 완전히 동일하지는 않지만, 그 처리 과정은 매우 유사하다. 인라인 혹은 외부 파라미터 매핑(둘 다 4장에서 자세히 설명하였다. 4.3.1절과 4.3.2절을 참조하라) 중에서 어떤 것을 사용하든 상관없이, 모든 파라미터 매핑이 다른 매핑 구문에서 작동하는 그대로 INSERT 구문에서도 동일하게 작동한다.

5.2.1 인라인 파라미터 매핑 사용하기

인라인 파라미터 매핑을 사용하면, 개발자가 입력 값을 매핑 구문에 어떻게 매핑하고 싶어하는지에 관한 힌트를 XML 마크업 안에서 iBATIS에게 바로 제공하여, 매핑 구문을 빠르게 구성할 수 있게 된다. 다음은 인라인 파라미터 매핑을 사용한 insert 구문의 예제이다.

```
<insert id="insertWithInlineInfo">
   insert into account (
     accountId,
     username, password,
     memberSince,
     firstName, lastName,
     address1, address2,
     city, state, postalCode,
     country, version
   ) values (
     #accountId:NUMBER#,
```

```
            #username:VARCHAR#, #password:VARCHAR#,
            #memberSince:TIMESTAMP#,
            #firstName:VARCHAR#, #lastName:VARCHAR#,
            #address1:VARCHAR#, #address2:VARCHAR#,
            #city:VARCHAR#, #state:VARCHAR#, #postalCode:VARCHAR#,
            #country:VARCHAR#, #version:NUMBER#
        )
</insert>
```

위는 매핑 구문이고 다음은 이것을 실행시키는 코드이다(단위 테스트에서 따온 것이다).

```
Account account = new Account();
account.setAccountId(new Integer(9999));
account.setUsername("inlineins");
account.setPassword("poohbear");
account.setFirstName("Inline");
account.setLastName("Example");
sqlMapClient.insert("Account.insertWithInlineInfo", account);
```

이 매핑 구문이 잘 작동하긴 한다. 하지만 여러 개의 서로 다른 insert 구문과 update 구문 그리고 수십 개의 쿼리를 날려야 하는 상황에 처하게 된다면, 위와 같은 방식은 코드가 길어져서 유지보수하기 어려워진다. 이럴 때 외부 파라미터 맵을 사용하면 SQL Map의 유지보수가 간결해진다.

5.2.2 외부 파라미터 맵 사용하기

외부 파라미터 맵을 사용하면 인라인 파라미터 매핑과 동일한 기능을 제공하면서 SQL Map 적재 시 속도가 빨라지고 추가적인 유효성 검사(이는 테스트 과정에서 오류를 잡아내어 애플리케이션 사용자가 실행 중에 오류를 볼 확률이 줄어들게 됨을 의미한다)를 하는 등 부가적인 이점을 누릴 수 있게 된다.

다음은 외부 파라미터 맵을 사용하는 insert 구문의 예제이다. 그 뒤 코드는 이전 예제와 동일한 기능을 수행하지만 인라인 파라미터 맵 대신에 외부 파라미터 맵을 사용한다.

```
<parameterMap id="fullParameterMapExample" class="Account">
    <parameter property="accountId" jdbcType="NUMBER" />
    <parameter property="username" jdbcType="VARCHAR" />
    <parameter property="password" jdbcType="VARCHAR" />
    <parameter property="memberSince" jdbcType="TIMESTAMP" />
    <parameter property="firstName" jdbcType="VARCHAR" />
```

```xml
        <parameter property="lastName" jdbcType="VARCHAR" />
        <parameter property="address1" jdbcType="VARCHAR" />
        <parameter property="address2" jdbcType="VARCHAR" />
        <parameter property="city" jdbcType="VARCHAR" />
        <parameter property="state" jdbcType="VARCHAR" />
        <parameter property="postalCode" jdbcType="VARCHAR" />
        <parameter property="country" jdbcType="VARCHAR" />
        <parameter property="version" jdbcType="NUMBER" />
</parameterMap>

<insert id="insertWithExternalInfo"
        parameterMap="fullParameterMapExample">
    insert into account (
        accountId,
        username, password,
        memberSince,
        firstName, lastName,
        address1, address2,
        city, state, postalCode,
        country, version
    ) values (
        ?,?,?,?,?,?,?,?,?,?,?,?,?
    )
</insert>
```

지금은 비록 인라인 파라미터를 사용할 때보다 나을 것이 없어 보인다. 하지만 매핑 구문을 추가하기 시작하면 그때부터 차이점이 명백하게 드러날 것이다. (각각의 프로퍼티마다 타입을 명시할 필요가 없기 때문에) 간결해졌을 뿐만 아니라, 중앙 집중적인 유지보수 덕분에 파라미터 맵을 변경할 필요가 있을 때, 단 한 번만 해 주면 된다는 것을 의미하기도 한다.

예를 들어 memberSince 프로퍼티는 어디로 전달하든지 자동으로 TIMESTAMP 데이터베이스 타입으로 간주된다. 나중에 DATE 타입이 적당하다고 판단되면(계좌(account)는 일단 생성된 이후에는 초 단위 값에 대해서는 알 필요가 없기 때문에) 단 한 곳-파라미터 맵에서만 변경하면 된다.

이 접근법의 또 다른 이점은, 처음으로 호출할 때 인라인 파라미터 맵을 동적으로 생성할 필요가 없다는 것이다.

이전의 두 예제에서, 매핑 구문을 호출하는 코드는 (예제에서 매핑 구문의 이름을 제외하고는) 동일하다.

```
sqlMap.insert("Account.insertWithInlineInfo", account);
sqlMap.insert("Account.insertWithExternalInfo", account);
```

인라인과 명시적인 파라미터 맵 사이의 차이점은 유지보수 비용과 성능이다 - 두 가지 모두 외부적으로 정의된 파라미터 맵을 사용하면 더 좋아진다.

5.2.3 자동 생성 key

어떤 데이터베이스에서든, 테이블의 레코드 각각을 유일하게 인식하는 것은 절대적으로 필수 불가결한 기능이다. 거의 모든 데이터베이스는 새롭게 삽입되는 레코드마다 자동으로 기본 키를 생성해 주는 기능을 가지고 있다. 이 기능이 편리하긴 하지만 삽입을 완료한 후 생성된 기본키를 알 필요가 있다면, 데이터베이스에 레코드를 추가할 때 문제를 일으킬 소지가 있다.

대부분의 데이터베이스 벤더들은 저장 프로시저에서 사용할 수 있도록, 표준 SQL을 이용해서 동일 세션에서 마지막으로 생성된 키를 가져올 수 있는 방법을 제공하고 있다. 많은 데이터베이스 벤더들(Oracle과 PostgreSQL을 포함하여)은 칼럼을 추가할 필요 없이 고유 값을 생성하는 방법을 제공한다. 또한 JDBC 3.0 API에는 데이터를 추가할 때 생성된 키를 가져올 수 있는 기능이 포함되었다.

자동 생성되는 기본키를 사용하도록 데이터베이스를 설계 한다면, iBATIS에서 <insert> 요소의 특별한 자식 요소인 <selectKey> 요소를 사용하여 생성된 키를 모델 객체로 가져올 수 있다. 이 접근법을 따르는 두 가지 패턴이 있으며, 어떤 키 생성 방법을 사용하느냐에 따라 선택해서 사용할 수 있다.

첫 번째 접근 방법은 레코드를 삽입하고 데이터베이스가 키를 생성한 후에 생성된 키를 가져오는 것이다. 주의할 점이 있는데, 사용하는 드라이버가 마지막에 실행한 insert 구문에 의해 생성된 키를 반환하는 것을 확실히 보장하는지 확인해야 할 필요가 있다. 예를 들어 두 개의 스레드가 거의 동시에 insert 구문을 실행한다면, 실행순서는 [사용자 #1 추가], [사용자 #2 추가], [사용자 #1을 위한 selectKey], [사용자 #2를 위한 selectKey]가 될 수 있다. 드라이버가 마지막으로 생성된 키를 (전역적으로) 반환한다면, [사용자 #1을 위한 selectKey]는 사용자 #2용으로 생성된 키 값이 되어 버리고, 이로 인해 애플리케이션이 혼란에 빠지게 된다. 대부분의 드라이버는 이러한 사항에 대해 문제없이 잘 작동하지만 확신이 없다면 꼭 테스트해 보라. 또한 트리거를 사용하면 이러한 접근법에서 문제를 일으킬 수 있음을 알아둬야 한다. 예를 들어 마이크로소프트 SQL서버를 사용할 때 @@identity 값은 트리거에 의해 영향을 받는다. 따라서 키 값을 생성하여 레코드를 하나 추가하고, 뒤이어 트리거를 사용해서 키 값을 생성하여 테이블에 레코드를 추가한다면, @@identity에 의해 반환되는 값은 여러분이 추가한 첫 번째 레코드용으로 생성된 키가 아닌 트리거에 의해 추가된 레코드용으로 생성된 키가 될 것이다. 이런 경우에는 SCOPE_IDENTITY 함수를 대신 사용하면 된다.

고려해 볼 두 번째 접근 방법은 레코드를 추가하기 전에 키를 가져오는 것이다. 이 방법으로 데이터베이스 관리 도구를 사용해서 레코드를 삽입한다면 더 많은 작업을 해야 한다. 레코드를 삽입하기 전에 키 값을 할당하는 일을 해줘야만 하기 때문이다. 그렇다고 하더라도 이 접근 전략을 사용하면 스레드를 사용할 때 그리고 레코드 삽입 후에 키를 가져올 때 발생할 수 있는 잠재적인 문제점들을 피해갈 수 있다. 그리고 이 방식은 코딩을 어떤 식으로 해야 한다는 가정을 그다지 하지 않기 때문에 일반적으로 가장 안전한 방법이다. 첫 번째 접근법은, 기대하는 것과 다르게 작동할 수 있다는 잠재적인 문제가 있다. 하지만 이 두 번째 접근법을 사용하면 생성된 키를 가져올 때 그 값이 유일하다는 것을 보장받을 수 있다. 세션에서 생성된 키를 데이터베이스가 관리할 필요는 없다. 생성된 키를 전달받기만 하면 그만이다.

두 가지 경우 모두, iBATIS를 이용하면 쉽게 처리할 수 있다. <selectKey> 요소를 사용하면 이 작업을 애플리케이션(최소한 호출하는 코드라도)에 대해 투명하게 실행할 수 있다. insert 메서드의 시그너처는 다음과 같다.

```
Object insert(
    String id,
    Object parameterObject
) throws SQLException;
```

insert 메서드가 객체를 반환하는 이유는 생성된 키를 되돌려주기 위해서이다. 예를 들어 이 매핑 구문과 애플리케이션의 코드가 위에서 설명한 두 번째 접근법을 사용한다면

```
<insert id="insert">
  <selectKey
    keyProperty="accountId"
    resultClass="int">
    SELECT nextVal('account_accountid_seq')
  </selectKey>
```

```
    INSERT INTO Account (
        accountId, username, password
    ) VALUES (
        #accountId#, #username#, #password#)
</insert>

Integer returnValue = (Integer) sqlMap.insert(
    "Account.insert", account);
```

returnValue 변수는 생성된 키를 저장하고 있을 것이다. 하지만 좀 더 살펴볼 것이 있는데, <selectKey> 요소에서 keyProperty 속성은 iBATIS가 생성된 키 값을 가져다 입력할 객체의 값으로 설정하도록 한다. 이는 이미 입력된 객체가 키 값을 가지고 있기 때문에 원한다면 반환된 값을 무시할 수도 있다는 뜻이다.[1]

기억해야 할 것이 있는데, <selectKey> 요소는 매핑 구문을 정의하고 이 매핑 구문은 <selectKey>를 포함하고 있는 insert 구문과 동일한 파라미터 맵에 접근할 수 있다는 점이다. 그러므로 위 예제에서 원하는 시퀀스를 선택해서 레코드를 삽입할 때 사용하고자 한다면, 다음과 같은 매핑 구문을 사용하면 된다.

```
<insert id="insertSequence">
    <selectKey keyProperty="accountId" resultClass="int">
        SELECT nextVal(#sequence#)
    </selectKey>
    INSERT INTO Account (
        accountId, username, password
    ) VALUES (
        #accountId#, #username#, #password#)
</insert>
```

이 매핑 구문은 레코드 삽입에 쓰일 시퀀스의 이름을 담고 있는 sequence라는 이름의 프로퍼티를 필요로 한다.

이전 예제에서는 시퀀스에서 다음 값을 가져다 키로 지정하고, 이 값을 레코드를 삽입하기 전에 파라미터 객체에 설정해준다. 반면에 마이크로소프트 SQL 서버를 사용한다면, 대신에 다음의 매핑 구문을 사용할 것이다.

---

1. **역자주 |** 위 자바 코드에서는 account 빈즈의 accountId 프로퍼티에 생성된 키 값이 저장된다는 의미이다. 따라서 insert 메서드의 반환값과 account 빈즈의 accountId 프로퍼티 값이 동일하므로 반환값은 무시해도 된다.

```
<insert id="insert">
  INSERT INTO Account (
    username, password
  ) VALUES (
    #username#, #password#)
  <selectKey
    keyProperty="accountId"
    resultClass="int">
    SELECT SCOPE_IDENTITY()
  </selectKey>
</insert>
```

이 예제는 레코드를 삽입할 때 데이터베이스가 키를 생성하고, 그 뒤에 생성된 키를 가져와서 insert 메서드에 파라미터로 전달한 객체에 값을 지정해준다. 애플리케이션의 입장에서 볼 때는 두 매핑 구문 사이에 차이가 전혀 없다.

앞에서 생성된 키를 가져오는 JDBC 3.0 명세서에 관해 간단히 언급했다. 하지만 지금 시점에서는 적은 수의 JDBC 드라이버만이 이를 지원하기 때문에 iBATIS는 JDBC 3.0의 이러한 API를 지원하지 않는다. 더 많은 드라이버들이 이를 구현하기 시작하면, 자동 생성되는 키를 사용하고자 할 때 이 API를 선택할 수 있게 될 것이다.

5.3 데이터를 수정하고 삭제하기

데이터베이스에 레코드를 추가하고 추가된 데이터를 위해 생성된 키가 무엇인지 알아낼 수 있게 되었다. 그럼 이제부터 레코드를 수정하고 삭제하는 것을 살펴보자.

insert 메서드는 객체를 반환하는 반면에, update와 delete 메서드는 매핑 구문에 의해 수정되거나 삭제된 레코드의 수가 몇 개나 되는지 표시하는 원시타입의 정수 값(좀 더 정확하게는 int 값)을 반환한다.

iBATIS 프레임워크를 사용하면 필요에 따라 단 한 개의 SQL 구문으로 데이터베이스의 단일이나 다중 레코드에 영향을 줄 수 있다. 이것은 하나의 레코드만을 변경하는 대부분의 객체 관계 매핑 툴과 iBATIS를 구별해 주는 특징들 중 하나이다.

5.3.1 동시 수정 다루기

동일한 데이터의 동시 변경을 관리하는 일종의 레코드 락(record lock)은 현재 iBATIS에서 구현하고 있지 않다. 동시 수정을 다루는 여러 가지 기법들이 있다. 데이터베이스에 시간 (timestamp) 혹은 버전 번호를 지정하는 방법 등이 있다. 예를 들어 다음처럼 정의된 account 테이블이 있다고 하자.

```
CREATE TABLE account (
    accountid serial NOT NULL,
    username varchar(10),
    passwd varchar(10),
    firstname varchar(30),
    lastname varchar(30),
    address1 varchar(30),
    address2 varchar(30),
    city varchar(30),
    state varchar(5),
    postalcode varchar(10),
    country varchar(5),
    version int(8),
    CONSTRAINT account_pkey PRIMARY KEY (accountid)
)
```

레코드를 수정할 때 version 칼럼의 값을 증가시키고, accountid와 version 필드 둘 다 update 구문의 where 절의 조건으로 지정한다. update 구문이 실행될 때, 수정될 레코드가 다른 사용자에 의해 변경되지 않았다면 이 수정은 성공할 것이다. version 번호가 변경되지 않았기 때문이다. 그리고는 매핑 구문이 변경된 레코드 개수로, 예상한 대로 1을 반환할 것이다. 만약 0을 반환했고 예외도 발생하지 않았다면, 여러분이 데이터베이스에서 해당 데이터를 읽은 그 직후 다른 누군가가 그것을 수정했다는 뜻이다. 이러한 정보를 알게 된 이후에 애플리케이션에서 어떻게 처리할지는 여러분이 결정할 문제이다.

5.3.2 자식 레코드를 수정하고 삭제하기

자식 객체를 가진 컴포넌트를 포함하고 있는 객체 모델을 보는 것은 그리 어렵지 않다. 예를 들어 Order 객체는 주문받은 항목들을 나타내는 OrderItem 객체의 목록이나 배열을 포함하고 있을 것이다.

    iBATIS 프레임워크는 기본적으로 SQL 매핑 툴이기 때문에, 데이터베이스를 수정할 때 이러한 관계를 관리하지 않는다. 그러므로 이러한 기능은 iBATIS에서 다루기보다는 애플리케이션의 데이터 계층에서 다루어야만 하는 것이다. 이런 역할을 하는 코드를 살펴보면 실제로는 지극히 간단하다.

```
public void saveOrder(SqlMapClient sqlMapClient, Order order)
  throws SQLException {
  if (null == order.getOrderId()) {
    sqlMapClient.insert("Order.insert", order);
  } else {
    sqlMapClient.update("Order.update", order);
  }

  sqlMapClient.delete("Order.deleteDetails", order);

  for(int i=0;i<order.getOrderItems().size();i++) {
    OrderItem oi = (OrderItem) order.getOrderItems().get(i);
    oi.setOrderId(order.getOrderId());
    sqlMapClient.insert("OrderItem.insert", oi);
  }
}
```

위 코드는 제대로 작동하긴 하지만 트랜잭션 격리와 같은 것을 제공하지 않는다. 따라서 마지막 OrderItem의 수정이 실패한다면, 트랜잭션이 각각의 삽입이나 수정이 일어날 때마다 발생하기 때문에, 다른 모든 데이터들이 일관성 없는 상태로 남을 것이다. 게다가 삽입이나 삭제 작업이 일어나자마자 각각의 트랜잭션이 커밋되기 때문에 성능에 장애가 된다. 다음 절에서 일괄 업데이트를 사용하여 이러한 문제를 어떻게 해결하는지 공부할 것이다.

5.4 일괄 업데이트 실행하기

일괄 업데이트는 iBATIS에서 성능을 향상시키는 방법 중 하나이다. SQL 구문의 묶음을 만들어서 JDBC 드라이버가 해당 작업을 압축하여 수행하기 때문에 성능이 향상된다.

일괄 처리 구문을 사용할 때 중요한 팁이 있는데, 하나의 트랜잭션 안에 일괄 처리를 감싸는 것이다. 하나의 트랜잭션에 감싸지 않는다면, 각각의 구문 마다 새로운 트랜잭션이 시작되고 이로 인해 일괄 처리의 규모가 커지는 만큼 성능도 떨어질 것이다.

5.3.2절에서 자식 객체를 가지고 있는 객체를 수정하는 방법을 보았다. 그 방법에는 성능과 데이터 무결성이라는 두 가지 주요 쟁점이 있었다. 두 번째 쟁점인 무결성을 해결하려면 간단히 하나의 트랜잭션 안에 메서드를 감싸고, 수정하는 동안 예외가 발생되면 롤백하면 된다.

이 방법을 사용해도 성능이 향상되지만, 구문을 일괄 처리로 실행한다면 훨씬 더 성능을 향상시킬 수 있다.

```java
public void saveOrder(SqlMapClient sqlMapClient, Order order)
  throws SQLException {
  sqlMapClient.startTransaction();
  try {
    if (null == order.getOrderId()) {
      sqlMapClient.insert("Order.insert", order);
    } else {
      sqlMapClient.update("Order.update", order);
    }
    sqlMapClient.startBatch();

    sqlMapClient.delete("Order.deleteDetails", order);

    for (int i=0;i<order.getOrderItems().size();i++) {
      OrderItem oi = (OrderItem) order.getOrderItems().get(i);
      oi.setOrderId(order.getOrderId());
      sqlMapClient.insert("OrderItem.insert", oi);
    }
    sqlMapClient.executeBatch();
    sqlMapClient.commitTransaction();
  } finally {
    sqlMapClient.endTransaction();
  }
}
```

부모 레코드가 수정(또는 잠재적으로 삽입)될 때까지 일괄 처리가 시작되지 않았다는 것을 알 수 있다. 이렇게 하는 이유는 일괄 처리 구문을 사용할 때 executeBatch() 메서드를 사용하여 일괄 처리 작업을 실행시키는 시점까지 데이터베이스가 자동으로 생성하는 키 값이 생성되지 않기 때문이다. 간단히 말해서, 데이터베이스에서 자동 생성된 키를 포함해서 삽입된 객체를 selectKey 구문을 사용하여 수정하려 할 때, 자동 생성된 키의 값으로 null이 반환되고, 어떤 작업도 생각한 대로 수행되지 않을 것이라는 뜻이다. 다음은 이에 관한 예제이다.

```java
sqlMapClient.startBatch();
sqlMapClient.insert("Account.insert", account);
order.setAccountId(account.getAccountId()); // 오류 발생!
```

```
sqlMapClient.insert("Order.insert", order);
sqlMapClient.executeBatch();
```

이 예제에서는 모든 것이 잘 작동할 것처럼 보인다. 우리는 계좌(account)를 추가하고 주문(order)에 생성된 키를 지정한 뒤, 주문(order)을 데이터베이스에 삽입한다. 하지만 어떠한 SQL 구문도 executeBatch() 메서드를 호출할 때까지 실행되지 않는다. 따라서 세 번째 줄을 실행할 때, 계좌(account)의 accountId 프로퍼티의 값은 여전히 null이다. 네 번째 줄을 실행할 때, insert 메서드에 전달된 객체도 역시 null accountId를 가지고 있으며, order 테이블에는 계좌 정보가 빠진 상태로 레코드가 삽입되게 된다.

일괄 처리 구문은 오직 직전에 실행된 매핑 구문에서 사용한 것과 완벽하게 동일한 PreparedStatement 객체일 경우에만, 이 PreparedStatement 객체를 재사용한다는 점을 기억하고 있어야 한다. 이 때문에 문제가 생길 수 있는데, 만약 실행할 매핑 구문이 여러 개이고, 이 구문들이 순서대로 수행된다면 이 경우에는 PreparedStatement 객체를 재사용하지 않는다. 가능하다면 동일한 구문을 모두 함께 실행시키는 것이 좋다.

| 참고 | 이러한 식의 행동은 거의 버그라고 볼 수 있다. 완전히 그런 것은 아니지만 거의 그렇다. 만약 여러분이 매핑 구문을 실행하는 순서에 신경 쓰지 않는다면, 누군가 한 사람이 SqlExecutor 클래스를 수정하여 순서에 상관없이 PreparedStatement를 재사용하게 만들 수도 있다. 하지만 iBATIS에서는 아직 이러한 기능을 지원하지 않는다.

어떤 사람들은 보통 쉽게 지정할 수 있는 값으로 구별되는 일련의 레코드들의 그룹을 삽입하기 위해 배치 구문을 사용하기도 한다. 예를 들어 데이터베이스에 티켓을 나타내는 최대 200개의 레코드가 입력된 시스템이 있다고 하자. 이 티켓은 데이터베이스에서 자동으로 생성된 기본키의 값만 다르고, 티켓의 번호는 시작 값이 있고 각각의 티켓이 추가될 때마다 이 번호도 증가된다. 이 작업을 수행하기 위해 DAO에서 반복문을 주로 사용했는데, 사실 저장 프로시저가 좀 더 빠르고 명확한 해결 방법이 될 것이다.

SQL 구문들을 일괄 처리 모드로 실행하면 성능이 약간만 향상되지만, 저장 프로시저(5.5절)는 구문들을 저장 프로시저 안으로 쉽게 묶을 수만 있다면 일반적으로 성능을 더 많이 향상시킨다. 예를 들면 위의 update 예제에서와 동일한 접근 방법을 사용하여 deleteOrder 메서드를 구현할 수 있다. 어쨌든 주문(order)과 관련된 주문 항목(order item)을 삭제하기 위해 알아야 할 것은 주문의 구분자뿐이다. 그리고 이 경우에 주문의 구분자는 정수 값이다. 주문과 그 자식을 삭제하는 것은 동일한 역할을 하는 iBATIS 코드보다는 저장 프로시저를 사용하는 것이 좀 더 빠르고 쉽다.

5.5 저장 프로시저로 작업하기

저장 프로시저는 데이터베이스 서버 프로세스에서 실행되는 코드 블럭이다. 대부분의 저장 프로시저가 일반적으로 SQL에 기반을 둔 데이터베이스에 종속적인 언어로 작성되는 반면에 몇몇 벤더는 다른 언어도 허용한다(이를테면 Oracle의 경우 자바로 작성된 저장 프로시저를 지원하고, 마이크로소프트는 C#으로 작성된 저장 프로시저를 지원할 계획이며, PostgreSQL은 거의 모든 언어를 허용한다).

5.5.1 장·단점 고려하기

자바 개발자들은 저장 프로시저를 적대적으로 대하기도 한다. 저장 프로시저가 플랫폼에 종속적(OS에 종속적이 아닌, 데이터베이스 플랫폼에 종속적)이기 때문인데, 몇몇 자바 개발자들은 이를 싫어한다.

특정 해결책을 사용하는 것보다는 문제를 해결하는데 좀 더 관심을 가지는 개발자로서, 우리는 저장 프로시저가 최적화와 복잡하고 데이터 중심적인 문제에 대한 해결책을 캡슐화하는 훌륭한 방법이라고 생각한다.

극단적으로 되지 말라!

언제 저장 프로시저를 사용할지 논의를 해 보면 두 가지 극단적인 정반대의 성향을 볼 수 있다. 한쪽은 저장 프로시저를 애플리케이션에서 절대 사용하면 안 된다고 믿는 자바 순수주의자가 있다(그리고 가끔씩 SQL 자체도 사용하면 안 된다고 믿는 사람들도 있다). 다른 쪽은 모든 단일 데이터베이스 상호작용은 저장 프로시저를 통해서만 수행되어야 한다고 믿는 데이터베이스 순수주의자가 있다.

이 문제에 대한 간단한 진실은 '순수주의자는 항상 틀렸다'라는 오래된 금언이 여기에도 적용된다는 것인데, 양 극단 모두 틀렸기 때문이다. 저장 프로시저는 도구이고 도구 그 이상도 그 이하도 아닌 것으로 바라보아야 한다. 이와 유사하게, 목수를 보면 그는 망치, 줄자 그리고 톱을 갖고 있다. 판자의 길이를 측정하는 데 망치를 사용할 수도 있지만 줄 자를 사용하는 것이 더 낫다(그리고 못을 박을 때는 톱보다는 망치가 나을 것이다). 모든 작업에는 그에 가장 효과적인 도구가 있으며, 모든 도구는 특정 작업을 할 수 있도록 설계되었다. 어떤 작업에 잘못된 도구를 사용하면 제대로 일을 할 수 없을 것이다.

작업에 맞는 도구 사용하기

이는 SQL과 저장 프로시저, 그리고 애플리케이션 코드의 경우에도 해당된다. 몇몇 작업의 경우에는 간단한 SQL만으로도 매우 잘 작동하고 다른 경우에는 저장 프로시저가, 그리고 여전히 애플리케이션 코드가 더 적합한 경우도 있다.

예를 들어 리포팅을 위해 소수의 테이블을 조회하는 상황을 검토해보자. 모든 테이블로부터 모든 데이터를 가져오고 필터링과 조인을 하는 것은 애플리케이션 코드에서 하기에는 적합하지 않다. 단순한 쿼리 때문에 저장 프로시저를 만드는 것은 별로 좋을 것도 없으면서 복잡성만 증가시킨다. 이러한 경우에는, 문제를 해결하는데 SQL을 iBATIS 매핑 구문에 두고 실행하는 방법이 빠르고 쉬우며 효과적이다.

다중 서브쿼리와 조인을 실행해서 수백만 개의 레코드를 가진 테이블로부터 데이터를 가져오는 복잡한 리포팅을 할 때는 저장 프로시저가 좀 더 효율적이다. 저장 프로시저를 사용하면 최적화를 할 수 있는 방법이 좀 더 다양해진다.

동적 SQL을 사용할 필요가 있는 애플리케이션에서는 매핑 구문이 매우 유용하다. 8장에서는 자바, 저장 프로시저 그리고 동적인 요소들을 포함하고 있는 매핑 구문을 이용해서 SQL 구문을 구성하는 동적 SQL 사용 예를 살펴볼 것이다. 여기서는 이에 관해 더 이상 공부하지 않는다. 하지만 어떻게 하는지 꼭 알고 싶다면 8.5절로 건너뛰어 읽어보기 바란다.

저장 프로시저를 호출해서 데이터를 수정하고 반환받을 수 있다는 점도 고려해야 한다. 일반적으로 저장 프로시저 호출 메서드는 커밋할 필요가 없는 프로시저를 호출하기 때문에 트랜잭션이 커밋되지 않는 문제를 일으킬 수 있다. 이 경우, 트랜잭션 관리자는 비록 읽기 작업만 한 후에도 언제나 커밋되도록 설정하거나, 다음 예저 처럼 트랜잭션을 개발자 스스로 관리해야 한다.

```
try {
    sqlMapClient.startTransaction();
    sqlMapClient.queryForObject("Account.insertAndReturn", a);
    sqlMapClient.commitTransaction();
} finally {
    sqlMapClient.endTransaction();
}
```

트랜잭션은 7장에서 좀 더 상세하게 다루고 있다. 트랜잭션에 관해서 궁금한 것이 있다면 7장을 참조하라.

5.5.2 IN, OUT 그리고 INOUT 파라미터

지금까지는 우리가 본 파라미터는 iBATIS로 넘겨주는 입력 파라미터 뿐이며 iBATIS는 이 파라미터의 값을 (<selectKey> 요소를 제외하고) 변경하지 않는다. 저장 프로시저에는 IN, OUT, 그리고 INOUT이라는 세 가지 파라미터 타입이 있다.

iBATIS와 저장 프로시저에서 IN 파라미터는 매우 간단하게 사용할 수 있다. IN 파라미터는 파라미터를 다른 매핑 구문에 전달하는 것처럼 프로시저에 전달된다. 다음은 두 개의 IN 파라미터를 받고 값을 반환하는 간단한 저장 프로시저이다.

```
CREATE OR REPLACE FUNCTION max_in_example
  (a float4, b float4)
  RETURNS float4 AS
$BODY$
BEGIN
  if (a > b) then
    return a;
  else
    return b;
  end if;
END;
$BODY$
LANGUAGE 'plpgsql' VOLATILE;
```

다음은 위 프로시저를 호출하는 파라미터 맵, 매핑 구문 그리고 자바 코드이다.

```
<parameterMap id="pm_in_example" class="java.util.Map">
  <parameter property="a" />
  <parameter property="b" />
```

```
</parameterMap>
<procedure id="in_example" parameterMap="pm_in_example"
  resultClass="int" >
  { call max_in_example(?, ?) }
</procedure>

// max 함수 호출
Map m = new HashMap(2);
m.put("a", new Integer(7));
m.put("b", new Integer(5));
Integer val =
    (Integer)sqlMap.queryForObject("Account.in_example", m);
```

INOUT 파라미터는 프로시저에 전달되고 프로시저에 의해 변경될 수 있는 파라미터이다. 다음 예제는 두 개의 숫자를 받아서 서로 바꾼다. 다음은 프로시저 코드이다(Oracle PL/SQL에서):

```
create procedure swap(a in out integer, b in out integer) as
  temp integer;
begin
  temp := a;
  a := b;
  b := temp;
end;
```

다음은 위 프로시저를 사용하기 위한 파라미터 맵, 매핑 구문 그리고 자바코드이다.

```
<parameterMap id="swapProcedureMap" class="java.util.Map">
  <parameter property="a" mode="INOUT" />
  <parameter property="b" mode="INOUT" />
</parameterMap>
<procedure id="swapProcedure" parameterMap="swapProcedureMap">
  { call swap(?, ?) }
</procedure>

// swap 함수 호출
Map m = new HashMap(2);
m.put("a", new Integer(7));
m.put("b", new Integer(5));
Integer val =
    (Integer) sqlMap.queryForObject("Account.in_example", m);
```

OUT 파라미터는 좀 더 독특하다. 결과(resultMap에서의 결과를 뜻한다)와 유사하지만 파라미터처럼 전달된다. 전달된 값은 무시되고 저장 프로시저로부터 반환받은 값으로 대체된다. OUT 파라미터는 단일 값(바로 다음 예에서 볼 수 있다)부터 완전한 레코드 묶음(Oracle의 REFCURSOR의 경우)까지 어떤 것이라도 반환할 수 있다.

다음은 다소 쓸모 없긴 하지만, 두 개의 IN 파라미터와 하나의 OUT 파라미터(Oracle PL/SQL)를 사용하는 저장 프로시저의 예이다.

```
create or replace procedure maximum
   (a in integer, b in integer, c out integer) as
begin
   if (a > b) then c := a; end if;
   if (b >= a) then c := b; end if;
end;
```

이 프로시저는 3개의 파라미터를 받고 아무것도 반환하지 않는다. 하지만 세 번째 파라미터는 오직 값을 반환하기 위한 것이다. 다른 두 개의 파라미터 중 어떤 값이 큰가에 따라 이 파라미터는 두 값 중 하나의 값으로 대체된다. iBATIS를 사용하여 이를 호출하려면, 파라미터 맵과 매핑 구문을 생성해야 한다.

```
<parameterMap id="maxOutProcedureMap" class="java.util.Map">
   <parameter property="a" mode="IN" />
   <parameter property="b" mode="IN" />
   <parameter property="c" mode="OUT" />
</parameterMap>
<procedure id="maxOutProcedure"
   parameterMap="maxOutProcedureMap">
   { call maximum (?, ?, ?) }
</procedure>

// maximum 함수 호출
Map m = new HashMap(2);
m.put("a", new Integer(7));
m.put("b", new Integer(5));
sqlMap.queryForObject("Account.maxOutProcedure", m);
// m.get("c")은 반환값은 이제 7이어야 한다.
```

앞에서도 말했다시피, 저장 프로시저는 여러 개의 데이터 레코드를 반환할 수 있다. 이러한 기능 덕에, 기존의 SQL 최적화 기법으로는 최적화할 수 없는 대용량 데이터 셋에 대한 복잡한 쿼리의 성능을 극적으로 향상시킬 수 있다. 계산이 필요한 필터링이나 외부(outer) 조인은 최적화하기가 훨씬 더 어려운 작업들이다. 애플리케이션에서 이러한 문제를 처리하기 위해 저장 프로시저를 사용할 예정이라면, 실질적인 병목 지점을 정확히 파악하고 있는지 다시 한 번 확인하라. 그렇지 않다면 시간을 절약하기는커녕 낭비만 하게 될 것이다.

5.6 요약

5장에서는 iBATIS를 사용하여 데이터베이스의 데이터를 수정하는 거의 모든 방법들을 공부해 보았다. 4장과 5장을 다 읽었다면 iBATIS 프레임워크를 사용하여 데이터를 관리하는 애플리케이션을 만드는데 필요한 모든 정보를 다 파악하였을 것이다.

6장에서는 지금까지 배운 것을 더욱 확장해 나아갈 것이다. 좀 더 고급 쿼리 기법들을 공부하여 개발자의 데이터베이스 기술과 데이터베이스 플랫폼에 투자한 것을 확실히 활용할 수 있도록 할 것이다

6 장

고급 쿼리 기법

: XML 사용하기

: 관계 선언

: N+1 문제 해결

앞서 4, 5장에서 살펴본 간단한 데이터 작업을 넘어서 iBATIS는 훨씬 더 고급 작업들을 수행하는 데도 사용할 수 있다. 6장에서는 작성할 코드의 양을 줄여주는 기법과 성능을 향상시키고, 애플리케이션의 메모리 사용량(application's footprint)을 최소화하는 방법을 살펴볼 것이다.

6.1 iBATIS에서 XML 사용하기

가끔씩 XML 기반의 데이터를 다뤄야 할 때도 있을 것이다. iBATIS 프레임워크에서는 쿼리에 파라미터를 전달할 때나 혹은 쿼리 결과를 반환받을 때 XML을 사용할 수 있다. 두 경우 모두 꼭 XML을 사용할 필요도 없으면서 XML을 사용하는 것은 그다지 권장할 것은 못된다. 대신 POJO^{plain old java ojbect}를 사용하는 것이 대부분의 경우에 훨씬 더 효율적이기 때문이다.

더욱이 몇몇 이유로 인해 다음 정식 버전에서는 XML 사용 기능을 삭제해버릴 수도 있다. 그 이유 중 하나는 POJO 기능을 살펴볼 때 알게 될 것이다. 다른 이유는 XML을 사용하는 것이 쿼리를 객체에 매핑하는 작업을 단순하게 만들고자 하는 iBATIS 프레임워크의 철학과는 잘 어울리지 않기 때문이다.

XML 기능을 사용해야만 하는 시스템이 있을 경우, 어떻게 이 기능을 사용하는지 살펴볼 것이다. 또 XML 기능을 대신할 만한 몇몇 방안도 알아볼 것이다. 그래서 XML이 불필요해 졌을 때 개발자가 애플리케이션을 작동시키는 다른 방법을 몰라 홀로 고뇌하는 일이 없도록 할 것이다.

6.1.1 XML 파라미터

완전히 동일한 구조를 갖추고 있는 문자열이나 DOM 객체를 통해서 XML을 매핑 구문에 파라미터로 넘겨줄 수 있다.

파라미터의 구조는 완전한 XML은 아니지만 적격한(well-formed) XML 형태의 구문이어야 한다. 이 구조의 형태는 파라미터로 전달할 값이 파라미터의 이름을 의미하는 요소로 감싸져 있고 그 요소를 다시 parameter 요소로 감싸고 있는 것이다. 예를 보자.

```
<parameter><accountId>3</accountId></parameter>
```

이 예에서 매핑 구문은 값이 3이고 이름이 "accountId"인 파라미터 한 개를 전달받게 된다. 여기 XML 문자열을 매핑 구문에 파라미터로 넘겨주는 예제가 있다.

```
<select id="getByXmlId" resultClass="Account' parameterClass="xml">
  select
    accountId,
    username,
    password,
    firstName,
    lastName,
    address1,
    address2,
    city,
    state,
```

```
        postalCode,
        country
    from Account
    where accountId = #accountId#
</select>

String parameter = "<parameter><accountId>3</accountId></parameter>";
Account account = (Account) sqlMapClient.queryForObject(
    "Account.getByXmlId",
    parameter);
```

비슷한 방식으로, DOM 객체도 동일한 결과를 낼 수 있게 iBATIS로 넘겨줄 수 있다.

```
<select id="getByDomId" resultClass="Account" parameterClass="dom">
    select
        accountId,
        username,
        password,
        firstName,
        lastName,
        address1,
        address2,
        city,
        state,
        postalCode,
        country
    from Account
    where accountId = #accountId#
</select>

Document parameterDocument = DocumentBuilderFactory.newInstance()
    .newDocumentBuilder().newDocument();
Element paramElement = parameterDocument
    .createElement("parameterDocument");
Element accountIdElement = parameterDocument
    .createElement("accountId");
accountIdElement.setTextContent("3");
paramElement.appendChild(accountIdElement);
parameterDocument.appendChild(paramElement);
Account account = (Account) sqlMapClient.queryForObject(
    "Account.getByDomId", parameterDocument);
```

이미 말했다시피 넘겨줄 파라미터를 XML로 만들려면 많은 양의 코드가 필요하다. 그렇지만 Cocoon[1]과 같은 도구를 사용해 작업하거나 XML을 객체로 변환시키는 기능이 없는 프레임워크로 웹 서비스(web services)를 작성한다면 XML파라미터를 사용하는 방법도 유용하다. 작업을 시작할 XML의 구조에 따라서 XML을 자바 객체로 만든 뒤 파라미터 값을 얻는 것보다, XSL을 사용하여 iBATIS가 XML을 처리하는 데 알맞은 구조의 XML로 변환하고서 이를 자바 객체로 변환하는 것이 쉬울 수도 있다.

6.1.2 XML로 결과 생성하기

iBATIS 프레임워크는 매핑 구문에서 XML로 결과를 생성할 수도 있다. XML을 반환하는 매핑 구문을 실행하면 각각의 반환된 객체를 완전한 XML 문서로 얻을 수 있다.

이 기능을 사용하기 위해, 결과 클래스를 "xml"로 지정한 매핑 구문을 생성한다. 여기 간단한 예제가 있다.

```xml
<select id="getByIdValueXml" resultClass="xml"
        xmlResultName="account">
   select
   accountId,
   username,
   password
   from Account
   where accountId = #value#
</select>

String xmlData = (String) sqlMap.queryForObject(
                          "Account.getByIdValueXml",
                          new Integer(1));
```

이 경우, 반환 받은 결과는 다음과 같다(정확히 같지는 않다. 좀 더 읽기 쉽게 공백과 새로운 줄을 추가했다).

```xml
<?xml version="1.0" encoding="UTF-8"?>
<account>
   <accountid>1</accountid>
```

---

1. **역자주** | Cocoon은 아파치의 컴포넌트기반의 웹 개발 프레임워크로 XML기반의 서버측 웹 개발 프레임워크에 기초를 두고 있다. 상세한 정보는 http://cocoon.apache.org/에서 볼수 있다.

```
        <username>lmeadors</username>
        <password>blah</password>
    </account>
```

XML 문서로 넘겨받은 결과가 한 개의 레코드만을 가지고 있다면 정말로 다루기가 쉽다. 만일 여러 개의 객체로 받기를 원한다면 그렇게 할 수도 있다. 아래에 예제가 있다.

```
<select id="getAllXml" resultClass="xml" xmlResultName="account">
  select
      accountId,
      username,
      password,
      firstName,
      lastName,
      address1,
      address2,
      city,
      state,
      postalCode,
      country
   from Account
</select>

List xmlList = sqlMap.queryForList("Account.getAllXml", null);
```

이 경우 결과는 XML 문서의 리스트이다. 여러분이 원하던 결과가 맞는가? 흠... 몇몇 경우에는 맞겠지만 대부분의 경우에는 아니다. 여러 개의 account 요소를 가진 한 개의 XML문서를 얻는 대신, 단일 레코드를 반환하는 예에서 본 것과 동일한 형태의 결과 문자열의 리스트를 얻게 된다. 이렇게 되면 한 개의 XML 문서로 합치길 원할 경우 문자열 처리 작업을 해야만 한다. 이것은 최적의 방법이 아니다.

이 문제를 피해가는 방법으로 iBATIS가 결과를 XML로 반환하지 않게 하는 것이다. 간단한 방법으로 단순한 컬렉션(collection)을 반환하는 iBATIS의 매핑 구문을 사용하고 그로부터 XML을 생성하는 것이다. 이를 수행하는 한 가지 간단한 방법으로(결과로 빈즈를 사용한다면) 아래와 같이 XML 생성을 도와주는 메서드를 만드는 방법이 있다.

```
public String toXml(){
    StringBuffer returnValue = new StringBuffer("");
    returnValue.append("<account>");
    returnValue.append("<accountid>" + getAccountId() +"</
```

```
        accountid>");
      returnValue.append("<username>" + getUsername() + "</username>");
      returnValue.append("<password>" + getPasswcrd() + "</password>");
      returnValue.append("</account>");
      return returnValue.toString();
  }
```

이 문제에 대한 또 다른 접근 방법으로 리플렉션을 사용하여 빈즈를 XML로 변환하는 클래스를 생성하는 방법이 있다. 이 방법은 아주 간단하다. 아래에 이 방법을 적용할 때 사용할 수 있는 작은 유틸리티가 있다. 지면을 줄이기 위해 간략화하긴 했지만 어떤 기법인지는 잘 보여주고 있다.

```
  public class XmlReflector {
    private Class sourceClass;
    private BeanInfo beanInfo;
    private String name;

    XmlReflector(Class sourceClass, String name) throws Exception {
      this.sourceClass = sourceClass;
      this.name = name;
      beanInfo = Introspector.getBeanInfo(sourceClass);
    }

    public String convertToXml(Object o) throws Exception {
      StringBuffer returnValue = new StringBuffer("");
      if(o.getClass().isAssignableFrom(sourceClass)){
        PropertyDescriptor[] pd = beanInfo.getPropertyDescriptors();
        if(pd.length > 0){
          returnValue.append("<" + name +">");
          for(int i = 0; i < pd.length; i++){
            returnValue.append(getProp(o, pd[i]));
          }
          returnValue.append("</" + name +">");
        }else{
          returnValue.append("<" + name +" />");
        }
      } else{
        throw new ClassCastException("Class " + o.getClass().getName() +
            " is not compatible with " + sourceClass.getName());
      }
      return returnValue.toString();
    }
```

```java
        private String getProp(Object o, PropertyDescriptor pd)
                                                throws Exception {
            StringBuffer propValue = new StringBuffer("");
            Method m = pd.getReadMethod();
            Object ret = m.invoke(o);
            if(null == ret){
                propValue.append("<" + pd.getName() +" />");
            }else{
                propValue.append("<" + pd.getName() +">");
                propValue.append(ret.toString());
                propValue.append("</" + pd.getName() +">");
            }
            return propValue.toString();
        }
    }
```

위 예제는 빈즈를 파라미터로 받아서 XML 문서가 아닌 XML 구성 요소 조각(fragment)으로 변환한다. 아래에 예제가 있다.

```java
        XmlReflector xr = new XmlReflector(Account.class, "account");
        xmlList = sqlMap.queryForList("Account.getAll", null);
        StringBuffer sb = new StringBuffer(
            "<?xml version=\"1.0\" encoding=\"UTF-8\"?><accounts>");
        for(int i = 0; i < xmlList.size(); i++){
            sb.append(xr.convertToXml(xmlList.get(i)));
        }
        sb.append("</accounts>");
```

이 기법을 사용해서 대용량의 레코드를 처리하는 것은 메모리 효율면에서 매우 좋지 못하다. 객체 리스트와 XML 문서를 생성하기 위한 문자열 버퍼를 메모리상에 저장하기 때문이다. 6.3 절에서 이 예제를 다시 살펴보고 대용량의 결과를 처리하는 더욱 효율적인 방법을 알아볼 것이다.

6.2 매핑 구문을 객체와 연관시키기

iBATIS 프레임워크는 주문과 주문 품목 (그리고 품목에 속한 제품, 고객 그 외 등등) 같은 복잡한 객체들을 연관시키는 다양한 방법을 제공한다. 각 방법이 각각 장점과 단점을 가지고 있으며 일반적으로 그렇듯이 어떤 한가지 해결책만이 능사가 아니다. 요구사항에 따라 적절한 해결책을 선택하면 될 것이다.

| 참고 | 6장 이후에 나오는 예제에서는 간결함을 위해 예제를 설명할 때 필요치 않은 데이터의 속성들을 제거해 버렸다. 예를 들어 고객에 대한 정보를 얻고자 할 때, 고객의 '모든' 필드를 가져오지 않고 기본키와 외래키만 가져올 것이다.

6.2.1 복잡한 컬렉션(collection)

4장에서는 SELECT 구문을 이용해 데이터베이스로부터 데이터를 가져오는 방법을 살펴보았다. 그 예제에서는 여러 테이블들을 조인(join)할 때조차도 결과로는 단일 객체 타입만을 다루었다. 좀 더 복잡한 객체가 필요할 때에도 iBATIS를 사용할 수 있다.

이러한 기능은 여러분이 만드는 애플리케이션의 모델이 데이터 모델처럼 보였으면 할 때 유용하게 사용할 수 있다. iBATIS를 사용하여 연관된 객체들에 관한 데이터 모델을 정의하고, iBATIS로 그 객체들을 한꺼번에 읽어들일 수 있다. 예를 들어 Account(계좌) 레코드가 Order(주문) 레코드와 연관돼 있고 Order 레코드가 CrderItem(주문항목) 레코드와 연관돼 있을 때, 이러한 관계를 정의하고 Account를 요청하면 모든 Order 객체와 모든 OrderItem 객체들 또한 가져올 수 있다.

리스트 6.1은 이러한 일을 할 수 있게 SQL Map을 정의하는 방법을 보여준다.

리 스 트 6.1   복잡한 컬렉션 매핑

```xml
<?xml version="1.0" encoding="UTF-8" ?>
<!DOCTYPE sqlMap
    PUBLIC "-//ibatis.apache.org//DTD SQL Map 2.0//EN"
    "http://ibatis.apache.org/dtd/sql-map-2.dtd">
<sqlMap namespace="Ch6">

    <resultMap id="ResultAccountInfoMap"                    ← ❶
        class="org.apache.mapper2.examples.bean.AccountInfo">
        <result property="account.accountId"
            column="accountId" />
        <result property="orderList"
            select="Ch6.getOrderInfoList"
            column="accountId" />
    </resultMap>

    <resultMap id="ResultOrderInfoMap"                      ← ❷
        class="org.apache.mapper2.examples.bean.OrderInfo">
        <result property="order.orderId" column="orderId" />
        <result property="orderItemList" column="orderId"
```

```xml
            select="Ch6.getOrderItemList" />
    </resultMap>

    <resultMap id="ResultOrderItemMap"                    ← ❸
        class="org.apache.mapper2.examples.bean.OrderItem">
        <result property="orderId" column="orderId" />
        <result property="orderItemId" column="orderItemId" />
    </resultMap>

    <select id="getAccountInfoList"             ← ❹
        resultMap="ResultAccountInfoMap" >
        select accountId
        from Account
    </select>

    <select id="getOrderInfoList"               ← ❺
        resultMap="ResultOrderInfoMap">
        select orderId
        from orders
        where accountId = #value#
    </select>

    <select id="getOrderItemList"               ← ❻
        resultMap="ResultOrderItemMap">
        select
            orderId,
            orderItemId
        from orderItem
        where orderid = #value#
    </select>
</sqlMap>
```

결과 맵(ResultAccountInfoMap❶, ResultOrderInfoMap❷, ResultOrderItemMap❸)을 보면 처음 두 개는 매핑 프로퍼티 중의 하나로 select 속성을 사용함을 볼 수 있다. 이 속성을 사용하면 iBATIS는 이 프로퍼티가 select 속성의 값으로 지정된 다른 매핑 구문의 실행 결과로 설정된다고 간주하게 된다. 예를 들어 getAccountInfoList 구문 ❹을 실행할 때 결과 맵 ResultAccountInfoMap은 <result property="orderList" select="Ch6.getOrderInfoList" column="accountId" />을 포함하고 있다. 이것은 iBATIS에게 orderList 프로퍼티의 값을 얻어 오기 위해 accountId 칼럼 값을 파라미터로 넘겨서 "Ch6.getOrderInfoList" 매핑 구문을 실행하고❺, 반환

된 결과 데이터를 `orderList` 프로퍼티에 저장하라는 의미가 된다. 비슷한 방식으로 결과 맵 `ResultOrderInfoMap`❷의 `orderItemList` 프로퍼티의 값을 가져오기 위해 `getOrderItemList`❻ 매핑 구문을 실행하게 된다.

이 기능이 가진 편리함에도 불구하고 이 접근 방식은 두 가지 문제점을 가지고 있다. 첫째로 이 방식은 대용량의 메모리를 필요로 할 수도 있다. 두 번째로 아래에서 다룰 "N+1 Select 문제"로 알려진 현상으로 인해서 데이터베이스 I/O 문제를 일으킬 수 있다. iBATIS 프레임워크는 각 문제에 대한 해결책을 가지고 있다. 하지만 두 가지 문제를 한꺼번에 해결할 수는 없다.

데이터베이스 I/O

데이터베이스 I/O는 데이터베이스가 어떻게 사용되는지 나타내는 측정 기준의 하나이다. I/O는 "Input and Output"의 약어로 이는 데이터베이스의 성능에서 병목을 일으키는 주요 지점 중의 하나이다. 데이터베이스를 읽거나 쓸 때 데이터가 디스크에서 메모리로 혹은 메모리에서 디스크로 전송되며 이는 시간 측면에서 매우 값비싼 작업이다. 캐시를 통해 데이터베이스 I/O를 줄이면 애플리케이션이 빨라지지만 주의하지 않으면 문제가 발생할 수 있다. iBATIS가 제공하는 캐싱 메커니즘을 언제 어떻게 사용할지는 10장에서 살펴본다.

연관된 데이터를 사용할 때 부딪히게 될 데이터베이스 I/O 문제를 살펴보기 위해 1000개의 계좌(Account)가 있고 그 각각 1000개의 주문(Order)을 가지고 있으며, 또 각각의 주문이 25개의 주문 항목(OrderItem)을 가지고 있다고 생각해보자. 이 모든 것을 메모리에 적재하려 든다면 이는 1,000,000 회 이상의 SQL 문장을 실행하고(한 개의 계좌를 위해 1,000개의 주문 그리고 1,000,000개의 주문 항목이 필요하다), 약 2500간 개의 자바 객체를 생성하게 된다. 이런 일을 하면 틀림없이 시스템 관리자에게 한 소리 듣게 될 것이다!

"N+1 Select" 문제 살펴보기

"N+1 Select" 문제는 부모 레코드 리스트에 연관된 자식 레코드를 읽어들일 때 발생하게 된다. 부모 레코드를 가져오기 위해 한 개의 쿼리를 실행하면 부모가 어떤 수 "N"개 만큼 있게 되고 각 부모 레코드에 연관된 자식 레코드를 얻기 위해 "N"번의 쿼리를 더 실행해야 한다. 따라서 "N+1 Select"라는 결과를 얻는다.

위 두 문제에 대한 해결책

적재 지연(6.2.2 절에서 알아볼 것이다)은 적재 처리 과정을 관리하기 좋은 수준으로 작게 쪼갬으로써 메모리 문제를 완화시켜준다. 그러나 여전히 데이터베이스 I/O 문제가 남아있다. 왜냐하면 이는 여전히 데이터를 적재하는데 "N+1 Select" 접근 방식을 사용하여(6.2.3 절에서 이에 대한 해결책을 알아볼 것이다) 최악의 경우 여전히 데이터베이스에 적재 지연을 사용하지 않을 때 만큼의 요청을 보내기 때문이다. 하지만 데이터베이스 I/O를 줄이기 위해 "N+1 Select" 문제를 풀게 되면 한 번의 데이터베이스 쿼리를 실행하여 25,000,000 레코드 모두를 커다란 덩어리 한 개로 얻게 될 것이다.

복잡한 프로퍼티를 사용할지 안 할지 결정하려면 여러분의 데이터베이스를 잘 알아야 한다. 그리고 애플리케이션이 데이터베이스를 어떻게 사용할 것인가에 대해 확실히 알아 둘 필요가 있다. 이번 절에서 설명한 기법을 사용하면 프로그래밍에 드는 노력을 많이 줄일 수 있지만, 잘못 사용한다면 아주 너저분한 상태로 만들어 버릴 수도 있다. 다음 두 절에서는 개발 목표에 따라서 어떠한 전략을 사용하고, 사용할 전략을 어떻게 결정하는지 알아볼 것이다.

이러한 질문으로 시작해보자: 데이터를 이 방식으로 연관 시킬 때 계좌(Account)를 주문(Order)에, 주문을 주문 항목(Order Item)에 연관시키는 것은 과연 좋은 예제일까? 사실 나는 이것이 그다지 훌륭하다고 생각하지는 않는다. 주문과 주문 항목을 연관 짓는 것은 적절하다. 하지만 계좌를 주문과 연관시키는 것은 그다지 실질적인 것은 못 된다.

이렇게 생각하는 이유는 주문 항목을 소유하고 있는 주문 없이는 주문 항목은 완전한 객체가 아니기 때문이다. 반면에 계좌는 주문이 없어도 완전한 객체이다. 이를 어떻게 사용할지의 관점에서 생각해보자. 일반적으로 주문 항목이 없는 주문을 가지고는 별로 할 게 없을 것이다. 반대로 주문이 없는 주문 항목도 다소 무의미하다. 한편 계좌는 (주문이 없어도) 완전한 객체로 여길 만하다.

하지만 이 예제는 우리에게 친숙하고 이해할 수 있는 개념(계좌는 주문을 가지고 있고, 주문은 주문 항목을 가지고 있다)을 사용하여 여기서 배우고자 하는 기법을 보여줄 것이기에 당분간은 이 예제를 사용할 것이다.

6.2.2 적재 지연(lazy loading)

먼저 알아볼 해결책은 적재 지연이다. 적재 지연은 모든 연관된 데이터가 즉시 필요하지는 않은 경우에 유용하다. 예를 들어 우리의 애플리케이션이 모든 계좌를 보여주는 웹 페이지에서 호출되고, 판매 대리인(우리의 사용자)이 계좌를 클릭하면 그 계좌의 모든 주문을 보게 되고, 마지막으로 특정 주문의 모든 세부 내역을 보기 위해 주문을 클릭하게 된다고 하자. 이러한 경우 우리에게 필요한 것은 각 시점에서 한 개의 리스트 뿐이다. 이것이 적재 지연의 적절한 사용 예이다.

적재 지연을 사용하려면 `SqlMapConfig.xml` 파일을 편집하여 `<settings>` 요소의 `lazyLoadingEnabled` 속성을 'true'로 바꿔 이를 활성화시켜야 한다. cglib 확장판 적재 지연을 사용하고자 한다면 cglib를 다운로드하여 애플리케이션의 클래스패스에 추가하고 `<settings>` 요소의 `enhancementEnabled` 속성도 'true'로 변경해 주면 된다. 한 가지 주의할 점으로 이것은 전역적인 설정이므로 이 속성들을 활성화하면 SQL Maps의 모든 매핑 구문들이 적재 지연을 사용하게 된다는 점이다.

일단 적재 지연을 활성화하면 객체의 생성과 데이터베이스 I/O 작업이 필요한 만큼만 발생하게 된다. 한 사용자가 주문의 세부 항목까지 내려가려면 3개의 쿼리(계좌용 하나, 주문용 하나, 그리고 주문 세부 항목용 하나)가 필요하고 애플리케이션은 오직 2025개의 객체(1000계좌, 1000주문 그리고 25 주문 세부 항목)만을 생성하게 된다. 이 모든 것이 애플리케이션 코드를 전혀 변경하지 않고 이루어지며 iBATIS 설정 XML 파일을 약간만 변경하면 된다.

비과학적인 테스트에서 적재 지연을 사용하지 않고 연관된 데이터의 첫 번째 리스트를 읽어들이는 시간은 적재 지연을 사용해서 할 때보다 세 배가 걸렸다. 하지만 모든 데이터를 다 가져올 때는 적재 지연을 사용할 때가 그렇지 않을 때보다 약 20% 더 오래 걸렸다. 이것은 확실히 얼마 만큼의 데이터를 읽어 들이느냐에 전적으로 의존한다. 그리고 무엇보다도 상황에 따라 다양한 결과가 나오므로 경험이 최고의 가이드가 되어 줄 것이다.

때로는 적재지연을 사용하여 데이터 가져오기를 지연시키기보다는 한 번의 요청만으로 모든 데이터를 가져올 수 있기를 원하는 경우도 있을 것이다. 이런 경우 다음 절에서 공부하게 될 기법을 사용하면 되는데, 이 기법은 여러 개의 쿼리가 아니라 단 한 개의 쿼리로 원하는 모든 것을 가져올 수 있다. 이 접근 방법은 "N+1 Select" 문제를 피해갈 수 있도록 해준다.

6.2.3 N+1 Select 문제 피해가기

곧 살펴볼 "N+1 Select" 문제를 피해갈 수 있는 방법은 두 가지가 있다. 한 가지는 iBATIS의 groupBy 속성을 사용하는 것이고 다른 한 가지는 로우 핸들러(Row Handler)라는 사용자 정의 컴포넌트를 사용하는 것이다.

groupBy 속성을 사용하는 것은 바로 전에 알아본 기법과 매우 유사하다. 간단히 말해서 결과 맵을 사용하여 연관 관계를 정의하고 최상위 결과 맵을 매핑 구문과 결합시키면 된다. 아래 예제는 위에 나온 적재 지연 예제와 완전히 동일한 구조를 생성하지만 서버에서는 단 하나의 SQL 문장만이 실행된다.

세 가지의 결과 맵이 연관돼 있는데 하나는 계좌, 또 하나는 주문 그리고 나머지는 주문 항목을 위한 것이다.

계좌를 위한 결과 맵은 세 가지 기능을 한다.

- 계좌 객체들의 프로퍼티를 매핑한다.
- iBATIS에게 어떤 프로퍼티가 새로운 계좌를 생성하는데 필요한지 알려준다.
- iBATIS에게 연관된 다음 객체 묶음을 어떻게 매핑할지 알려주는데, 이 경우에 연관된 객체 묶음이란 해당 계좌에 연관된 주문 객체의 묶음이다.

주의해야 할 매우 중요한 사항이 하나 있는데, groupBy 속성은 프로퍼티의 이름을 지정하는 것이지 테이블 칼럼 이름을 지정하는 것이 아니다.

주문을 위한 결과 맵도 동일한 세 가지 기능을 가지고 있다.

- 주문 데이터를 주문 객체에 매핑한다.
- 어떤 프로퍼티가 새로운 주문을 가리키는지 지정한다.
- 자식 레코드들을 가져오기 위해 어떤 결과 맵을 사용할지 지정한다.

마지막으로 주문 항목 결과 맵은 그냥 일반적인 결과 맵으로 오직 주문 항목을 객체로 매핑시키는 역할만을 한다. 리스트 6.2는 이에 대한 매핑 예제이다.

리 스 트 6.2 | **N+1 Select 해결책 사용하기**

```
<resultMap id="ResultAccountInfoNMap"     ◀─── ❶ 계좌 데이터를 위한 결과맵 선언
    class="AccountInfo"
    groupBy="account.accountId" >
```

```
        <result property="account.accountId"
            column="accountId" />
        <result property="orderList"
            resultMap="Ch6.ResultOrderInfoNMap" />
</resultMap>

<resultMap id="ResultOrderInfoNMap"         ◀── ❷ 주문 데이터를 위한 결과맵 선언
        class="OrderInfo"
        groupBy="order.orderId" >
    <result property="order.orderId" column="orderId" />
    <result property="orderItemList"
        resultMap="Ch6.ResultOrderItemNMap" />
</resultMap>

<resultMap id="ResultOrderItemNMap"         ◀── ❸ 주문항목을 위한 결과맵 선언
        class="OrderItem">
    <result property="orderId"
        column="orderId" />
    <result property="orderItemId"
        column="orderItemId" />
</resultMap>

<select id="getAccountInfoListN"            ◀── ❹ 결과맵을 <select> 요소에 묶기
        resultMap="ResultAccountInfoNMap">
    select
        account.accountId as accountid,
        orders.orderid as orderid,
        orderitem.orderitemid as orderitemid
    from account
    join orders on account.accountId = orders.accountId
    join orderitem on orders.orderId = orderitem.orderId
    order by accountId, orderid, orderitemid
</select>
```

getAccountInfoListN 매핑 구문을 호출하여 ❹ 앞의 두 예제에서 보여준 것과 동일한 결과 데이터를 얻게 된다(계좌의 리스트 그리고 그 계좌 각각에 대한 주문 리스트 그리고 각 주문은 리스트 프로퍼티로 주문 항목을 가지고 있다). 하지만 이 경우에는 오직 한 개의 SQL 문만을 실행하기 때문에 앞 예제보다 훨씬 빠르다. 이것은 getAccountInfoListN 매핑 구문 ❹이 실행되면 그 결과는 groupBy 속성을 사용하는 resultAccountInfoNMap 결과 맵 ❶을 통해서 매핑을 수행하여 생성된다. 이 속성은 iBATIS에게 account.

`accountId` 프로퍼티가 변경될 때에만 새로운 `AccountInfo` 인스턴스를 생성하면 된다고 지시한다. 좀 더 살펴보면 `orderList` 프로퍼티가 `ResultOrderInfoNMap` 결과 맵 ❷와 매핑이 되어 있기 때문에 쿼리 결과로 나온 레코드를 처리해 가면서 주문 리스트도 생성하게 된다. `ResultOrderInfoNMap` 결과 맵도 또한 `groupBy` 속성을 사용하기 때문에 `orderItemList` 프로퍼티의 `ResultOrderItemNMap` 결과 맵 ❸을 이용하여 `orderItemList`를 생성하는 과정을 반복할 것이다.

이전에 전혀 과학적이지 않은 방법으로 측정한 결과에 따르면 적은 양의 데이터 셋에서는 1~7배 가량의 성능 향상을 얻을 수 있었다. 우리가 다룬 예제(2천 500만 레코드)로 추측해 보건대, 두 경우 모두 여전히 많은 사람의 관심을 끌 수 있는 방법이 될 것이다.

여기서 성능은 향상 되었지만 메모리 소모는 여전히 적재 지연을 사용하지 않을 때와 동일하다는 점을 꼭 명심해야 한다. 모든 레코드가 한꺼번에 메모리에 올라오기 때문에 비록 빠르게 결과 리스트를 얻긴 하지만 메모리 사용상의 문제는 여전히 존재하는 것이다.

최종 결정은 무엇을 필요로 하느냐에 달려 있다. 어쨌든 지금까지 알아본 기법들 중 한가지는 도움이 될 것이다. 그러면 어떤 걸 선택해야 할까? 표 6.1은 가이드를 제시한다.

표 6.1 적재 지연과 N+1 Select해결책 간의 차이점

적재 지연	N+1 Select 해결 책
대용량의 데이터 셋이지만 한꺼번에 모두 필요하지는 않을 때	작은 데이터 셋이나 혹은 모든 데이터를 한꺼번에 사용해야 하는 데이터 셋 일 때
눈에 보이는 부분의 성능이 중요하고 부하 발생을 나중으로 미루고자 할 때	전반적인 성능 향상이 가장 중요할 때

자, 복잡한 결과 매핑 밥법에 대해서 모두 알아보았다. 다음에는 iBATIS의 다른 활용법을 살펴볼 것이다.

6.3 상속

상속은 객체 지향 프로그래밍에서 가장 기본적인 개념이다. 상속은 클래스를 확장하도록 해준다. 하나의 기본 클래스나 많은 기본 클래스의 계층 구조에서 필드와 메서드를 효과적으로 상속한다. 새로운 클래스는 기능을 향상시키거나 대체하기 위해 현재 존재하는 메서드를 오버라이드(override)할 수 있다. 자바와 같은 객체 지향 언어의 상속 기능은 다음과 같은 많은 이득이 있다.

- 코드 재사용 – 추상 기본 클래스는 많은 공통 로직을 포함하여 생성될 수 있다. 하지만 자체적으로는 미완성 상태이다. 기본 클래스를 상속하는 하위 클래스는 기본 클래스의 공통 기능을 재사용하면서 기능을 완성할 수 있다. 결과적으로 공통적인 기능(aspects)을 재작성하거나 중복시키지 않고 해당 기능을 다양하게 구현할 수 있다는 것이다.

- 강화(Enhancement)와 특성화(specialization) – 때때로 좀 더 유용한 기능을 추가하기 위해 클래스를 확장하고자 할 것이다. 이것이 컬렉션 클래스를 상속하는 일반적인 이유이다. 예를 들어 문자열만을 지원하기 위해 ArrayList클래스를 StringArray로 상속할 결심을 했다고 하자. 그렇다면 정규표현식을 사용하여 검색하는 기능과 같은 새로운 기능을 추가할 수 있다.

- 공통 인터페이스 – 비록 추상 클래스 대신에 실제 인터페이스를 사용하는 것이 여기서는 더 나은 선택이라고 할지라도 프레임워크의 공통 인터페이스나 플러그인 가능한 시스템으로써 기본 클래스를 사용하는 것이 가능하다.

상속의 다른 이득도 있지만 물론 위험성도 많다. 상속을 통해 비즈니스 도메인을 모델링하면 융통성이 많이 떨어진다. 비즈니스를 단일 구조에 수용하기에는 매우 복잡한 경우가 종종 있다. 하나의 상위 클래스에서만 상속(단일 상속)할 수 있는 자바와 같은 언어에서는 특히 그렇다. 물론 다중 상속을 지원하는 언어를 선택한다고 할지라도 여전히 최상의 선택은 아닐 것이다.

지난 수년 동안 나타난 많은 패턴과 최적의 수행 기법들(practices)이 상속의 대안으로 조심스레 제안되었다. 그 대안 안에는 다음과 같은 것들이 있다.

- 상속보다는 구성(composition)을 사용하라 – 이 대안의 좋은 예제는 사람들이 수행하는 직무(role)이다. 일반적으로 빈약한 설계는 사람(Person)을 상속한 고용인(Employee)을 다시 상속하여 관리자(Manager)클래스를 만드는 것이다. 관리자는 고용인 "이고(is an)" 고용인은 사람 "이다(is a)"라고 말할 수 있다. 이것이 대개는 사실일 수 있지만 같은 사람이 손님(Customer)일 때는 어떤 일이 발생하는가? 예를 들어 관리자가 자신의 가게에서 물건을 구입하기로 결정했다고 해보자. 사람은 손님과 고용인 중에 구조적으로 어느 것이 적합한가? 확실히 손님은 고용인일 필요가 없고 고용인은 손님일 필요가 없다. 상속을 사용하여 모델링하는 것 대신에, 구성(composition)을 사용하는 것이 낫다. 사람 클래스에 직무라는 컬렉션을 만들고 "이다(is a)"관계를 "가지다(has a)"관계로 변경하라. 이 방법으로 사람은 앞서 설명한 어떤 직무로라도 구성될 수 있게 된다.

- 추상 클래스보다는 인터페이스를 사용하라 – 어떤 기능들의 묶음을 표현하기 위해 공통적인 인터페이스가 필요한 경우에는 추상 클래스를 직접적으로 사용하는 것보다는 실제 인터페이스 타입을 사용하는 게 더 좋다. 코드를 재사용하고 인터페이스

와 구현체 간의 구분을 하려면 3등분 설계(tripartite design)를 하는 것이 좋은 방법이다. 3등분 설계에서 어느 정도 코드를 재사용하기 위해 여전히 추상 클래스를 사용하지만 추상 클래스를 인터페이스를 구현하도록 설계하고, 오직 인터페이스만 API로 공개한다. 마지막으로, 특성화된(또는 구상) 클래스가 기본 클래스를 상속하면 그에 따라 인터페이스 구현도 상속하게 되는 것이다.

6.3.1 상속 매핑하기

iBATIS는 구별자(discriminator)라고 불리는 특별한 매핑을 사용하여 상속 구조를 지원한다. 구별자를 사용하는 것으로 데이터베이스의 값에 기초하여 객체를 생성할 클래스의 타입을 판단할 수 있다. 구별자는 결과맵의 일부이고 switch 구문처럼 잘 작동한다. 예를 들면:

```
<resultMap id="document" class="testdomain.Document">
  <result property="id" column="DOCUMENT_ID"/>
  <result property="title" column="TITLE"/>
  <result property="type" column="TYPE"/>
  <discriminator column="TYPE" javaType="string" >
    <subMap value="Book" resultMap="book"/>
    <subMap value="Newspaper" resultMap="news"/>
  </discriminator>
</resultMap>
```

위 구별자는 이렇게 읽을 수 있다:

- 칼럼 "TYPE"이 "Book" 이라는 값을 포함한다면, "book" 이라는 결과맵을 사용하라. 반면에 칼럼 "TYPE"이 "Newspaper"라는 값을 포함한다면, "news"라는 결과맵을 사용하라.-

하위 맵은 이름으로 참조하는 일반적인 결과맵이다(아래 예제를 보라). 구별자가 하위 맵 중 하나와 일치하는 값을 찾지 못한다면, 상위 결과맵이 적용된다. 하지만 적절한 값이 있다면, 오직 하위 맵만이 적용된다. 부모에 정의된 결과 매핑은 다음 예제에서 보듯이 하위 맵이 부모 맵을 명시적으로 확장하지 않는 한 적용되지 않는다.

```
<resultMap id="book" class="testdomain.Book" extends="document">
  <result property="pages" column="DOCUMENT_PAGENUMBER"/>
</resultMap>
```

결과맵의 extends 속성은 참조하는 결과맵에서 모든 결과 매핑을 효과적으로 복사한다. 어쨌든 이것은 클래스 구조에 대한 어떠한 것도 의미하지 않는다. iBATIS는 객체 관계 매핑 프레임워크가 아니라는 것을 기억해라. 이 차이점은 iBATIS가 클래스와 데이터베이스 테이블 간의 매핑을 알거나 다루지 않는다는 것이다. 그러므로 하의 맵이 부모 결과맵에서 참조되는 클래스를 상속한 클래스를 사용해야 한다는 규칙은 없다. 반면에, 여러분 마음대로 구별자를 사용할 수 있다. 물론 상속이 명확하기는 하지만 여러분은 구별자가 도움이 되는 다른 상황을 찾을 수 있을 것이다.

6.4 잡다한 다른 활용법들

iBATIS 프레임워크는 유연하게 설계되었다. <statement> 매핑 구문 타입은 다른 매핑 구문 타입들로는 수행할 수 없는 몇몇 다른 활용 기법들을 가지고 있다.

6.4.1 statement 타입과 DDL 사용하기

<statement> 타입은 다른 타입들(<insert>, <update>, <delete>, <select>)과는 달리 약간 별나서 호출할 관련 메서드가 없다. 이게 바로 힌트다. <statement>는 되도록 사용하지 않는 것이 좋으며 어쩔 수 없는 경우의 해결책으로서만 사용하도록 한다.

데이터 정의 언어(DDL, data definition language)는 SQL 군의 한 종류로 데이터베이스 스키마의 구조를 정의하는 데 사용한다. DDL은 테이블과 인덱스를 정의하고 데이터는 변경하지 않지만 대신 데이터의 구조를 변경하는 다른 작업을 수행하는 데 사용한다.

DDL을 사용하는 것은 공식적으로 지원되는 것은 아니지만 보통 데이터베이스는 iBATIS의 <statement> 타입을 사용하여 DDL을 실행할 수 있도록 하고 있다. 예를 들어 PostgreSQL 데이터베이스는 <statement> 타입을 사용하여 데이터베이스 테이블을 생성하거나 삭제할 수 있다.

```
<statement id="dropTable">
  DROP TABLE Account CASCADE;
</statement>

sqlMap.update("Account.dropTable", null);
```

모든 데이터베이스가 이 기능을 지원하리라는 보장은 없다. 하지만 지원한다면 데이터베이스의 구조를 생성하고 수정하는 루틴을 작성하는데 유용하게 사용할 수 있을 것이다.

다음 절에서는 iBATIS의 기능 중 하나로 iBATIS를 매우 유연하게 만들어 주지만, 종종 모르고 그냥 넘어가는 로우 핸들러(row handler)를 알아보자.

6.4.2 매우 큰 데이터 셋 처리하기

애플리케이션의 요구사항에 따라 대용량 데이터 셋을 사용하는 것이 올바른 선택일 경우도 있다. 대부분의 경우, 이러한 요구사항을 다른 방식으로 충족해 줄 수도 있는데, 이럴 때 몇 가지 의문점을 주의 깊게 제시해 보면 사용자의 진정한 요구사항이 무엇이지 알게 될 수도 있다.

예를 들어 한 번은 내게 사용자의 브라우저에 HTML로 30,000 레코드의 데이터 테이블 전체를 출력하라고 지시하는 요구사항 문서가 왔다. 자신이 이러한 형태의 요구사항에 놀라서 뚫어져라 문서만 보고 있음을 깨달았을 때 첫째로 "정말로 이 모든 데이터가 필요하십니까?"라는 질문을 해 보면 된다. 내 경험으로 봤을 때 논리적이고 정당한 태도를 가진 사람으로 부터 "네" 라는 대답을 들어본 적이 없다. 사용자가 그 모든 데이터를 실제로 모두 봐야만 한다는 사실을 의심하는 것이 아니라 사용자가 그 모든 데이터를 한꺼번에 봐야만 하는지 여부에 대해서 질문하는 것이다. 거의 대부분의 경우에는 "select * from table" 형태의 쿼리를 사용자 화면으로 그저 몽땅 전송해버리는 "소방 호스(fire hose)"같은 보고서 보다는 무엇을 볼지 제한하는 여과 기능이 있는 것이 사용자에게 더 나은 선택이다.

쿼리 결과가 출력용이 아니라 업무 처리를 위해 필요하다면 저장 프로시저가 자바 코드 보다 더 좋은 선택이 될 수도 있음을 심각하게 고려해봐야 한다.

맞다. 나는 자바 대신 저장 프로시저라고 말했다. "한번 작성하면 어디서나 실행한다(Write Once, run anywhere)"라는 자바의 목표에서 봤을 때 저장 프로시저를 저주받은 개발 방식으로 보는 측면도 있지만 나는 가끔 순수 자바 코드로는 10~15분 걸리던 애플리케이션이 저장 프로시저로는 10초 이내에 실행되는 것을 본 경우도 있다. 해당 시스템의 사용자는 애플리케이션의 순수성 같은 것에는 관심이 없다. 단지 자신의 일을 수행할 수 있는지에만 신경 쓸 뿐이다.

더 이상 질문를 회피하지 마세요...

자, 지금까지 우리는 대용량 데이터 셋을 어떻게 다룰지에 대한 사항을 피하려고만 하였다. 그렇다면 대용량 데이터를 진짜로 다룰 수밖에 없다고 결정을 하였을 때, iBATIS가 이를 위해 제공해 주는 것이 무엇인지 알아보자. 바로 RowHandler(로우 핸들러) 인터페이스가 이런 경우에 대비해서 이미 만들어져 있다.

RowHandler 인터페이스는 매우 간단한 것으로 매핑 구문의 결과 셋을 처리하는 과정에 특정 행위를 삽입하도록 해 주며 오직 한 개의 메서드만을 포함하고 있다.

```
public interface RowHandler {
    void handleRow(Object valueObject);
}
```

handleRow 메서드는 매핑 구문 결과 셋의 각 행마다 한 번씩 호출된다. 이 인터페이스를 사용하면 대용량의 데이터를 메모리에 한꺼번에 올리지 않고도 다룰 수 있게 된다. 오직 한 행의 데이터만이 메모리에 적재되며 코드(handleRow)를 호출하고 데이터 객체를 메모리에서 제거하며 모든 결과를 처리할 때까지 이 과정을 반복한다.

RowHandler 객체는 필요할 경우에 대용량 데이터 셋 처리 과정의 속도를 향상시켜줄 수도 있다. 로우 핸들러는 대용량 데이터 셋을 다룸에 있어 최후의 보루이며, 또한 iBATIS에서 '맥가이버 칼' 같은 역할을 한다. 로우 핸들러를 이용하면 원하는 거의 모든 작업을 할 수 있다.

6.1.2절에서 iBATIS에서 XML로 결과를 생성하는 기능을 살펴 봤었다. 그리고 몇 가지 부족한 기능이 있음을 발견했는데, 그 중에서도 복잡한 객체나 객체의 리스트에서 단일 XML 문서를 생성하는 기능이 부족했었다. 해당 절에서, 전체 객체 리스트나 객체 그래프 그리고 모든 객체를 순회할 때보다 더 적은 메모리를 사용해서 위 작업을 어떻게 처리할지 보여주겠다고 약속했었다. 로우 핸들러를 사용해도 여전히 객체들을 순회하지만 리스트에서 한 번에 오직 한 개의 요소만을 처리한다. 다중 account 요소를 가진 단일 XML 문서를 생성하는 로우 핸들러의 예제를 보자.

```
public class AccountXmlRowHandler implements RowHandler {
    private StringBuffer xmlDocument = new StringBuffer("<AccountList>");
    private String returnValue = null;

    public void handleRow(Object valueObject) {
        Account account = (Account) valueObject;
        xmlDocument.append("<account>");

        xmlDocument.append("<accountId>");
        xmlDocument.append(account.getAccountId());
        xmlDocument.append("</accountId>");

        xmlDocument.append("<username>");
        xmlDocument.append(account.getUsername());
```

```
            xmlDocument.append("</username>");

            xmlDocument.append("<password>");
            xmlDocument.append(account.getPassword());
            xmlDocument.append("</password>");

            xmlDocument.append("</account>");
        }
        public String getAccountListXml(){
            if (null == returnValue){
                xmlDocument.append("</AccountList>");
                returnValue = xmlDocument.toString();
            }
            return returnValue;
        }
    }
```

위 코드는 기존에 존재하는 Account 객체의 리스트를 반환하는 매핑 구문을 사용하며 정말로 간단하다. 기본 설계는 RowHandler 인스턴스를 생성하고 실행할 매핑 구문과 이 매핑 구문에 필요한 파라미터 그리고 로우 핸들러 인스턴스를 넘겨 주어 queryWithRowHandler 메서드를 호출하면 된다. 아래의 매핑 구문이 반환하는 XML로 인코딩된 모든 계좌 정보를 통해 XML문서를 생성해 주는 예제가 있다.

```
AccountXmlRowHandler rh = new AccountXmlRowHandler();
sqlMapClient.queryWithRowHandler("Account.getAll", null, rh);
String xmlData = rh.getAccountListXml();
```

원하는 결과가 XML이 아니라면 아마도 다음 예제가 로우 핸들러를 어떻게 유용하게 사용할 수 있을지 보여줄 수 있을 것이다.

더 흥미로운 로우 핸들러의 또 다른 사용 예

로우 핸들러를 어떻게 사용할지를 보여주는 다른 예제로, 다중 테이블 간의 관계를 여러 측면에서 다루는 방법이 있다. 예를 들어 예제 데이터베이스에서 계좌(account 혹은 고객(customer))가 있고, 계좌는 여러 개의 주문(order)을 가지고 있으며, 각 주문은 주문 항목(order item)을 가질 수 있고, 주문 항목은 제품(product)을 하나 가지고 있고, 각 제품은 생산자(manufacturer)를 가지고 있다. 그림 6.1에 이 관계를 나타내는 데이터 모델이 있다.

자, 주문한 상품의 리스트와 또 그 상품을 주문한 고객 계좌의 리스트를 제공해야 하는 요구사항이 있다고 상상해보자. 또한 계좌의 리스트와 각 계좌에 대해 주문한 상품의 생산자(manufacturer)의 리스트도 원한다. 아마도 (id를 통해) Map 객체로 가져오면 빠르게 계좌와 상품을 찾을 수 있을 것이다.

이는 이미 존재하는 groupBy 속성과 queryForMap 메서드, 그리고 네 개의 매핑 구문을 이용해서 할 수 있는 일이지만 이러한 접근 방식은 네 개의 서로 다른 select 구문이 필요하고(이는 더 많은 데이터베이스 I/O가 필요함을 의미한다) 잠재적으로 각 객체의 여러 복사본을 생성한다. 이는 첫 번째 매핑 구문에서 생성된 고객 객체가 두 번째 매핑 구문에서 생성된 고객 객체와는 별개의 객체임을 의미한다(메모리를 더 많이 사용하게 됨을 뜻한다). iBATIS는 이보다 더 나은 방법을 제공한다!

로우 핸들러를 사용하여 단일 SQL 구문으로 이러한 요구사항을 충족시키는 것이 가능하다. 결과 셋을 한 번만 처리하여 주 결과 리스트와 관련된 리스트, Map들 그리고 그 모든 것을 객체를 중복 생성하지 않고 얻어낼 수 있다. 이러한 접근법은 약간 더 많은 코딩을 필요로 하지만 더 적은 처리시간과 더 적은 데이터베이스 I/O, 그리고 더 적은 메모리 사용으로 해결할 수 있다.

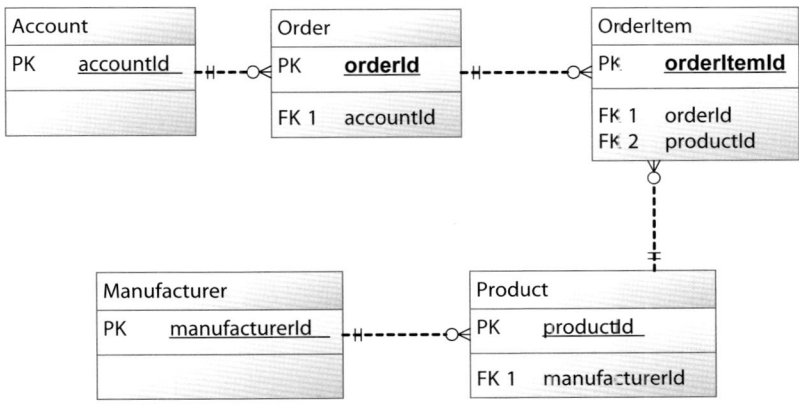

그림 6.1 예제를 위한 엔티티 관계도

우리가 이를 위해 하고자 하는 것은 데이터를 조인하고 각 레코드를 살펴보면서 List와 Map에 새로운 (상품과 계좌) 항목들을 추가하는 것이다. 정말 단순한 것처럼 들린다. 그럼 코드를 살펴보자.

우선, 매핑 구문을 생성하자. 이 매핑 구문은 테이블을 조인하고 연관된 데이터들을 가져오고 이들을 우리가 원하는 모든 객체들을 포함하고 있는 복합 객체 안의 별개의 세 객체에 매핑해서 넣는다.

```
<resultMap id="AmpRHExample"
Class="org.apache.mapper2.examples.chapter6.AccountManufacturerProduct"
    <result property="account.accountId" column="accountId" />
    <result property="manufacturer.manufacturerId"
            column="manufacturerId" />
    <result property="product.productId" column="productId" />
</resultMap>

<select id="AMPRowHandlerExample" resultMap="AmpRHExample">
    select distinct
        p.productId as productId,
        o.accountId as accountId,
        m.manufacturerId as manufacturerId
    from product p
    join manufacturer m
        on p.manufacturerId = m.manufacturerId
    join orderitem oi
        on oi.productId = p.productId
    join orders o
        on oi.orderId = o.orderId
    order by 1,2,3
</select>
```

`AccountManufacturerProduct` 클래스는 단순한 클래스로 세 가지 프로퍼티(account, manufacturer, product)를 가지고 있다. 이 결과 맵(AmpRHExample)은 데이터를 평평하게 바라보는 방식으로 생성할 때 처럼 각 프로퍼티의 값을 자동으로 설정해준다.[2]

이 다음에는, 로우 핸들러가 이 객체들을 받아서 객체를 만날 때마다 이를 `productId`, `accountId`, `manufacturerId`에 따라 맵 객체로 분류해 넣는다. 각각의 account 혹은 product를 처음으로 받아들일 때 해당 객체를 account의 리스트나 product의 리스트에 각각 추가한다. 만약 선택된 객체가 이미 저장되어 있을 경우, 이미 (Map상에) 존재하는 객체가

---

[2] **역자주** | 이는 계좌-생산자-제품으로 이루어진 쿼리 결과 객체가 생성된다는 의미이다. 계좌 하나에 대해 여러 생산자가 있을 경우에 계좌 객체 하나에 대해 프로퍼티로 생산자 객체를 생성하는 것이 아니라, 생산자의 갯수만큼 계좌 정보도 반복 출력된다는 것을 의미한다. 생산자도 또한 생산자가 소유한 제품의 갯수만큼 반복해서 출력된다. 그러므로 계좌개수 * 생산자개수 * 제품개수 만큼의 레코드가 결과로 나오게 된다

데이터베이스에서 방금 가져온 객체를 대체하게 된다.

마지막으로 특정 account, manufacturer 혹은 product의 단일 인스턴스를 완전히 생성한 뒤에, 이를 적합한 객체에 추가하게 된다. 이는 리스트 6.3에서 볼 수 있다.

리 스 트 6.3 | 매우 강력한 로우 핸들러

```java
public class AMPRowHandler implements RowHandler {
    private Map<Integer, AccountManufacturers> accountMap
        = new HashMap<Integer, AccountManufacturers>();
    private Map<Integer, Manufacturer> manufacturerMap
        = new HashMap<Integer, Manufacturer>();
    private Map<Integer, ProductAccounts> productMap
        = new HashMap<Integer, ProductAccounts>();
    private List<ProductAccounts> productAccountList
        = new ArrayList<ProductAccounts>();
    private List<AccountManufacturers> accountManufacturerList
        = new ArrayList<AccountManufacturers>();

    public void handleRow(Object valueObject) {         // ❶ 유일하게 필수적으로 있어야 하는 메서드
        AccountManufacturerProduct amp;
        amp = (AccountManufacturerProduct) valueObject;
        Account currentAccount = amp.getAccount();
        Manufacturer currentMfgr = amp.getManufacturer();
        AccountManufacturers am;
        ProductAccounts pa;
        Product currentProduct = amp.getProduct();
        if(null == accountMap.get(currentAccount.getAccountId())) {   // ❷ 중복된 account 검사
            // 이 account 정보를 처음으로 읽어들였다.
            am = new AccountManufacturers();
            am.setAccount(currentAccount);
            accountMap.put(currentAccount.getAccountId(), am);
            accountManufacturerList.add(am);
        }else{
            // account Map에서 기존에 존재하는 account를 가져와서 사용한다.
            am = accountMap.get(currentAccount.getAccountId());
            currentAccount = am.getAccount();
        }
        // am은 현재 처리중인 account 및 manufacturer의 리스트이다.

        if(null ==
            manufacturerMap.get(currentMfgr.getManufacturerId())) {   // ❸ 중복된 manufacturer 검사
            // 아직 이 manufacturer를 읽었던 적이 없다.
            manufacturerMap.put(
                currentMfgr.getManufacturerId(),
```

```
                            currentMfgr);
            }else{
                // 이 manufactuerer를 전에 읽은 적이 있다. 앞서 읽은 객체를 재사용하라.
                currentMfgr = manufacturerMap.get(
                    currentMfgr.getManufacturerId());
            }
            am.getManufacturerList().add(currentMfgr);
            if(null == productMap.get(currentProduct.getProductId())) {
                // 이것은 새로운 product 이다.                              중복된 product 검사 ❹
                pa = new ProductAccounts();
                pa.setProduct(currentProduct);
                productMap.put(currentProduct.getProductId(), pa);
                productAccountList.add(pa);
            }else{
                // 이 product는 앞에서 읽은 적이 있는 것이다.
                pa = productMap.get(currentProduct.getProductId());
            }
            // pa는 현재 처리중인 product의 객체이며 account 리스트이다.
            pa.getAccountList().add(currentAccount);
            am.getManufacturerList().add(currentMfgr);      ProductAccount 빈즈
                                                             리스트를 얻는다.
        }                                                                      ❺
        public List<ProductAccounts> getProductAccountList() {
            return productAccountList;
        }                                                   AccountManufacture 빈
                                                             즈 리스트를 얻는다.
        public List<AccountManufacturers> getAccountManufacturerList() {       ❻
            return accountManufacturerList;
        }
                                                            product 맵을 얻는다. ❼
        public Map<Integer, ProductAccounts> getProductMap() {
            return productMap;
        }
                                                            account 맵을 얻는다.
                                                                               ❽
        public Map<Integer, AccountManufacturers> getAccountMap() {
            return accountMap;
        }
    }
```

코드가 꽤 복잡해 보이긴 하지만, 이 코드가 하는 일 역시 굉장히 복잡하기 때문에 어쩔 수 없다. 유일하게 필수적으로 있어야 하는 메서드 ❶부터 시작되어 이 메서드는 반환받은 결과를 처리해 나가면서 우리가 원하는 정확한 리스트와 맵을 구축한다. account 객체 ❷와

manufacturer 객체 ❸ 그리고 product 객체 ❹를 중복되지 않게 유지하도록 하며, 이렇게 생성된 객체들은 로우 핸들러의 getter 메서드들(❺, ❻, ❼, ❽)을 이용해 호출자에게 제공한다. 추가적으로 객체의 구분자를 제공해 주는데, account, product 그리고 manufacturer 인스턴스들은 어떤 경우에도 (값이 같으면) 동일한 객체이며, 따라서 id 값이 1인 acccunt 객체는 모든 데이터 구조상에서 항상 account 클래스의 동일한 인스턴스이다. 이는 이 객체를 변경하면, 이 객체를 참조하는 모든 다른 위치에도 변경이 반영됨을 의미한다.

6.5 요약

6장에서는 XML 데이터를 iBATIS에 매핑하는 방법과 iBATIS를 이용해서 XML로 결과를 생성하는 방법을 알아보았다. 또한 여러 테이블을 여러 SQL 구문이나 단일 SQL 구문을 사용하여 연결하고 연관된 모든 데이터를 한꺼번에 가져오는 방법도 알아보았다.

4,5,6장에서 우리는 단순한 것부터 이색적인 매핑 구문들까지 iBATIS로 할 수 있는 거의 모든 것을 알아보았다. 7장에서는 좀 더 트랜잭션에 중점을 둔 환경에서 iBATIS를 사용하는 방법을 공부해보자.

7 장

트랜잭션

: 트랜잭션 소개

: 자동, 로컬, 글로벌 트랜잭션

: 사용자 정의 트랜잭션

: 트랜잭션 구분하기

트랜잭션은 관계형 데이터베이스를 가지고 일을 할 때 꼭 이해해야만 하는 가장 중요한 요소 중의 하나이다. 안정성과 성능 그리고 데이터 무결성에 대해 트랜잭션보다 더 큰 영향을 끼치는 것은 몇 안된다. 개발자가 구축하고 있는 시스템에서 트랜잭션을 구분하고 트랜잭션 간의 경계를 정하는 방법을 필수적으로 알고 있어야만 한다. 7장에서는 트랜잭션이 무엇이고 어떻게 사용하는지 알아볼 것이다.

7.1 트랜잭션은 무엇인가?

가장 간단히 말한다면 트랜잭션은 보통 한 개의 묶음(group)으로, 성공하거나 실패해야 하는 여러 단계들을 포함하고 있는 작업의 한 단위이다. 트랜잭션 내에서 한 개의 단계가 실패하면 모든 단계들을 롤백해서 데이터가 일관성 있는 상태를 유지하도록 해야 한다. 가장 쉽게 트랜잭션을 이해하는 방법은 예제를 통해 살펴보는 것이다.

7.1.1 간단한 은행 예제

트랜잭션이 왜 중요한지 보여주는 일반적인 예제로는 은행의 자금 이체가 있다. 표 7.1에서 볼 수 있는 것처럼 엘리스와 밥이 가지고 있는 두 개의 은행 계좌를 생각해보자.

표 7.1 시작시 잔액

엘리스의 계좌		밥의 계좌	
잔액	$5,000.00	잔액	$10,000.00

이제 엘리스가 $1,000.00를 밥에게 보낸다고 해보자(표 7.2).

표 7.2 제대로 실행된 트랜잭션

엘리스의 계좌		밥의 계좌	
잔액	$5,000.00	잔액	$10,000.00
출금	$1,000.00		
		입금	$1,000.00
잔액	$4,000.00	잔액	$11,000.00

엘리스의 계좌로부터 출금하고 밥의 계좌로 입금하는 것은 항상 하나의 트랜잭션 내에서 이뤄져야만 한다. 그렇지 않을 때 입금이 실패하면 엘리스의 계좌 잔액은 $4,000.00이 되지만 밥은 여전히 $10,000.00만을 갖고 있게 된다(표 7.3). $1,000.00은 알 수 없는 곳으로 사라지게 된다.

표 7.3 입금이 실패했을 때

엘리스의 계좌		밥의 계좌	
잔액	$5,000.00	잔액	$10,000.00
출금	$1,000.00		
		입금 실패	**$1,000.00**
잔액	$4,000.00	잔액	$10,000.00

트랜잭션은 입금이 실패하면 출금 이전의 상태로 돌려주는 것을 보장해준다. 롤백된 뒤에는 트랜잭션이 시작되기 이전과 동일한 상태로 데이터가 돌아가게 된다(표 7.4).

표 7.4 입금 실패

엘리스의 계좌		TX	밥의 계좌	
잔액	$5,000.00		잔액	$10,000.00
출금 (롤백)	**$1,000.00**	TX1		
		TX1	**입금 실패**	**$1,000.00**
잔액	$5,000.00		잔액	$10,000.00

상당히 단순한 예제였다. 하지만 실생활에서 은행 시스템의 자금 이체는 훨씬 더 복잡하다. 이런 까닭에 많은 종류의 트랜잭션이 존재하며 트랜잭션이 훨씬 더 넓은 범위를 처리할 수 있도록 한다.

트랜잭션이 매우 작고 단순해서 오직 한두 개의 SQL 구문만으로 한 개의 데이터베이스에서 한 개의 테이블만을 변경할 수도 있다. 하지만 트랜잭션은 또한 매우 광범위하고 복잡해질 수도 있다. 한 업무에서 다른 업무로의 트랜잭션은 컴퓨터의 역할 범위를 벗어나서 사람들 간의 물리적인 상호 작용(예를 들어 서명을 한다든지)까지도 필요로 할 수 있다. 트랜잭션에 대한 주제는 그것만으로도 책 한 권을 쓰고도 남을 수 있기 때문에 우리는 iBATIS가 지원하는 네 가지 트랜잭션 범위만을 알아볼 것이다.

- 자동 트랜잭션 – 단순한 한 개의 SQL 구문은 명시적으로 구분된 트랜잭션을 필요로 하지 않는다.
- 로컬 트랜잭션 – 간단하고 범위가 좁은 트랜잭션으로 여러 SQL 구문을 포함하지만 단일 데이터베이스에서 수행된다.
- 글로벌 트랜잭션 – 복잡하고 범위가 넓은 트랜잭션으로 여러 SQL 구문을 여러 데이터베이스 혹은 잠재적으로 데이터베이스가 아닌 JMS(Java Message Service)의 큐(Queue)나 JCA(J2EE Connector Architecture) 커넥션 같은 다른 트랜잭션이 가능한 리소스상에서 실행된다.
- 사용자 정의 트랜잭션 – iBATIS는 사용자가 원하는 대로 트랜잭션을 관리할 수 있는 커넥션을 제공한다.

우리는 이번 장의 각 절에서 위의 네 가지 트랜잭션 범위 각각에 대해 공부할 것이다. 이들을 좀 더 자세히 알아보기 전에 트랜잭션의 특성에 대해서 먼저 얘기를 나눠 보자.

7.1.2 트랜잭션의 특성 이해하기

트랜잭션 처리를 수행할 수 있는 시스템이라고 내세우려면 어떤 특성이나 기능을 꼭 가지고 있어야만 한다. 거의 모든 현대적인 관계형 데이터베이스들은 트랜잭션을 지원하며, 그렇지 못하다면 어떠한 것도 기업용 솔루션으로 도입하기에는 부적합하다. 트랜잭션의 특징은 ACID라고 알려져 있다. ACID는 Atomicity(원자성), Consistency(일관성), Isolation(격리성 혹은 고립성), Durability(영속성 혹은 내구성, 지속성)의 약어이다.[1]

---

[1] **역자주** | Isolation과 Durability는 문서에 따라 번역이 제각각이라서 모두 소개했다. 사실 거의 유사한 의미를 가지고 있다. 앞으로는 첫 번째 번역 용어만을 표기할 것이다.

원자성(Atomicity)

한 트랜잭션 내의 모든 작업 단계가 한 개의 묶음으로써 모두 성공하거나 모두 실패하리라고 보장하는 특징을 원자성(Atomicity)이라고 부른다. 이러한 특징이 없다면 데이터베이스가 하나의 단계만 실패해도 부정확한 상태로 남을 가능성이 생기게 된다. 이는 덧셈을 생각해 봄으로써 매우 간단하게 확인해 볼 수 있다. 숫자 몇 개를 더하고 각 더하기를 트랜잭션의 한 단계라고 생각해보자.

표 7.5 우리가 원하는 트랜잭션

트랜잭션 상태	연산
초기 상태	10
1 단계	+ 30
2 단계	+ 45
3 단계	+ 15
최종 상태	= 100

자, 이제 이 덧셈들 중의 하나가 실패한다고 해보자. 3 단계가 실패한다고 해 볼까? (표 7.6)

표 7.6 원자적이지 못한 트랜잭션

트랜잭션 상태	연산
초기 상태	10
1 단계	+ 30
2 단계	+ 45
3 단계 실패	**+ 15**
최종 상태	= 85

트랜잭션의 한 단계가 실패했기 때문에 데이터가 잘못돼 있다(표 7.7).

표 7.7 원자적인 트랜잭션

트랜잭션 상태	연산
초기 상태	10
1 단계	+ 30
2 단계	+ 45
3 단계 실패	+ 15
초기 상태(롤백)	= 10

원자성을 보장하는 시스템에서는 결과적으로 어떤 연산 작업도 실행되지 않고 데이터베이스의 데이터는 어떤 영향도 받지 않게 된다.

일관성(Consistency)

좋은 데이터베이스 스키마는 무결성과 일관성을 보장해 주는 제약조건들을 정의한다. ACID 기능 중에서 일관성은 트랜잭션의 시작과 끝에서 데이터베이스가 일관성있는 상태로 남아 있을 것을 요구한다. 일관성있는 상태란 무결성 제약조건, 외래키 그리고 단일성[2]등을 포함한 모든 제약조건을 충족시키는 것으로 정의된다.

격리성(Isolation)

데이터베이스는 종종 여러 사용자들이 공유하는 중앙 집중적인 자원의 역할을 한다. 얼마나 많은 사용자가 있는지는 상관 없이 한 명 이상의 사용자가 있다면, 각각 다른 사용자들 간의 충돌로부터 트랜잭션을 유지하는 것이 매우 중요하게 된다. ACID 기능은 이를 격리성(Isolation)이라고 부른다. 수학 문제를 다시 한 번 생각해보자. 다른 사용자가 트랜잭션이 반쯤 실행됐을 때 쿼리를 시도하면 어떤 일이 발생할까?

표 7.8 격리된 트랜잭션

트랜잭션 상태	연산	사용자 2
초기 상태	10	
1 단계	+ 30	
2 단계	+ 45	
중간 상태	= 85	《 읽기
3 단계	+ 15	
최종 상태	= 100	

이는 간단하게 답할 수 있는 문제가 아니다. 데이터베이스가 지원하는 격리 단계가 다양하기 때문이다. 각 단계별로 성능상의 차이를 가지고 있다. 더 많이 격리된 트랜잭션이 필요하다면, 이는 (특히 동시 접근 성능이) 더 느려지게 될 것이다. 격리 단계는 다음과 같다.

- READ UNCOMMITTED - 최하위 격리 단계이며 전혀 격리성이 없다. 비록 완전히 종료되지 않은 트랜잭션의 결과라도 그대로 테이블에서 데이터를 읽어들인다. 따라서, 위 예제에서는 이 격리 단계에서 리턴한 값은 85가 될 것이다.
- READ COMMITTED - 이 격리 단계는 커밋되지 않은 데이터가 리턴되는 것을 막는다. 그렇지만 트랜잭션 수행 중에 트랜잭션 내부에서 레코드를 조회하였다면, 비록 트랜잭션이 완료되지 않았다 하더라도 다른 사용자가 이 레코드를 수정하는 것을

---

2. **역자주** | Uniqueness, 한 테이블의 특정 칼럼에 동일 데이터가 두 번 이상 나오면 안 되는 제약조건.

그 무엇도 막을 수 없다. 이는 트랜잭션의 시작 부분과 끝 부분에서 동일한 행에 각각 한 번씩 쿼리가 실행될 때 동일한 값을 리턴하리라고 보장하지 않음을 의미한다.

- REPEATABLE READ – 이는 오직 커밋된 데이터만을 읽고, 추가적으로 읽기 락(lock)을 쿼리를 수행 중인 레코드에 걸어 둠으로써 트랜잭션이 종료될 때까지 다른 사용자가 해당 행을 수정하지 못하게 한다. 하지만 이 보호 단계는 어떤 쿼리를 사용하느냐에 전적으로 의존한다. 쿼리가 (BETWEEN 같은) 영역을 나타내는 절을 포함하고 있다면 영역 락을 확보하지 못할 것이고, 따라서 해당 레코드가 다른 사용자에 의해 변경되면 또다시 동일 트랜잭션 내에서 동일한 범위 쿼리가 실행될 때 서로 다른 결과를 리턴받게 된다(이를 phantom read라고 한다).[3]

- SERIALIZABLE – 이것은 사용 가능한 가장 높은 격리 단계이다. 본질적으로 이는 모든 트랜잭션을 순서대로 하나를 실행하고 나서 그 다음에 다른 것을 실행하여 마치 트랜잭션 간에 어떠한 충돌도 없는 것처럼 된다. 명백히 이는 동시 사용자가 많은 시스템에서 현저한 성능 저하를 유발한다. 왜냐하면 다른 작업이 모두 완료되기까지 모든 트랜잭션이 대기해야만 하기 때문이다.

영속성(Durability)

데이터를 영구적으로 지속시킬 수 없는 데이터베이스는 차를 운전하지 못하게 막아둔 다리와 같다. ACID기능 중에서 영속성은 데이터베이스가 트랜잭션이 성공적으로 수행되었다는 보고를 받으면 그 결과가 안전할 것을 요구한다. 트랜잭션이 종료된 후에 시스템에 오류가 발생해도 데이터는 안전해야만 한다.

자, 이제 우리는 트랜잭션의 기본을 익혔고 트랜잭션을 트랜잭션답게 만드는 자격 조건도 알았다. 이제 iBATIS에서 트랜잭션의 여러 형태들을 가지고 일하는 방법을 공부해보자.

7.2 자동 트랜잭션

iBATIS는 오직 트랜잭션 안에서만 작동한다. iBATIS에는 트랜잭션 범위 밖에서 작동한다는 개념 자체가 없다. 그래서 비록 JDBC가 'autocommit(자동 커밋)' 모드라는 개념을 가지고

---

[3]. 역자주 | Phantom Read에 대한 원문의 설명이 약간 애매해서 좀 더 설명한다. REPEATABLE READ 격리 단계에서, 트랜잭션의 시작 부분에서 특정 조건(예를 들어 값이 1에서 10사이)을 만족하는 행을 select했다고 하자. 그리고 그 트랜잭션의 중간에 다른 사용자가 값이 5인 다른 행을 해당 테이블에 삽입하였다고 하면, 새로 들어온 값은 현재 트랜잭션에서 락이 걸려 있지 않은 행이므로 그냥 삽입이 된다. 그리고 나서 현재 트랜잭션에서 또 다시 동일한 조건(값이 1~10사이)의 쿼리를 실행하면, 다른 사용자가 추가한 값이 5인 행도 그 조건을 만족하므로 함께 select가 된다. 새로운 행 하나가 유령(phantom)처럼 갑자기 나타나는 현상이 생기게 되는 것이다.

있음에도 불구하고 iBATIS는 자동 커밋을 직접 지원하지는 않는다. 대신, iBATIS는 자동 트랜잭션은 지원한다. 이는 간단한 update 구문이나 쿼리를 한 개의 메서드 호출로 수행하면서 트랜잭션을 어떻게 구분할지에 대해서는 걱정할 필요가 없게 해준다. 해당 구문은 여전히 트랜잭션 내부에서 실행될 것이지만 명시적으로 트랜잭션을 시작하고 커밋하고 종료할 필요가 없다.

자동 트랜잭션 내부에서 SQL 구문을 실행하기 위해 특별히 필요한 것은 아무것도 없다. 그냥 구문을 실행하기만 하면 된다. 설정 방법은 다음 절에서 설명할 로컬 트랜잭션 설정과 동일하다. 리스트 7.1에서 어떻게 하는지 볼 수 있다. `queryForObject()`와 `update()` 메서드 호출을 포함한 각각의 구문이 서로 다른 트랜잭션이라는 것에 주목하라.

리스트 7.1   자동 트랜잭션

```
public void runStatementsUsingAutomaticTransactions() {
    SqlMapClient sqlMapClient =
        SqlMapClientConfig.getSqlMapClient();
    Person p = (Person)sqlMapClient.queryForObject
        ("getPerson", new Integer(9));
        p.setLastName ("Smith");
    sqlMapClient.update ("updatePerson", p);
}
```

트랜잭션이 어딨단 말이야? 자, 자동 트랜잭션이기 때문에 우리가 볼 수 없는 뒷단에서 트랜잭션이 이뤄진다. 하지만 어쨌든 트랜잭션은 존재한다. 많은 경우에 이것만으로도 충분하지만 가끔씩 더 세밀하게 제어할 필요가 있을 때가 있고, 그럴 경우에 개발자가 좀 더 명시적으로 로컬 혹은 글로벌 트랜잭션을 사용해야 한다.

7.3 로컬 트랜잭션

로컬 트랜잭션은 가장 보편적인 트랜잭션 타입이다. 그리고 관계형 데이터베이스와 관련된 어떤 프로젝트에서도 사용할 수 있는 가장 최소한의 트랜잭션이다. 말은 안했지만 바로 윗절에서 논한 자동 트랜잭션 조차도 로컬 트랜잭션의 한 형태이다. 로컬 트랜잭션은 단일 애플리케이션 안에 포함된 것이며, 관계형 데이터베이스 같은 트랜잭션을 지원하는 리소스를 오직 한 가지만 사용한다.(즉 한 개의 데이터베이스에 대한 트랜잭션만 관리한다) 그림 7.1에서 이를 묘사하고 있다.

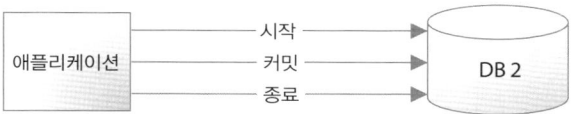

그림 7.1 | 로컬 트랜잭션의 영역

로컬 트랜잭션은 iBATIS SQL Maps XML 설정 파일에서 JDBC 트랜잭션 관리자로 설정된다. 리스트 7.2는 로컬 트랜잭션 관리자 설정이 어떤 형태인지 보여준다.

리 스 트 7.2   로컬 트랜잭션 관리자 설정

```xml
<transactionManager type="JDBC">
    <dataSource type="SIMPLE">
        <property …/>
        <property …/>
        <property …/>
    </dataSource>
</transactionManager>
```

type="JDBC" 속성으로 iBATIS에게 표준 JDBC 커넥션 API를 사용해서 트랜잭션을 관리하라고 지정한다. SqlMapClient API를 사용하여 트랜잭션을 구분짓는 것은 정말 쉽다. 리스트 7.3은 트랜잭션을 구분짓는 전형적인 패턴을 보여준다.

리 스 트 7.3   로컬 트랜잭션

```java
public void runStatementsUsingLocalTransactions() {
    SqlMapClient sqlMapClient =
        SqlMapClientConfig.getSqlMapClient();
    try {
        sqlMapClient.startTransaction();
        Person p =
        (Person)sqlMapClient.queryForObject
                        ("getPerson", new Integer(9));
        p.setLastName ("Smith");
        sqlMapClient.update ("updatePerson", p);

        Department d =
        (Department)sqlMapClient.queryForObject
                        ("getDept", new Integer(3));
        p.setDepartment (d);
        sqlMapClient.update ("updatePersonDept", p);
        sqlMapClient.commitTransaction();
```

```
        } finally {
            sqlMapClient.endTransaction();
        }
    }
```

리스트 7.3의 두 update 구문은 동일한 트랜잭션 범위 내에서 실행될 것이다. 따라서 둘 중 하나가 실패하면 둘 다 실패하게 된다.

트랜잭션을 구분짓는 메서드들을 감싸고 있는 try/finally 블록을 주의해서 봐야만 한다. 이러한 패턴의 코딩은 비록 오류가 발생하더라도 트랜잭션이 적절하게 종료될 것을 보장해준다. try/finally 블록을 사용하는 것은 try/catch 블록을 사용하는 것보다 더 간단하고 더 효율적이다. 왜냐하면 개발자가 직접 예외를 잡을 필요가 없기 때문이다. 어차피 잡아봤자 그 예외를 가지고는 처리할 수 있는 게 없을 것이다.

7.4 글로벌 트랜잭션

글로벌 트랜잭션은 로컬 트랜잭션보다 훨씬 더 넓은 트랜잭션 범위를 정의한다. 이 범위에는 다른 데이터베이스, 메시지 큐 혹은 다른 애플리케이션조차도 포함될 수 있다. 그림 7.2는 이러한 시스템을 보여주고 복잡한 글로벌 트랜잭션이 사용되는 방법을 설명한다.

운 좋게도 iBATIS를 사용하는 한, 글로벌 트랜잭션을 사용하는 것은 로컬 트랜잭션을 사용하는 것보다 별로 어려울게 없다. 하지만 이것저것 시도해 보고 오류를 겪어보면서 어떤 것이 최적인지 선택하거나 주의해야 할 점들은 있다.

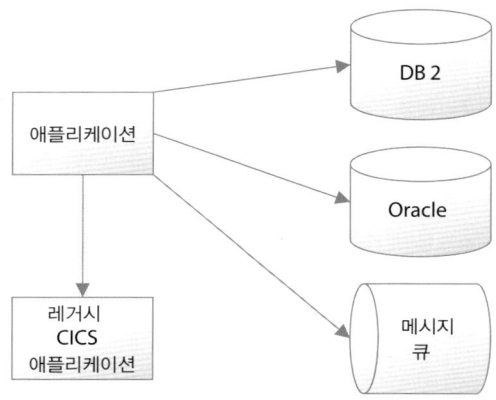

그림 7.2 | 글로벌 트랜잭션 범위의 예

7.4.1 능동(active) 혹은 수동(passive) 트랜잭션 사용하기

iBATIS는 두 가지 방법, 즉 능동적 혹은 수동적 방법 중 한 가지로 글로벌 트랜잭션에 참여할 수 있다. 능동적으로 참여하도록 설정하였다면 iBATIS는 글로벌 트랜잭션의 컨텍스트(context)를 찾아서 이를 적절하게 관리하려는 시도를 한다. 이는 iBATIS가 이미 존재하는 트랜잭션의 상태를 검사하거나 필요하면 트랜잭션을 시즈할 수 있음을 의미한다. 또한 iBATIS는 오류가 발생했을 때 '롤백만 가능'한 상태로 설정할 수 있다. 이렇게 되면, 해당 트랜잭션에 참여하고 있는 다른 리소스들에게 커밋하지 말라고 알려주게 된다.

iBATIS를 글로벌 트랜잭션에 수동적으로 참여하라고 설정하면 iBATIS는 트랜잭션을 시작, 커밋 그리고 종료하라는 모든 명령을 간단히 무시해버리게 된다. iBATIS는 오류가 발생하면 예외를 던지고 이 예외로 인해 트랜잭션이 롤백될 것이라고 가정하고 작동한다.

어떤 방식을 사용할지 결정하는 것은 때때로 직접 해봐야만 알 수 있는 경우도 있다. 서로 다른 애플리케이션 서버들과 아키텍처들은 어떤 특정 방식에서 더 잘 작동하는 경우가 있다. 다행인 점은 설정을 변경하는 것이 쉽다는 점이다. 리스트 7.4에서 능동적인 참여와 수동적인 참여 방식으로 설정하는 것을 각각 보여준다.

리 스 트 7.4　　글로벌 트랜잭션 관리자 설정 옵션

```
<transactionManager type="JTA">
    <property name="UserTransaction"
        value="java:/ctx/con/someUserTransaction"/>
    <dataSource type="JNDI">
        <property name="DataSource"
            value="java:comp/env/jdbc/someDataSource"/>
    </dataSource>
</transactionManager>
```
능동적인 참여

```
<transactionManager type="EXTERNAL">
    <dataSource type="JNDI">
        <property name="DataSource"
            value="java:comp/env/jdbc/someDataSource"/>
    </dataSource>
</transactionManager>
```
수동적인 참여

두 경우에 JNDI 컨텍스트로부터 DataSource를 어떻게 가져오는지 주목해서 보라. 개발자에게 필요한 커넥션은 글로벌 트랜잭션 관리자 범위에서 관리해야만 하기 때문에 DataSource를 가져오는 방법이 실제 요구사항이 된다. JTA의 경우에는 능동적으로 트랜잭션에 참여할 수 있도록 JNDI 컨텍스트가 UserTransaction 인스턴스도 필요로 한다. EXTERNAL 트랜잭션 관리자의 경우에는 UserTransaction 인스턴스가 불필요하다. iBATIS는 외부 시스템이 트랜잭션 참여를 관리한다고 간주하기 때문이다.

7.4.2 트랜잭션을 시작하고 커밋하고 종료하기

글로벌 트랜잭션을 위한 코딩은 자동 트랜잭션이나 로컬 트랜잭션을 위한 코딩과 완전히 동일하다. 그러므로 개발자는 여전히 '내부 트랜잭션 범위'를 시작하고 커밋하고 종료해야 한다. 트랜잭션을 글로벌로 정의했다는 점을 고려하면 여러분은 "왜 그래야 하는데?"라고 반문할지도 모른다. 두 가지 이유가 있다. 첫째로, 이를 통해 iBATIS가 데이터베이스에 대한 커넥션과 같은 다른 리소스를 관리하게 함으로써 불필요하게 데이터소스에 커넥션을 요청하고 커넥션을 데이터소스로 돌려주는 일을 할 필요가 없게 한다. 둘째로, 이는 어떠한 코드 변경도 없이 로컬 트랜잭션과 글로벌 트랜잭션 사이를 왔다갔다 할 수 있게 해준다. 리스트 7.5는 로컬 트랜잭션 예제에서와 완전히 동일한데 이는 로컬 트랜잭션이든 글로벌 트랜잭션이든 iBATIS에게는 어떠한 차이도 없음을 보여주기 위한 것이다.

리 스 트 7.5   글로벌 트랜잭션

```
public void runStatementsUsingGlobalTransactions() {
    SqlMapClient sqlMapClient =
        SqlMapClientConfig.getSqlMapClient();
    try {
        sqlMapClient.startTransaction();
        Person p =
          (Person)sqlMapClient.queryForObject
                        ("getPerson", new Integer(9));
        p.setLastName ("Smith");
        sqlMapClient.update ("updatePerson", p);

        Department d =
          (Department)sqlMapClient.queryForObject
                        ("getDept", new Integer(3));
        p.setDepartment (d);
        sqlMapClient.update ("updatePersonDept", p);
        sqlMapClient.commitTransaction();
    } finally {
        sqlMapClient.endTransaction();
    }
}
```

자, 이제 로컬 트랜잭션이든 글로벌 트랜잭션이든 모두 어떻게 다루는지 알게 되었는데, 둘 중 어떤 것을 사용해야 할지는 어떻게 알까? 계속 읽다보면 결정을 내리는 데 도움이 될 것이다.

7.4.3 글로벌 트랜잭션이 필요한가?

즉시 대답을 하라면 이렇게 말할 것이다: "아마도 필요 없을 것이다". 일반적으로 글로벌 트랜잭션을 사용하기 위해서는 크나큰 오버헤드를 감수해야 한다. 이는 대개 글로벌 트랜잭션이 분산 환경하에 있으며 로컬 트랜잭션에 비해 더 많은 네트워크 트래픽과 관리를 필요로 하기 때문이다. 만약 아무 비용도 들지 않는다면 모든 경우에 글로벌 트랜잭션을 사용하면 될 것이다. 성능 저하와 함께 단순하게도 글로벌 트랜잭션은 설정하기가 더 어렵다. 이를 위해 더 많은 인프라스트럭처와 더 많은 소프트웨어 그리고 더 많은 리소스가 필요하다. 그러므로 비록 컨테이너가 관리하는 트랜잭션을 사용할 때조차도 글로벌 트랜잭션이 꼭 필요할 때에만 사용해야 함을 명심하라. 대부분의 좋은 애플리케이션 서버는 매우 간단하게 분산 트랜잭션을 활성화하거나 비활성화하는 옵션을 설정할 수 있다.

지금까지 알아본 사항들만으로 개발자의 필요한 곳을 채워주지 못한다 하더라도 여전히 해 볼 수 있는 것이 더 있다.

7.5 사용자 정의 트랜잭션

이미 보았듯이 iBATIS는 다양한 방식으로 트랜잭션을 관리할 수 있도록 하고 있다. 지금까지 본 트랜잭션 관리 방법으로도 개발자의 필요를 충족시켜주지 못한다면 개발자 스스로 트랜잭션을 관리할 수 있는 옵션 한두 가지가 더 있다. 첫 번째는 트랜잭션 관리자를 직접 작성하는 것으로 iBATIS의 인터페이스를 사용하여 작성한 코드를 SQL Map 설정 파일에 끼워 넣으면 된다. 이 접근 방법은 12장에서 알아볼 것이다. 두 번째 접근 방법은 단순히 iBATIS의 JDBC Connection 인스턴스를 받아서 그것을 통해 개발자가 커넥션과 트랜잭션에 대해 완전한 제어권을 행사하는 것이다. `SqlMapClient`에 Connection 객체를 전달하는 방법은 두 가지가 있다. 첫째는 `setUserConnection(Connection)` 메서드로 리스트 7.6에서 볼 수 있다.

리스트 7.6   setUserConnection()을 통한 사용자 정의 트랜잭션 제어

```
public void runStatementsUsingSetUserConnection() {
    SqlMapClient sqlMapClient =
        SqlMapClientConfig.getSqlMapClient();
    Connection conn = null;
    try {
        conn = dataSource.getConnection();
        conn.setAutoCommit(false);
        sqlMapClient.setUserConnection(conn);
        Person p =
            (Person)sqlMapClient.queryForObject
                        ("getPerson", new Integer(9));
        p.setLastName ("Smith");
        sqlMapClient.update ("updatePerson", p);

        Department d =
            (Department)sqlMapClient.queryForObject
                        ("getDept", new Integer(3));
        p.setDepartment (d);
        sqlMapClient.update ("updatePersonDept", p);
        conn.commit();
    } finally {
        sqlMapClient.setUserConnection(null);
        if (conn != null) conn.close();
    }
}
```

두 번째 방법으로 openSession(Connection)을 사용하는 것이 있다. 이 방법이 더 나은 방법으로 iBATIS가 리소스 관리를 더 잘 할 수 있기 때문이다. 리스트 7.7은 openSession()을 어떻게 이용하는지 보여준다.

리스트 7.7   openSession()을 통한 사용자 정의 트랜잭션 제어

```
public void runStatementsUsingOpenSession() {
    SqlMapClient sqlMapClient =
    SqlMapClientConfig.getSqlMapClient();
    Connection conn = null;
    SqlMapSession session = null;
    try {
        conn = dataSource.getConnection();
        conn.setAutoCommit(false);
        session = sqlMapClient.openSession(conn);
```

```
        Person p =
            (Person)session.queryForObject ("getPerson",
                                            new Integer(9));
            p.setLastName ("Smith");
            session.update ("updatePerson", p);

            Department d =
                (Department)session.queryForObject
                        ("getDept", new Integer(3));
            p.setDepartment (d);
            session.update ("updatePersonDept", p);

        conn.commit();
    } finally {
        if (session != null)session.close();
        if (conn != null)conn.close();
        }
}
```

위 코드가 멋지다고 보긴 어렵다. 이는 개발자가 스스로 트랜잭션 관리자를 직접 작성하도록 하는 좋은 이유가 되기도 한다. 게다가 여전히 EXTERNAL 타입의 트랜잭션 관리자를 정의해야 하며 최소한 SIMPLE DataSource도 제공해줘야단 한다. 그렇지 않으면 적재 지연 같은 특정한 기능들이 제대로 작동하지 않을 것이다.

위와 같은 접근 방법은 되도록 피하라. 그리고 항상 개발자 스스로 트랜잭션 관리자를 작성해야 하는지 여부를 고려해 보라.

7.6 트랜잭션 구분하기

다양한 방법으로 트랜잭션을 시작하고 종료시키는 방법을 알게 되었으니 이제는 이런 질문을 할 수도 있을 것이다: "어디서 트랜잭션을 시작하고 종료해야 하지?" 이미 위에서 살펴본 "어떻게" 라는 질문보다, "어디서"라는 질문이 대답하기 더 어렵다. 다른 대부분의 어려운 질문들과 마찬가지로, 대답은 "상황에 따라 다르다"이다. 그리고 누구에게 질문을 던지느냐에 따라 수많은 대답을 듣게 될 것이다.

트랜잭션을 구분한다는 것은 하나의 트랜잭션 범위 안에서 얼마나 많은 작업을 처리하느냐와 트랜잭션을 얼마나 오랫동안 유지시키느냐를 결정짓는 요소이다. 트랜잭션이 오래 지속되고 작업 범위가 넓을 수록 성능이 저하된다는 것은 당연히 알고 있을 것이다. 하지만 대단위의 트랜잭션은 관련된 작업들 간의 일관성을 확실히 보장하는 데는 더 낫다(그렇지 않다면 뭐 때문에 작업을 한 번의 요청만으로 끝내려 하겠는가?) 결정을 내리는 것이 어렵기 때문에 여기 간단한 경험에서 나온 법칙을 제시한다.

> "트랜잭션의 범위는 가능한 한 넓게 만들어야 하지만, 단일 사용자 액션의 범위를 벗어나서까지 확장되어서는 안 된다."

예를 들어 웹 애플리케이션에서 사용자가 폼을 제출하는 버튼을 클릭했을 때 트랜잭션의 영역이 즉시 시작된다. 하지만 사용자의 브라우저에 응답 페이지가 출력되는 그 순간에 트랜잭션도 완료되어야 한다. 리치 클라이언트 애플리케이션에서도 이 규칙은 일반적으로 동일하게 적용된다. 트랜잭션은 단일 사용자 작업에 포함된과 관련된 모든 작업을 포함한다 – 이는 일반적으로 한 번의 버튼 클릭과 일치한다. 트랜잭션 범위를 결정하는 것에 대해 생각해 볼 수 있는 다른 방식으로 이런 것도 있다: 사용자가 트랜잭션을 열어 두거나 완료시키지 않고서는 그의 컴퓨터에서 절대로 떠날 수 없게 하라.

그러면, 정확히 어디서 트랜잭션을 시작하고 종료하라는 것인가? 이상적으로는 어디서도 트랜잭션을 시작하지 않는 것이다. 다시 말해서 컨테이너가 스스로 트랜잭션을 관리하도록 놔두는 것이다. 컨테이너에 의해 트랜잭션이 구분지어지도록 애플리케이션의 설정을 선언적으로 하면 된다. 애플리케이션 서버에서 무상태 세션 빈즈(stateless session beans)를 사용하거나 혹은 Spring 프레임워크 같은 경량 컨테이너를 사용한다면 선언적으로 트랜잭션을 설정할 수 있다. 컨테이너가 트랜잭션이 적절하게 시작되고 커밋되고 종료될 것을 보장해 줄 것이다. iBATIS는 트랜잭션을 위한 통합적인 프로그래밍 모델을 제공해 주는데, 이는 비록 컨테이너가 스스로 실제 트랜잭션을 구분짓는다 하여도 개발자가 startTransaction(), commitTransaction(), endTransaction()을 자신의 코드에서 사용할 수 있고 사용해야만 함을 의미한다. 이를 통해 개발자는 자신의 퍼시스턴스 계층 코드를 컨테이너 외부로 포팅해도 상대적으로 깔끔한 트랜잭션 구성을 유지할 수 있음을 의미한다. EXTERNAL 트랜잭션 관리자로 설정하면 iBATIS는 컨테이너가 트랜잭션을 제어하도록 놔둘 것이다.

만약 여러분이 컨테이너가 트랜잭션을 관리하도록 허가할 수 있는 직급에 있지 않다면, 여러분 스스로 트랜잭션을 관리할 수 있다. 계층화된 아키텍처에서는 트랜잭션을 시작하고 종료하는 수많은 방법이 존재한다. 여러분이 무엇을 선택하든지에 관계없이 일관성이 있어야만 한다는 것이 중요하다. 다음의 계층화된 아키텍처에 관한 그림 7.3을 참조하여 프레젠테이션 계층, 비즈니스 로직 계층 혹은 퍼시스턴스 계층에서 트랜잭션을 구분 지을 수 있다.

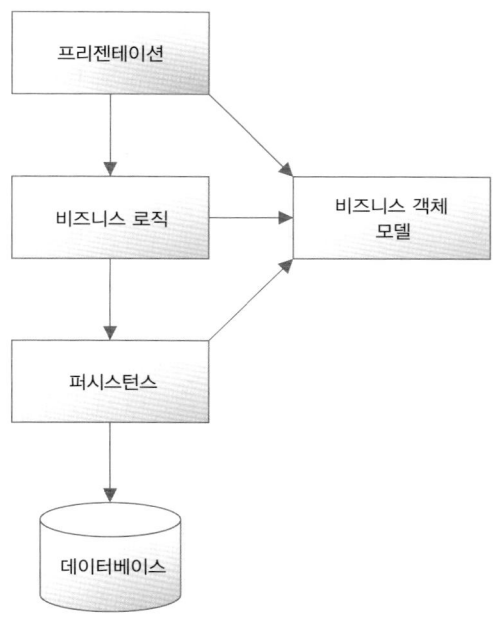

그림 7.3 계층화된 아키텍처

이 세 계층 각각에서 어떻게 트랜잭션을 구분짓는지 자세히 알아보자.

7.6.1 프레젠테이션 계층에서 트랜잭션 구분 짓기

프레젠테이션 계층에서 트랜잭션을 구분짓는 것은 매우 크고 넓은 범위로 장시간 지속되는 트랜잭션을 만들어 버린다. 하지만 대단히 안전하고 최고의 데이터 무결성을 제공하며 구현하기 쉽다. 서블릿 필터(Servlet Filter)나 플러그인을 사용해서 프레젠테이션 계층에서 트랜잭션을 시작하고 커밋하고 종료시킬 수 있다. 이 방식의 단점은 장시간 유지되는 트랜잭션 때문에 성능저하를 일으킬 수 있다는 점이다. 또한 일반적으로 프레젠테이션 계층은 퍼시스턴스 계층과 멀리 떨어져 있기 때문에 정확히 왜 프레젠테이션 계층에서 트랜잭션을 시작해야 하는지 알기가 어렵다. 결과적으로 많은 트랜잭션들이 불필요하게 오랜 시간 지속하고 나서 종료하게 된다. 다른 단점으로, 애플리케이션이 웹 사이트나 웹 서비스 API 그리고 리치 클라이언트 애플리케이션 처럼 다중 사용자 인터페이스를 가지고 있을 경우 각 UI

마다 트랜잭션 범위에 관한 구현을 또다시 해야 하고 이로 인해 몇몇 일관성을 깨뜨리는 일이 생기게 된다.

프레젠테이션 계층은 퍼시스턴스 계층에서 너무 멀리 떨어져 있기 때문에 논리적으로 트랜잭션을 구분 짓는 위치로는 부적합하다. 그냥 퍼시스턴스 계층으로 가는 게 어떨까?

7.6.2 퍼시스턴스 계층에서 트랜잭션 구분 짓기

대부분의 사람들이 자연스럽게 퍼시스턴스 계층에서 트랜잭션을 구분 지어야 한다고 생각한다. 하지만 의외로 이것은 좋지 않은 선택이다. 이유는 간단하다. 좋은 퍼시스턴스 계층은 어느 정도 좁은 범위의 메서드들로 이루어져 있고 결합도가 낮으며(loosely coupled) 데이터베이스 작업에 관해 높은 응집도를 지니고 있다. 실제로, 한 트랜잭션에서 한 개의 퍼시스턴스 계층 메서드만을 사용하는 경우는 흔치 않다. 이런 경우에는 사실상 트랜잭션이 별로 필요가 없다. 몇몇 유용한 비즈니스 기능을 수행하기 위해서 여러 개의 데이터베이스 작업을 하나의 묶음으로 실행해야 하는 경우가 더 일반적이다. 이런 면에서 볼 때, 퍼시스턴스 계층은 너무 세밀하게 나뉘어져 있다. 퍼시스턴스 작업들을 함께 묶어주는 추가적인 계층을 하나 더 만드는 것도 가능하며 이를 통해 트랜잭션을 구분짓는 것도 괜찮을 것이다. 하지만 이러한 작업은 불필요한 일을 더 해야하고, 투명성을 완벽하게 유지하려면 설계가 너무 복잡해지게 된다.

7.6.3 비즈니스 로직 계층에서 트랜잭션 구분 짓기

프레젠테이션 계층과 퍼시스턴스 계층을 빼고나면 우리에게 남는 것은 아마도 그럼 여기가 맞겠거니 하고 예상했을 비즈니스 로직 계층이다. 자, 전에 말했던 것처럼 이것은 상황에 따라 다르다. 애플리케이션의 요구사항에 따라서 세 가지 계층 중 어느 것이라도 옳은 선택이 될 수 있다. 하지만 경험에 비추어볼 때 일반적으로 비즈니스 로직 계층이 트랜잭션을 구분짓는데 매우 좋은 선택임이 사실이다. 이는 EJB 개발자나 Spring 프레임워크 등의 개발자들에게 보편적이고 익숙한 방식이다. 무상태 세션 빈즈는 비즈니스 로직의 컴포넌트로 보통 이 빈즈를 설정할 때 트랜잭션에 관한 요구사항도 여기서 선언한다. 유사하게 Spring은 트랜잭션을 거의 모든 메서드에 선언할 수 있는데 DAO(data access object) 대신 보통은 비즈니스 로직 컴포넌트에 선언한다. 이것은 단순하게도 한 개의 비즈니스 작업이 한 개 이상의 DAO를 필요로 하기 때문에 그렇다.

다른 기술적인 글에 따르면, 비즈니스 로직 계층에서 트랜잭션을 구분 지으면, 단 한 개의 일관성 있는 트랜잭션 모델을 유지하면서도 애플리케이션에 여러 인터페이스를 사용할 수 있게 된다.

그럼, 여러분은 어떤 생각이 드는가? 비즈니스 로직에서 트랜잭션을 구분 짓는 것이 자연스럽게 느껴지는가? 흠… 그래야만 한다. 아키텍트, 데이터베이스 관리자 그리고 개발자들은 보통 트랜잭션을 기술적인 개념으로 이해한다. 결국 트랜잭션은 '데이터베이스가 수행하는 어떤 것'이라는 것이다. 하지만 트랜잭션는 그것보다 상위 단계의 것이라고 보아야만 한다. 트랜잭션의 범위는 비즈니스 작업이나 비즈니스 기능을 포함한다. 이는 그저 데이터베이스의 기능쯤으로 간주해서는 안 되는 것이다. 더욱이 데이터베이스가 유일하게 트랜잭션을 지원하는 인프라스트럭처도 아니다. 우리의 비즈니스 작업은 메인프레임 접속기를 통해서 수행될 수도 있고 메시지 큐로 메시지를 발송할 수 있으며 혹은 사람의 개입(워크플로우를 생각해 보라)을 트랜잭션의 일부로 포함할 수도 있다. 그리그 이 모든 것이 분명히 트랜잭션을 지원한다.

논리적으로나 기술적인 경우 모두에서 비즈니스 계층은 트랜잭션을 구분 짓는 완벽한 장소이다.

7.7 요약

7장에서는 트랜잭션이 무엇이고, 어떻게 iBATIS에서 사용하는지 공부해 보았다. 또 트랜잭션을 적절하게 관리하는데 필수적인 ACID 특징을 공부해 보았다. 원자성(Atomicity)은 트랜잭션의 각 단계들이 한 묶음으로써 성공하거나 실패하리라는 것을 보장해준다. 일관성(Consistency)은 트랜잭션이 시작할 때나 종료할 때 모두 데이터베이스의 모든 제약 조건들이 지켜질 것을 보장해준다. 격리성(Isolation)은 동시에 실행되는 트랜잭션이 뜻하지 않게 서로 충돌하지 않을 것을 보장해준다. 영속성(Durability)은 일단 트랜잭션이 성공적으로 완료된 뒤에는 데이터가 안전하게 유지될 것을 보장해준다.

자동 트랜잭션, 로컬 트랜잭션, 글로벌 트랜잭션 그리고 사용자 정의 트랜잭션을 포함하여 여러가지 트랜잭션의 범위에 대해서도 공부해 보았다. 자동 트랜잭션은 가장 좁은 범위의 트랜잭션으로 오직 한 개의 구문뿐이지만 어쨌든 트랜잭션 범위 내에서 처리하는 것이다. 로컬 트랜잭션은 약간 더 넓은 범위의 트랜잭션으로 여러 update 구문들을 수행하지만 여전히 단일 애플리케이션 내에서 단일 데이터베이스로 수행되는 것이다. 글로벌 트랜잭션은 훨씬 더 복잡하고 여러 데이터베이스와 리소스 혹은 애플리케이션 사이의 트랜잭션도 가능하다. 사용자 정의 트랜잭션은 개발자들에게 iBATIS가 사용하는 커넥션과 트랜잭션에 관한 제어권을 획득하는 방법을 제공해준다.

자동 트랜잭션을 포함하여 로컬 트랜잭션은 하나의 관계형 데이터베이스를 사용하는 모든 애플리케이션에서 사용하는 가장 좁은 범위의 트랜잭션이다. 글로벌 트랜잭션은 여러 가지 리소스를 포함할 때 사용해야 하는 것이다. 사용자 정의 트랜잭션(사용자 제공 커넥션)은 사려깊게 사용해야 하며 가능하면 사용자 정의 트랜잭션 관리자를 구현하는 것은 피하도록 한다.

때로는 어디서 트랜잭션을 구분 지어야 할지 정하는 것이 어려울 수도 있다. 하지만 대체적으로는 트랜잭션이 비즈니스 기능을 포함하고 있다고 생각하면 된다. 따라서 비즈니스 로직 계층이 보통은 가장 좋은 선택이 될 것이다.

8 장

동적인 SQL 사용하기

: 동적 SQL 소개

: 간단한 동적 SQL 예제

: 동적 SQL 고급 기법

: 동적 SQL의 미래

4장에서 간단한 정적 SQL을 작성하는 방법에 대해 공부해 보았다. 정적 SQL은 프로퍼티(#...#)나 문자($...$) 문법을 통해서 값을 할당할 수 있다. iBATIS에서 작성하는 것은 대부분 정적 SQL일지라도, 몇몇 경우에는 그렇게 간단하지만은 않을 것이다. 예를 들어 IN 구문에 목록 형태의 값을 반복적으로 채워 넣거나, 사용자가 출력할 칼럼을 직접 지정할 수 있도록 하는 기능을 제공하거나, 파라미터 객체의 상태에 따라서 WHERE 조건절을 변경하는 시나리오를 경험하게 될 것이다. iBATIS는 SQL의 재사용성과 유연성을 향상시키기 위해 매핑 구문 내에서 사용할 수 있는 동적 SQL 요소들을 제공한다.

8장에서는 동적 SQL이 무엇인지, 왜 유용하고 언제 사용하는 것이 가장 좋은지 공부할 것이다. 그리고 동적 SQL 요구사항을 다루는 다른 솔루션들과도 비교하여 설명할 것이다. 이 장을 다 읽고 나면 동적 SQL을 통해 문제를 해결하는 기법들을 다양하게 익히게 될 것이다.

동적 요소를 자세히 알아보기 전에, 동적 SQL이 필요한 가장 공통적인 상황 중 하나인 WHERE 절의 예제를 통해서 동적 SQL이 얼마나 가치 있는지 보여주도록 하겠다.

8.1 동적인 WHERE 조건절 다루기

다음 예제에서는 장바구니 애플리케이션의 Category 테이블을 조회한다. parentCategoryId 칼럼은 자기 자신을 참조하는 칼럼이다. 다시 말하면 parentCategoryId는 그림 8.1에서 보듯이 동일한 Category 테이블의 categoryId를 참조한다.

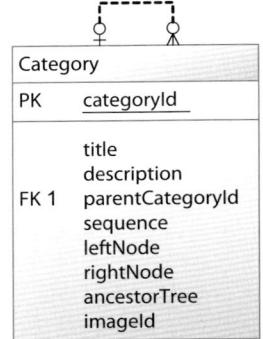

요구사항은 간단하다. 전달받은 Category 객체의 parentCategoryId 프로퍼티가 null이면 이것은 가장 상위 레벨의 카테고리를 모두 다 조회한다는 의미이다. parentCategoryId 프로퍼티가 null이 아닌 숫자 값이라면 부모 Category의 자식 Category 객체를 모두 조회한다는 것을 뜻한다. 부모 Category란 parentCategoryId의 값을 의미한다.

그림 8.1 | Category 테이블 다이어그램

SQL에서는 = 기호를 null 값 비교에 사용할 수 없다. NULL 값인지 여부는 IS 키워드로 확인해야 한다. 우리는 NULL인지 혹은 NULL이 아닌지를 비교하기 위해 동일한 SQL 구문을 사용하고자 한다. 이를 하나의 매핑 구문으로 처리하기 위해서 동적 SQL을 사용할 것이다. 동적 SQL의 뼈대를 알아보기 위해 다음의 매핑 구문(리스트 8.1)을 사용할 것이다.

리스트 8.1 동적인 WHERE 절 사용하기

```
...
<select id="getChildCategories" parameterClass="Category"
        resultClass="Category">
  SELECT *
  FROM category
  <dynamic prepend="WHERE ">
    <isNull property="parentCategoryId">
      parentCategoryId IS NULL
    </isNull>
    <isNotNull property="parentCategoryId">
      parentCategoryId=#parentCategoryId#
    </isNotNull>
  </dynamic>
</select>
...
```

동적 SQL의 뼈대는 언제나 부모 요소로 시작한다. 부모 요소는 동적 SQL 요소 중 어떤 것이라도 될 수 있다. 위 코드의 경우 부모 요소로 <dynamic>를 사용했다. <dynamic>요소는 다른 동적 SQL 요소들과는 달리 어떤 값이나 상태도 평가하지 않는다. 이 요소는 대개 prepend 속성만을 사용하며, prepend 속성의 값은 <dynamic> 요소의 결과가 되는 내용의 가장 앞에 오게 된다. 예제에서 prepend 속성의 값인 WHERE는 내포하고 있는 동적 SQL 요소를 처리하면 생성되는 결과 SQL의 가장 앞에 붙을 것이다.

부모 요소의 몸체에는 간단한 SQL 문법이나 다른 동적 SQL 요소가 온다. 이 예제에서 <dynamic> 요소의 몸체에 내포된 <isNull>과 <isNotNull> 요소를 볼 수 있다. 여기서 우리가 관심을 가져야 할 부분은 Category 파라미터 클래스 (parameterClass="Category")가 가진 parentCategoryId 프로퍼티의 값이 null인지 아닌지 여부에 따라 WHERE 조건절에 적절한 SQL 구문을 넣는 것이다.

이 시점에서, 언제 prepend 속성의 값을 다른 SQL 구문 앞에 출력하게 되는지 알고 있어야 한다. <dynamic> 요소의 몸체에 아무런 텍스트도 나오지 않으면 prepend 값은 무시될 것이다. prepend 속성 값이 맨 앞에 출력되려면, 이 값 뒤에 붙을 SQL 문이 있어야만 한다. 우리의 예제에서는 결과 SQL이 항상 존재한다. 요소의 내용으로 아무것도 생성되지 않는 경우에는 prepend 속성의 값 WHERE는 간단히 무시된다.

동적 SQL의 이점 중 하나는 SQL코드의 재사용성을 높여준다는 것이다. 이 예제에서 동적 SQL을 사용하지 않고서 위와 같은 기능을 구현하려면 두 개의 select 구문을 작성해야 했을 것이다. 게다가 DAO 계층에서 category 객체의 parentCategoryId 값을 먼저 확인하고, 이 parentCategoryId 값이 null인지 아닌지 여부에 따라 적당한 매핑 구문을 선택해서 호출해야 한다. 비록 이번 예제는 간단해서 동적 SQL이 없더라도 별로 불편할 게 없지만, 여러 서로 다른 프로퍼티의 조합으로 인해 SQL 구문이 기하급수적으로 증가할 가능성이 있을 경우에는 동적 SQL의 진정한 가치가 분명하게 드러난다. 동적 SQL을 사용하여 매핑 구문을 재사용하도록 하고 정적인 SQL 구문을 여러 개 작성하는 것은 피하도록 한다.

이제 동적 SQL의 사용법과 강력함에 대해 이해했을 것이다. 모든 요소와 속성을 좀 더 상세히 알아보자.

8.2 동적 요소들과 친숙해지기

iBATIS는 강력한 XML 요소들을 통해 동적 SQL 문제를 처리한다. 이 요소들은 매핑 구문에 넘어온 파라미터 객체에 관한 다양한 조건들을 평가하는 역할을 한다. 존재하는 모든 요소들을 이해하고 그것들이 올바르게 SQL을 출력하는 데 어떤 역할을 하는지 이해하고 있어야 한다. 다음 절에서는 요소들을 `<dynamic>`, 이항연산, 단항연산, 파라미터 그리고 `<iterate>`의 5개 카테고리로 나눈다. 각각의 그룹은 공통적인 특성을 공유하는 하나 이상의 관련 XML 요소를 포함하고 있다. 각 그룹을 알아보기 전에 잠시 시간을 할애해서 모든 동적 SQL 요소가 공유하는 몇 가지 공통적인 속성과 행위를 알아보자.

모든 동적 요소는 prepend, open, close 속성을 포함한다. open과 close 속성은 각각의 요소에서 똑같이 작동한다. 그 두 개의 속성은 동적으로 생성된 결과 내용의 시작이나 끝에 무조건 값을 붙인다. prepend 속성은 `<dynamic>` 요소를 제외하고 모든 요소에서 동일하게 작동한다. `<dynamic>` 요소는 내용물을 만들어낼 때는 항상 prepend의 값을 앞에 붙인다. `<dynamic>` 요소에서 prepend로 지정된 값의 처리를 막을 수 있는 방법은 없다. 리스트 8.2는 몇 가지 동적 SQL 요소의 실례를 보여준다.

리 스 트 8.2   모의 removeFirstPrepend 예제

```
...
<dynamic prepend="WHERE ">         ❶ ⟨dynamic⟩ 요소 시작
...
    <isNotEmpty property="y">
       y=#y#                        ❷ 간단한
    </isNotEmpty>                      ⟨isNotEmpty⟩ 요소

    <isNotNull property="x" removeFirstPrepend="true"
            prepend="AND" open="(" close=")">    ❸ 좀 더 복잡한
    <isNotEmpty property="x.a" prepend="OR">        ⟨isNotEmpty⟩ 요소
       a=#x.a#
    </isNotEmpty>

    <isNotEmpty property="x.b" prepend="OR">
       a=#x.b#                      ❹ 내포된
    </isNotEmpty>                       ⟨dynamic⟩ 요소

    <isNotEmpty property="x.c" prepend="OR">
       a=#x.c#
    </isNotEmpty>
```

```
    </isNotNull>
...
</dynamic>
...
```

❶에서 시작 <dynamic> 요소는 자식 요소의 첫번째 prepend 기능을 자동으로 무조건 제거한다. <isNotEmpty> 요소가 true가 된다면❷ removeFirstPrepend 기능이 <dynamic> 요소 때문에 자동으로 작동하게 된다. 동일한 레벨의 뒤따라오는 모든 요소들은 각각의 내용에 앞에 붙을 prepend 값을 가질 것이다. <isNotNull> 요소는❸ removeFirstPrepend 속성을 명시하고 있다. open과 close 속성 값은 요소에서 출력된 내용의 앞뒤를 감싼다. ❹에서 첫 번째 내포된 내용을 만드는 <isNotEmpty> 요소는 removeFirstPrepend 요구사항을 처리할 것이다. 처음으로 내용을 출력하는 <isNotEmpty> 요소는 prepend 속성의 값 OR을 출력하지 않는다. 이로 인해 괄호 안에 정확한 SQL이 생성된다.

첫 번째 prepend 제거 기능(remove first prepend)은 모든 요소에서 자동으로 혹은 명시적 지정을 통해 사용할 수 있다. <dynamic> 요소는 이것을 자동으로 지원한다. 다른 요소들은 이를 removeFirstPrepend 속성을 사용하여 명시함으로써 지원한다. 첫 번째 prepend 제거 기능은 처음으로 내용을 생성하는 자식 요소의 prepend 기능을 제거해 버린다. 만약 처음으로 내용을 생성하는 자식 요소가 prepend 속성을 가지고 있지 않다면 removeFirstPrepend 기능을 수행하지 않은 걸로 간주한다. 그래서 그 이후에 내용을 생성하는 자식요소들 중 prepend 속성이 있을 때까지 removeFirstPrepend 제거 기능은 유효하고 이후 처음으로 나오는 prepend 속성에 대해 작동한다.

공통 기능의 마지막 부분은 모든 요소를 서로 독립적으로 사용할 수 있다는 것이다. 이것은 <dynamic> 요소 내부에서 모든 동적 SQL 요소를 포함시켜 사용할 필요가 없다는 의미이다. <iterate> 요소로 시작해서 그 안에 <isNull> 요소를 넣는 것도 <dynamic> 요소로 이들을 감싸는 것만큼 쉽게 할 수 있다. 이러한 기능을 제공하는 이유는 <dynamic> 요소가 필요한 경우는 단지 이 요소의 open, close 혹은 prepend 속성값을 출력 내용에 붙여주기 위함일 뿐이기 때문이다.

그럼 이제부터 요소들의 카테고리 각각을 분석해보자.

8.2.1 <dynamic> 요소

<dynamic>은 최상위 레벨에서만 사용할 수 있는 요소다. 즉 이 요소는 다른 요소 안에 들어갈 수 없다는 뜻이다. 이 요소를 이용해 각 동적 SQL 절들을 구분한다. 이 요소는 결과 내용에 공통 속성인 prepend, open 혹은 close를 통해 앞 뒤에 뭔가를 출력해 주기 위해서 사용한다. 표 8.1에서 <dynamic> 요소의 속성들을 볼 수 있다.

표 8.1 <dynamic> 요소 속성

prepend (선택적)	속성값을 요소 내용의 가장 앞에 붙이기 위해 사용한다. prepend의 값은 요소 내용이 공백일 때는 앞에 붙지 않는다.
open (선택적)	open 값은 요소 내용에 접두사로 붙이기 위해 사용한다. open 값은 요소 내용이 공백일 때는 출력되지 않는다. open값은 prepend 속성 값보다는 뒤에 붙는다. 예를 들면 prepend="WHEN" 이고 open="(" 라면 조합된 결과는 "WHEN (" 가 될 것이다.
close (선택적)	close 값은 요소 내용의 뒤에 덧붙이기 위해 사용한다. 이 값은 요소 내용이 공백이라면 출력되지 않는다.

이제 요소에서 사용할 수 있는 속성들을 모두 살펴보았다. 리스트 8.3은 <dynamic> 요소 사용법을 보여준다.

리 스 트 8.3   <dynamic> 요소 예제

```
...
<select id="getChildCategories" parameterClass="Category"
        resultClass="Category">
SELECT *
FROM category
<dynamic prepend="WHERE ">
  <isNull property="parentCategoryId">
     parentCategoryId IS NULL
  </isNull>
  <isNotNull property="parentCategoryId">
     parentCategoryId=#parentCategoryId#
  </isNotNull>
</dynamic>
</select>
...
```

리스트 8.3에서는 동적인 SQL을 사용해서, parentCategoryId 프로퍼티를 검사하여 SQL을 생성하는 select 구문의 WHERE 절을 구성하였다.

8.2.2 이항연산 요소

이항연산 요소는 파라미터 프로퍼티의 값을 다른 값이나 다른 파라미터 프로퍼티 값과 비교한다. 요소의 내용은 비교 결과가 true일 때 사용된다. 모든 이항연산 요소는 property, compareProperty, compareValue 속성을 공통으로 가지고 있다. property 속성은 비교할 기본값을 제공한다. compareProperty와 compareValue는 비교 대상이 되는 값을 제공한다. compareProperty 속성에는 기본값에 대해 비교할 값을 가지고 있는 파라미터 객체의 프로퍼티를 명시한다. compareValue에는 기본값에 대해 비교할 정적인 값을 명시한다. 요소의 이름은 값의 비교 방법을 의미한다. 요소의 속성은 표 8.2에서 볼 수 있다.

표 8.2 이항연산 요소 속성

property (필수)	compareValue나 compareProperty와 비교하는데 사용할 파라미터 프로퍼티
prepend (선택적)	이 값은 보통 요소 내용의 가장 앞에 출력된다. 다음의 경우에는 prepend의 값이 출력되지 않고 무시된다: (a) 요소의 결과 내용이 공백인 경우, (b) 요소가 처음으로 내용을 만들어 냈고 removeFirstPrepend 속성이 true인 요소에 내포되어 있는 경우, (c) \<dynamic\> 요소 다음에 공백이 아닌 내용을 처음으로 출력하고 prepend에 값이 지정돼 있는 요소일 경우.
open (선택적)	open 값은 요소 내용에 접두사로 붙이기 위해 사용한다. open 값은 요소의 결과 내용이 공백일 때는 접두사로 붙지 않는다. open 값은 prepend 속성 값보다는 뒤에 붙는다. 예를 들어 prepend="OR" 이고 open="(" 라면 조합된 결과는 "OR (" 가 될 것이다.
close (선택적)	close 값은 요소 결과 내용의 뒤에 덧붙이는데 사용한다. 이 값은 요소 내용이 공백이라면 덧붙여지지 않을 것이다.
removeFirstPrepend (선택적)	이 값은 처음으로 내용을 출력하는 자식 요소의 prepend 속성 값을 출력할지 여부를 결정한다.
compareProperty (compareValue가 명시되지 않았다면 필수)	compareProperty는 property 속성에 의해 명명된 프로퍼티와 비교할 파라미터 객체의 프로퍼티를 명시한다.
compareValue (compareProperty가 명시되지 않았다면 필수)	property속성에 의해 명명된 프로퍼티와 비교할 정적인 비교값

모든 이항연산 동적 요소는 위의 속성들을 공유하고, 요소 이름 자체는 다음의 표 8.3에서 볼 수 있다.

표 8.3 iBATIS 이항연산 동적 요소

요소	설명
`<isEqual>`	property 속성값이 compareProperty 값이나 compareValue 값과 같은지 검사
`<isNotEqual>`	property 속성값이 compareProperty 값이나 compareValue 값과 같지 않은지 검사
`<isGreaterThan>`	property 속성값이 compareProperty 값이나 compareValue 값보다 큰지 검사
`<isGreaterEqual>`	property 속성값이 compareProperty 값이나 compareValue 값보다 크거나 같은지 검사
`<isLessThan>`	property 속성값이 compareProperty 값이나 compareValue 값보다 작은지 검사
`<isLessEqual>`	property 속성값이 compareProperty 값이나 compareValue 값보다 작거나 같은지 검사

위 표는 좋은 참조가 되겠지만 예제가 충분치 않다. 아래의 리스트 8.4에서 어떻게 이 요소들을 함께 사용하는지 보자.

리 스 트 8.4 　 이항연산 요소 예제

```
...
<select id="getShippingType" parameterClass="Cart"
        resultClass="Shipping">
  SELECT * FROM Shipping
  <dynamic prepend="WHERE ">
    <isGreaterEqual property="weight" compareValue="100">
        shippingType='FREIGHT'
    </isGreaterEqual>
    <isLessThan property="weight" compareValue="100">
        shippingType='STANDARD'
    </isLessThan>
  </dynamic>
</select>
...
```

위 리스트 8.4에서 select 구문을 생성하고 사용할 shippingType의 값이 100보다 작은 standard 타입인지, 100보다 큰 freight 타입인지 결정하기 위해 `weight` 프로퍼티를 검사한다.

8.2.3 단항연산 요소

단항연산 동적 요소는 빈즈 프로퍼티의 상태를 검사만하고 다른 값에 대한 비교는 수행하지 않는다. 상태의 결과가 true라면 내용이 포함된다. 모든 단항연산 요소는 `property` 속성을 공유한다. `property` 속성에는 상태를 검사할 파라미터 객체의 프로퍼티 이름을 지정해준다. 요소의 이름은 어떤 상태를 검사할지를 의미한다. 표 8.4는 단항연산 요소의 속성을 보여준다.

표 8.4 단항연산 요소 속성

property (필수)	상태 비교를 위해 사용되는 파라미터의 변수명
prepend (선택적)	이 값은 요소 내용의 가장 앞에 출력된다. 다음의 경우에는 prepend의 값이 출력되지 않고 무시된다: (a) 요소의 결과 내용에 공백인 경우, (b) 요소가 처음으로 내용을 만들어 냈고 removeFirstPrepend 속성이 true인 요소에 내포되어 있는 경우, (c) <dynamic> 요소 다음에 공백이 아닌 내용을 처음으로 출력하고 prepend에 값이 지정돼 있는 요소일 경우.
open (선택적)	open 값은 요소 내용에 접두사로 붙이기 위해 사용한다. open값은 요소의 결과 내용이 공백일 때는 접두사로 붙지 않는다. open값은 prepend 속성값보다는 뒤에 붙는다. 예를 들어, prepend="OR" 이고 open=" (" 라면 조합된 결과는 "OR ("가 될 것이다.
close (선택적)	close 값은 요소 결과 내용의 뒤에 덧붙이는데 사용한다. 이 값은 요소 내용이 공백이라면 덧붙여지지 않을 것이다.
removeFirstPrepend (선택적)	이 값으로 처음으로 내용을 출력하는 자식 요소의 prepend 속성 값을 출력할 여부를 결정한다.

표 8.4의 모든 속성은 아래의 표 8.5에 있는 모든 단항연산 동적 SQL요소에서 사용 가능하다.

표 8.5 단항연산 요소

<isPropertyAvailable>	명시된 프로퍼티가 파라미터에 존재하는지 검사. 빈즈에서는 프로퍼티를 찾고 Map에서는 키를 찾는다.
<isNotPropertyAvailable>	명시된 프로퍼티가 파라미터에 존재하지 않는지 검사. 빈즈에서는 프로퍼티를 찾고 Map에서는 키를 찾는다.
<isNull>	명시된 프로퍼티가 null인지 검사. 빈즈에서는 프로퍼티를 찾고 Map에서는 key를 찾는다. 키가 존재하지 않으면 true를 반환한다.
<isNotNull>	명시된 프로퍼티가 null이 아닌 다른 값인지를 검사. 빈즈에서는 프로퍼티를 찾고 Map에서는 키를 찾는다. 키가 존재하지 않는다면 false를 반환한다.
<isEmpty>	명시된 프로퍼티가 null이거나 긴 문자열(""), 빈 컬렉션이나 빈 String. valueOf()인지를 검사.
<isNotEmpty>	명시된 프로퍼티가 null이 아니거나 빈 문자열(""), 빈 컬렉션, 빈 String. valueOf()가 아닌지 검사.

아래의 리스트 8.5 는 단항연산 동적 SQL요소를 어떻게 사용하는지 보여준다.

리 스 트 8.5   단항연산 요소 예제

```
...
<select id="getProducts" parameterClass="Product"
        resultClass="Product">
  SELECT * FROM Products
  <dynamic prepend="WHERE ">
```

```
        <isNotEmpty property="productType">
            productType=#productType#
        </isNotEmpty>
    </dynamic>
</select>
...
```

리스트 8.5에서는 간단한 select 매핑 구문을 생성하고, 동적 SQL 요소를 사용하여 productType 프로퍼티의 값에 따라 선택적으로 결과를 걸러서 가져온다.

8.2.4 파라미터 요소

파라미터 없이 매핑 구문을 정의하는 것도 가능하다. 파라미터 요소는 파라미터가 매핑 구문으로 전달되는지를 검사하기 위해 만들어졌다. 표 8.6은 요소의 속성을 보여준다.

표 8.6 파라미터 요소 속성

prepend (선택적)	이 값은 요소 내용의 가장 앞에 출력된다. 다음의 경우에는 prepend의 값이 출력되지 않고 무시된다: (a) 요소의 결과 내용이 공백인 경우, (b) 요소가 처음으로 내용을 만들어 냈고 removeFirstPrepend 속성이 true인 요소에 내포되어 있는 경우, (c) <dynamic> 요소 다음에 공백이 아닌 내용을 처음으로 출력하고 prepend에 값이 지정돼 있는 요소일 경우.
open (선택적)	open 값은 요소 내용에 접두사로 붙이기 위해 사용한다. open값은 요소의 결과 내용이 공백일 때는 접두사로 붙지 않는다. open값은 prepend 속성 값보다는 뒤에 붙는다. 예를 들어 prepend="OR" 이고 open=" (" 라면 조합된 결과는 "OR ("가 될 것이다.
close (선택적)	close 값은 요소 결과 내용의 뒤에 덧붙이는데 사용한다. 이 값은 요소 내용이 공백이라면 덧붙여지지 않을 것이다.
removeFirstPrepend (선택적)	이 값으로 처음으로 내용을 출력하는 자식 요소의 prepend 속성 값을 출력할지 여부를 결정한다.

표 8.6의 모든 속성은 아래의 표 8.7에 있는 모든 요소에서 사용 가능하다.

표 8.7 파라미터 요소

`<isParameterPresent>`	파라미터 객체가 존재하는지 평가
`<isNotParamterPresent>`	파라미터가 존재하지 않는지 평가

다음의 리스트 8.6는 select 구문에서 파라미터 요소를 사용하는 방법을 보여준다.

8장
동적인 SQL 사용하기

리 스 트 8.6   파라미터 요소 예제

```
...
<select id="getProducts" resultClass="Product'>
  SELECT * FROM Products
  <isParameterPresent prepend="WHERE ">
    <isNotEmpty property="productType">
       productType=#productType#
    </isNotEmpty>
  </isParameterPresent>
</select>
...
```

이 예제에서 다시 간단한 select 구문을 생성하고, 이번에는 productType 파라미터를 기반으로 해서 결과 값을 걸러내는 WHERE 절을 선택적으로 생성해준다.

8.2.5 〈iterate〉 요소

<iterate> 요소는 컬렉션이나 배열로 된 프로퍼티를 받아서, 그 값들로부터 SQL의 반복적인 부분을 생성한다. 리스트(컬렉션 혹은 배열)의 각 값들을 conjunction 속성에 지정된 값을 문자열 사이 사이에 넣는 방식으로 분리하여 SQL 구문의 일부가 되도록 출력한다. open 속성 값은 출력된 값 리스트의 앞 부분에 붙어서 나온다. close 속성의 값은 출력된 값 리스트의 뒷부분에 붙어서 나온다. 표 8.8에서 이 요소의 속성을 볼 수 있다.

표 8.8   <iterate> 요소 속성

property (필수)	리스트(컬렉션 혹은 배열)을 포함하고 있는 파라미터의 프로퍼티
prepend (선택적)	이 값은 요소 내용의 가장 앞에 출력된다. 다음의 경우에는 prepend의 값이 출력되지 않고 무시된다: (a) 요소의 결과 내용이 공백인 경우, (b) 요소가 처음으로 내용을 만들어 냈고 removeFirstPrepend 속성이 true인 요소에 내포되어 있는 경우, (c) <dynamic> 요소 다음에 공백이 아닌 내용을 처음으로 출력하고 prepend에 값이 지정돼 있는 요소일 경우.
open (선택적)	open 값은 요소 내용에 접두사로 붙이기 위해 사용한다. open값은 요소의 결과 내용이 공백일 때는 접두사로 붙지 않는다. open값은 prepend 속성값보다는 뒤에 붙는다. 예를 들어 prepend="OR" 이고 open="(" 라면 조합된 결과는 "OR ("가 될 것이다.
close (선택적)	close 값은 요소 결과 내용의 뒤에 덧붙이는데 사용한다. 이 값은 요소 내용이 공백이라면 덧붙여지지 않을 것이다.
conjunction (선택적)	이 속성의 값은 값 목록의 사이 사이에 출력되어 SQL 문장을 구성한다.
removeFirstPrepend (선택적)	이 값으로 처음으로 내용을 출력하는 자식 요소의 prepend 속성 값을 출력할지 여부를 결정한다.

아래의 리스트 8.7은 <iterate> 요소를 이용해서 SQL 구문에서 더 복잡한 WHERE 조건절을 구성하는 방법을 보여준다.

리 스 트 8.7   <iterate> 요소 예제

```
...
<select id="getProducts" parameterClass="Product"
        resultClass="Product">
  SELECT * FROM Products
  <dynamic prepend="WHERE productType IN ">
    <iterate property="productTypes"
             open="(" close=")"
             conjunction=",">
       productType=#productTypes[]#
    </iterate>
  </dynamic>
</select>
...
```

이 예제에서는 select 문을 만들고, 그 다음에 제품 타입(product type) 목록을 반복적으로 돌아서, 제품 타입에 따라 결과를 필터링하는 좀 더 복잡한 조건절을 생성한다.

8.3 모두 적용한 간단한 예제

동적 SQL의 기본 지식을 모두 배웠다. 간단한 검색 기능을 구현하여 애플리케이션에서 사용해보자. 이 예제에서는 JGameStore라는 애플리케이션을 사용할 것이다(그림 8.2를 참조하라). 이 애플리케이션은 14장에서 정식으로 소개할 예정이다. 이 애플리케이션을 구축하면서 동적 SQL의 개념을 이해하고 조합해서 사용하는데 도움이 될 수 있도록, 간결한 접근 방법을 적용할 것이다.

예제를 보기 전에, 우리가 사용할 프로세스를 살펴보자. 프로세스 그 자체는 상당히 간단하다. 그리고 애플리케이션이 성숙해감에 따라 각 처리 과정들은 서로 다른 순서와 다양한 수준의 노력을 요할 수 있다. 초반에 해줘야 하는 작업이 약간 더 있다. 먼저 기반을 다져놔야 하기 때문이다. 일단 기반을 다지고 나면 그 위에 무언가를 구축하는 것은 별로 복잡하지 않다.

그림 8.2 | JGameStore의 검색 결과 화면

프로세스는 몇 가지 기본적인 단계로 구성된다.

1. 데이터를 가져오고 표시하는 방법을 지정한다.
2. 어떤 데이터베이스 구조를 사용할지 결정한다.
3. 정적인 형태로 SQL을 작성한다.
4. 정적인 SQL에 동적 SQL 요소를 적용한다.

상당히 간단한 페이지이지만, 모두 알다시피 항상 눈에 보이는 것보다 더 많은 일이 뒤에서 이뤄지게 마련이다. 다음 절에서 위의 작업을 수행하는 코드를 살펴볼 것이다.

8.3.1 데이터를 가져오고 표시하는 방법을 정의하기

JGameStore 애플리케이션의 각 페이지에 간단한 검색 필드와 검색 버튼을 구현할 것이다. 검색 필드는 공백으로 각 단어를 구분한다. 예를 들어 'Adventure Deus'를 입력했다면

'Adventure'와 'Deus'라는 두 개의 단어로 분리될 것이다. 각각의 단어를 제품의 카테고리 번호(categoryId), 제품명(name), 그리고 설명(description) 내에서 찾을 수 있는지 검사할 것이다. 일단 검색 버튼을 클릭하면 결과로 나온 모든 제품들을 한 페이지당 네 개씩 출력한다.

8.3.2 데이터베이스 구조 결정하기

테이블 구조를 어떻게 정의할지 알아보자. 우리는 categoryId, name, 그리고 description에 대해 검색을 한다. 따라서 Product 테이블이 이러한 요구사항을 충족시킬 수 있는 정도가 되게끔만 만들자(그림 8.3). Product 테이블은 검색하고 출력할 필요가 있는 모든 제품 정보를 포함하고 있다.

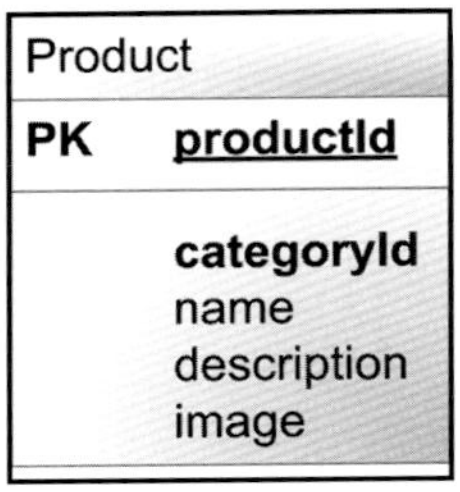

Product	
PK	productId
	categoryId name description image

그림 8.3 │ 간단한 제품 쿼리에 사용할 테이블 다이어그램

8.3.3 정적인 형태로 SQL 작성하기

처음 시작할 때는 검색 결과에서 표시해줄 모든 필드를 다 가져오는 정적인 SQL을 만든다. 리스트 8.8에서 제품 정보를 출력하는데 사용할 정적인 쿼리를 볼 수 있다.

리 스 트 8.8   정적인 SQL

```
SELECT
  PRODUCTID,
  NAME,
  DESCRIPTION,
  IMAGE,
  CATEGORYID
FROM PRODUCT
WHERE
  lower(name) like 'adventure%' OR
  lower(categoryid) like 'adventure%' OR
  lower(description) like 'adventure%' OR
  lower(name) like 'Deus%' OR
  lower(categoryid) like 'deus%' OR
  lower(description) like 'deus%'
```

이제, 입력과 출력 그리고 데이터베이스 테이블을 모두 갖추었다. SQL 구문의 모형을 만들 때가 된 것이다. 앞서 언급한 정보를 가지고 있다면 SQL을 생성하는 것은 지극히 간단하다. 우리에게 필요한 제품 목록은 SELECT 구문을 통해 받을 수 있다. name, categoryId 그리고 description 과 제공받은 단어를 비교하는 검색 조건은 WHERE 절에 나온다.

8.3.4 동적인 SQL요소를 정적인 SQL에 적용하기

모의 SQL 구문을 살펴보면, SQL 구문을 상세히 분석하고 어디에서 동적인 요소를 사용할지 결정할 수 있다. SELECT 절은 정적이기 때문에 여기에선 아무런 동적인 요소도 필요 없다. WHERE 절은 동적으로 변경해줄 필요가 있다. 리스트 8.8에 우리가 찾는 SQL이 있다.

리스트 8.9　　동적 SQL

```
<select id="searchProductList" resultClass="product" >
  SELECT
      PRODUCTID,
      NAME,
      DESCRIPTION,
      IMAGE,
      CATEGORYID
  FROM PRODUCT
  <dynamic prepend="WHERE">
     <iterate property="keywordList" conjunction="OR">
        lower(name) like lower(#keywordList[]#) OR
        lower(categoryid) like lower(#keywordList[]#) OR
        lower(description) like lower(#keywordList[]#)
     </iterate>
  </dynamic>
</select>
```

동적 요소들로 매핑 구문에 전달받은 파라미터를 활용할 수 있다. 따라서 어떤 파라미터들이 있고, 이 파라미터들에 동적 요소를 어떻게 적용할지 생각해 볼 필요가 있다. 매핑 구문이 받는 파라미터는 String(java.lang.String)의 리스트이다. 간단한 리스트를 직접 사용하기 때문에 <iterate> 요소를 사용할 것이다. <iterate> 요소는 문자열의 리스트를 반복적으로 돌면서 categoryId, name, description을 검색하는 조건을 생성한다. 값을 OR로 지정한 conjunction 속성을 요소에 추가해야 함을 잊어서는 안 된다. conjunction 속성은 각 단어 검색 조건을 함께 연결한다. 여기서 알아둬야 할 점이 있는데, 매핑 구문의 이름은 매핑 구문에 포함된 SQL이 수행하는 기능을 제대로 설명해 줄 수 있게 정해야 한다는 것이다. 이 경우에는 매핑 구문의 이름을 searchProductList라고 정했다. 매핑 구문의 이름을 읽었을 때 구문의 목적을 즉시 명확하게 파악할 수 있어야 한다.

```
sqlMap.queryForPaginatedList(
    "searchProductList", parameterObject, PAGE_SIZE);
```

마지막 요구 사항으로, 한 번에 네 개의 레코드만을 반환해야 한다. 이를 위해 pageSize 파라미터를 받는 queryForPaginatedList() 메서드를 사용해서 매핑 구문을 호출하여 이 요구 사항을 처리할 것이다. 이렇게 하면 반환되는 레코드의 개수를 제어할 수 있다.

간단한 예제를 전체적으로 둘러보면서 동적 SQL 작성 계획을 세우고 개발하는 방법을 공부해 보았다. 동적 SQL은 여러 가지 선택사항이 필요한 한 가지 목적에만 사용해야 한다는 것을 기억하라. 여러 가지 목적을 달성하기 위해 동적 SQL을 사용해서는 안 된다. 예제에서 동적 SQL의 목적은 사용자가 어떻게 제품을 선택할지를 처리하는 것이다. 명심해야 할 것은 동적 SQL은 복잡한 것을 간단하게 만들려고 나온 것이지, 간단한 것을 더 복잡하게 만들려고 나온 것이 아니라는 점이다. 다음으로 동적 SQL의 좀 더 상세한 사용법을 살펴보자.

8.4 고급 동적 SQL 기법

이 예제에서 우리는 고객이 제품을 좀 더 상세하게 검색할 수 있도록 해 주는 장바구니 애플리케이션을 사용할 것이다. 또 이전 예제의 구조 몇 가지를 기반으로 하여 좀 더 복잡하게 만들 것이며, 이전의 예제에서 배운 분석 접근법을 다시 적용할 것이다.

8.4.1 결과 데이터 정의하기

일반적인 말로 우리가 출력하고자 하는 것을 정의해보자. 우리의 장바구니 애플리케이션은 사용자가 지정한 검색 조건에 따라 출력할 제품 목록을 필요로 한다. 출력은 categories, products, 그리고 manufacturers를 포함한 선택 조건에 기초하여 결정될 것이다. 제품은 페이지당 4개씩 표시되어야만 한다. 동적 SQL은 페이지 처리된 제품목록을 생성하고 사용자가 입력하는 복잡하고 다양한 값을 처리할 수 있어야만 한다.

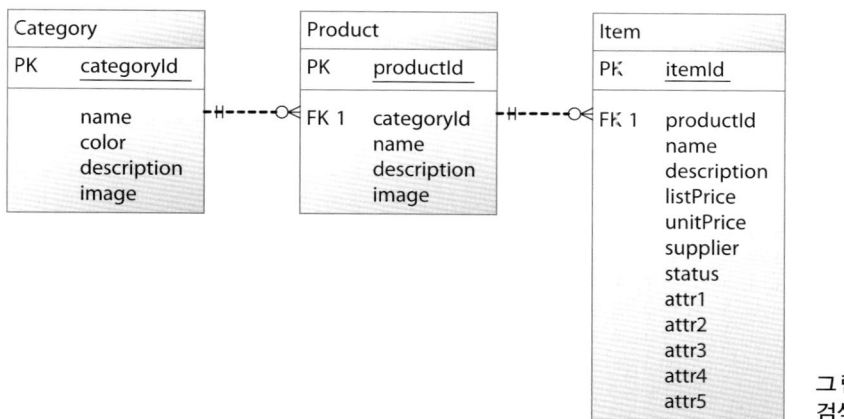

그림 8.4
검색 폼

그렇다면 검색 페이지는 데이터베이스와 어떤 식으로 작동할까? 아래의 리스트 8.10에서 이 물음에 대한 답변의 일부를 볼 수 있다.

리스트 8.10   **SeachCriteria.java 파라미터 클래스**

```java
public class ProductSearchCriteria {

  private String[] categoryIds;
  private String productName;
  private String productDescription;
  private String itemName;
  private String itemDescription;
  ...
  // setters and getters
}
```

본래, 검색 페이지의 각 필드는 간단한 자바빈즈인 검색 기준 클래스의 프로퍼티에 매핑된다.

8.4.2 필수 입력 항목 정의하기

우리는 데이터베이스의 구조를 확인하기 전에, 입력 요구 사항을 결정함으로써 그림 8.3에서 다루는 테이블 구조의 예제에서 사용한 입력 폼의 형태를 변경할 것이다. 사용자는 5개의 조건을 기반으로 검색을 수행할 것이다. 조건 목록은 카테고리, 제품명, 제품 설명, 아이템명, 그리고 아이템 설명을 포함할 것이다. 제품명과 제품 설명은 표준 데이터베이스 퍼센트(%) 문법을 사용하여 와일드카드 검색을 허용할 것이다. 다중 선택 드롭다운 목록을 사용하여, 사용자가 검색 조건을 카테고리 목록으로 제한할 수 있다. 입력 요구 사항이 복잡하기 때문에 어떤 데이터베이스 구조를 사용해서 이를 처리할지 이해하고 있어야 한다. 그림 8.5는 동적 SQL이 작동할 테이블을 보여준다.

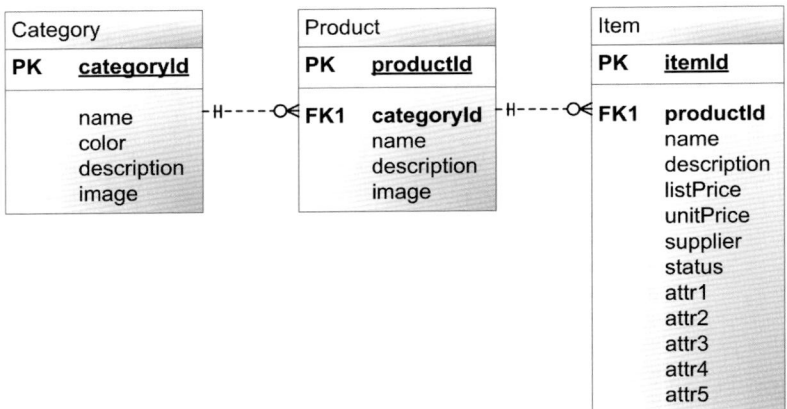

그림 8.5 | 제품 목록을 검색하는 데 사용할 다양한 테이블 간의 관계

이제 관련된 테이블들의 구조를 정의하자. 요건을 충족시켜줄 3개의 데이터베이스 테이블(그림 8.5)이 있다. 이전 예제의 Product 테이블을 다시 사용할 것이다. 이번 예제에서 처음 나온 두 개의 새로운 테이블은 Category와 Item 테이블이다. Category 테이블은 제품이 속하는 카테고리를 정의하는 간단한 테이블이다. Item 테이블은 제품의 다른 변형 형태를 정의한다.

8.4.3 정적인 형태로 SQL 작성하기

이제 입력과 출력을 모두 정의했으니, 데이터베이스 쿼리 툴에서 실행할 수 있는 간단한 정적 SQL을 사용하여 SQL을 작성할 수 있다. 리스트 8.11에서 개발의 시작점이 되면서 동적 SQL을 구성하는 기초가 될 정적 SQL 구문을 볼 수 있다.

리 스 트 8.11 | 정적 SQL

```
SELECT
    p.PRODUCTID AS PRODUCTID,
    p.NAME AS NAME,
    p.DESCRIPTION AS DESCRIPTION,
    p.IMAGE AS IMAGE,
    p.CATEGORYID AS CATEGORYID
```

```
FROM Product p
INNER JOIN Category c ON
  c.categoryId=p.categoryId
INNER JOIN Item i ON
  i.productId = p.productId
WHERE
  c.categoryId IN ('ACTADV')
  AND
  p.name LIKE '007'
  AND
  p.description LIKE '007'
  AND
  i.name LIKE 'PS2'
  AND
  i.description LIKE 'PS2'
```

우리는 이제 필요한 입력이 무엇이고, 어떤 테이블이 필요한지 알고 있으므로 모의로 정적 SQL 쿼리를 만들어 볼 수 있다. 우리의 정적 SQL 예제(리스트 8.11)에서 WHERE 조건절이 조합 가능한 모든 조건들을 모두 다 포함하여 작성되었음을 알 수 있다. 무엇을 동적으로 만들어야 하는지 알려면 정적 SQL을 모든 사항을 고려해서 만들어 보는 것이 중요하다. 동적 SQL을 조합하는 부분을 보자.

8.4.4 동적 SQL 요소를 정적 SQL에 적용하기

모의로 정적 SQL을 모두 만들었으니, 이제 동적 요소들을 적용해보자. 리스트 8.12에서 볼 수 있듯이 동적 SQL은 조금 더 복잡해진다. 가장 상위 레벨의 요소로 <isEqual>을 사용했음을 주의해서 보라. 어떠한 prepend, open이나 close 값도 필요하지 않기 때문에 <dynamic>을 부모 요소로 사용할 필요는 없다. 단순히 내용을 표시하거나 표시하지 않거나 할 것이다. 이 <isEqual> 요소는 LEFT JOIN을 포함할지 여부를 결정한다.

리 스 트 8.12   상세 검색을 위한 동적 SQL

```
<select id="searchProductsWithProductSearch"      ❶ 시작 select 요소
        parameterClass="productSearch"
        resultClass="product" >
  SELECT DISTINCT
    p.PRODUCTID,
    p.NAME,
    p.DESCRIPTION,                ❷ 최소한의 SQL 구문
    p.IMAGE,
    p.CATEGORYID
```

```
        FROM Product p
          <isEqual property="itemProperties" compareValue="true">
            INNER JOIN Item i ON i.productId=p.productId
          </isEqual>
          <dynamic prepend="WHERE">     ◀── ❹ 간단한 시작 <dynamic> 요소
            <iterate
               property="categoryIds"
               open="p.categoryId IN (" close=")"
               conjunction="," prepend="BOGUS">
               #categoryIds[]#
            </iterate>

            <isNotEmpty property="productName" prepend="AND">
               p.name LIKE #productName#
            </isNotEmpty>

            <isNotEmpty property="productDescription" prepend="AND">
               p.description LIKE #productDescription#
            </isNotEmpty>

            <isNotEmpty property="itemName" prepend="AND">
               i.name LIKE #itemName#
            </isNotEmpty>

            <isNotEmpty property="itemDescription" prepend="AND">
               i.description LIKE #itemDescription#
            </isNotEmpty>
          </dynamic>
</select>
```

❸ item 검색 조건에 조인이 필요한지 검사
❺ 카테고리 프로퍼티 평가
productName 프로퍼티 평가
productDescription 프로퍼티 평가
itemName 프로퍼티 평가
itemDescription 프로퍼티 평가

시작 select 요소❶에서 파라미터 클래스 타입은 productSearch, 그리고 결과 클래스 타입은 product라는 별칭을 사용하여 정의하였다. 이 SQL 부분❷은 이 매핑 구문에서 생성할 수 있는 가장 작은 단위의 SQL이다. 예를 들면 사용자가 모든 것을 반환하도록 검색하고자 하는 경우에 이 SQL을 사용한다. <isEqual> 요소❸는 조인이 필요한지를 결정하기 위해 <dynamic> 부분 밖에서 사용되었다. 우리는 "WHERE"라는 prepend 값을 가지는 시작 dynamic 요소❹를 사용한다. 결과가 되는 내용물이 없다면 prepend 속성에 명시된 "WHERE" 값은 무시될 것이다. 다시 기억을 상기시켜보자면, dynamic 요소는 요소 안의 내용에서 가장 처음으로 내용을 만들어내는 요소의 prepend 값을 무조건 제거한다. <iterate> 요소❺는 주의해서 봐야한다. 이는 <dynamic> 요소❹와 짝을 이루어서 작동하며, 특정 카테고리에 관한 검색 조건을 구성하는데 필요한 SQL 컴포넌트를 만들어 낸다. iBATIS의 관습적인 문제 때문에, <iterate>에 prepend 속성이 꼭 필요하다. prepend 속성이 없는 첫 번째 자식 요소에서는 내용이 생성되더라도 prepend가 제거되었다고 간주하지 않기 때문에, 다음 번에 나온 prepend 요소가 무시되게 되는 현상이 일어난다. 해당 요소에 prepend 속성이 필요 없다 하더라도, 규칙에 따라 prepend 속성을 항상 명시해 주도록 한다. <isNotEmpty> 요소는 productName, productDescription, itemName 그리고 itemDescription 프로퍼티가 ' '(빈 값) 혹은 NULL인지 여부를 결정하는 평가를 수행한다.

그렇다면 저 괴물 같은 구문을 어떻게 호출할까?

```
queryForPaginatedList(
    "Product.searchProductsWithProductSearch",
    productSearch, PAGE_SIZE);
```

앞의 예제에서 우리의 마지막 요구사항은 한번에 네 개의 레코드만을 반환해야 한다는 것이었다. 이를 위해 페이지 크기 파라미터를 받는 queryForPaginatedList 메서드를 사용하여 구문을 호출한다. 범위를 지정하는 queryForPaginatedList를 사용하는 방법에 대해서는 8.3.4절의 예제를 보라.

복잡한 예제를 보며 다소 복잡한 동적 SQL을 어떻게 수행하는지 공부하였다. 여기서는 동적 SQL이 사용자가 입력한 검색 기준에 따라 제품 목록을 제공한다는 단 하나의 목적만을 수행하도록 하였다. 비록 이 예제가 조금 복잡해 보이긴 하지만, 모든 것을 자바 코드로만 작성하는 것이 훨씬 더 어렵다는 것은 명백하다. 이제 당신 자신의 동적 SQL을 구성할 수 있는 준비가 되었으리라 믿는다.

iBATIS의 동적 SQL을 동적 SQL을 처리하는 다른 솔루션들과 비교하는 방법을 이해하는 것도 중요하다. 동적 SQL을 수행하는 몇몇 다른 방법들을 간단히 알아보자.

8.5 동적 SQL에 대안이 되는 접근법

동적 SQL은 결코 새로운 개념이 아니다. 조건에 따라 생성되는 SQL 쿼리는 항상 발생하는 복잡한 요구사항이다. 과거에는 동적 SQL을 효율적으로 수행하기 위해서 저장 프로시저를 사용하여 호환성이 없는 데이터베이스 내부적인 접근 방법으로 처리하였다. 다른 방식으로는 좀 더 견고한 프로그래밍 언어로 SQL을 구성하여 드라이버를 통해 데이터베이스에 쿼리를 전달해 주었다. 하지만 이는 성능을 떨어뜨린다. 두 경우 모두, 간단한 SQL 문자열을 구성하는 방법이 비대하고 점점 더 복잡해진다. 이미 여러분이 iBATIS를 사용하고 있다면, 이번 절은 여러분이 잊고 있던 것을 간단히 다시 상기시켜줄 것이다. iBATIS가 처음이라면 이는 신선한 비교가 될 것이다. 당신의 배경지식에 관계없이, 이번 절에서 당신의 업무에 몇 가지 신선한 통찰력을 제공해 주고, 여러분이 겪고 있는 복잡한 일의 대부분을 iBATIS가 줄여 줄 수 있다는 점을 알려주고 싶다.

우리는 자바코드 예제와 저장 프로시저 예제에서 동일한 SQL 구문을 공유할 것이다. 리스트 8.13은 코딩하기에 적당히 간단하고, 그다지 복잡하지 않은 select 쿼리 구문이다. 각각의 접근 방법이 어떻게 동적 SQL의 문제를 해결하는지 보여주고 나서, 그 방법이 iBATIS가 사용하는 방법과 어떻게 다른지 간단하게 요약해서 보여줄 것이다.

리 스 트 8.13   모의 정적 SQL

```
SELECT *
FROM Category
WHERE categoryId IN ('ACTADV','SPORTS','STRATEGY')  AND
name LIKE ('N%')
```

8.5.1 자바코드 사용하기

자바로 코드를 작성하는 것은 매우 멋진 일이다. 하지만 자바와 SQL을 혼합할 때는 명확성을 잃지 않는 방법으로 코드를 세심하게 다루어야 한다. 요구사항이 점점 복잡하게 늘어남에 따라, 코드의 부분 부분들이 모두 어디 있는지 추적하기가 어려워진다. 동적 SQL 구문을 조합하기 위해 JDBC를 사용하고 데이터베이스에 구문을 전달하는 다소 복잡한 예제를 살펴보자. 리스트 8.14는 SQL 구문을 구성하는데 사용할 검색 기준을 보여준다.

리 스 트 8.14   CategorySearchCriteria.java

```java
public class CategorySearchCriteria implements Serializable {

  private String firstLetter;
  private List categoryIds;
  ...
  // setters and getters
}
```

위 예제의 다소 복잡한 SQL 구문은 `CategorySearchCriteria`의 `categoryIds` 프로퍼티로부터 정확히 몇 개인지는 정해지지 않은 카테고리 아이디들을 가져올 것이다. 이 프로퍼티는 IN 구문을 생성하는 데 사용될 것이다. `firstLetter` 프로퍼티의 값은 알파벳 문자 하나이다. 이는 카테고리 이름의 첫 번째 문자로 검색을 스행하는 데 사용된다. 이 예제에서 우리의 관심사는 JDBC의 상호작용과 동적 SQL 슬루션들간의 비교에 있다. 그래서 우리는 그 관심사 외에는 어느 것도 설명하지 않을 것이다.

리스트 8.15는 오직 자바코드를 사용하여 동적 SQL을 구성하는 방법을 보여준다.

리스트 8.15   CategorySearchDao.java

```java
public class CategorySearchDao {
...
  public List searchCategory(
      CategorySearchCriteria categorySearchCriteria) {
    List retVal = new ArrayList();

    try {

      Connection conn =                                        // JDBC 자원
        ConnectionPool.getConnection("MyConnectionPool");      // 가져오기

      PreparedStatement ps = null;
      ResultSet rs = null;

      List valueList = new ArrayList();

      StringBuffer sql = new StringBuffer("");                 // SQL 쿼리 구성
      sql.append("SELECT * ");                                 // 시작하기
      sql.append("FROM Category ");

      if(categorySearchCriteria.getCategoryIds() != null       // 동적인 부분 구성 시작하기
          && categorySearchCriteria.getCategoryIds().size() > 0) {

        Iterator categoryIdIt =
          categorySearchCriteria.getCategoryIds().iterator();

        sql.append("WHERE ");
        sql.append("categoryId IN (");

        if(categoryIdIt.hasNext()) {
          Object value = categoryIdIt.next();
          valueList.add(value);
```

```
            sql.append("?");
        }

        while(categoryIdIt.hasNext()) {
            Object value = categoryIdIt.next();
            valueList.add(value);
            sql.append(",?");
        }

        sql.append(") ");
    }

    if(categorySearchCriteria.getFirstLetter() != null
            &&
    !categorySearchCriteria.getFirstLetter().trim().equals(""))
    {
        if(valueList.size() != 0) {              ← AND를 잊으면 안 된다!
            sql.append("AND ");
        }

        sql.append("name LIKE (?)");
        valueList.add(categorySearchCriteria.getFirstLetter()
                            + "%");
    }
    ps = conn.prepareStatement(sql.toString());        ←
                                                        PreparedStatement를 생성하고
    Iterator valueListIt =                              파라미터를 설정하기
        valueList.iterator();

    int indexCount = 1;

    while(valueListIt.hasNext()) {
            ps.setObject(indexCount,valueListIt.next());
            indexCount++;
    }
                                                    결과 값을 반복 처리하여
    rs = ps.executeQuery();     ← 쿼리 실행하기    반환할 객체를 구성하기

    while(rs.next()) {
        Category category = new Category();
        category.setCategoryId(rs.getInt("categoryId"));
        category.setTitle(rs.getString("title"));
        category.setDescription(rs.getString("description"));
        category.setParentCategoryId(
                        rs.getInt("parentCategoryId"));
```

```
            category.setSequence(rs.getInt("sequence"));

            retVal.add(category);
        }
    } catch (SQLException ex) {
      logger.error(ex.getMessage(), ex.fillInStackTrace());
    } finally {
      if (rs != null)           ◀──── 자원 반환
        try { rs.close(); }
        catch (SQLException ex)
        {logger.error(ex.getMessage(), ex.fillInStackTrace());}
      if (ps != null)
        try { ps.close(); }
        catch (SQLException ex)
        {logger.error(ex.getMessage(), ex.fillInStackTrace());}
      if (conn != null)
        try { conn.close(); }
        catch (SQLException ex)
        {logger.error(ex.getMessage(), ex.fillInStackTrace());}
    }

    return retVal;
  }
...
}
```

자바 코드를 사용할 때는 커넥션 획득, 파라미터 준비, 결과 셋 처리 그리고 객체에 값 지정하기 등의 기본적이고 반복적인 작업들을 개발자가 스스로 몇 번이고 계속해서 처리해야만 한다. 공통적인 작업들을 관리하는 것과 함께, 이 예제에서는 IN 구문을 생성하는 약간의 복잡성을 첨가하여 처리하였다. 이를 처리하기 위해서 파라미터의 List를 생성하고 값을 저장하였다. 모든 코드를 다 작성하였지만, 우리가 실제로 원하는 기능을 다 갖추고 있는 것은 아니다. 아마도 `PreparedStatement`가 단순히 `setObject` 메서드를 사용하여 값을 설정하고 있음을 알아챘을 것이다. 가장 좋은 방법은 정확한 타입을 명시해 주는 것이다. 하지만 그렇게 하면 이 코드가 불필요하게 너무 길어지게 된다.

결국에 이 코드는 어릴 적 잡지에서 큰 그림 안에 꼭꼭 감춰둔 숨은 그림을 찾는 놀이를 연상시킨다. 여기서의 도전 과제는 '숨은 SQL' 찾기이다. 이 예제에서는 JDBC를 직접 사용하는 것이 매우 좋지 않음을 보여주고 있다. 이제 저장 프로시저를 사용하여 동적 SQL을 다루는 것을 살펴보자.

8.5.2 저장 프로시저 사용하기

저장 프로시저는 수많은 작업에서 진정한 구원자의 역할을 할 수도 있으며, 우리는 이 저장 프로시저의 능력에 감사해야 한다. 동적 SQL을 위해 저장 프로시저를 사용할 때에도 자바 동적 SQL을 코딩할 때와 동일한 문제를 종종 겪게 될 것이다. 리스트 8.16은 오라클의 PL/SQL로 동적 SQL 구축을 다루는 저장 프로시저를 어떻게 만드는지 보여준다.

리 스 트 8.16 　　오라클 저장 프로시저(스벤 보덴 제공)

```
create or replace package category_pkg
    as
      type ref_cursor is ref cursor;

    function get_category(
            categoryid varchar default null,
              name category.name%type default null)
        return ref_cursor;
      end;
      /

    create or replace package body category_pkg
    as
    function get_category(
            categoryid varchar default null,
              name category.name%TYPE default null)
      return ref_cursor
is
    return_cursor ref_cursor;
    sqltext varchar(4000);
    first char(1) default 'Y';
 begin
    sqltext :=                    ◀── SQL 구성 시작하기
    'select c.categoryid, c.title, c.description, ' ||
          'c.sequence ' ||
    ' from category c ';
    if ( categoryid is not null ) then   ◀── SQL에 카테고리 ID 추가하기
        if ( first = 'Y' ) then
            sqltext := sqltext ||
                    'where c.categoryid in (' ||
                        categoryid || ') ';
            first := 'N';
        end if;
    end if;
```

```
        if ( name is not null ) then        ←──  SCL에 이름 추가하기
            if ( first = 'Y' ) then
                sqltext := sqltext || 'where ';
            else
                sqltext := sqltext || 'and ';
            end if;
                sqltext := sqltext || 'c.name like ''' ||
                           name || '%''' ;
                first := 'N';
        end if;

        open return_cursor for sqltext;     ←──  SQL 실행하기

        return return_cursor;               ←──  결과 반환하기
    end get_category;

end;
/
```

리스트 8.16의 예제는 저장 프로시저의 유용한 규칙을 명백하게 위반하고 있다. SQL 주입을 막고 성능을 향상시켜줄 수 있는 바인딩을 사용하지 않고 있다. 이는 복잡성을 줄이기는커녕 오히려 증대시켰다는 의미이다. 복잡성을 줄이는 것이 우리 삶에서 항상 지켜야 하는 규범일까? 물론 아니다. 하지만 저장 프로시저에서 동적 SQL을 사용할 경우에는 복잡성을 줄여야 할 필요를 많이 느끼게 될 것이다.

저장 프로시저를 사용하는 두 가지 중요한 이유는 보안과 성능 때문이다. 하지만 둘 중 어느 것도 동적 SQL을 사용할 경우에는 적용되지 않는다. 자바나 저장 프로시저 쪽에서 SQL 파라미터를 사용하면 서로 동등한 수준의 성능과 안정성을 보여준다. 주 관심사를 가독성이나 유지보수에 둔다면 약간은 실망하게 될 것이다. 의 예제의 프로시저는 자바 예제보다 더 가독성이 높은데, 이는 SQL 파라미터를 사용하여 보안을 강화하지 않았기 때문이다. 유지보수성의 경우에는 좀 더 복잡한 문제가 있다. 저장 프로시저의 유지보수성은 애플리케이션을 배포할 때 DDL 스크립트를 배포하는 데이터베이스 관리자에게 달려있다. 자바 예제의 경우에는, SQL이 개발자의 영역에 속하고 애플리케이션의 다른 코드와 함께 배포된다.

저장 프로시저는 어떤 데이터베이스를 사용하고, 내장된 언어가 복잡한 업무에 얼마나 잘 부합하는가에 따라 그 효율이 들쑥날쑥하다. 동적 SQL에 저장 프로시저를 사용하면 자

바 예제에서 본 것과 동일한 복잡성에 직면하게 된다. 보안성과 성능이 떨어지고 배포하기도 어려워진다. 알아둬야 할 또 다른 것이 있는데, 예제에서 저장 프로시저를 호출하는 자바 코드는 포함시키지 않았다는 것이다. 평가를 내려보면, 자바를 직접 사용하는 것과 저장 프로시저를 사용하는 것만으로는 선뜻 해결책을 선택하기가 어렵다. 그래서 iBATIS가 나왔다.

8.5.3 iBATIS와 비교하기

자바를 직접 사용하거나 저장 프로시저를 사용하여 동적 SQL 처리를 살펴보고 나서, 성능과 안정성 그리고 생산성을 높여 줄 수 있는 무엇인가가 있으면 좋겠다는 생각을 하게 되었을 것이다. 리스트 8.17은 리스트 8.15와 8.16에서 나온 것과 동일한 동적 SQL이다. 하지만 동적 SQL 구성에 iBATIS SQL Maps 프레임워크를 사용하였다.

리스트 8.17   iBATIS 동적 SQL

```
<select id="getCategories" parameterClass="SearchClass"
  resultClass="CategorySearchCriteria">
  SELECT *
  FROM Category
  <dynamic prepend="WHERE">
    <iterate prepend=" categoryId IN"
      open="(" close=")" conjunction=",">
      #categoryIds[]#
    </iterate>
    <isNotEmpty property="categoryName" prepend="AND">
      name LIKE ( #categoryName# || '%')
    </isNotEmpty>
  </dynamic>
</select>
```

저게 바로 매핑 구문이다. 그리고 다음은 구문을 호출하는 코드이다.

```
queryForList("getCategories",searchObject);
```

약 14줄 정도의 코드를 볼 수 있다. 자바나 저장 프로시저를 사용하면 동일한 작업을 하는데 그 몇 배의 코드가 필요하다. iBATIS가 내부적으로 PreparedStatement를 사용하기 때문에 SQL 주입을 막아주어 보안성이 높아지고, SQL 파라미터를 통해 성능도 향상된다. 간단한 XML 파일에 SQL을 넣고 자바 코드와 같은 곳에 파일을 두기 때문에 SQL을 관리하는 것도 쉬워지고, 애플리케이션 배포할 때 함께 배포할 수 있다. iBATIS를 자바 코드를 직접 사용하는 것이나 저장 프로시저와 비교해서 분석해 보면, iBATIS가 논리적으로 승자가 될 것이라는 점에 이론의 여지가 없을 것이다.

8.6 동적 SQL의 미래

iBATIS는 이미 미래를 생각하면서 동적 SQL 기능을 개선시켜 나가고 있다. 우리가 이번 장에서 배운 거의 모든 것들은 미래의 동적 SQL에서도 계속 유효할 것이다. 그와 함께, iBATIS가 동적 SQL 기능을 어떤 식으로 발전시킬지 알고 있어야 한다.

동적 SQL XML 요소들의 초창기 개념은 iBATIS 버전 1.x에서 개발되었다. 동적 SQL 요소는 대부분 Struts(자세한 사항은 Ted Husted의 Struts in Action [Manning, 2002]에서 볼 수 있다)에서 개념을 빌려와서 만든 것이다. 자바 커뮤니티에서 표준화가 진행됨에 따라, iBATIS는 좀 더 자바 표준에 가까운 개념을 빌려와서 이를 iBATIS와 잘 융합시켜 사용할 수 있도록 탐색전을 벌였다. 개선이 필요한 두 가지 영역이 나타났는데, 간결하면서 더욱 강력한 XML 요소 셋과 XML 요소들과 함께 사용할 간결한 표현식이 바로 그것이다. iBATIS에서 동적 SQL의 어느 부분을 개선하게 될지 잠시 알아보자.

8.6.1 간단해진 조건 요소

현재 iBATIS는 강력한 16개의 XML 요소를 사용하여 동적 SQL을 구성하는 것을 자랑으로 삼고 있다. 이 요소들은 모두 다 매우 특별한 기능들을 수행한다. 좀 더 일반적인 목적의 조건 XML 요소들을 제공하려는 노력의 일환으로 iBATIS 개발팀은 현재 존재하는 것들에 더하여 간결한 요소들을 만들려고 한다. 새로운 동적 SQL 요소의 목표는 최종적으로 옛날 요소들을 완전히 대체하는 것이다. 새로운 동적 SQL 요소는 JSTL^{Java Standard Tag Library}을 모델로 삼고 있다. 이는 현재 존재하는 16개의 요소를 단 6개로 줄여준다. 이 글을 쓰는 시점에는 `<choose>`, `<when>`, `<otherwise>`, `<if>`, `<foreach>`, `<while>` 요소들이 새로운 요소로 제안돼 있는 상태이다. 대부분의 경우에, 이 요소들이 JSTL의 같은 이름의 태그들과 동일한 기능을 수행할 것이다. 단, 추가적으로 `prepend`, `open`, `close` 그리고 `removeFirstPrepend` 속성들을 포함한다는 점만 다르다.

8.6.2 표현식(Expression Language)

새로운 동적 SQL XML 요소가 더욱 일반적으로 사용할 수 있게 변경되기 때문에, 간단한 표현식이 필요하다. iBATIS 팀은 자바의 J2EE 표현식(Expression Language, EL)을 모델로 하여 표현식을 만들기로 결정하였다. 이를 사용하면 한 번의 값 평가에서 여러 개의 조건을 분석하는 기능이 더 잘 지원된다. 현재 iBATIS의 동적 SQL 요소들은 "and" 혹은 "or" 같은 논리 연산을 지원하지 못한다. 일반화된 동적 SQL 요소들과 강력한 표현식을 조합하면 복잡한 동적 SQL의 요구사항들을 더 쉽게 처리할 수 있다.

8.7 요약

iBATIS의 동적 SQL은 당신의 무기고에 꼭 갖춰둘 만한 매우 강력한 도구이다. 데이터베이스와 소통하는 프로그램을 개발할 때 이 동적 SQL을 어디에 사용할지 정확히 이해하는 것이 중요하다. 목표를 단순화해야 함을 기억하라.

8장에서는 자바와 PL/SQL을 이용하여 간단하거나 혹은 좀 더 복잡한 동적 SQL을 어떻게 작성하는지 살펴보았다. 그리고 또한 iBATIS에서도 같은 일을 해 보았다. 때로는 iBATIS의 동적 SQL이 문제를 해결하는 데 적합하지 않은 경우도 있을 수 있다. 그 때는 다른 대안들을 사용하면 된다. 그 외의 다른 90%의 쿼리는 iBATIS로 수행하는 것이 좋을 것이다.

3 부

iBATIS 실전

iBATIS 프레임워크는 계층화된 아키텍처를 사용하여 필요 없는 기능들은 다룰 필요 없이 꼭 필요한 부분만 쉽게 사용할 수 있도록 해준다. 어쨌든, 때로는 기본적인 것보다 많은 것을 필요로 할 때도 있다. 3부에서는 iBATIS를 더 높은 단계로 끌어올려 이 프레임워크의 고급 기능들을 어떻게 활용하는지를 보여줄 것이다. 동적 SQL과 데이터 계층 추상화를 배울 것이며, 그리고 iBATIS에 없는 기능이 필요할 때, iBATIS를 확장하는 방법도 다룰 것이다.

iBATIS

9 장

캐시를 통한 성능 향상

: 캐시 철학
: 캐시 설정
: 캐시 전략

일반적으로 캐싱은 폭넓은 의미를 가지고 있다. 예를들어 프레젠테이션, 서비스 그리고 데이터 접근 계층을 가지고 있는 전통적인 웹 애플리케이션에서 일부 계층 혹은 모든 계층에 대해 캐싱할 수도 있다. iBATIS의 캐시는 퍼시스턴스 계층의 결과에 대한 캐싱에 중점을 두고 있다. 그래서 서비스나 프레젠테이션 계층과는 무관하며 객체의 동일성에 따라 구분하는 기법을 사용하지도 않는다.

9장에서는 iBATIS의 캐싱 구현체를 설정하고 최적화하며 확장하는 방법까지 알아볼 것이다.

9.1 간단한 iBATIS 캐싱 예제

iBATIS의 견고하고 간단한 캐싱 메커니즘은 모두 설정을 통해 이루어지며 캐시를 직접적으로 관리해야 하는 부담을 덜어준다. 언제, 왜 그리고 어떻게 iBATIS의 캐싱을 사용하는지 좀 더 알아보기 전에 간단히 훑어보자. 리스트 9.1에서 간단한 캐시 설정과 이를 사용하는 매핑 구문 한 가지를 살펴보자.

리 스 트 9.1   기본적인 캐싱 예제

```xml
<cacheModel id="categoryCache" type="MEMORY">
    <flushOnExecute statement="insert"/>
    <flushOnExecute statement="update"/>
    <flushOnExecute statement="delete"/>
    <property name="reference-type" value="WEAK"/>
</cacheModel>

<select
    id="getCategory" parameterClass="Category"
    resultClass="Category" cacheModel="categoryCache">
    SELECT *
    FROM Category
    WHERE categoryId=#categoryId#
</select>
```

리스트 9.1에서 주요 컴포넌트 두 가지를 볼 수 있다. 캐시 모델과 매핑 구문(select)이다. 캐시 모델은 새로 나온 결과를 어떻게 저장하고 오래되서 퀴퀴한 냄새가 나는 데이터를 캐시에서 어떻게 없애버릴지를 결정한다. 매핑 구문에서 캐시를 사용하려면 `<select>`나 `<procedure>` 요소의 cacheModel 속성에 캐시 모델을 지정해줘야 한다.

리스트 9.1에서 캐시 모델의 캐시 타입을 MEMORY로 지정했다. 이 타입은 쿼리 결과를 메모리에 저장하는 iBATIS의 내장 캐시이다. 이 타입이 iBATIS에서 가장 많이 사용되는 캐싱 방식이다. 캐시 모델의 안을 들여다 보면 두 개의 요소를 볼 수 있다. `<flushOnExecute>`는 특정 캐시에 대한 접근이 있을 때[1] 저장된 결과를 캐시에서 지우라고 지정하는 것이다. 여기서 캐시의 모든 내용이 다 사라지게 된다는 사실을 명심해야 한다. 이는 동일한 캐시 모델을 사용하는 여러 매핑 구문이 있을 때, 이 매핑 구문들의 결과 모두가 사라지게 됨을 뜻한다. 주의해서 볼 다른 요소는 `<property>` 요소다. 각각의 캐시 모델 타입들은 해당 캐시 모델의 사용자 정의 설정 정보를 지정할 수 있는 프로퍼티들을 가지고 있다. name 속성은 설정될 프로퍼티의 이름이다. value는 당연히 선언된 프로퍼티에 값을 지정하는 것이다.

1.역자주 | 원서에서는 "특정 캐시에 대한 접근이 있을 때"라고 되어 있지만 사실은 "statement 속성에 지정된 매핑 구문이 실행 될 때"가 맞다

보다시피 iBATIS의 캐시는 매우 단순하다. 개발자가 하게 될 일은 많아 봐야 각 캐시 모델이 가지고 있는 프로퍼티들을 공부하는 것 정도이다. 먼저 iBATIS의 캐싱 철학이 무엇인지 간단히 살펴보고 나서 어떤 캐시 모델들을 사용할 수 있는지 설명한다. 그리고 언제, 어떻게 캐시 모델을 사용해야 할지 알아본다.

9.2 iBATIS의 캐싱에 관한 철학

개발자들이 애플리케이션에 도입하는 대부분의 캐싱은 오랜 시간동안 표면적으로는 변하지 않는 데이터를 위한 것이다. 이러한 데이터는 드롭 다운 메뉴나 선택 목록에서 흔히 사용하는 타입이다. 미국의 주, 도시, 국가 같은 데이터는 이런 형태로 캐싱하기 제일 좋은 후보들이다. 하지만 캐싱이란 오랜 시간 동안 읽기에만 사용하는 데이터뿐만 아니라 읽기/쓰기를 함께 하는 객체에도 사용할 수 있다.

여기서 어려운 점은 수작업으로 데이터가 캐시에 이미 존재하는지 여부를 확인하고 개발자 스스로 캐시에 데이터를 저장해야 한다는 것이다 캐시를 사용함에 있어 다른 어려운 점으로는 저장돼 있는 데이터가 더 이상 사용되지 않는 것인지 혹은 새로 들어온 것인지 어떻게 알아내느냐 하는 문제를 해결하는 것이다. 이는 시간별로 캐시를 지으도록 하는 간단한 규칙을 이용하면 쉽게 해결할 수 있다. 하지만 여러가지 처리 과정을 거치면서 캐시의 내용을 더 이상 유효하지 못한 상태(실제 데이터와 캐시 데이터의 불일치 상태)가 될 경우에는 그렇게 쉽게 해결되지 않는다. 일단 실행되는 코드들 간의 의존성이 캐시된 객체의 무결성을 유지하는 것보다 중요해질 경우 일이 점점 어렵게 되기 시작한다. 때로는 캐싱이 이 정도로 복잡하게 된다면 '노력 대비 성능' 비율이 설득력을 잃거나 혹은 매우 짜증나는 작업으로 비칠 만큼 비율이 떨어질 수 있다. 이 때문에 iBATIS는 오로지 데이터 접근 계층만을 위한 캐시 구현과 전략을 제공하는 데 중점을 두고 있다. 데이터 접근 계층에 대해 중점을 두기 때문에 프레임워크가 손쉬운 설정을 통해 캐시를 관리할 수 있게 된다.

이 시점에서 iBATIS 캐싱 프레임워크의 철학과 다른 퍼시스턴스 계층 솔루션들과의 차이점에 대해서 알아보자. 종종 기존의 ORM 솔루션들이 캐싱을 수행하는 방법에 익숙한 몇몇 사용자들은 이 둘 간의 차이점 때문에 걱정하기도 한다. iBATIS는 데이터베이스의 테이블을 객체에 매핑하는 것이 아니라 SQL 구문을 객체에 매핑하도록 되어 있다. 이런 점으로 인해 중요한 차이가 생기게 된다. 전통적인 ORM 도구들은 주로 데이터베이스 테이블을 객체에 매핑하는 데 중점을 두고 있는데, 이것은 캐시 방식에도 영향을 끼치게 된다. 전통적인 ORM 캐싱 방식은 데이터베이스가 테이블의 한 레코드의 유일성을 관리하는 방식처럼, 객체 식별자(object identification, OID)를 저장한다. 이것은 거슬러 올라가면 두 개의 서로 다른 결과가 동일한 객체를 반환하면 객체는 한 번만 캐싱될 것임을 의미한다. 하지만 iBATIS의 경우에는 이러한 원리가 적용되지 않는다. iBATIS는 SQL 실행 결과에 중점을 두는 데이터 중심 프레임워크이기 때문에 객체의 유일성을 기반으로 캐시를 수행하지는 않는다. iBATIS는 반환된 전체 결과를 캐싱하며 그 결과는 식별 가능한 객체(값을 기준으로)가 다른 캐시에 존재하든 말든 상관하지 않는다.

캐시 모델에 관해 살펴보고 캐시 모델이 무엇이고 일반적인 컴포넌트들로는 무엇이 있는지 더 깊이 있게 공부해보자. 캐시 모델을 통해 어떻게 캐시 결과와 캐시의 의존성을 진부한 수작업 관리 방식에서 벗어날 수 있는지도 살펴볼 것이다.

9.3 캐시 모델 이해하기

캐시 모델은 간단히 설명하면 캐시 설정하기이다. 좀 더 자세히 말하자면, 캐시 모델은 iBATIS의 모든 캐시 구현체를 정의하는 기반이 되는 곳이다. SQL Maps설정 안에서 캐시 모델 설정을 정의하고 하나 이상의 쿼리 매핑 구문이 이를 사용할 수 있다.

캐시 설정은 `<cacheModel>` 요소를 통해 정의할 수 있으며 표 9.1은 각각의 속성들을 설명한다.

표 9.1 `<cacheModel>` 요소의 속성들

`id` (필수적)	유일한 ID를 지정한다. 캐시 모델에 설정된 캐시를 사용하고자 하는 쿼리 매핑 구문에서 이 ID를 참조한다.
`type` (필수적)	이 값은 캐시 모델이 설정하는 캐시의 타입을 의미한다. 사용 가능한 값으로 MEMORY, LRU, FIFO, OSCACHE가 있다. 이 속성은 사용자 정의 `CacheController` 구현체의 완전한 클래스 이름(Fully Qualified Class Name)으로 지정해도 된다.
`readOnly` (선택적)	이 값을 true로 지정하면 캐시가 읽기 전용 캐시로 사용될 것임을 의미한다. 읽기 전용 캐시에서 가져온 객체는 객체의 프로퍼티들을 바꿀 수 없다.
`serialize` (선택사항)	serialize 속성은 캐시의 내용을 가져올 때 '깊은 복사'*를 할지 여부를 지정한다.

* deep copy: 객체의 모든 값을 복사하여 동일 한 값을 가진 새로운 객체를 생성해서 전달하는 방식. 반대말로는 객체의 참조만 복사하는 얕은 복사 shallow copy가 있다.

`id` 속성을 사용하여 캐시를 구분한다. iBATIS는 이 id 값을 통해 어떤 매핑 구문의 결과를 캐시에 저장할지 결정한다. 다른 속성들에 대해 더 자세히 알아보자.

9.3.1 type

iBATIS는 네 개의 디폴트 캐시 구현체를 제공하여 캐시 모델이 이를 바로 사용할 수 있도록 하고 있다. 이 네 가지 타입은 표 9.2에서 볼 수 있다.

표. 9.2 내장 캐시 모델 타입들

캐시 모델 타입	설명
MEMORY	이 모델은 단순하게 캐시된 데이터를 가비지 컬렉터가 삭제할 때까지 메모리에 저장한다.
FIFO	이 모델은 고정된 크기의 모델로 'first in first cut'** 알고리즘을 사용하여 메모리에서 캐시 항목들을 삭제한다.
LRU	이 모델은 또 다른 고정된 크기의 모델로 'least recently used'** 알고리즘을 사용하여 메모리에서 캐시 항목들을 삭제한다.
OSCACHE	이 모델은 OpenSymphony(혹은 OS) Cache를 사용한다.

* FIFO: 먼저 들어간 값을 캐시에서 먼저 삭제 하는 방식.
** LRU: 최근에 가장 오랫동안 사용하지 않은 값을 캐시에서 먼저 삭제하는 방식

특정 캐시 구현체를 사용하려면 디폴트 예약어(MEMORY, LRU, FIFO 그리고 OSCACHE)를 `<cacheModel>` 요소의 type 속성에 지정하면 된다. 9.5절에서 이 네 가지 디폴트 캐시 구현체에 대해서 자세히 알아볼 것이다.

사용자가 직접 `CacheController` 인터페이스를 구현하여 캐시를 만들고 type 속성에 완전한 클래스 이름(FQCN)을 지정하여 사용자 정의 캐시를 제공하는 것도 가능하다(12장을 참조하라).

9.3.2 readOnly 속성

`<cacheModel>` 요소는 `readOnly` 속성을 제공한다. `readOnly` 속성은 단순히 캐시 모델에게 캐시된 객체를 어떻게 가져와서 저장할지 알려주는 지시자이다. 이 속성을 true로 설정하면 가져온 객체의 내용을 변경해도 상관 없다. 캐시를 읽기 전용으로 지정하면 캐시 모델은 캐시에 존재하는 객체에 레퍼런스를 되돌려 줄 수 있음을 의미한다. 왜냐하면 객체를 요청한 애플리케이션이 해당 객체를 변경하지 않기 때문이다. `readOnly` 속성이 false로 지정되면 두 명 이상의 사용자가 캐시된 참조의 동일한 인스턴스를 가져갈 수 없음을 의미한다. `readOnly` 속성은 `serialize` 속성과 함께 작동한다 이 두 속성이 함께 작동하는 방법을 이해하는 것이 중요하다.

9.3.3 serialize 속성

serialize 속성을 사용하여 캐시된 객체를 어떻게 반환해줄지 지정한다. serialize를 true로 설정하면 캐시에서 각 객체를 가져올 때 깊은 복사 작업을 수행한다. 이는 캐시에 저장된 실제 객체는 결코 가져올 수 없음을 의미한다(즉 복사본을 가져오게 된다). 대부분의 사람들이 생각하는 직렬화(serialization)와는 다르다는 사실에 주의해서 사용하는 것이 중요하다. 객체를 디스크로 직렬화하여 저장하지 않는다. 이는 메모리에 기반한 직렬화로 메모리상에 있는 캐시된 객체를 다른 객체로 깊은 복사를 하는 것이다.

9.3.4 readOnly와 serialize 조합

자, 이제 각각의 속성들을 모두 이해했다. 각 속성들의 기능이 약간 겹치는 것을 볼 수 있다. 사실 이들은 매우 밀접하게 함께 작동한다. 이 속성들을 서로 다른 방식으로 조합해서 사용할 때 내부에서 어떤 일이 발생하는지 이해하고 있어야 한다. 이제 표 9.3에서 네 종류의 가능한 조합을 살펴보고 각각 어떤 장점(혹은 단점)이 있는지 분석해 볼 것이다.

표 9.3 readOnly와 serialize 속성의 조합에 대한 요약

readOnly	serialize	결과	이유
true	false	좋음	캐시된 객체를 가장 빠르게 가져온다. 캐시된 객체의 공유 인스턴스를 반환하며, 잘못 사용하면 문제를 일으킬 수도 있다.
false	true	좋음	캐시된 객체를 빠르게 가져온다. 캐시된 객체를 깊은 복사 작업을 통해 가져온다.
false	false	주의요망!	캐시는 오직 호출하는 스레드의 세션이 살아 있는 동안에만 관련되고, 다른 스레드는 사용할 수는 없다.
true	true	나쁨	이 조합은 무의미한 설정이라는 점을 제외하고는 readOnly=false 그리고 serialize=true와 동일하게 작동한다.

이 두 속성의 디폴트 조합은 readOnly=true이고 serialize=false이다. 이 조합은 캐시 내부에 포함된 객체와 동일한 참조를 되돌려 주라고 지시한다. 이 조합을 사용하면 캐시된 객체를 변경하는 게 실질적으로는 가능하다. 캐시된 객체가 전역적으로 공유되기 때문에 문제를 일으킬 소지가 있다. 동일한 파라미터를 사용해 쿼리 매핑 구문을 호출하여 캐시된 객체에 접근하는 모든 사용자는, 다른 세션에서 부적절하게 변경된 객체를 가져오게 될 수도 있다.

캐시된 객체를 가져온 뒤에 변경하고자 한다면 readOnly 속성을 반드시 false로 지정해야만 한다. 그렇게 하면 캐시가 해당 세션 고유의 인스턴스만을 반환하도록 강제한다. serialize=true 그리고 readOnly=false 조합을 사용면, 캐시된 객체의 깊은 복사 작업의 결과를 가져올 수 있게 된다. 이는 캐시에서 가져온 객체가 값은 비록 같지만 동일한 인스턴스는 아니라는 의미이다. 이 방법을 사용하면 캐시에서 가져온 객체의 변경 사항이 호출한 세션 안에서만 적용된다.

사용 가능한 다른 조합으로 readOnly=false로 serialize=false로 지정하는 것이다. 이 조합이 유용할지도 모르지만 사실 이런 설정이 적합한 경우는 거의 없다. 두 속성을 모두 false로 지정하면 캐시가 각 호출 스레드마다 요청 받은 객체의 유일한 인스턴스를 생성해야만 한다. serialize가 false이기 때문에 깊은 복사 방법을 사용하지는 않는다. 대신 그 세션에서만 사용할 캐시를 매번 생성해야 한다. 이는 동일한 매핑 구문을 동일한 세션에서 여러번 호출할 때는 캐시의 효과를 누릴 수 있다는 의미이다. 하지만 서로 다른 세션에서 캐시된 매핑 구문을 처음으로 호출할 때마다 데이터베이스에 접근하게 될 것이다.

두 속성의 마지막 조합은 readOnly=true이고 serialize=true인 것이다. 이 조합은 기능적으로는 readOnly를 false로 그리고 serialize를 true로 지정한 것과 동일하다. 여기서 문제는 이것이 나타내고자하는 의미이다. serialize하고자 하는 결과를 readOnly로 생성하는 것은 의미가 없는 행동이다. serialize의 의도는 캐시에 저장된 객체가 직렬화될 것이라고 여기거나 그럴 계획이라는 의미이다. 그러므로 읽기 전용 캐시를 직렬화하는 것은 다소 불합리한 행동이다.

이제 캐시의 철학에 관해 이해를 하였으니 설정하고 사용하는 방법을 더 상세하게 보자.

9.4 캐시 모델 내부의 요소 사용하기

우리가 사용할 수 있는 여러 타입의 캐시 모델 구현체들을 다루기 전에 <cacheModel> 요소의 내부에서 사용하는 일반적인 요소들에 익숙해져야 할 것이다. 이 요소들은 캐시를 비우는 것뿐만 아니라 특정 캐시 모델 구현체에 국한된 프로퍼티 값을 지정하는 데도 사용한다.

217

9.4.1 캐시 비우기(Cache flushing)

각각의 캐시 구현체는 캐시된 내용을 지울 때 사용하는 공통적인 요소를 가지고 있다. 여러분이 캐시를 통해 생각해 볼 때, 캐시에서 객체를 언제 그리고 어떻게 삭제해야 할지 결정해 보라. 각각의 캐시 모델 타입들은 기본적으로 세부적인 수준(granular level)에서 캐시된 데이터를 관리하는 방법을 가지고 있다. 메모리나 가장 최근에 접근한 것 혹은 객체가 얼마나 오래됐는지 여부 등에 따라서 개별적인 객체를 삭제할 수 있다. 각 캐시 모델의 고유한 기능 외에도 전체 내용을 지우고자 할 때 지우도록 지시할 수 있다. flush 요소들은 이러한 기능을 제공해준다.

표 9.4에서 flush 관련 요소들을 보여준다.

표 9.4 캐시에서 항목을 삭제하는 규칙을 지정하는 flush 요소들

태그	목적
`<flushOnExecute>`	여기서 지정된 쿼리 매핑 구문이 실행되면 캐시의 내용을 지운다.
`<flushInterval>`	캐시의 내용을 지우는 시간 간격을 정의한다.

각 flush 요소들을 좀 더 깊게 살펴보자.

<flushOnExecute>

`<flushOnExecute>` 요소는 statement 속성 하나만을 가지고 있으며, 이 속성에 지정된 매핑 구문이 실행될 때 자동으로 캐시의 내용을 지운다. 이 요소는 데이터베이스에 변경이 가해지면 결과가 캐시에도 반영되어야 할 때 유용하게 사용할 수 있다. 예를 들어 카테고리 목록을 캐싱하고 있을 때 `<flushOnExecute>`를 사용해서 새로운 카테고리가 추가될 때마다 캐시를 지우도록 할 수 있다.

전에 언급했듯이 캐시의 모든 내용을 다 지울 것이기 때문에, 데이터를 매우 자주 변경하는 매핑 구문에 의존하는 매핑 구문을 만들지 않도록 주의해야 한다. 이런 경우에는 캐시를 너무 자주 지우고 다시 값을 채우기 때문에, 캐시를 효율적으로 사용할 수 없게 만들 수 있다. 리스트 9.2에서 캐시 모델을 정의하고 데이터베이스에 새로운 데이터가 추가될 때 캐시를 지워버리는 `<flushOnExecute>` 요소를 어떻게 사용하는지 예제를 볼 수 있다.

리 스 트 9.2   flushOnExecute 캐시 예제

```
<SqlMap namespace="Category">
…
<cacheModel id="categoryCache" type="MEMORY">
    …
    <flushOnExecute statement="Category.insert"/>
    …
</cacheModel>
…
<select
  id="getCategory" parameterClass="Category"
  resultClass="Category" cacheModel="categoryCache">
  SELECT *
  FROM Category
  WHERE parentCategoryId=#categoryId#
</select>
…
<insert id="insert" parameterClass="Category" >
  INSERT INTO Category
    (title,description,sequence)
  VALUES
    (#title#,#description#,#sequence#)
 </insert>
    …
</SQL Map>
```

<flushOnExecute> 요소를 사용하려면 statement 속성에 캐시를 지우도록 지시하는 매핑 구문의 이름을 지정해야 한다. 해당 매핑 구문이 namespace 속성을 사용하는 SQL Map 안에 포함돼 있다면 statement 속성에 명명공간을 포함한 완전한 이름을 지정해야만 한다. statement 속성이 동일한 SQL Map 파일 안에 있는 매핑 구문을 지정할 경우에도 완전한 명명공간 표기방식을 사용해야만 한다. 다른 SQL Map 파일에 존재하는 매핑 구문을 지정할 때는 statement 속성이 매핑 구문을 참조하기 전에 먼저 해당 SQL Map 파일이 적재되어 있는 상태여야만 한다.

<flushInterval>

<flushInterval> 요소는 캐시의 내용을 관리하는데 사용하는 또 다른 flush 요소다. <flushInterval> 요소는 <flushOnExecute> 요소보다 약간 더 간단한 편인데 시간을

제외한 다른 설정에는 의존하지 않기 때문이다. <flushInterval> 요소는 특정 시간 간격에 따라 반복적으로 캐시를 지운다. 이 간격은 이 설정이 적용되는 동안 캐시가 생성될 때 시작되고 애플리케이션이 종료될 때까지 계속된다. <flushInterval> 요소에는 표 9.5에서 보다시피 시, 분, 초 혹은 밀리초를 지정할 수 있다.

표 9.5 〈flushInterval〉 요소의 속성들

속성	의미
hours (선택사항)	캐시를 지우기까지 지나야 할 시간
minutes (선택사항)	캐시를 지우기까지 지나야 할 분
seconds (선택사항)	캐시를 지우기까지 지나야 할 초
milliseconds (선택사항)	캐시를 지우기까지 지나야 할 밀리 초

잠재적인 혼란을 방지하기 위해 <flushInterval>에 캐시를 지우는 특정 시각을 지정할 수는 없다. 순수하게 시간 간격에만 기초한다. 리스트 9.3에서 <flushInterval> 요소를 사용하여 캐시된 객체의 수명을 12시간으로 제한한 예를 보여준다.

리스트 9.3   <flushInterval> 캐싱 예제

```xml
<SqlMap namespace="Category">
 …
<cacheModel id="categoryCache" type="MEMORY">
    …
    <flushInterval hours="12" />
    …
</cacheModel>
 …
<select
  id="getCategory" parameterClass="Category"
  resultClass="Category" cacheModel="categoryCache">
  SELECT *
  FROM Category
  WHERE parentCategoryId=#categoryId#
</select>
 …
</SQL Map>
```

<flushInterval>을 사용할 때 주의할 사항은 <flushInterval> 요소에는 오직 한 개의 속성만을 허용한다는 점이다. 그러므로 매 12시간 10분 10초 5밀리초 마다 캐시를 지우고 싶다면 이를 밀리초로 계산해서 지정해야만 한다.

9.4.2 캐시 모델 구현체의 프로퍼티 설정하기

캐시 모델은 프레임워크에 플러그인 형태로 작동하는 컴포넌트이기 때문에 이 컴포넌트에 임의의 설정 값을 제공할 수 있는 방법이 필요하다. `<property>` 요소가 바로 그 역할을 한다. 표 9.6은 `<property>` 요소의 속성을 보여준다.

표 9.6 `<property>` 요소의 속성들

name(필수사항)	설정할 프로퍼티의 이름
value(필수사항)	설정할 프로퍼티의 값

`name`과 `value` 속성 모두가 필수 사항이고 모두 캐시 모델 컴포넌트를 초기화할 때 `Properties` 객체로 만들어져 전달된다.

일반적으로 캐시 설정은 개발자가 사용하고자 하는 캐시 타입에 따라 달라지게 된다. 그러므로 어떤 타입의 캐시 모델이 있는지 그리고 각각의 캐시 모델 타입에 따른 옵션은 무엇인지 이해하고 있어야 한다.

9.5 캐시 모델 타입

9.3.1절에서 언급한 바와 같이 iBATIS와 함께 제공되어 애플리케이션에서 사용할 수 있는 캐시 모델은 네 가지가 있다.

- MEMORY
- LRU
- FIFO
- OSCACHE

다음 네 절에서 각 캐시 모델 타입을 알아보자.

9.5.1 MEMORY

MEMORY 캐시는 객체 참조를 기반으로 한 캐시이다(java.lang.ref javadoc을 참조하라). 캐시 내의 각 객체는 참조 타입을 갖게 된다. 참조 타입은 가비지 컬렉터(garbage collector)에게 객체를 어떻게 다룰지에 대한 힌트를 제공해준다. `java.lang.ref` 패키지처럼 MEMORY 캐시도 WEAK와 SOFT 참조를 제공해준다. 추가로, 참조 타입을 WEAK 혹은 SOFT라고 지

정하면 가비지 컬렉터는 메모리 용량의 제한 그리고/혹은 캐시된 객체에 대한 현재 접근 상태에 따라서 무엇이 캐시에 남아있고 무엇을 내보낼지를 결정한다. STRONG 참조 타입을 사용하면 캐시는 캐시 비우기 시간 간격(flushInterval)이 될 때까지는 무엇을 호출하든 상관없이 이 객체를 계속 보관할 것을 보장해준다.

MEMORY 캐시 모델은 객체에 접근하는 방식보다는 메모리 관리에 더욱 중점을 둔 애플리케이션에 적합하다. STRONG, SOFT 그리고 WEAK 참조 타입들이 어떤 객체를 다른 객체보다 더 오래 가지고 있을지 결정해 주기 때문이다. 표 9.7은 각각의 참조 타입이 어떻게 기능을 수행하는지에 대해 간단하게 보여주며, 각 타입에 따라 객체를 메모리에 얼마동안 캐싱할지를 어떻게 결정하는지 보여준다.

표 9.7   MEMORY 캐시 참조 타입

WEAK	WEAK참조 타입은 캐시된 객체를 빨리 비워버린다. 이 참조 타입은 객체가 가비지 컬렉터에 의해 수거되는 것을 막지 않고 놔둔다. 가비지 컬렉터는 캐시된 객체를 처음 보자마자 삭제해 버릴 것이다. 이 참조 타입은 단지 삭제되기 전의 객체에 접근하는 방법을 제공할 뿐이다. 이는 디폴트로 지정되는 참조 타입이다. 이 방식은 일관성 있게 객체에 접근하는 캐시를 사용할 때 잘 작동한다. 이 방식은 캐시를 비우는 비율이 빠른 편이기 때문에 메모리 제한을 넘기지 못하도록 보장해준다. 이 방식을 사용하면 데이터베이스 히트* 확률이 더 높아진다.
SOFT	SOFT 참조 타입도 중요한 메모리 용량 제한에 다달았을 때 객체를 삭제해도 되는 경우에 좋다. SOFT 참조 타입은 메모리 용량이 허락하는 한 캐시된 객체를 계속 보관한다. 가비지 컬렉터는 더 많은 메모리가 필요하다고 판단되기 전까지는 이 객체들을 수거하지 않는다. SOFT 참조는 또한 메모리의 용량을 넘지 않을 것을 보장해 주고 WEAK 참조 타입보다는 데이터베이스 히트 횟수가 적은 편이다.
STRONG	STRONG 참조 타입은 메모리의 용량 한계가 얼마든지 간에 관계 없이 캐시된 객체를 계속 보유하고 있다. STRONG 타입으로 저장된 객체는 지정된 비우기 시간 간격이 되기 전까지는 캐시에서 삭제되지 않는다. STRONG 타입의 캐시는 정적이고 작고 정기적으로 사용할 객체를 저장할 때 사용하도록 한다. 이 참조 타입은 데이터베이스 히트를 줄여서 성능을 향상시켜준다. 하지만 캐시의 용량이 지나치게 커져서 메모리 부족 오류를 발생시킬 수 있는 위험성을 안고 있다.

* 데이터베이스 히트: database hit, 캐시된 객체가 없기 때문에 다시 데이터베이스에 접속해서 쿼리를 하는 행위

MEMORY 캐시 타입은 오직 `reference-type` 프로퍼티 하나만을 가지고 있다. 이 프로퍼티에 참조 타입을 지정한다.

리스트 9.4는 WEAK 참조 타입을 사용하여 캐시된 데이터를 저장하고, 최대 24시간 마다 그리고 insert, update, delete 매핑 구문이 실행될 때 마다 캐시를 지우는 간단한 MEMORY 캐시 모델이다.

리 스 트 9.4   MEMORY cacheModel 예제

```xml
<cacheModel id="categoryCache" type="MEMORY">
    <flushInterval hours="24"/>
    <flushOnExecute statement="insert"/>
    <flushOnExecute statement="update"/>
    <flushOnExecute statement="delete"/>
    <property name="reference-type" value="WEAK"/>
</cacheModel>
```

MEMORY 캐시 타입은 간단하지만 애플리케이션에서 캐시를 다루기에 충분히 효과적인 방법이다.

9.5.2 LRU

LRU 캐시 모델 타입은 최근에 가장 오랫동안 사용되지 않은(Least Recently Used) 것을 제거하는 방식으로 캐시를 관리한다. 이 캐시의 내부에서는 최근에 가장 오랫동안 접근하지 않은 객체를 결정하고 용량이 초과하게 되면 해당 객체를 제거한다. 캐시의 객체를 제거하는 것은 오직 캐시의 용량이 제한을 넘겼을 때 한 번만 발생한다. 용량 제한은 캐시가 보유할 수 있는 객체의 개수로 정의한다. 이런 형태의 캐시에는 대용량 메모리를 차지하는 객체를 넣으면 메모리 부족 오류가 발생할 수 있으니 주의해야 한다.

LRU 캐시는 특정 객체에 상당히 자주 접근하는 캐시를 관리할 때 매우 적합한 형태이다. 보통 페이지로 나뉜 결과이거나 검색어로 검색한 결과에 사용되는 객체를 캐싱하는 애플리케이션에서 이러한 캐싱 방식을 사용한다.

`<property>` 요소를 사용하여 LRU캐시 타입에 지정할 수 있는 프로퍼티는 size 하나뿐이다. 이 값은 캐시에 저장될 수 있는 객체의 최대 개수를 지정한다.

리스트 9.5는 가장 최근의 200개의 캐시된 객체를 메모리에 저장하고 최대 24시간마다 그리고 insert, update, delete 매핑 구문이 실행될 때마다 캐시를 지우는 간단한 LRU 캐시 모델이다.

리 스 트 9.5   LRU cacheModel 예제

```xml
<cacheModel id="categoryCache" type="LRU">
    <flushInterval hours="24"/>
    <flushOnExecute statement="insert"/>
    <flushOnExecute statement="update"/>
```

```
        <flushOnExecute statement="delete"/>
        <property name="size" value="200"/>
</cacheModel>
```

LRU 캐시는 특정 기간동안 서로 다른 데이터의 일부를 사용하는 애플리케이션에서 유용하게 사용할 수 있다.

9.5.3 FIFO

FIFO 캐시 모델은 먼저 들어온 것을 먼저 내보내는(First in, first out) 전략을 사용한다. FIFO는 생존 시간(age) 기반의 전략으로 캐시된 객체중 가장 오래된 것을 먼저 삭제한다. 캐시된 객체의 삭제는 캐시 용량 제한을 넘었을 때 오직 한 번만 수행한다. 용량 제한은 캐시가 보유할 수 있는 객체의 개수로 정의한다. LRU 타입과 마찬가지로 이런 타입의 캐시에는 대용량 메모리를 차지하는 객체를 넣으면 메모리 부족 오류가 발생할 수 있으니 주의해야 한다.

FIFO는 생존 시간에 기반을 두고 있기 때문에 초기에 캐시에 저장되는 그 순간에 더 많이 사용되는 객체를 캐싱할 때 좋은 효과를 보여준다. 시간이 지나면 그 객체는 덜 사용되겠지만 여전히 접근할 수는 있다. 시간에 기반한 리포팅 애플리케이션에서 이러한 캐싱이 유용함을 알 수 있다. 주식 가격을 리포팅한다면 대부분의 요청은 요청 순간에 가장 유효하고, 시간이 지남에 따라 중요도가 떨어지게 된다.

<property> 요소를 사용할 때 FIFO캐시 타입을 위해 지정할 수 있는 오직 하나의 프로퍼티는 size이다. 이 값은 캐시에 저장될 수 있는 객체의 최대 개수를 지정한다.

리스트 9.6은 가장 최근의 200개의 캐시된 객체를 저장하고 최대 24시간마다, 그리고 insert, update, delete 매핑 구문이 실행될 때마다 캐시를 비우는 간단한 FIFO 캐시 모델이다.

리 스 트 9.6   FIFO cacheModel 예제

```
<cacheModel id="categoryCache" type="FIFO">
    <flushInterval hours="24"/>
    <flushOnExecute statement="insert"/>
    <flushOnExecute statement="update"/>
    <flushOnExecute statement="delete"/>
    <property name="size" value="1000"/>
</cacheModel>
```

FIFO 캐시는, 예를 들면 장바구니처럼 특정 기간에 특정한 데이터 형태를 순환적으로 사용하는 애플리케이션에서 유용하게 사용할 수 있다.

9.5.4 OSCACHE

OSCACHE 캐시 모델은 Open Symphoy(http://www.opensymphony.com/oscache/)의 OSCache 2.0 제품을 사용한다. OSCache는 iBATIS가 다른 캐싱 모델로 제공하는 많은 타입의 캐싱 전략을 수행할 수 있는 견고한 캐싱 프레임워크이다. OSCACHE 모델을 사용할 때는 OSCache의 jar 파일들이 필요하다. 이 설정을 사용할 때는 OSCache의 jar 파일들을 프로젝트 디렉터리에 포함시켜야 한다. 이 캐시는 표준 OSCache 설치와 동일한 방법으로 설정하면 된다. 이 말은 OSCache가 읽을 수 있도록 `oscache.properties` 파일을 클래스패스의 최상위에 저장해둬야 한다는 뜻이다. OSCache를 설치하고 설정하는 방법에 대해 더 알고 싶다면, http://www.opensymphony.com/oscache/documentation.action 에서 작성된 문서를 보면 된다. 리스트 9.7은 OSCACHE 캐시 모델의 예제를 보여준다.

리 스 트 9.7   OSCACHE cacheModel 예제

```
<cacheModel id="categoryCache" type="OSCACHE">
    <flushInterval hours="24"/>
    <flushOnExecute statement="insert"/>
    <flushOnExecute statement="update"/>
    <flushOnExecute statement="delete"/>
</cacheModel>
```

9.5.5 스스로 만든 캐시 모델

앞에서 캐시 모델은 프레임워크에 플러그인되는 형태의 컴포넌트라고 언급한 적이 있다. 자기 자신의 캐시모델을 만들 수 있는 방법을 알고 싶거나 혹은 단지 호기심만 가지고 있을 수도 있을 것이다.

오직 두 가지만 기억하면 된다. 하나는 iBATIS가 제공해 주는 네 가지 캐시 모델은 단순히 `com.ibatis.sqlmap.engine.cache.CacheController` 인터페이스를 구현한 것이라는 점이다. 또 하나는 디폴트 캐시 모델들의 이름은 단순히 이 구현체들의 완전한 클래스 이름에 대한 별칭이라는 점이다.

계속 나아가면서 이제는 당신 자신의 캐시 모델도 있으니 이걸 어떻게 작동시키는지 몇 가지 방법을 알아보자.

9.6 캐싱 전략 수립하기

캐싱 전략을 수립할 때는 먼저 요구사항을 명확하게 해야 한다. iBATIS는 데이터 접근 계층을 위해서 앞에서 설명한 캐싱 전략들을 제공하고 있다. iBATIS가 제공하는 캐싱 전략들은 여러분이 이루고자 하는 캐싱 전략 전반에 걸쳐서 원활하게 작동하도록 할 수 있으며, 또한 잘 작동할 것이다. 하지만 애플리케이션의 전반에 걸쳐 사용할 수 있는 캐싱 전략에 이것들만 있지는 않을 것이다. 전반적인 캐싱 전략을 탐구하고 있다면 이 책의 범위를 벗어나는 고려사항과 논의사항들이 매우 많다. 어쨌든 iBATIS 캐싱 기능이 여러분의 캐싱 전략 전반에서 어떤 부분을 담당할지 결정하는 것이 중요하다.

데이터 접근 계층에서 데이터를 캐싱할 때 해당 애플리케이션 전용 데이터베이스나 혹은 다른 애플리케이션과 공유하는 데이터베이스를 사용하게 될 것이다. 전용 데이터베이스를 사용할 때는 개발중인 애플리케이션을 통해서만 데이터베이스에 접근하게 된다. 공유 데이터베이스의 경우에는 여러 애플리케이션들이 데이터베이스에 접근할 것이고 데이터를 수정하는 것이 가능해진다.

만약 여러가지 애플리케이션들이 접근하고 데이터를 수정하는 데이터베이스에 애플리케이션이 접속한다면, 캐시를 많이 사용하지 않는 것이 좋다. 다른 애플리케이션이 데이터베이스에 변경을 가해서 원본 데이터가 변경된 지 오래되었다면 <flushOnExecute>를 사용하는 것도 효과적인 방법이 되지 못한다. 그래도 여전히 읽기/쓰기 가능한 데이터에 영향을 주지 않는 좀 더 정적이고 읽기 전용인 데이터를 캐싱하여 효과를 볼 수있다. 예를 들면 시간에 따라 변경되지 않는 리포팅 데이터, 장바구니 데이터 혹은 정적인 드롭 다운 목록 데이터 등이 그렇다.

한편 단일 애플리케이션에 의해서만 접근 가능한 데이터베이스를 캐싱한다면 iBATIS 캐싱 기능을 적극적으로 도입할 수 있다. 전용 애플리케이션에서는 <flushOnExecute>를 훨씬 더 효율적으로 사용할 수 있다. 개발자가 특정 매핑 구문을 실행하면 캐시된 데이터를 더 이상 유효하지 않게 만든다는 것을 알고 있으므로 캐시 지우기 전략을 수립할 수 있다.

만약에 특정 항목이 캐시에서 해제될 때, 좀 더 세부적으로 제어하고 싶거나 혹은 클러스터링된 캐시를 원한다고 생각해보자. iBATIS 자체는 그런 방식의 캐시를 제공하지 않는다. 하지만 OSCACHE 캐시 타입(9.5.4절)을 조합해서 이런 형태의 견고한 기능을 제공할 수 있다. 어쨌든 이전에 말했던 것과 같은 규칙이 여기서도 적용된다. 사용할 데이터베이스에 접근할 수 있는 애플리케이션이 하나로 제한되어 있을 때는 좀 더 적극적으로 캐시를 사용할 수 있다. 하지만 전용 데이터베이스가 아닌 경우에는 주의해야 한다.

다음에 나올 몇몇 절에서는 캐시 사용에 관련된 경우에 다한 스터디와 어떻게 캐시 구현을 시작할지 보여주는 코드 조각들을 살펴볼 것이다.

9.6.1 읽기전용, 장기간 유지 데이터 캐싱

읽기 전용의 장기간 유지되는 데이터는 자주 캐시의 대상이 된다. 이것은 자주 변경되지 않기 때문에 캐시하기가 쉽다. 이런 종류의 데이터를 캐시에 집어넣고 캐시를 지울 시간이 되거나 혹은 캐시를 비우도록 지정된 매핑 구문이 실행될 때까지 잊어버리고 있어도 된다. 장바구니 애플리케이션을 다시 보면서 읽기 전용 캐시의 설정 과정을 살펴보자.

8장에서 장바구니의 카테고리를 살펴보았기에 여기서 다시 사용할 것이다. 장바구니 방문자가 카테고리를 선택하면 관련된 하위 카테고리를 화면에 함께 보여준다. 이 카테고리들은 꽤 자주 사용되며 값이 그다지 변경되지 않는다. 따라서 이들이 장기간 유지할 수 있는 읽기 전용 캐시의 주요 대상이 된다.

어떻게 카테고리 캐싱을 설정할지 생각할 때는, 어떻게 결과를 조회할지 그리고 그 데이터에 접근하는 패턴에 가장 적합한 캐싱 전략은 어떤 것인지를 고려해야 한다. 하위 카테고리 리스트를 캐싱하는 경우에 사용자들은 대개 관련된 상위 카테고리를 기반으로 하위 카테고리의 리스트를 조회해 온다. 이것을 SQL식 용어로 표현하면 WHERE 조건이 `parentCategoryID` 값이 전달받는 파라미터 값과 동일한지 여부에 기초를 두고 있다는 의미이다. 또 다른 고려사항으로 얼마나 자주 이 캐시를 지워야 하고 어떠한 캐싱 전략을 사용해야 하는가가 있다. 사용자들은 종종 특정 카테고리를 다른 카테고리보다 자주 사용하는 경우가 있다. 그래서 LRU 전략으로 사용하고자 하는 항목들을 측정한다(리스트 9.8). 이 접근 방법을 사용하면 더 최근에 접근한 항목들을 계속 캐싱하고 캐시에 오랫동안 있었던 데이터를 삭제한다.

리 스 트 9.8   LRU cacheModel 예제

```xml
<cacheModel id="categoryCache" type="LRU">
    <flushInterval hours="24"/>
    <flushOnExecute statement="insert"/>
    <flushOnExecute statement="update"/>
    <flushOnExecute statement="delete"/>
    <property name="size" value="50"/>
</cacheModel>
```

리스트 9.8에서는 캐시 모델을 설정하는 것으로 시작하였다. type 속성을 LRU로 지정하였다. id 속성의 값은 이 캐시를 사용할 매핑 구문을 설정할 때 이 캐시 모델의 유일한 식별자 역할을 한다. <flushInterval> 요소를 사용하여 이 캐시가 절대로 24시간 이상 지속되지 않도록 보장하였다. <flushInterval>은 categoryCache로 식별되는 캐시에 저장돼 있는 모든 데이터를 삭제할 것이다. <flushExecute>를 사용해서 insert, update, delete로 지정된 매핑 구문을 호출하면 id가 categoryCache인 캐시에 저장된 모든 결과를 지우도록 지정하였다. 마지막으로 <property> 요소와 size 프로퍼티를 이용해서 캐시에 저장할 수 있는 항목의 개수를 제한하도록 설정하였다. 캐시에 50개 이상의 결과가 저장되면 최근에 이용되지 않은 항목을 삭제하기 시작한다.

리스트 9.9에서 getChildCategories 매핑 구문은 cacheModel 속성에서 관련 캐시로 categoryCache라는 id를 지정해서 categoryCache를 사용한다. 사용자가 장바구니 애플리케이션의 카테고리를 살펴볼 때 getChildCategories 매핑 구문이 호출된다. 이때 하위 카테고리 결과를 캐시한다. 캐시의 크기가 50에 도달하게 되면 캐시에서 오래된 결과를 삭제하기 시작한다. 이로인해 끊임없이 접근한 하위 카테고리 목록이 캐시에 더 오래 남아 있게 되고 사용자들에게 더 좋은 성능을 제공하게 된다. 만약 관리자가 카테고리에 insert, update, delete를 실행하면 캐시가 자동으로 지워지고 캐시된 결과를 다시 처음부터 구축하기 시작한다.

이러한 지우기와 도태시키기(오랫동안 접근하지 않은 캐시를 지우는 작업)의 조합을 통해 불필요한 데이터베이스 접근이라는 짐을 덜어내면서 하위 카테고리를 유효한 가장 최근의 것으로 유지한다.

리 스 트 9.9   categoryCache를 사용하는 쿼리 매핑 구문

```xml
<select id="getChildCategories" parameterClass="Category"
    resultClass="Category" cacheModel="categoryCache">
```

```
    SELECT *
    FROM category
    <dynamic prepend="WHERE ">
        <isNull property="categoryId">
        parentCategoryId IS NULL
        </isNull>
        <isNotNull property="categoryId">
        parentCategoryId=#categoryId:INTEGER:0#
        </isNotNull>
    </dynamic>
    ORDER BY sequence, title
</select>
```

LRU캐시의 삭제처리는 size 프로퍼티 값을 증가시키거나 감소시켜 더 많거나 더 적은 항목을 캐시하도록 세부적으로 조절할 수 있다. LRU의 목표가 지속적으로 사용되는 항목들만 캐시하는 것임을 기억하라. 캐시의 크기(size 프로퍼티)를 너무 크게 하지 말라. 그렇게 하면 LRU 캐시가 사실상 STRONG 메모리 캐시가 되어 버린다. 이는 LRU 캐시의 전체적인 효과를 무용지물로 만들어버릴 것이다.

이제 장기간 유지되는 읽기 전용 데이터를 캐시하는 효과적인 방법을 알아보았으니, "캐시를 하느냐 마느냐"라는 고민에 자주 처하게 되는 또 다른 상황을 생각해보자. 바로 읽기와 쓰기가 모두 가능한 데이터에 대한 캐싱이다.

9.6.2 읽기/쓰기 가능한 데이터 캐싱

변경되는 특징이 있는 객체를 캐시해야 생각해보자. 그렇게 하려면 주의해야만 한다. 트랜잭션이 많은 환경이라면 캐시가 과도하게 변경되고 사실상 쓸모 없어진다는 것을 알게 될 것이다. 트랜잭션이 많은 데이터를 캐시하려고 하면 캐시를 자주 지워야만 하기 때문이다. 캐시를 너무 자주 지우게 되면 이중적인 부담을 떠안게 된다. 첫째로 애플리케이션이 데이터베이스에 요청을 보낼때마다 항상 지속적으로 캐시를 검사하고 지우고 다시 캐시에 데이터를 채우는 상태가 된다. 따라서 캐시를 계속적으로 지운다면 새로운 결과를 가져오기 위해 계속해서 데이터베이스에 접근해야 함을 의미한다. 애플리케이션에서 캐시를 사용하기보다는 데이터베이스에서 인덱싱과 테이블 피닝(table pinning, 테이블 내용을 메모리에 저장하기) 같은 기술을 사용하는 것이 성능 향상에 더 도움이 되리라는 것을 알게 될 것이다.

비록 변경될 가능성이 있는 데이터를 캐시할 때 주의할 필요가 있긴 하지만 데이터의 변경이 덜한 상태에 있을 때에도 주의할 필요가 있다. JGameStore 애플리케이션에서 제품을 캐싱하는 좋은 예를 볼 수 있다. 많은 상점 애플리케이션들은 관리자가 새로운 제품을 입력하고 이미 존재하는 제품의 정보를 수정하고 어떤 것은 할인 품목이라고 표시하고 그 외의 유사한 작업을 할 수 있는 기능이 필요하다. 이런 종류의 작업들은 적은 양의 변경을 일으킨다. 이런 경우 높은 트랜잭션을 요구하는 환경이 아니기 때문에 애플리케이션의 전반적인 성능을 향상시키는데 캐싱이 제 역할을 할 수 있다. 캐시를 구축할 시간이 필요하고 잠시 사용자에게 성능 향상을 제공해줄 수 있는 한, 개발자는 앞서 설명한 싱크홀[2]을 피하게 될 것이다.

캐싱하고자 하는 데이터의 특성을 판단할 때는 몇몇 사항을 고려해야 한다.

- 의미를 가지는 제품의 수
- 제품 데이터의 변경 특성
- 가장 자주 접근하는 제품은 소비자의 습관에 따라서 하루 종일 변경될 것이다.

우리의 예제에서는 덜 제한적인 캐싱 방법인 WEAK 메모리 캐시를 사용하기로 결정하였다. 캐싱해야할 결과의 개수를 결정하려면 특정한 수준의 예측 가능성을 필요로 하는 LRU와는 달리 WEAK 메모리 캐시는 미리 결정된 인위적인 제약에 도달하기 전에 개발자에게 어떤 항목을 남겨두고 어떤 항목을 버릴지를 결정할 수 있는 권한을 준다. 캐시에 데이터를 저장하기 위해 java.lang.ref.Reference 구현체를 사용하기 때문에 내부적인 분석에 기초하여 캐시된 데이터를 삭제하거나 계속 유지할 수 있다. MEMORY 캐시에 WEAK 참조 타입을 사용하면 결과 데이터를 WeakReference(java.lang.ref.WeakReference)로 포장해서 캐시에 저장한다. 그리고 나서 가비지 컬렉터가 포장한 결과를 스스로 판단하여 처리하게 된다.

이제는 <cacheModel> 요소 설정으로 넘어가 보자. 이미 알다시피 cacheModel 타입 속성은 MEMORY로 지정된다. 읽기/쓰기가 가능한 환경임에도 <cacheModel> 요소에 readOnly 속성을 true로 설정했다는 것에 주의하라. 더욱이 serialize를 false로 설정하여 깊은 복사를 해야하는 부담을 제거하였다. 이 말은 캐시에서 가져오는 객체들이 변경될 수도 있음을 의미한다. 이런 방식은 여러가지 이유에서 안전한 접근법이라 볼 수 있다. 첫째로 오직 장바구니를 관리하는 사람만이 제품 객체를 변경할 수 있을 것이다. 실제로 쇼핑

---

[2] **역자주** | sinkhole, 땅속 지반의 밀도가 높지 않은 곳의 땅꺼짐 현상을 뜻한다. 여기서는 트랜잭션이 많은 환경에서의 캐시 사용은 오히려 성능상에 치명적인 역효과를 낳는 현상을 의미한다.

을 하고 있는 사용자는 어떤 방식으로도 제품 객체를 절대로 바꿀 수 없다. 둘째로 제품 정보가 수정될 때마다 캐시를 지우게 된다. 마지막으로 reference-type 속성을 WEAK로 지정함으로써 제품을 오랜 기간 동안 캐시되지 않게 한다. 가비지 컬렉터의 재량에 따라 삭제하기 때문이다. 리스트 9.10 에서 우리의 캐시 모델 설정 예제를 볼 수 있다.

리 스 트 9.10   productCache를 위한 캐시 모델

```xml
<cacheModel id="productCache" type="MEMORY"
    readOnly="true" serialize="false">
    <flushOnExecute statement="Product.add" />
    <flushOnExecute statement="Product.edit" />
    <flushOnExecute statement="Product.remove" />
    <property name="reference-type" value="WEAK" />
</cacheModel>
```

이제 <cacheModel> 정의를 쿼리 매핑 구문에서 사용할 수 있게 되었다. cacheModel 속성을 지정해서 getProductById 쿼리 매핑 구문이 productCache 캐시 모델을 사용하도록 하였다. 애플리케이션에서 getProductById 쿼리를 실행할 때마다 productCache 캐시 모델에 지정된 대로 캐시된 제품 객체를 가져오게 될 것이다. 리스트 9.11은 위에서 정의한 <cacheModel>을 사용하는 <select> 구문을 사용하는 방법에 대한 간단한 예제를 보여준다.

리 스 트 9.11   productCache를 사용하는 쿼리 매핑 구문

```xml
<select id="getProductById" resultClass="Product"
    parameterClass="Product" cacheModel="productCache">
    SELECT * FROM Product WHERE productId=#productId#
</select>
```

9.6.3 낡게 되는(aging) 정적 데이터 캐싱하기

마지막 케이스 스터디로 다소 일반적이지는 않은 상황을 다룰 것이다. 하지만 재미있는 테스트 케이스이다. 작고 정적인 데이터가 시간이 지남에 따라 사용률이 떨어지는 경우를 다룰 필요가 생기는 상황이다. 보통 이런 캐싱 타입은 시간에 기초하는 분석과 관련되어 있다. 시간에 기초한 분석의 예를 들자면 콜센터 애플리케이션의 성능 통계나 지난 몇 시간/일/월의 통계를 제공하는 증권 시세 표시기 같은 것이 있다. 이런 데이터들의 특징을 요약하자면 시간이 지남에 따라 덜 사용하게 된다는 것이라고 말할 수 있다. 많은 양의 데이터는 아니지만 데이터 생성시점에서는 매우 빈번하게 사용되고 시간이 지남에 따라 차츰 덜 사용하게 된다. 데이터는 변경되지 않는데, 달리 말하자면 '정적'인 데이터이다.

우리의 JGameStore 애플리케이션에는 이런 타입의 요구사항은 없다. 하지만 장바구니 예제를 계속 사용할 것이다. 고객들이 매 시간마다 구입하는 최다 판매 품목 5개에 대한 통계를 수집할 필요가 있다고 가정해보자. 그리고 나서 이 데이터를 장바구니 홈페이지에 올려서 쇼핑객들에게 시간별로 인기가 높은 상품이 무엇인지 알려줄 수 있다. 또한 사용자가 이전 시간을 선택하는 드롭 다운 목록을 제공해서 예전 인기 구매 상품을 볼 수 있도록 하자. 일단 제품 구입이 이뤄질 때는 이 값이 변하지 않는다. 다섯 개의 최신 3D 블록버스터를 최근 1시간 내에 구입했다면 앞으로 인기 상품이 될 것이다. iBATIS 캐싱을 사용하여 어떻게 이러한 간단한 요구사항을 만족시키면서 성능을 향상시킬 수 있는지 살펴보자.

시간이 지남에 따라 이 데이터를 덜 사용하게 된다는 사실과 점점 낡게 되는 특성 때문에 FIFO 캐시를 사용하는 것이 가장 알맞게 느껴진다. 앞에서 FIFO가 생존 시간에 기반한 캐시라고 설명 하였다. 이 캐시에 들어가는 어떤 데이터라도 캐시의 크기 제한을 넘어서면 '오래된 것이 나가'게 된다. 그러므로 시간이 지남에 따라 그리고 캐시에 항목들이 추가됨에 따라 가장 최근 것이 아닌 제품 리스트는 점점 덜 사용하게 된다. 매시간 좀 더 새로운 제품 리스트들이 캐시됨에 따라 이 항목들은 결국에는 삭제되게 될 것이다. FIFO 캐시의 크기를 24로 설정하였다면 캐시 항목은 가장 최근의 24시간 동안의 의미있는 항목들만 유지하고 있을 것이며, 그 이전 것은 무엇이든 삭제하게 된다. 다음으로 FIFO 캐시로 다른 요구사항들을 충족시키는 방법을 알아보자.

제품 구매 목록이 시간이 지나도 동일하게 남아 있기 때문에 정적인 데이터로 간주할 수 있다. FIFO 캐시에 정적인 데이터를 저장하는 것도 잘 작동한다. 정적인 데이터는 결국에는 시간이 지나면서 퇴출되고 데이터의 자연스러운 생존 시간을 억지로 바꿔가면서 지속적으로 데이터를 지워줄 필요도 없다. 캐시를 지워야 할 유일한 경우는 제품에 수정이 가해질 때 뿐이다. 제품 수정은 어쩌다 한 번 발생하기 때문에 단순히 필요한 대로 처리를 하고 해당 항목을 FIFO 캐시에 집어넣으면 된다.

각 시간마다 저장될 다섯개의 제품은 메모리를 적게 사용해야 한다. FIFO가 오직 지정된 크기를 초과해야 캐시를 지우기 때문에 대용량 메모리를 사용하는 객체를 이 캐시에 저장하는 것은 좋지 못하다. FIFO 캐시는 메모리 제약을 초과해도 캐시를 비우지 않을 것이고

out-of-memory(메모리 초과) 예외를 발생시킬 것이다. 제품 리스트 예제의 경우는 확실히 안전하다.

캐싱에서는 높은 비율의 접근과 낮은 비율의 접근은 게임의 한 부분이다. 한 번 이상 접근할 수 있다는 사실에서 성능 향상이 확실히 있는 한, 개발자가 어떤 경험을 하든 상관없다. 세세하게 캐시 크기를 조절하는 것도 고려할 필요가 있다. 현재 인기 구매 품목과 과거 인기 구매 품목에 접근하는 사람이 얼마나 많으냐에 따라서 캐시의 크기를 적절하게 설정할 수 있다.

이제 요구 사항목록을 다 살펴보았고 FIFO 캐시가 이 요구사항에 왜 적합한지도 알았으니 캐시 모델을 설정하는 단계로 나아가 보자. 사용할 캐시 모델은 꽤 간단하다. 리스트 9.12에서 볼 수 있듯이 우리는 이미 구입한 제품들의 지품 정보를 올바르게 보여주기를 원한다. 먼저 적당한 <flushOnExecute> 요소를 지정해서 제품 데이터가 변경될 때 hotProductsCache를 지우도록 해야 한다. 개발자는 단지 Product.update 혹은 Product.delete를 명시하여 캐시를 지우도록 하면 된다. 여기서는 insert를 포함시키지 않았는데 이유는 존재하지 않는 제품은 고려하지 않기 때문이다. 제품이 추가되고 인기 구매 품목이 되면 이를 hotProductCache에 추가하는 것은 아무 문제될 것이 없다. 그리고 오직 제품이 수정될 때에만 캐시 비우기를 걱정하면 된다. 더 이상 판매하지 않는 제품을 계속해서 진열하고 싶지는 않으니까 말이다(예를들면, 삭제된 제품). 또한 가격이 수정되었는데 예전 가격을 붙여서 제품을 보여주는 것도 원치 않는다.

리 스 트 9.12 hotProductCache의 캐시 모델과 매핑 구문

```
<cacheModel id="hotProductCache" type="FIFO">
    <flushOnExecute statement="Product.update"/>
    <flushOnExecute statement="Product.delete"/>
    <property name="size" value="12"/>
</cacheModel>

<select
    id="getPopularProductsByPurchaseDate"
    parameterClass="Product"
    resultClass="Product" cacheModel="hotProductsCache">
    SELECT count(productId) countNum, productId
    FROM productPurchase
    WHERE
    purchaseDate
        BETWEEN
```

```
                #startDate#
        AND
                #endDate#
    GROUP BY productId
    ORDER BY countNum DESC
    LIMIT 5
</select>
```

캐시를 지우는 것에 관한 설정은 미뤄두고 FIFO 캐시의 `size` 프로퍼티를 설정하는 것으로 넘어가 보자. `size` 프로퍼티를 12로 설정하면 캐시에 최대 12개의 결과만을 저장할 수 있게 된다(리스트 9.12 참조). 일단 12개의 결과가 캐시에 저장되면 가장 오래된 항목이 지워지고 가장 최근 항목이 캐시의 시작 부분에 추가되게 된다. 우리가 사용하는 SQL이 매시간 혹은 그 이상의 시간마다 신규 결과를 캐시에 저장할 것이기 때문에 캐시는 데이터를 적절한 시간동안만 보유하고 있을 것이다. 가장 최신의 쿼리 결과는 항상 캐시의 '앞 부분'에 저장되고 오래된 결과는 삭제될 것이다.

9.7 요약

iBATIS는 훌륭한 퍼시스턴스 계층 캐시 기능을 제공해준다. 올바른 선택을 하려면 충분히 생각하고 주의해서 살펴보는 연습이 필요하다. iBATIS 캐시가 값 기반(OID의 반대)이고 명백히 퍼시스턴스 계층을 처리하려는 목적으로 만들어 졌음을 명심해야 한다.

디폴트 iBATIS 캐시 기능들이 요구조건을 만족시키지 못한다면 iBATIS를 확장(12장)하여 원하는 기능을 하는 캐시를 만드는 것을 살펴볼 수 있다. 9장의 예제들은 개발자들에게 개발을 시작할 수 있는 단초를 제공해 줄 것이다. 경험이 최고의 안내자가 되어 줄 것이다. 다양한 타입의 캐시와 그 옵션들을 살펴보는데 시간을 투자하라. 캐시 타입 각각의 강점과 단점에 익숙해져라. 이러한 지식이 결국에는 여러분이 가질 특별한 요구 사항을 만족시켜줄 캐시가 무엇인지 결정하는데 도움을 줄 것이다.

10 장

iBATIS 데이터 접근 객체(DAO)

: DAO의 필요성
: 설정
: SQL Maps DAO 예제

때로는 애플리케이션에서 관계형 데이터베이스, 파일 시스템, 디렉터리 서비스, 웹 서비스 그리고 그 외의 데이터 제공자들과 같은 여러 가지 데이터 소스들로부터 데이터에 접근해야 하는 경우도 있다. 이들 각 데이터 저장소들은 서로 다른 특유의 방식으로 작동하는 API를 사용하여 내부적인 저장 메커니즘에 접근한다.

[1]데이터 접근 객체(Data Access Object, DAO) 패턴을 사용하면 이러한 API들의 서로 다른 구현을 숨길 수 있다. DAO는 간단하면서도 공통적인 API를 제공하기 때문에, 애플리케이션 개발자들은 데이터의 소비자를 작성할 때 복잡한 데이터 접근 API에 신경 쓰지 않아도 된다.

iBATIS Data Access Object 하위 프로젝트는 핵심 J2EE Data Access Object 퍼턴의 간단한 구현체다.

---

1. **역자주** | iBATIS 최신 버전(2.3.0)에는 DAO 프레임워크 부분이 제외되어 있다. Spring 프레임워크 등을 사용하여 DAO를 구현하는 것이 더 좋다는 판단 때문이다. 그렇더라도 DAO 디자인 패턴을 잘 모르는 상태로 개발을 해왔다면, 10장과 11장을 꼭 읽어 보기를 권장한다.

10.1 상세한 구현 숨기기

객체지향 프로그래밍의 핵심 원리 중 하나는 구현과 public 인터페이스의 분리를 나타내는 캡슐화이다. DAO 패턴은 애플리케이션의 캡슐화를 도와주는 또 하나의 도구이다. DAO 패턴을 더 자세히 알아보기 전에 그림 10.1에서 DAO의 한 형태를 보자.

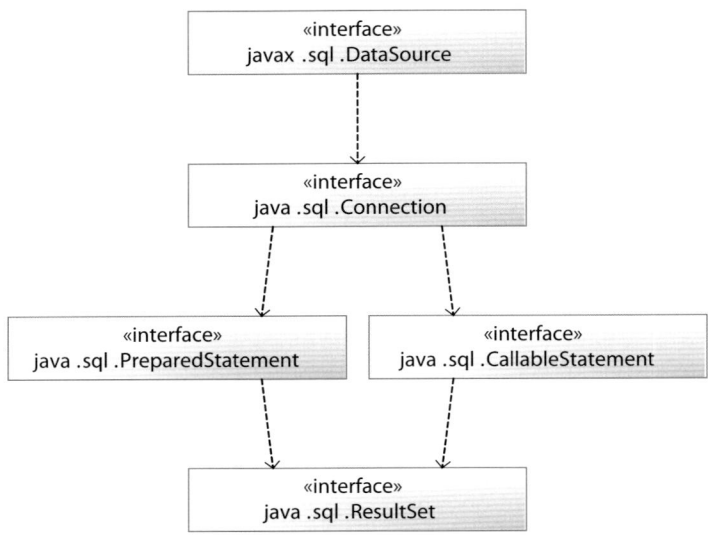

그림 10.1 | 간단하게 만든 DAO

앞의 그림을 DAO보다는 JDBC 같다고 생각했다면 절반만 맞다. 이것은 JDBC이지만 자바의 JDBC API는 DAO 패턴의 훌륭하고 실용적인 예제이기도 하다.

가장 상위에 Connection 인터페이스를 구현한 객체의 인스턴스를 생성하는 팩토리 (DataSource 인터페이스)가 있다. 일단 Connection을 획득하면 PreparedStatement나 CallableStatement 객체도 생성할 수 있게 되고, 그 다음으로 ResultSet 객체를 제공받게 된다. DataSource가 커넥션을 생성하는 방법, Connection이 PreparedStatement를 생성하는 방법, PreparedStatement가 쿼리에 파라미터를 바인딩하는 방법, ResultSet이 생성되는 방법 등을 개발자가 알아야 할 필요는 없다. Connection의 prepareStatement() 메서드를 호출하면 PreparedStatement를 반환받을 수 있다는 것만 알고 있다면, 그 외의 세세한 사항들은 알 필요가 없다.

10.1.1 왜 분리하는가?

데이터 접근 인터페이스로부터 데이터 접근 구현체를 분리하면, 다양한 데이터에 대해 동일한 인터페이스를 제공할 수 있다. 애플리케이션은 하나의 일관성 있는 데이터 접근 API를 사용하여 내부적으로는 서로 다른 데이터 접근 기법을 사용하는 여러 데이터베이스의 데이터에 접근할 수 있다.

JDBC API는 DAO 패턴의 한 형태이다. JDBC API 영역에서 개발자는 인터페이스들을 사용할 수 있고, 데이터베이스 벤더들은 (대부분의 경우) 상호 교환하여 사용할 수 있도록 이 인터페이스들을 구현한다. 가끔씩 벤더가 생각하기에 인터페이스가 충분한 기능을 제공하지 못한다면, 인터페이스와 상관없이 별도로 구현하기도 한다.

JDBC 드라이버의 구현체를 살펴보면서 JDBC API의 DAO 패턴 덕분에 얼마나 JDBC를 사용하기가 쉬워졌는지를 확인해 보라. 예를 들면 어떤 더형 데이터베이스 벤더가 그림 10.1의 5개의 인터페이스들의 기능을 구현했는데, 5 개의 JDBC API 인터페이스를 구현하기 전에는 9개 더 많은 (벤더에 종속적인) 인터페이스들로 구성돼 있었다(이는 실질적인 JDBC 구현 클래스들의 영역 밖에 있는 것은 계산에 포함시키지 않은 것이다). 사실은 이 책의 저자들 중 한 명이 이 구현체에 대한 UML을 그려서 이 부분에 예제로 넣으려고 했었는데, 이번 장의 내용이 이미 너무 많고 다른 내용들도 추가해야 하기 때문에 하지 않았다. 그렇다. DAO를 사용하지 않으면 그만큼 복잡했었다.

DAO 패턴이 있기 때문에 iBATIS SQL Maps와 ORM과 같은 툴이 존재할 수 있다. 모든 데이터베이스 업체들이 JDBC API를 매우 정확하게 구현하기 때문에, 이러한 툴을 작성할 때 내부적인 구현에 신경 쓰지 않고 이러한 인터페이스만 참조하면 된다. 대부분의 경우 이러한 툴은 거의 모든 벤더들이 제공하는 구현체들과 문제없이 작동하며, 개발자는 오직 `DataSource`를 생성할 때만 벤더가 제공하는 소프트웨어를 참조하면 된다. 그 이후부터는 공통 API로만 작업해도 된다.

바로 이러한, 즉 데이터에 접근하는 내부적인 상세 구현을 숨기고 인터페이스만을 제공하여 애플리케이션을 작성할 수 있도록 도와 주는 것이 iBATIS DAO의 목표 중의 하나이기도 하다. 따라서 하이버네이트 기반 애플리케이션을 DAO 패턴을 사용하여 작성하였다면, 이를 전체 애플리케이션을 다시 작성할 필요 없이 SQL Maps 기반의 구현이나 혹은 JDBC 기반 구현으로 바꿔 치기 하는 것도 가능하다. 대신 바꿔야 할 부분은 단지 애플리케이션이 사용하는 인터페이스의 구현체뿐이다. DAO 인터페이스를 제대로 구현만 했다면, 이 애플리케이션은 문제 없이 작동할 것이다.

DAO는 java.sql 혹은 javax.sql 패키지에 관련된 인터페이스나 객체를 외부로 드러내면 안 된다는 규칙을 지켜야 한다. 이는 DAO가 애플리케이션에서 데이터 소스를 통합하는 계층이며, 이 DAO에 접근하는 계층은 저수준의 상세한 구현은 고려하지 않아도 됨을 의미한다. 이는 또한 추가적으로 데이터 접근 메커니즘(예를 들어 SQL Maps, 하이버네이트, JDBC, 기타 등등…)을 변경하는 것이 가능해짐을 의미한다. DAO 패턴을 사용하면 비슷한 방식으로 데이터 소스를 변경할 수 있다. 왜냐하면 인터페이스를 만들 때 데이터 소스 관련 정보를 감추도록 작성하기 때문에 애플리케이션은 데이터가 Oracle이나 PostgreSQL 혹은 SQL을 기반으로 하지 않은(non-sql) 데이터베이스에서 오는지 여부 등은 전혀 알 필요가 없다. 애플리케이션은 단지 자바빈즈만 신경 쓰면 된다. 이 빈즈가 어디에서 생성되었는지는 애플리케이션 입장에서는 아무 의미도 없다.

이런 방식의 분리를 통해 얻을 수 있는 추가적인 이점 하나가 더 있는데, 테스트가 훨씬 더 쉬워진다는 점이다. 개발자는 DAO가 사용하는 특정 데이터 접근 방식에 국한된 인터페이스를 사용하지 않고, List나 Map 같은 더 일반적인 객체나 혹은 애플리케이션에 국한된 자바빈즈만 사용해서 작업하기 때문이다.

10.1.2 간단한 예제

iBAITS DAO를 설정하고 사용하는 간단한 예제로 시작해보자. 그 전에 그림 10.2에서 우리가 설정할 DAO를 먼저 보자.

이 (JDBC 예제보다는 훨씬 더 단순한) DAO는 한 개의 인터페이스(AccountDao)와 그 구현(AccountDaoImpl)으로 이뤄져 있다. 다른 두 클래스 중 하나는 인터페이스를 사용하는 것

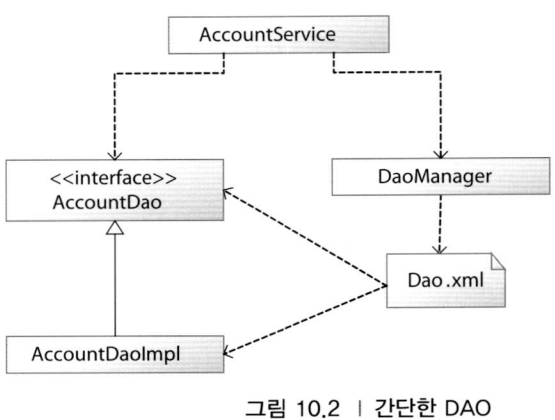

그림 10.2 | 간단한 DAO

(AccountService)이고 DaoManager 클래스는 iBATIS가 DAO를 생성할 때 사용하는 팩토리 클래스이다. DaoManager 클래스는 dao.xml 설정 파일을 사용하여 설정한다.

Dao.xml 설정파일

DaoManager는 보통 dao.xml이라는 이름의 XML 파일로 설정한다. 이 파일에는 iBATIS가 DAO를 어떻게 조직화할지 설정하는 데 필요한 정보가 들어간다. 리스트 10.1은 SQL Maps에 기반한 DAO 계층을 구성하는 XML 설정 파일의 예제이다.

리 스 트 10.1   간단한 dao.xml 예제

```xml
<?xml version="1.0" encoding="UTF-8" ?>
<!DOCTYPE daoConfig
    PUBLIC
    "-//ibatis.apache.org//DTD DAO Configuration 2.0//EN"
    "http://ibatis.apache.org/dtd/dao-2.dtd">
<daoConfig>
    <context id="example">            ◀── ❶ DAO 컨텍스트
        <transactionManager type="SQLMAP">  ◀── ❷ 트랜잭션 관리자
            <property
                name="SqlMapConfigResource"
                value="examples/SqlMapConfig.xml"/>
        </transactionManager>
        <dao                           ◀── ❸ 유일하게 정의한 DAO
            interface="examples.dao.AccountDao"
            implementation="examples.dao.impl.AccountDao"/>
    </context>
</daoConfig>
```

리스트 10.1에서 example❶이라는 이름의 DAO 컨텍스트를 생성하고 트랜잭션은 SQL Maps❷가 관리하도록 설정한다. 그리고 Account라는 한 개의 DAO❸만을 설정했다. 다음 절에서 이 설정 파일의 내용을 좀 더 자세히 알아볼 것이다. 그러니 지금은 잘 이해가 안 되더라도 괜찮다.

DaoManager 생성하기

다음은 (JDBC의 DataSource처럼 데이터 접근 계층의 시작점 역할을 하는) DaoManager 인스턴스를 생성할 차례이다. 개발자는 DaoManager에서 DAO를 가져온다. DAO 관리자를 구성하는 데 약간은 시간이 걸리기 때문에 이 객체를 생성하고 나서 나중에 재사용할 수 있는 위치에 저장해두는 것이 좋다. 10.4 절에서 이에 대해 다시 알아볼 예정이고, 지금 당장은 간단한 DaoService라는 클래스를 만들어서 DaoManager 인스턴스를 생성하고 저장하게 하자 (리스트 10.2를 보라).

리 스 트 10.2   DAO를 사용하는 간단한 예제

```java
package org.apache.mapper2.examples.chapter10.dao;

import com.ibatis.dao.client.DaoManager;
import com.ibatis.dao.client.DaoManagerBuilder;
import com.ibatis.common.resources.Resources;
import java.io.Reader;
import java.io.IOException;

public class DaoService {
    private static DaoManager daoManager;
    public static synchronized DaoManager getDaoManager(){
        String daoXmlResource = "dao.xml";         // ❶ 설정파일의 위치 지정
        Reader reader;
        if (null == daoManager){
            try {
                reader =
                    Resources.getResourceAsReader(daoXmlResource);   // ❷ DAO 관리자 구성에 필요한 reader 객체 가져오기
                daoManager =
                    DaoManagerBuilder.buildDaoManager(reader);       // ❸ DAO 관리자 구성
                return daoManager;
            } catch (IOException e) {
                throw new RuntimeException(
                    "Unable to create DAO manager.", e);
            }
        } else {
            return daoManager;
        }
    }
    public static Dao getDao(Class interfaceClass){
        return getDaoManager().getDao(interfaceClass);
    }
}
```

나중에 관련사항이 또 나오기 때문이, 지금은 이 리스트를 간략하게만 살펴보자. 첫 번째 중요한 점은 위 리스트 10.1에서 본 dao.xml 파일의 위치를 가리키는 daoXmlResource 변수❶이다. 이것이 중요한 이유는 파일 경로가 아니라 클래스패스의 리소스 위치를 의미하기 때문이다. 예를 들어 웹 애플리케이션에서 작동한다면, 이 파일은 WEB-INF/classes 디렉터리에 있을 것이다. Resources 클래스❷는 그 파일을 클래스패스에서 찾아서 Reader로 만들어서 DaoManagerBuilder 클래스에 전달한다.

DaoManagerBuilder는 DaoManager 인스턴스를 생성한다. 이제는 다음과 같은 간단한 호출만으로 DAO 객체를 가져올 수 있다.

    AccountDao accountDao = (AccountDao) DaoService.getDao(AccountDao.class);

자, DAO 패턴 사용의 강점에 대한 예제를 보았다면 이제는 이것을 어떻게 사용할지에 대한 의문을 품게 될 것이다. 첫째로 바로 다음에 알아볼 주제인 설정을 해야 한다.

10.2 DAO 설정하기

dao.xml 파일은 iBATIS DAO 프레임워크를 사용할 때 필요한 유일한 설정 파일이다. 이것은 매우 단순한 파일로, DAO 클래스의 트랜잭션 관리에 필요한 정보와 개발자가 만든 인터페이스에 맞는 DAO 구현체를 가져오는 방법을 DAO 관리자에게 제공하기 위해 사용한다.

먼저 설정 요소들을 살펴보고 일반적인 문제들을 해결하는 데 이를 어떻게 사용할지 몇 가지 방법을 알아보자.

10.2.1 <properties> 요소

properties 요소는 SqlMapConfig.xml 파일에 있는 요소와 같은 방법으로 사용한다. 이 요소에 프로퍼티 파일을 지정하면 그 프로퍼티 파일에 있는 모든 프로퍼티를 DAO 계층 설정에서 ${name} 문법을 통해 사용할 수 있다.

이러한 접근방식은 개발과 운영(그리고 어쩌면 이관 및 서버 테스팅)을 위해 서버를 분리하는 경우에 매우 유용하다. 이러한 경우, 모든 DAO 클래스를 설정하고서 환경에 따라 다른 항목들만 properties 파일에 둘 수 있다. 그리고 나서 각각의 환경에 배포할 때 properties 파일만 변경하면 된다.

10.2.2 <context> 요소

DAO 컨텍스트는 서로 관련된 설정 정보와 DAO 구현체를 묶어주는 역할을 한다.

    <context id="example">

컨텍스트는 언제나 관계형 데이터베이스나 일반적인 파일과 같은 한 개의 데이터 소스와 엮이게 된다. 다중 컨텍스트를 설정하여, 다중 데이터베이스에 대한 접근 설정을 손쉽게 중앙 집중화할 수도 있다.

10.3 절에서는 서로 다른 데이터 접근 모델, 즉 하나는 SQL Maps(당연하지!)를 사용하고 다른 하나는 하이버네이트, 그리고 마지막은 일반적인 JDBC를 사용하여 다중 DAO그룹 생성하는 컨텍스트 사용 예를 볼 것이다.

각각의 컨텍스트에는 자체적인 트랜잭션 관리자와 DAO 구현체들이 있다. 다음의 두 절에서, 각각의 항목을 설정하는 방법을 살펴볼 것이다.

10.2.3 <transactionManager> 요소

이름이 암시하는 것처럼, 트랜잭션 관리자는 DAO 클래스의 트랜잭션(7장에서 상세히 다뤘다)을 관리한다. `<transactionManger>`요소의 type 속성에 사용하고자 하는 `DaoTransactionManager` 구현체의 이름을 명시한다. iBATIS DAO 프레임워크는 기본적으로 각각 서로 다른 데이터 접근 툴을 지원하는 일곱 가지의 서로 다른 트랜잭션 관리자를 제공해준다. 표 10.1에서 살펴보자.

표 10.1 iBATIS DAO 프레임워크에서 기본 제공하는 트랜잭션 관리자

타입 별칭	트랜잭션 관리자/프로퍼티	설명
EXTERNAL	`ExternalDaoTransactionManager`	iBATIS DAO 프레임워크 외부에서 개발자가 자체적으로 트랜잭션을 관리하도록 하는 "아무것도 하지 않는" 트랜잭션
HIBERNATE	`HibernateDaoTransactionManager`	하이버네이트의 트랜잭션 관리 기능에 위임
JDBC	`JdbcDaoTransactionManager` * DataSource * JDBC.Driver * JDBC.ConnectionURL * JDBC.Username * JDBC.Password * JDBC.DefaultAutoCommit	`DataSource` API를 통해 커넥션 풀링을 처리하고자 할 때 JDBC 타입을 사용한다. SIMPLE, DBCP 그리고 JNDI 이렇게 세 개의 `DataSource` 구현체가 지원된다. SIMPLE은 iBATIS의 `SimpleDatASource`의 구현체로 부하와 의존성이 가장 적은 독립적인 구현체이다. DBCP는 Jakarta DBCP DataSource를 사용하는 구현체이다. 마지막으로, JNDI는 DataSource 참조를 JNDI 디렉터리에서 가져오는 구현체이다. 이는 가장 일반적이고 유연한 설정 방식이다. DataSource 설정을 애플리케이션 서버에서 중앙 집중적으로 해줄 수 있기 때문이다.
JTA	`JtaDaoTransactionManager` * DBJndiContext * UserTransaction	Java Transaction Architecture (JTA) API를 사용하여 트랜잭션을 관리. `DataSource` 구현체를 JNDI를 통해 가져오고 또한 `UserTransaction` 인스턴스도 JNDI를 통해 접근 가능해야 한다.
OJB	`OjbBrokerTransactionManager`	OJB 트랜잭션 관리 기능으로 위임
SQLMAP	`SqlMapDaoTransactionManager`	SQL Maps 트랜잭션 관리 기능으로 위임
TOPLINK	`ToplinkDaoTransactionManager`	TopLink 트랜잭션 관리 기능으로 위임

이제는 무슨 옵션이 있는지 알았을 것이다. 각각을 좀 더 자세히 살펴보고 무엇 때문에 이들이 필요한지 알아보자.

EXTERNAL 트랜잭션 관리자

EXTERNAL 트랜잭션 관리자는 설정하기가 가장 쉽지만(프로퍼티가 없으며 전달된 프로퍼티는 무시된다) 애플리케이션에서 모든 트랜잭션 관리를 스스로 해야 하기 때문에 잠재적으로는 사용하기 가장 어렵다.

HIBERNATE 트랜잭션 관리자

이 트랜잭션 관리자는 설정이 매우 간단하다. 전달되는 모든 프로퍼티를 가지고 하이버네이트 세션 팩토리에 그 프로퍼티들을 전달한다. 또 "class."로 시작하는 이름을 가진 프로퍼티는 하이버네이트가 관리하는 클래스가 된다고 가정하고 세션 팩토리를 구축하는 데 사용할 설정 객체에 추가한다. 그리고 "map."으로 시작하는 이름으로 전달되는 프로퍼티는 매핑 파일로 가정하고 설정 객체에 전달한다.

JDBC 트랜잭션 관리자

이 트랜잭션 관리자는 아마도 설정하기가 가장 까다로울 것이다. 이 트랜잭션 관리자는 DataSource 프로퍼티가 꼭 있어야 하며 "SIMPLE", "DBCP", 또는 "JNDI" 중에 하나로 지정해줘야 한다.

SIMPLE 데이터 소스

최소한의 부하와 의존성을 위한 독립적인 구현체인 SIMPLE 데이터 소스는 iBATIS SimpleDataSource의 구현체다. 이것은 5개의 프로퍼티를 필요로 한다.

- JDBC.Driver – 이 DAO 컨텍스트의 트랜잭션을 관리하는 데 사용할 JDBC 드라이버의 완전한 패키지 경로를 포함한 클래스명.
- JDBC.ConnectionURL – 데이터베이스에 접속할 때 사용하는 JDBC URL
- JDBC.Username – 데이터베이스에 접속할 때 사용하는 사용자명
- JDBC.Password – 데이터베이스에 접속할 때 사용하는 비밀번호

- JDBC.DefaultAutoCommit - "true"(또는 자바의 Boolean 클래스가 true로 간주하는 모든 표현식)로 설정한다면, 데이터 소스가 반환하는 커넥션의 autoCommit 프로퍼티도 DAO 컨텍스트에서 true로 설정될 것이다.

이러한 필수 프로퍼티에 추가적으로, 커넥션 풀을 설정하기 위한 여덟 개의 선택적인 프로퍼티가 있다.

- Pool.MaximumActiveConnections - 커넥션 풀이 동시에 활성화(active)할 수 있는 커넥션의 개수. 디폴트 값은 10개의 커넥션이다.
- Pool.MaximumIdleConnections - 커넥션 풀이 동시에 유휴상태(idle)로 둘 수 있는 커넥션의 개수. 디폴트 값은 5개의 커넥션이다.
- Pool.MaximumCheckoutTime - 커넥션을 요청하고서 획득할 때까지 기다리는 최대 시간. 디폴트 값은 20,000 밀리초, 즉 20초이다.
- Pool.TimeToWait - 사용 불가능한 커넥션을 요청했을 때 기다리는 최대 시간을 밀리초로 지정한다. 디폴트 값은 20,000 밀리초 즉, 20초이다.
- Pool.PingEnabled - 만약 true(또는 자바의 Boolean 클래스가 true로 간주하는 모든 표현식)라면, (시간이 오래되어) 커넥션이 닫힐 수 있는 상태가 되면 Pool.PingQuery 프로퍼티에 지정된 쿼리를 이용해 커넥션을 테스트한다. 디폴트 값은 false이며 이는 커넥션을 사용하기 전에는 테스트하지 않음을 의미한다. 아래의 세가지 프로퍼티로 커넥션 핑 테스트의 행동 방식을 결정한다.
- Pool.PingQuery - 커넥션이 아직 살아 있는지 테스트할 필요가 있을 때 실행하는 쿼리를 지정한다. 값을 매우 빨리 반환하는 쿼리로 지정해야 한다. 예를 들면 Oracle에서는 'select 0 from dual' 같은 쿼리로 지정하면 좋다.
- Pool.PingConnectionsOlderThan - 어떤 커넥션이 닫힐 수 있는 상태가 되었는지 판단하는 기준 시간(밀리초)을 지정한다. 디폴트 값은 0이며 이는 PingEnabled가 true 일 때 커넥션을 사용 할 때마다 검사한다는 의미이다. 트랜잭션이 많은 환경에서는 성능에 심각하게 악영향을 줄 수 있다.
- Pool.PingConnectionsNotUsedFor - 커넥션이 얼마 동안 유휴 상태이면 닫힐 수 있는 상태가 되었다고 간주하는지를 밀리초로 지정한다.

DBCP 데이터 소스

DBCP 데이터 소스는 Jakarta Commons Database Connection Pooling(DBCP) 프로젝트의 데이터 소스 구현체에 대한 래퍼이다. jar 파일과 추가 설정이 필요하지만 이를 통해 좀 더 견고한 구현체를 사용할 수 있다. 이 트랜잭션 관리자의 프로퍼티는 어떤 프로퍼티를 사용할 수 있느냐에 따라 다르게 다루어진다. DBCP 트랜잭션 관리자를 설정하는 기존의 방법(여전히 지원된다)은 다음의 여덟 개의 프로퍼티를 설정하는 것이다.

- `JDBC.Driver` – DAO 컨텍스트가 사용할 JDBC 드라이버를 지정한다.
- `JDBC.ConnectionURL` – DAO 컨텍스트의 데이터베이스 접속 JDBC URL이다.
- `JDBC.Username` – 데이터베이스에 연결할 때 사용할 사용자명
- `JDBC.Password` – 데이터베이스에 연결할 때 사용할 비밀번호
- `Pool.ValidationQuery` – 데이터베이스 연결이 유효한지 검사하는 데 사용하는 쿼리
- `Pool.MaximumActiveConnections` – 커넥션 풀에서 활성 상태로 존재할 수 있는 커넥션의 최대 개수를 지정한다.
- `Pool.MaximumIdleConnections` – 커넥션 풀에서 유휴 상태로 존재할 수 있는 커넥션의 최대 개수를 지정한다.
- `Pool.MaximumWait` – 커넥션을 요청하고서 기다릴 최대 시간(밀리초)을 지정한다. 해당 시간이 지나도 못 가져오면 그 커넥션은 포기한다.

DBCP 데이터 소스를 설정하는 새로운 방법은 이를 간단히 자바 빈즈로 여기고 처리하기 때문에 좀 더 유연하다. 따라서 모든 프로퍼티는 iBATIS에서 사용 가능한 get/set 메서드로 나타낸다. 예를 들어 데이터 소스에 "driverClassName"을 설정하려면 다음과 같이 하면 된다.

```
<property
  name="driverClassName"
  value="com.mysql.jdbc.Driver" />
```

| 참고 | DBCP 데이터 소스를 사용하고 설정하는 것에 대해 좀 더 공부해 보고자 한다면, Jakarta 프로젝트의 공식 사이트 http://jakarta.apache.org/commons/dbcp/를 방문해 보길 바란다.

JNDI 데이터 소스

JNDI 데이터 소스는 애플리케이션 컨테이너에서 제공하는 모든 JNDI 컨텍스트를 사용하려고 나온 것이다. 아마도 설정은 이것이 가장 간단할 것이다. 이는 `DBJndiContext`라는 단 한 개의 프로퍼티만 있으면 되며, 이 프로퍼티에 데이터 소스를 포함하고 있는 JNDI 컨텍스트 이름을 지정한다.

이 데이터 소스 요소의 "context."로 시작하는 자식 <properties> 요소를 사용하여 InitialContext 생성자에 다른 프로퍼티를 넘겨주는 것도 가능하다.

예를 들어 "someProperty"라는 이름의 프로퍼티를 전달하려면 다음 구문을 사용하면 된다.

```
<property name="context.someProperty" value="someValue"/>
```

JTA 트랜잭션 관리자

Java Transaction API (JTA) 트랜잭션 관리자를 통해서 여러 데이터베이스 간의 분산 트랜잭션을 사용할 수 있다. 이것은 마치 한 개의 데이터베이스로 작업하는 것처럼 쉽게 다중 데이터베이스의 데이터에 가해진 변경을 커밋이나 롤백 할 수 있다는 것을 의미한다.

대부분의 설정 작업이 JNDI에서 이뤄지기 때문에 이 트랜잭션 관리자를 설정하는 데는 두 개의 프로퍼티만 지정하면 된다. 첫 번째 프로퍼티는 DBJndiContext로, 트랜잭션 관리자에서 사용할 데이터 소스를 포함하고 있는 JNDI 컨텍스트의 이름을 지정한다. 다른 프로퍼티는 UserTransaction으로 사용자 트랜잭션을 포함하고 있는 컨텍스트의 이름을 지정한다.

OJB 트랜잭션 관리자

ObJectRelationalBridge (OJB)는 또 다른 객체 관계 매핑 툴로 관계형 데이터베이스를 사용하여 자바 객체를 영구 저장하는 기능을 제공한다. OJB 트랜잭션 관리자는 OJB가 제공하는 트랜잭션 관리자 인터페이스의 래퍼이다.

모든 OJB 트랜잭션 관리자의 설정은 iBATIS DAO를 사용하지 않을 경우와 동일하게 하면 된다.

| 참고 | OJB 툴에 대한 좀 더 다양한 정보와 이 트랜잭션 관리자를 설정하는 방법을 보려면 http://db.apache.org/ojb/를 방문해 보길 바란다.

SQLMAP 트랜잭션 관리자

SQLMAP은 iBATIS DAO를 사용할 때 가장 일반적으로 사용하게 될 트랜잭션 관리자일 것이다. SQLMAP 트랜잭션 관리자는 "SqlMapConfigURL" 이나 "SqlMapConfigResource"

프로퍼티 중 하나를 필요로 한다. 이것은 iBATIS SQL Maps가 트랜잭션 관리에 사용하는 것과 동일한 트랜잭션 관리자를 사용한다.

SqlMapConfigURL 프로퍼티는 java.net.URL 클래스가 파싱해서 리소스를 가져올 수 있는 문자열로 지정한다. `http:` 혹은 `file:` 프로토콜 등이 이에 해당한다. SqlMapConfigResource 프로퍼티는 현재 클래스패스에 존재하는 자원을 참조하고자 할 때 사용한다.

TOPLINK 트랜잭션 관리자

Oracle의 제품인 TopLink는 또다른 ORM 툴이다. TOPLINK 트랜잭션 관리자에 필요한 프로퍼티는 "`session.name`" 프로퍼티 하나뿐이다. 이 값을 사용하여 DAO 컨텍스트에서 사용할 세션을 가져온다.

자체적으로 생성한 트랜잭션 관리자나 다른 트랜잭션 관리자를 사용하기

위의 트랜잭션 관리자 구현체들과 더불어, DaoTransactionManager는 개발자가 직접 구현할 수 있는 인터페이스이다. 구현체의 완전한 클래스 이름을 트랜잭션 관리자 설정 요소의 type 속성에 지정해서 DAO 설정에 넣으면 된다. <transactionManager> 요소에 포함된 모든 프로퍼티는 트랜잭션 관리자 클래스의 configure() 메서드에 전달된다.

```
<transactionManager>
    type="com.mycompany.MyNiftyTransactionManager">
    <property name="someProp" value="aValue"/>
    <property name="someOtherProp" value="anotherValue"/>
</transactionManager>
```

위 예에서 iBATIS DAO 프레임워크는 MyNiftyTransactionManager 클래스의 인스턴스를 생성하고, someProp과 someOtherProp 프로퍼티를 포함하고 있는 Properties 객체를 파라미터로 넘긴다. 11장에서 기존 DaoTransactionManager의 구현체들에 대해 상세히 공부해 볼 것이다.

10.2.4 DAO 요소

일단 트랜잭션 관리자를 선택하고 설정하고 나면, DAO 컨텍스트에 DAO 요소를 추가할 수 있다. 이를 통해 DAO 인터페이스를 정의하고 구현한다. DAO 컨텍스트는 이 인터페이스와 구현체를 애플리케이션에서 사용할 수 있게 만들어 준다.

<dao> 요소는 오직 두 가지 프로퍼티만을 가지고 있다. 바로 interface와 implementation이다.

| 참고 | 속성 명인 "interface"는 DAO 구현체를 구분하는 역할을 할 뿐이다. 따라서 실제로는 인터페이스를 사용할 필요는 없다. 위의 경우, 두 속성(interface와 implementation)은 구현체의 패키지 경로를 포함한 클래스명을 지정하면 된다. 이것이(인터페이스를 사용하지 않는 것) 코드를 약간 줄여줄 수는 있다. 하지만 결코 권장하지는 않는다. 인터페이스를 사용하지 않으면 DAO 계층을 추가함으로써 얻게 되는 이점이 사라지기 때문이다. 바로 인터페이스와 구현의 분리라는 이점 말이다. 코드의 양이 줄어드는 것에 관해서는, 최근 거의 모든 IDE들이 구현체로부터 인터페이스를 분리해 내는 리팩터링 툴을 제공하기 때문에, 인터페이스를 만들기 전에 먼저 DAO 구현체를 작성하고 테스트 한 뒤에 나중에 몇 번의 마우스 클릭만으로도 인터페이스를 생성해 낼 수 있다.

interface 프로퍼티는 DAO 맵 안의 DAO를 구분하기 위해 사용하고 대개 다음과 같은 방식으로 사용한다.

```
<dao interface="com.mycompany.system.dao.AccountDao"
    implementation="com.mycompany.system.dao.impl.AccountDaoImpl"/>
```

이 예제를 살펴보자. 클래스의 관계가 앞의 그림 10.2에서 묘사했던 것과 같다고 가정하자. 이 다이어그램에서는 AccountDao 인터페이스가 있고 AccountDaoImpl 클래스가 이 인터페이스를 구현하고 있다. DaoManager를 사용하여 DAO를 가져오려면 다음의 코드를 사용하면 된다.

```
AccountDao accountDao = (AccountDao)
                daoManager.getDao(AccountDao.class);
```

이 코드에서는 AccountDao 변수를 선언하고 DaoManager 인스턴스에서 인터페이스 이름을 이용하여 변수 값을 요청한다. 그리고는 DaoManager는 단지 Object 형으로 값을 반환하기 때문에, 그 값을 AccountDao 인터페이스로 형 변환한다.

이전 버전의 DAO에서는, 인터페이스 클래스 대신에 String 타입으로 파라미터를 전달하는 것도 가능했었다. 하지만 이 기능이 잠재적으로 오류가 발생해야 하는 부분에서도 오류가 발생하지 않게 막아버리기 때문에 2.x버전에서는 이를 제거하였다. DAO 구현체를 구분하기 위해 클래스 명을 강제로 사용하게 하여, 자바 환경에서 오타를 피할 수 있게 된다. 이는 인터페이스 명을 잘못 쓴다면, 코드가 컴파일조차도 되지 않을 것이기 때문이다. 오류는 일찍 발생해서 알아챌수록 좋다.

자, 이제 iBATIS DAO 프레임워크로 무엇을 할 수 있는지에 대한 기본 이해를 다졌으니, 좀 더 고급 사용 기법들을 살펴볼 시간이 되었다.

10.3 설정 팁들

DAO 설정이 표면적으로는 매우 간단하게 보이지만, 그럼에도 상당한 유연성을 제공해준다. DAO 관리자를 독창적으로 설정하면, 일반적인 문제들을 꽤 세련된 접근법을 사용하여 해결할 수 있다. 그런 몇 가지 접근법을 보자.

10.3.1 다중 서버

앞에서 얘기했듯이 개발 업체들이 개발, QC 테스트(Quality Control Test), UA 테스트(User Acceptance Test) 그리고 운영 환경에서 서로 다른 여러 서버를 사용하는 것은 흔히 볼 수 있는 일이다.

이러한 경우, dao.xml 파일에서 환경 정보를 제거하고 외부 파일에 정보를 둘 수 있다는 점이 매우 유용하게 작용한다. 바로 그러한 역할을 하기 위해 properties 요소를 만들어 두었다. 리스트 10.3은 JDBC 설정 정보를 dao.xml 파일 외부에 두는 예제 dao.xml 파일이다.

리 스 트 10.3 <properties /> 요소를 사용하여 JDBC 설정을 삽입하는 예제 dao.xml

```xml
<?xml version="1.0" encoding="UTF-8" ?>
<!DOCTYPE daoConfig
    PUBLIC
    "-//ibatis.apache.org//DTD DAO Configuration 2.0//EN"
    "http://ibatis.apache.org/dtd/dao-2.dtd">
<daoConfig>
    <properties resource="server.properties"/>
    <context>
        <transactionManager type="JDBC">
            <property name="DataSource" value="SIMPLE"/>
```

```
            <property name="JDBC.Driver" value="${jdbcDriver}" />
            <property name="JDBC.ConnectionURL"
                value="${jdbcUrl}" />
            <property name="JDBC.Username" value="${jdbcUser}" />
            <property name="JDBC.Password"
                value="${jdbcPassword}" />
            <property name="JDBC.DefaultAutoCommit"
                value="${jdbcAutoCommit}" />
        </transactionManager>
        <dao interface="..." implementation="..."/>
    </context>
</daoConfig>
```

이 예제에서, 모든 프로퍼티 값은 클래스패스의 가장 상위에서 적재되는 "server.properties" 파일에 저장돼 있다.

이것이 우리가 선호하는 방식이다. 왜냐하면 모든 파일을 (CVS, Subversion등을 이용하여) 버전 관리할 수 있고, 프로퍼티 파일의 서로 다른 버전들을 환경에 따라 서로 다른 이름(예를 들어 server-production.properties, server-user.properties, 기타 등등)을 주어 구분하여 (Ant나 셸 스크립트 등을 이용한) 빌드 처리기가 자동으로 올바른 위치에 올바른 버전의 파일을 복사할 수 있게 되기 때문이다.

이 접근 방식은 설정 파일에 보안을 엄격히 적용하여 버전 관리하에 파일을 두지 않는 훨씬 민감한 환경에서도 잘 작동한다. 그런 환경에서 이 방식을 사용하면 수작업을 통한 설정이 훨씬 단순해진다. 환경에 따라 변경되는 설정 파일이 항상 동일하기 때문이다.

10.3.2 다중 데이터베이스의 방언(dialect)[2]

만약 서로 다른 코드를 사용해야 할 만큼 서로 상이한 여러 데이터베이스 플랫폼(예를 들면, MySQL을 저장 프로시저 없이 사용하고 Oracle을 저장 프로시저와 함께 사용할 때)을 지원하기 위해서 DAO 패턴을 사용한다면, JDBC 설정에서 했던 것과 유사한 방식으로 처리하고 패키지 이름을 프로퍼티 파일에 지정해 줄 수 있다(리스트 10.4를 보라).

2.**역자주** | dialect란 사투리를 의미한다. 데이터베이스들이 모두 SQL을 기반으로 하고 있기는 하지만, 실제로 사용하는 SQL은 각 데이터베이스마다 약간씩 다르다. 똑 같은 역할을 하는 SQL 구문이 각 데이터베이스에 따라 서로 다를 수 있다. 즉 기본적으로는 모두 SQL의 형태이지만, 특정 데이터베이스에서만 사용 가능한 사투리들이 존재하는 것이다.

10 장

iBATIS 데이터 접근 객체(DAO)

리 스 트 10.4   구현체 정보를 삽입하는데 <properties /> 요소를 사용하는 dao.xml

```xml
<?xml version="1.0" encoding="UTF-8" ?>
<!DOCTYPE daoConfig
    PUBLIC
    "-//ibatis.apache.org//DTD DAO Configuration 2.0//EN"
    "http://ibatis.apache.org/dtd/dao-2.dtd">
<daoConfig>
    <properties resource="config.properties"/>
    <context>
        <transactionManager type="JDBC">
            <property name="DataSource" value="SIMPLE"/>
            <property name="JDBC.Driver" value="${jdbcDriver}" />
            <property name="JDBC.ConnectionURL"
                                        value="${jdbcUrl}" />
            <property name="JDBC.Username" value="${jdbcUser}" />
            <property name="JDBC.Password"
                                        value="${jdbcPassword}" />
            <property name="JDBC.DefaultAutoCommit"
                                        value="${jdbcAutoCommit}" />
        </transactionManager>
        <dao interface="com.company.system.dao.AccountDao"
            implementation="${impl}.AccountDaoImpl"/>
    </context>
</daoConfig>
```

리스트 10.4에서는 모든 서버 설정과 데이터 접근 구현체들이 주 설정 파일 외부에 빠져있다.

10.3.3 실행시에 설정 변경하기

지금까지 본 것만으로는 충분히 유연하지 못한 것인 양, DAO 관리자는 실행시에 값이 결정되는 프로퍼티를 DAO 관리자가 생성될 때 전달하는 기능도 제공한다.

10.1.2 절에서 살펴 본 코드의 두 번째 형태는 실행시에 설정 정보를 전달할 수 있도록 리스트 10.5에서와 같은 메서드를 제공해준다.

리 스 트 10.5   실행시간 프로퍼티를 사용하여 DaoManager 생성하기

```java
public static DaoManager getDaoManager(Properties props)
{
    String daoXml = "/org/apache/mapper2/examples/Dao.xml";
    Reader reader;
    DaoManager localDaoManager;
```

```
    try {
        reader = Resources.getResourceAsReader(daoXml);
        localDaoManager = 
            DaoManagerBuilder.buildDaoManager(reader, props);
    } catch (IOException e) {
        throw new RuntimeException(
                "Unable to create DAO manager.", e);
    }

    return localDaoManager;
}
```

리스트 10.5의 코드는 평소처럼 애플리케이션 전체적으로 공유하는 DAO 관리자를 반환하는 대신, 실행시간에 프로퍼티를 넘겨주어 동적으로 설정되는 DAO 관리자를 생성한다. 비록 이 기능이 훨씬 더 유연하긴 하지만, 이는 또한 DAO 관리자가 필요할 때마다 매번 생성하는 대신(객체를 매번 생성하면 성능 저하가 오기 때문에) 이를 사용하는 사람이 직접 스스로 DAO 관리자 객체의 사본을 저장해놓고 재사용해야만 한다.

지금까지 iBATIS DAO 프레임워크를 설정하는 방법의 예를 보았다. 다음 단계로 가서 실제로 사용하는 방법을 살펴보고 보고 프레임워크가 우리 대신 관리해줄 DAO 클래스 몇 개를 생성해보자.

10.4 SQL Maps DAO 구현체 예제

DAO 패턴이란 인터페이스 뒤에 데이터 접근에 관한 구현을 숨기는 것이 거의 전부이다. 하지만 여전히 내부적으로 구현체를 만들어야 한다는 점에는 변함이 없다. 이번 절에서는 DAO 인터페이스의 구현체를 SQL Maps로 구현해 볼 것이다. DAO 패턴의 자세한 사용법은 11장에서 더 배울 것이다. 11장에서는 이번과 동일한 인터페이스를 하이버네이트와 JDBC를 직접 이용하는 방식으로 구현해 볼 것이다.

구현체를 작성하기 전에 DAO 인터페이스를 먼저 구축해보자.(리스트 10.6)

리 스 트 10.6   DAO 인터페이스

```
package org.apache.mapper2.examples.chapter10.dao;

import org.apache.mapper2.examples.bean.Account;
import org.apache.mapper2.examples.bean.IdDescription;
```

```
import java.util.List;
import java.util.Map;

public interface AccountDao {
    public void insert(Account account);
    public void update(Account account);
    public int delete(Account account);
    public int delete(Integer accountId);
    public List<Account> getAccountListByExample(
            Account account);
    public List<Map<String, Object>>
        getMapListByExample(Account account);
    public List<IdDescription>
        getIdDescriptionListByExample(Account account);
    public Account getById(Integer accountId);
    public Account getById(Account account);
}
```

이 인터페이스는 account 테이블에서 사용하기에 적합한 것 같다. 모든 기본적인 CRUD 인터페이스를 포함하고 있으며, API를 좀 더 편하게 사용할 수 있게 해 주는 메서드도 몇 개 추가하였다. iBATIS를 중심으로 이야기를 할 것이기 때문에 위에서 정의한 인터페이스를 SQL Maps 기반의 버전으로 구현해보자. 첫째로, iBATIS를 사용할 수 있게 설정하는 dao.xml을 살펴보자.

10.4.1 iBATIS를 사용하는 DAO 설정

리스트 10.7은 한 개의 SQL Map 기반 DAO를 사용하는 DAO 설정을 보여준다. sqlmap이라는 컨텍스트를 정의하였다. 이 컨텍스트는 클래스패스상에 존재하는 SqlMapConfig.xml 파일을 사용한다(예를 들어 웹 애플리케이션이라면 이 파일은 /WEB-INF/classes/ 디렉터리에 있을 것이다).

리 스 트 10.7   간단한 iBATIS dao.xml

```xml
<?xml version="1.0" encoding="UTF-8" ?>
<!DOCTYPE daoConfig
    PUBLIC
    "-//ibatis.apache.org//DTD DAO Configuration 2.0//EN"
    "http://ibatis.apache.org/dtd/dao-2.dtd">
<daoConfig>
    <context id="sqlmap">
```

```
        <transactionManager type="SQLMAP">
            <property name="SqlMapConfigResource"
                value="SqlMapConfig.xml"/>
        </transactionManager>
        <dao interface="com.mycompany.system.dao.AccountDao"
            implementation=
            "com.mycompany.system.dao.sqlmap.AccountDaoImpl"/>
    </context>
</daoConfig>
```

DaoManagerBuilder는 dao.xml 파일을 사용하여 DaoManager 인스턴스를 생성한다. 다음을 살펴보자.

10.4.2 DaoManager 인스턴스 생성하기

방금 정의한 DAO 관리자를 사용하려면 DaoManagerBuilder를 사용하여 이것의 인스턴스를 생성해야 한다. 리스트 10.8에서 DaoManager 인스턴스를 생성할 때 사용하는 코드 조각을 볼 수 있다.

리 스 트 10.8   DaoManager를 빌드하는 간단한 코드

```java
private DaoManager getDaoManager() {
    DaoManager tempDaoManager = null;
    Reader reader;
    try {
        reader = Resources.getResourceAsReader("Dao.xml");
        tempDaoManager =
            DaoManagerBuilder.buildDaoManager(reader);
    } catch (Exception e) {
        e.printStackTrace();
        fail("Cannot load dao.xml file.");
    }
    return tempDaoManager;
}
```

이제 약간의 코드와 설정 요소들을 갖추었으니, 이것들이 뭘 하는 것인지 좀 더 자세히 살펴보자.

이 코드는 클래스로더가 탐색하는 몇몇 클래스패스 경로의 가장 상위에 있는 Dao.xml이라는 리소스를 찾는다. 예를 들어, 톰캣에서는 웹 애플리케이션의 WEB-INF/classes 디렉터리나 WEB-INF/lib 디렉터리 안의 JAR파일(JAR 파일의 최상위에 있다면)에 있을 것이다.

일단 설정 파일을 읽어 들이면, DaoManagerBuilder에 파일의 데이터를 전달하고 DaoManager 인스턴스를 생성하라는 요청을 보낸다.

이 코드는 우리가 보고 있는 DAO 구현체를 구성하고 테스트하는 데 사용하는 JUnit 테스트에서 따온 것이다. 그래서 예외 처리가 다소 빈약하다. 실제 제품이 되는 애플리케이션에서는 이런 식으로 예외를 다루어서는 안 된다.

10.4.3 트랜잭션 관리자 설정하기

다음으로, 트랜잭션 관리자를 정의하였다. 이 트랜잭션 관리자는 `<transactionManager>` 요소의 SqlMapConfigResource 프로퍼티에서 지정한 SQL Maps 설정 파일의 트랜잭션 관리자 정의를 기반으로 하고 있다. SQL Maps를 직접 사용할 때 사용 가능한 모든 트랜잭션 관리 기능은 여전히 우리의 DAO 구현체에서도 사용 가능하다. 리스트 10.9는 이 예제에서 사용하는 SQLMapConfig.xml이다.

리 스 트 10.9　　간단한 SQLMapConfig.xml 파일

```xml
<?xml version="1.0" encoding="UTF-8" ?>
<!DOCTYPE sqlMapConfig
    PUBLIC
    "-//ibatis.apache.org//DTD SQL Map Config 2.0//EN"
    "http://ibatis.apache.org/dtd/sql-map-config-2.dtd">
<sqlMapConfig>
    <properties resource="SqlMapConfig.properties" />
    <settings
        errorTracingEnabled="true"
        cacheModelsEnabled="true"
        enhancementEnabled="true"
        lazyLoadingEnabled="true"
        maxRequests="32"
        maxSessions="10"
        maxTransactions="5"
        useStatementNamespaces="true"
        />
    <transactionManager type="JDBC" >
        <dataSource type="SIMPLE">
            <property name="JDBC.Driver" value="${driver}"/>
            <property name="JDBC.ConnectionURL"
                value="${connectionUrl}"/>
```

```xml
            <property name="JDBC.Username" value="${username}"/>
            <property name="JDBC.Password" value="${password}"/>
        </dataSource>
    </transactionManager>
    <sqlMap
        resource=
        "com/mycompany/system/dao/sqlmap/Account.xml" />
</sqlMapConfig>
```

이 파일 설정에 관해서는 4장에서 자세히 다루었으므로, 여기서는 다시 다루지 않겠다.

10.4.4 맵 읽어들이기

트랜잭션 관리를 정의함과 동시에, SQL Maps 설정 파일에 정의된 모든 맵을 읽어 들인다. 이 예제에서는 간단히 Account.xml 파일만을 사용하며, 이 파일에서 DAO 클래스에 필요한 모든 매핑 구문을 정의한다. 리스트 10.10에서 볼 수 있다.

리 스 트 10.10 간단한 SQL Map 파일

```xml
<?xml version="1.0" encoding="UTF-8" ?>
<!DOCTYPE sqlMap
    PUBLIC "-//ibatis.apache.org//DTD SQL Map 2.0//EN"
    "http://ibatis.apache.org/dtd/sql-map-2.dtd">
<sqlMap namespace="Account">
    <typeAlias alias="Account"
        type="${BeanPackage}.Account" />
    <typeAlias alias="IdDescription"
        type="${BeanPackage}.IdDescription" />

    <insert id="insert" parameterClass="Account">
        <selectKey keyProperty="accountId" resultClass="int">
            SELECT nextVal('account_accountid_seq')
        </selectKey>
        INSERT INTO Account (
        accountId,
        username,
        password,
        firstName,
        lastName,
        address1,
        address2,
        city,
```

```
            state,
            postalCode,
            country
            ) VALUES (
            #accountId#,
            #username:varchar#,
            #password:varchar#,
            #firstName:varchar#,
            #lastName:varchar#,
            #address1:varchar#,
            #address2:varchar#,
            #city:varchar#,
            #state:varchar#,
            #postalCode:varchar#,
            #country:varchar#
            )
    </insert>

    <update id="update">
            update Account set
            username = #username:varchar#,
            password = #password:varchar#,
            firstName = #firstName:varchar#,
            lastName = #lastName:varchar#,
            address1 = #address1:varchar#,
            address2 = #address2:varchar#,
            city = #city:varchar#,
            state = #state:varchar#,
            postalCode = #postalCode:varchar#,
            country = #country:varchar#
            where accountId = #accountId#
    </update>

    <delete id="delete">
            delete from Account
            where accountId = #accountId#
    </delete>

    <sql id="allFields">         ◀── ❶ 필드 목록을 위한 SQL 조각
            accountId as "accountId",
            username,
            password,
            firstName as "firstName",
            lastName as "lastName",
            address1,
```

```xml
        address2,
        city,
        state,
        postalCode as "postalCode",
        country
</sql>

<sql id="whereByExample">                    ◄────── ❷ WHERE를 위한 SQL 조각
    <dynamic prepend=" where ">
        <isNotEmpty property="city">
            city like #city#
        </isNotEmpty>
        <isNotNull property="accountId" prepend=" and ">
            accountId = #accountId#
        </isNotNull>
    </dynamic>
</sql>

<sql id="getByExample">                      ◄────── ❸ 복합 SQL 조각
    select
    <include refid="allFields" />
    from Account
    <include refid="whereByExample" />
</sql>

<select id="getAccountListByExample"
    resultClass="Account">
    <include refid="getByExample" />         ◄────── ❹ 자바빈즈용 매핑 구문
</select>

<select id="getMapListByExample" resultClass="hashmap">
    <include refid="getByExample" />         ◄────── ❺ Map용 매핑 구문
</select>

<select id="getIdDescriptionListByExample"
    resultClass="IdDescription">
    select
    accountId as id,
    COALESCE(firstname, '(no first name)')
    || ' '
    || COALESCE(lastname, '(no last name)')
    as description
    from Account
    <include refid="whereByExample" />       ◄────── ❻ 이름/값 목록용 매핑 구문
</select>
```

```xml
<select id="getById" resultClass="Account">
    select
    <include refid="allFields" />
    from Account
    where accountId = #value#
</select>
</sqlMap>
```

이 SQL Map에서는 모든 필드를 나열하고 있는 SQL 조각❶을 정의하고 있다. 이런 경우, JDBC 드라이버가 칼럼 이름의 대소문자를 혼동하는 경우가 생길 수 있기 때문에, 자동 결과 매핑을 올바르게 수행할 수 있도록 칼럼 이름에 명시적으로 별칭을 지정한다. 그 다음 SQL 조각❷에서는 나중에 사용할 복잡한 WHERE 절을 정의한다. 세 번째 SQL 조각❸을 사용하여 다른 두 개의 조각을 하나의 조각에 함께 넣고 그 결과로 나오는 SQL 조각은 서로 다른 두 개의 select 구문에서 사용한다. 두 select 구문 중 하나는 자바빈즈❹의 List를 생성하고, 다른 하나는 Map❺의 List를 생성한다. getIdDescriptionListByExample 매핑 구문❻에서는, 복잡한 WHERE 절을 다시 한 번 사용하여 서로 다른 형태의 빈즈의 List를 가져온다.

10.4.5 DAO 구현체 코딩하기

마침내 DAO 구현체를 만들 차례이다. 이전에 언급한 바와 같이, DAO를 생성하려면 인터페이스와 구현체 모두를 제공한다. 이 경우, 인터페이스는 "com.mycompany.system.dao.AccountDao"로 정의하고 구현체는 "com.mycompany.system.dao.sqlmap.AccountDaoImpl"로 정의한다.

이미 10.3 절에서 이 인터페이스를 보았다. 그래서 여기서는 인터페이스 말고 DAO 구현 클래스를 살펴볼 것이다.(리스트 10.11)

리 스 트 10.11   Account DAO 구현체

```
package org.apache.mapper2.examples.chapter10.dao.sqlmap;

import com.ibatis.dao.client.DaoManager;
import com.ibatis.dao.client.template.SqlMapDaoTemplate;
import org.apache.mapper2.examples.bean.Account;
import org.apache.mapper2.examples.bean.IdDescription;
```

```java
import org.apache.mapper2.examples.chapter10.dao.AccountDao;

import java.util.List;
import java.util.Map;

public class AccountDaoImpl extends SqlMapDaoTemplate
    implements AccountDao {
    public AccountDaoImpl(DaoManager daoManager) {
        super(daoManager);
    }

    public Integer insert(Account account) {
        return (Integer) insert("Account.insert", account);
    }

    public int update(Account account) {
        return update("Account.update", account);
    }

    public int delete(Account account) {
        return delete(account.getAccountId());
    }

    public int delete(Integer accountId) {
        return delete("Account.delete", accountId);
    }

    public List<Account> getAccountListByExample(
                            Account account) {
      return queryForList("Account.getAccountListByExample",
              account);
    }

    public List<Map<String, Object>>
            getMapListByExample(Account account) {
      return queryForList("Account.getMapListByExample",
              account);
    }

    public List<IdDescription>
                getIdDescriptionListByExample(
                        Account account) {
      return
         queryForList("Account.getIdDescriptionListByExample",
```

```
                            account);
    }

    public Account getById(Integer accountId) {
        return (Account)queryForObject("Account.getById",
                                        accountId);
    }

    public Account getById(Account account) {
        return getById(account.getAccountId());
    }
}
```

표면적으로 봐서는 별로 대단해 보이지 않는다. 클래스의 선언부에서, AccountDao 인터페이스를 구현하고 SqlMapDaoTemplate 클래스를 상속받는 것을 볼 수 있다.

SqlMapDaoTemplate 클래스는 하나의 작은 패키지 안에서 모든 SQL Map API의 컴포넌트들을 제공해 주는 무거운 짐을 지고 있다. 게다가 로컬 메서드를 호출하면 SqlMapExecutor를 대신 호출해 주는 기능도 제공한다. 따라서 SqlMapClient나 SqlMapExecutor의 인스턴스를 가져오지 않고도, 마치 DAO 클래스의 일부분인 양 이들의 메서드를 호출할 수 있다.

비록 구현체와 DAO 클래스를 분리하는 것이 많은 작업을 필요로 하긴 하지만, 그 다음부터는 인터페이스를 생성하고, 구현하고, SQL Map을 만들고 마지막으로 Dao.xml 파일에 단 한 줄만 추가해 주면 DAO 클래스를 만들 수 있다. 11장에서는 동일한 DAO 인터페이스를 하이버네이트와 JDBC를 직접 사용하는 방식으로 구현할 것이다. 이 세 가지 구현체는 근본적으로 서로 다른 데이터베이스 접근 방식을 사용함에도 불구하고, 모두 동일한 API(AccountDao 인터페이스)를 사용한다.

10.5 요약

10장에서는 애플리케이션에서 데이터 접근 계층을 사용하는 것에 대해 이론적인 설명을 하였고, iBATIS DAO 프레임워크를 설정하는 방법을 공부하였다. 또한 iBATIS DAO 프레임워크를 설정하는 약간 더 고급 기법과 SQL Maps에 기반한 DAO를 만드는 방법을 살펴보았다.

11장에서는 다른 DAO 형태를 설정하는 방법과 SQL을 사용하지 않는 DAO 구현체를 구성해 보면서 좀 더 고급화된 iBATIS DAO 사용법을 살펴볼 것이다. 그리고 Spring 프레임워크를 사용하여 애플리케이션에서 DAO 계층을 구축하는 다른 방법도 살펴보고, 개발자가 스스로 처음부터 DAO 계층을 생성할 때 고려해야 할 사항들에 대해서도 알아볼 것이다.

11 장

DAO 더 살펴보기

: DAO 예제 더 보기
: iBATIS 대신 Spring 사용하기
: 직접 처음부터 DAO 계층 만들기

10장에서 본 것처럼, 데이터 접근 객체(Data Access Object, DAO) 패턴을 사용하면 애플리케이션 개발자들에게 간단하고 공통적인 API를 제공하여 데이터와 관련된 API들 각각의 독특한 구현 특성을 숨길 수 있다. 이 패턴은 굉장히 강력하며, iBATIS에만 있는 것은 아니다. 다른 프로젝트에서도 iBATIS와 함께 사용할 수 있는 DAO 구현체를 만들었다.

11장에서는 SQL 기반의 DAO 구현체를 살펴보고, 또 SQL이 아닌 데이터 소스(LDAP과 웹 서비스)를 위한 DAO 구현체도 살펴볼 것이다. 그리고 나서 Spring 프레임워크의 훌륭한 DAO 구현체를 포함해서 DAO 계층을 구성하는 다른 방법도 알아볼 것이다. 또한 개발자가 스스로 DAO를 생성하는 방법도 고민해 볼 것이다.

11.1 SQL Maps가 아닌 DAO 구현체

10장에서 DAO의 인터페이스를 정의했고 그 인터페이스의 구현체를 기반으로 하여 SQL Map을 구성하였다. 다음 두 절에서는 그 인터페이스를 하이버네이트와 JDBC를 이용하여 구현할 것이다. 이를 통해 DAO 패턴을 사용하면 애플리케이션에서 iBATIS가 아닌 다른 데이터 접근 방식을 사용하도록 변경하는 것이 얼마나 쉬운지 보여줄 것이다.

11.1.1 하이버네이트 DAO 구현체

하이버네이트 DAO 구현체는 SQL Maps로 구현하는 것과 상당히 다르지만, DAO 인터페이스 덕분에 DAO 인터페이스를 사용하는 애플리케이션 코드의 입장에서는 완전히 동일한 방식으로 구현체를 사용할 수 있다.

DAO 컨텍스트 정의하기

리스트 11.1은 dao.xml 파일에서 하이버네이트를 사용하는 DAO 컨텍스트를 설정하는 XML의 코드 조각이다.

리 스 트 11.1   하이버네이트를 사용하여 DAO 컨텍스트를 정의하는 XML 코드 조각

```xml
<context id="hibernate">
    <transactionManager type="HIBERNATE">
        <property name="hibernate.connection.driver_class"
                  value="org.postgresql.Driver" />
        <property name="hibernate.connection.url"
                  value="jdbc:postgresql:ibatisdemo" />
        <property name="hibernate.connection.username"
                  value="ibatis" />
        <property name="hibernate.connection.password"
                  value="ibatis" />
        <property name="hibernate.connection.pool_size"
                  value="5" />
        <property name="hibernate.dialect"
            value=
            "net.sf.hibernate.dialect.PostgreSQLDialect" />
        <property name="map.Account"
            value=
            "${DaoHomeRes}/hibernate/Account.hbm.xml" />
    </transactionManager>
    <dao interface="${DaoHome}.AccountDao"
```

```
            implementation=
                "${DaoHome}.hibernate.AccountDaoImpl"/>
</context>
```

10장(10.2.2절)에서 얘기했듯이, HIBERNATE 트랜잭션 관리자를 사용하려면 보통 때는 hibernate.properties 파일에 작성하는 프로퍼티들을 `<transactionManager>` 요소에서 프로퍼티로 등록해야 한다.

우리는 우리의 소스 트리를 명확하게 유지하고 싶었기 때문에, Account 빈즈용 하이버네이트 매핑 파일(Account.hbm.xml)을 Account 빈즈와 동일한 패키지에 두지 않았다. 대신 매핑 파일의 위치를 "map." 프로퍼티를 사용하여 설정하고, 이 프로퍼티들을 하이버네이트 설정 정보에 추가하였다. 기억하라. DAO의 핵심은 데이터 접근에 관한 구현을 인터페이스로부터 분리하는 것이다.

Account 테이블 매핑하기

리스트 11.2의 매핑 파일은 매우 간단하다. 왜냐하면 빈즈의 프로퍼티를 프로퍼티와 동일한 이름의 테이블 칼럼에 직접 매핑하고, 연관된 엔티티도 없기 때문이다.

리스트 11.2   Account 테이블을 위한 하이버네이트 매핑 파일

```xml
<?xml version="1.0"?>
<!DOCTYPE hibernate-mapping
    PUBLIC "-//Hibernate/Hibernate Mapping DTD//EN"
    "http://hibernate.sourceforge.net/hibernate-mapping-2.0.dtd">
<hibernate-mapping>
    <class                                              테이블을 클래스에 매핑한다 ❶
        name="org.apache.mapper2.examples.bean.Account"
        table="Account">
        <id name="accountId" type="int" column="accountid">
            <generator class="sequence">            ID를 생성하는 시퀀스를 지정한다 ❷
                <param
                    name="sequence">account_accountid_seq</param>
            </generator>
        </id>
        <property name="username" />
        <property name="password" />
        <property name="firstName" />
        <property name="lastName" />
        <property name="address1" />
```

```xml
            <property name="address2" />
            <property name="city" />
            <property name="state" />
            <property name="postalCode" />
            <property name="country" />
        </class>
</hibernate-mapping>
```

하이버네이트를 사용해 본 경험이 있다면, 리스트 11.2의 내용이 상당히 간단한 테이블 매핑이라서 명확하게 이해될 것이다. 예전에 하이버네이트를 사용해본 적이 없다면 그렇게 쉽게 이해되지는 않을 것이다. 이 설정 파일은 Account 빈즈의 프로퍼티를 데이터베이스의 Account 테이블에 있는 칼럼에 매핑한다❶. 또한 하이버네이트가 새로 삽입할 데이터베이스 레코드의 빈즈에 사용할 id 프로퍼티를 어떻게 생성해야 하는지도 설정한다❷.

실제 DAO 구현체

Account 테이블을 여러 서로 다른 클래스의 객체에 매핑하기 때문에, DAO 구현체의 자바 소스 코드가 조금 더 장황하다. 리스트 11.3에서 보듯이 하이버네이트에서는 이게 조금 더 어렵다.

리 스 트 11.3   Account DAO 인터페이스의 하이버네이트 구현체

```java
public class AccountDaoImpl
    extends HibernateDaoTemplate
    implements AccountDao {

    private static final Log log =
        LogFactory.getLog(AccountDaoImpl.class);

    public AccountDaoImpl(DaoManager daoManager) {
        super(daoManager);
        if(log.isDebugEnabled()){
            log.debug("Creating instance of " + getClass());
        }
    }

    public Integer insert(Account account) {    // ❶ 새로운 account 추가하기
        try {
            getSession().save(account);
        } catch (HibernateException e) {
```

```
            log.error(e);
            throw new DaoException(e);
        }
        return account.getAccountId();
    }

    public int update(Account account) {        ← ❷ account 수정하기
        try {
            getSession().save(account);
        } catch (HibernateException e) {
            log.error(e);
            throw new DaoException(e);
        }
        return 1;
    }

    public int delete(Account account) {        ← ❸ account 삭제하기
        try {
            getSession().delete(account);
        } catch (HibernateException e) {
            log.error(e);
            throw new DaoException(e);
        }
        return 1;
    }

    public int delete(Integer accountId) {      ← ❹ account 삭제하기
        Account account = new Account();
        account.setAccountId(accountId);
        return delete(account);
    }
                                                빈즈의 List
                                                가져오기 ❺
    public List<Account> getAccountListByExample(  ←
            Account acct) {
        List accountList;
        Session session = this.getSession();
        Criteria criteria =
            session.createCriteria(Acccount.class);
        if (!nullOrEmpty(acct.getCity())) {
            criteria.add(
                Expression.like("city", acct.getCity())
                );
        }
        If (!nullOrEmpty(acct.getAccountId())) {
```

```java
                criteria.add(
                        Expression.eq("accountId", acct.getAccountId())
                        );
        }
        try {
            accountList = criteria.list();
        } catch (HibernateException e) {
            log.error(
                    "Exception getting list: " +
                    e.getLocalizedMessage(), e);
            throw new DaoException(e);
        }
        return (List<Account>)accountList;
    }

    public List<Map<String, Object>> getMapListByExample(
            Account account
            )
    {
        List<Account> accountList =
            getAccountListByExample(account);
        List<Map<String, Object>> mapList =
            new ArrayList<Map<String, Object>>();
        for (Account acctToAdd : accountList) {
            Map<String, Object> map =
                new HashMap<String, Object>();
            map.put("accountId", acctToAdd.getAccountId());
            map.put("address1", acctToAdd.getAddress1());
            map.put("address2", acctToAdd.getAddress2());
            map.put("city", acctToAdd.getCity());
            map.put("country", acctToAdd.getCountry());
            map.put("firstName", acctToAdd.getFirstName());
            map.put("lastName", acctToAdd.getLastName());
            map.put("password", acctToAdd.getPassword());
            map.put("postalCode", acctToAdd.getPostalCode());
            map.put("state", acctToAdd.getState());
            map.put("username", acctToAdd.getUsername());
            mapList.add(map);
        }
        return mapList;
    }

    public List<IdDescription> getIdDescriptionListByExample(
            Account exAcct
            ) {
```

❻ Map의 List 가져오기

❼ 다른 빈즈의 List 가져오기

```
        List<Account> acctList =
            getAccountListByExample(exAcct);
        List<IdDescription> idDescriptionList =
            new ArrayList<IdDescription>();
        for (Account acct : acctList) {
            idDescriptionList.add(
                new IdDescription(
                    acct.getAccountId(),
                    acct.getFirstName() + " " + acct.getLastName()
                )
            );
        }
        return idDescriptionList;
    }

    public Account getById(Integer accountId) {           ← ❽ 하나의 account 가져오기
        Session session = this.getSession();
        try {
            return (Account) session.get(
                Account.class, accountId);
        } catch (HibernateException e) {
            log.error(e);
            throw new DaoException(e);
        }
    }

    public Account getById(Account account) {            ← ❾ 하나의 account 가져오기
        return getById(account.getAccountId());
    }
}
```

SQL Map 구현체에서보다 양이 더 많다. Account 객체를 다루는 경우 ❶에서 ❺, 그리고 ❽에서 ❾는 꽤 간단하다. 하지만 Map 객체❻나 IdDescription 객체❼의 List를 반환하는 것을 살펴보기 시작하면 좀 흥미가 생길 것이다. 하이버네이트는 데이터베이스 테이블을 자바 클래스로 매핑하도록 설계되었기 때문에 동일한 테이블을 다른 클래스에 매핑하는 것은 약간 어려워진다.

다음에 볼 DAO 구현체 예제에서는 어떠한 매핑 툴도 사용하지 않고 JDBC를 직접 사용하여 DAO를 구성해 볼 것이다.

11.1.2 JDBC DAO 구현체

지금까지 사용한 인터페이스로 구축하는 마지막 DAO 구현체는 JDBC를 직접 사용할 것이다. 단순히 JDBC를 기반으로 구현할 때의 가장 큰 장점은 설정을 (하이버네이트나 iBATIS에 비해) 가장 적게 하고 유연성은 높아진다는 점이다.

리스트 11.4에서 `dao.xml` 설정 파일을 볼 수 있다.

리 스 트 11.4   JDBC를 사용하여 DAO 컨텍스트를 정의하는 XML 조각

```xml
<context id="jdbc">
    <transactionManager type="JDBC">
        <property name="DataSource"
            value="SIMPLE"/>
        <property name="JDBC.Driver"
            value="org.postgresql.Driver" />
        <property name="JDBC.ConnectionURL"
            value="jdbc:postgresql:ibatisdemo" />
        <property name="JDBC.Username"
            value="ibatis" />
        <property name="JDBC.Password"
            value="ibatis" />
        <property name="JDBC.DefaultAutoCommit"
            value="true" />
    </transactionManager>
    <dao interface="${DaoHome}.AccountDao"
        implementation="${DaoHome}.jdbc.AccountDaoImpl"/>
</context>
```

이 정도면 설정이 끝난다. 나머지는 모두 다음에 나오는 소스 코드에 있다. DAO의 JDBC 구현체의 코드 줄 수는 하이버네이트 코드에 비해 두 배가 넘고 SQL Maps에 비해서는 거의 일곱 배에 달한다. 설정 파일을 포함한다면, '코드 줄 수'의 통계는 표 11.1처럼 될 것이다. 결과적으로 설정 정보를 제거했지만, 전체 코드 줄 수로는 결국 두 배 정도되는 노력을 더 들여야 한다. JDBC를 이용한 애플리케이션 개발이 어리석은 방법이라고 말하는 것은 아니다. 여기서는 단지 유연성과 최소한의 설정을 원한다면 더 많은 코드를 작성해야 한다는 점을 말하고자 하는 것이다.

표 11.1 DAO 구현체를 위한 코드와 설정 줄 수

구현방식	설정	코드	합계
iBATIS	118+8=126	53	179
하이버네이트	23+20=43	141	184
JDBC	18	370	388

JDBC DAO 구현체 살펴보기

JDBC DAO 구현체는 양이 많기 때문에, 여기서 클래스의 전체 내용을 보지는 않을 것이다. 대신 DAO를 구축할 때 사용할 수 있는 몇 가지 요령들을 중심으로 다룰 것이다.

처음으로 할 일은 iBATIS가 제공하는 `JdbcDaoTemplate` 클래스를 상속하여 DAO를 구성하는 것이다. 그렇게 하면 조금은 여유를 부려도 괜찮다. 이 클래스가 커넥션을 관리해 주기 때문에 우리가 작성할 코드에서 커넥션을 닫아줄 필요가 없다.

이게 사소해 보이는가? 대규모 시스템에서 커넥션 관리에 실패하면 몇 시간 안에(혹은 몇 분 안에라도) 시스템을 운영 불가능한 상태로 만들어버릴 수 있다. 이 때문에 다음에 볼 팁을 통해 코드량을 줄이면서, 리소스를 안전하게 사용할 수 있도록 도와주는 메서드를 만들었다.

```
private boolean closeStatement(Statement statement) {
    boolean returnValue = true;
    if(null != statement){
        try {
            statement.close();
        } catch (SQLException e) {
            log.error("Exception closing statement", e);
            returnValue = false;
        }
    }
    return returnValue;
}
```

`Statement`를 닫을 때 `SQLException` 예외가 발생할 수 있기 때문에, 이 메서드는 `Statement`를 닫고 `SQLException`을 `DaoException`으로 포장한다. 그래서 위 코드를 모두 쓰지 않고 `closeStatement()`를 간단히 호출하고 원래의 예외를 기록한 뒤 `DaoException`을 던진다. 위와 동일한 이유로 `ResultSet` 객체를 닫는 위와 유사한 메서드를 하나 더 만든다.

아래에 작성한 메서드들을 사용하면 ResultSet 객체에서 데이터 구조를 손쉽게 가져올 수 있다.

```java
private Account extractAccount(ResultSet rs
) throws SQLException {
    Account accountToAdd = new Account();
    accountToAdd.setAccountId(rs.getInt("accountId"));
    accountToAdd.setAddress1(rs.getString("address1"));
    accountToAdd.setAddress2(rs.getString("address2"));
    accountToAdd.setCity(rs.getString("city"));
    accountToAdd.setCountry(rs.getString("country"));
    accountToAdd.setFirstName(rs.getString("firstname"));
    accountToAdd.setLastName(rs.getString("lastname"));
    accountToAdd.setPassword(rs.getString("password"));
    accountToAdd.setPostalCode(rs.getString("postalcode"));
    accountToAdd.setState(rs.getString("state"));
    accountToAdd.setUsername(rs.getString("username"));
    return accountToAdd;
}

private Map<String, Object> accountAsMap(ResultSet rs
        ) throws SQLException {
    Map<String, Object> acct =
        new HashMap<String, Object>();
    acct.put("accountId", rs.getInt("accountId"));
    acct.put("address1", rs.getString("address1"));
    acct.put("address2", rs.getString("address2"));
    acct.put("city", rs.getString("city"));
    acct.put("country", rs.getString("country"));
    acct.put("firstName", rs.getString("firstname"));
    acct.put("lastName", rs.getString("lastname"));
    acct.put("password", rs.getString("password"));
    acct.put("postalCode", rs.getString("postalcode"));
    acct.put("state", rs.getString("state"));
    acct.put("username", rs.getString("username"));
    return acct;
}

private IdDescription accountAsIdDesc(ResultSet rs
) throws SQLException {
    return new IdDescription(
        new Integer(rs.getInt("id")),
```

```
            rs.getString("description"));
}
```

의의 작업을 다양한 곳에서 수행하기 때문에, 매핑을 단순화하는 메서드를 만들면 나중에 실제 메서드를 생성할 때 오류 발생과 시간 낭비를 줄일 수 있다.

다음 메서드는 DAO 인터페이스에서 "query-by-example" 메서드에서 사용할 PreparedStatement를 생성한다. 아래에 나오는 코드는 여기에서 가장 복잡한 부분이다. 이것을 보고 나면 SQL Maps 구현체가 훨씬 더 매력적으로 보이기 시작할 것이다. 다른 도우미 메서드들은 간단하지만 코드가 긴 반면, 아래 메서드는 코드도 길며 오류를 발생시키기 일쑤이고 테스트하기도 어렵다. 꼭 만들어야 하지만 짜맞추기 좋진 않은 코드이다.

```
private PreparedStatement prepareQBEStatement(
        Account account,
        Connection connection,
        PreparedStatement ps,
        String baseSql
) throws SQLException {
    StringBuffer sqlBase = new StringBuffer(baseSql);
    StringBuffer sqlWhere = new StringBuffer("");
    List<Object> params = new ArrayList<Object>();

    String city = account.getCity();
    if (!nullOrEmpty(city)) {
        sqlWhere.append(" city like ?");
            params.add(account.getCity());
    }

    Integer accountId = account.getAccountId();
    if (!nullOrZero(accountId)) {
        if sqlWhere.length() > 0) {
                sqlWhere.append(" and");
        }
        sqlWhere.append(" accountId = ?");
        params.add(account.getAccountId());
    }

    if (sqlWhere.length() > 0) {
        sqlWhere.insert(0, " where");
        sqlBase.append(sqlWhere);
```

```java
        }

        ps = connection.prepareStatement(sqlBase.toString());
        for (int i = 0; i < params.size(); i++) {
            ps.setObject(i+1, params.get(i));
        }

        return ps;
    }
```

이제 모든 도우미 메서드를 적당히 살펴보았다. 이제부터는 public 인터페이스 구축을 시작할 수 있다. insert 메서드가 가장 복잡한데, 데이터를 가져오는 쿼리와 삽입 작업 둘 다 필요하기 때문이다.

```java
    public Integer insert(Account account) {
        Connection connection = this.getConnection();
        Statement statement = null;
        PreparedStatement ps = null;
        ResultSet rs = null;
        Integer key = null;
        if (null != connection) {
            try{
                statement = connection.createStatement();
                rs = statement.executeQuery(sqlGetSequenceId);
                if (rs.next()) {
                    key = new Integer(rs.getInt(1));
                    account.setAccountId(key);
                    if (log.isDebugEnabled()) {
                        log.debug("Key for inserted record is " + key);
                    }
                }
                ps = connection.prepareStatement(sqlInsert);
                int i = 1;
                ps.setObject(i++, account.getAccountId());
                ps.setObject(i++, account.getUsername());
                ps.setObject(i++, account.getPassword());
                ps.setObject(i++, account.getFirstName());
                ps.setObject(i++, account.getLastName());
                ps.setObject(i++, account.getAddress1());
                ps.setObject(i++, account.getAddress2());
                ps.setObject(i++, account.getCity());
                ps.setObject(i++, account.getState());
```

```
                ps.setObject(i++, account.getPostalCode());
                ps.setObject(i++, account.getCountry());
                ps.executeUpdate();
            } catch (SQLException e) {
                log.error("Error inserting data', e);
                throw new DaoException(e);
            } finally {
                closeStatement(ps);
                closeResources(statement, rs);
            }
        }
        return key;
    }
```

여기서, 삽입할 레코드의 새로운 id를 발급받고서 파라미터로 받은 빈즈에 그 값을 지정한다. 그리고는 이 빈즈를 데이터베이스에 삽입한다. 이 코드는 따라가면서 보기에는 매우 단순하며 단지 iBATIS나 하이버네이트 버전에 비해서 코드가 약간 길 뿐이다.

다른 메서드도 이것과 같이 간단하다. 따라서 더 이상 지면을 낭비하지는 않겠다.

11.2 다른 데이터 소스로 DAO 패턴 사용하기

DAO 패턴은 Gateway 패턴과 매우 유사하다. Gateway 패턴은 LDAP이나 웹 서비스 등의 많은 다른 데이터 소스들에 적합한 패턴이다.

Gateway 패턴이란 말이 익숙지 않은가? 이 패턴은 그 하는 일 때문에 때때로 래퍼(Wrapper)라고 불리기도 한다. 이 패턴은 API를 감싸서(wrap) 그림 11.1에서처럼 객체를 단순하게 보이도록 만들어 준다. 이 그림에서는 `WebServiceGateway` 인터페이스가 내부적인 구현을 감춰준다.

이 말이 익숙하게 들리는가? 아니, 익숙하게 들릴 것이다. 바로 DAO 패턴의 배경이 되는 개념이기 때문이다. DAO 패턴은 트랜잭션과 커넥션 풀 그리고 다른 데이터베이스에 종속적인 사항들에 특화된 Gateway이다.

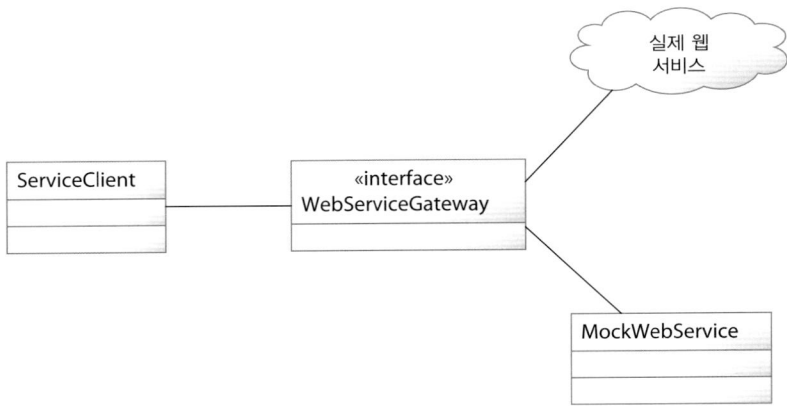

그림 11.1 | DAO 패턴은 Gateway 패턴과 유사하다.

11.2.1 예제: LDAP으로 DAO 사용하기

LDAP은 계층적인 데이터를 저장하는데 너무도 훌륭한 도구이다. 또한 네트워크 관리자들이 사용자들을 추적하고 구성원이나 다른 유사 데이터를 그룹화하는 데도 사용한다. 예를 들면 Novel Directory Services(NDS)나 마이크로소프트사의 ActiveDirectory는 둘 다 LDAP을 기반으로 하며 LDAP API를 제공한다.

DAO 패턴을 사용하여 LDAP을 사용하는 디렉터리에 접근하는 것은 애플리케이션에서 JNDI 프로그래밍의 느낌을 계속 유지할 수 있는 훌륭한 한 방법이다. 특수 목적의 작은 클래스 집합을 만들어서 가볍고 테스트하기 좋은 JNDI 컴포넌트를 구축할 수 있다. 그리고 나서는 데이터 소스는 외부에 노출시키지 않은 채로 DAO 구현체에 붙이면 된다.

LDAP 용어 이해하기

LDAP 디렉터리 기반의 DAO 구현을 구축하는 완전한 예제를 시작하기 전에, 몇 가지 용어를 먼저 알아보자. LDAP은 의도적으로 모호하게 만들어졌다. LDAP은 계층적인 구조의 데이터 저장소에 접근하는 매우 유연하고 일반화된 목적을 수행하는 프로토콜이 되도록 설계되었기 때문이다.

LDAP 디렉터리의 기초가 되는 요소는 엔트리(entry)라고 부른다. 엔트리는 데이터(속성이라고 부른다)나 다른 엔트리 혹은 그 둘 다를 포함할 수 있다. 모든 엔트리는 정확히 하나의 부모를 가지고 있으며 DN(Distinguished Name)으로 유일하게 구분 지을 수 있다. DN은 전체 디렉터리에서 중복이 있을 수 없다. 엔트리의 데이터 요소들은 엔트리가 나타내는 하나 혹은 그 이상의 객체 클래스로 정의한다.

예를 들어 자바 애플리케이션으로 일반적인 LDAP 엔트리들을 관리하는 연락처 관리자를 만들고자 한다면, 엔트리를 나타내는 다음과 같은 형태의 빈즈를 생성할 것이다.

```java
public class Contact {
    private String userId;
    private String mail;
    private String description;
    private String firstName;
    private String lastName;
    // 프로퍼티를 만들어주는 Getters와 Setters
}
```

이 객체를 LDAP 디렉터리에 저장하는 한 방법으로 간단히 자바 객체를 디렉터리로 직렬화해 넣는 것이 있다. 우리의 예제에서는 두 가지 이유 때문에 그렇게 하지 않을 것이다. 하나는 우리의 디렉터리를 잠재적으로 자바가 아닌 다른 시스템과 상호 교환할 수 있게 만들기 위해서이다. 다른 이유는 LDAP 기반 쿼리의 장점을 누리기 위해서이다. 데이터베이스를 사용할 때는 원래 그 시스템이 의도된 방식으로 사용하는 것이 좋다.

자바에서 LDAP으로 매핑하기

전에 말한 바와 같이, 모든 LDAP 디렉터리 엔트리는 하나 혹은 그 이상의 객체 클래스를 나타낸다. 이 객체 클래스들은 속성들의 묶음을 정의한다. 이 속성과 자바의 Map 인터페이스가 유사하기 때문에 간단히 Map을 사용하여 JNDI 속성 구조를 숨겨주는 Map 기반의 DAO를 만드는 것은 정말 일도 아니다. 하지만 이번 절에서는 이전 절의 빈즈를 사용하여 이 빈즈를 표 11.2의 매핑을 통해 LDAP의 intOrgPerson 엔트리에 매핑할 것이다.

표 11.2 자바빈즈를 LDAP 속성에 매핑하기

빈즈 프로퍼티	LDAP 속성
userId	uid
mail	Mail
description	Description
lastName	Sn
firstName	givenName

이 매핑은 DAO 구현체 안에서 Attributes 객체로부터 빈즈를 생성하거나, 혹은 그 반대로 빈즈로부터 Attributes 객체를 생성해내는 메서드를 사용해서 이루어진다. 리플렉션을 기반으로 하여 위 매핑을 처리하는 메커니즘을 만들어내는 것도 가능하긴 하지만, 여기서는 DAO 구현을 매우 간단하게 만들 것이기 때문에 매핑 정보를 그냥 하드 코딩할 것이다. 리스트 11.5는 DAO 구현체에서 매핑 작업을 수행하는 메서드 세 가지를 보여준다.

리 스 트 11.5   LDAP DAO 구현체를 지원하는 메서드들

```java
private Attributes getAttributes(Contact contact){
    Attributes returnValue = new BasicAttributes();
    returnValue.put("mail", contact.getMail());
    returnValue.put("uid", contact.getUserId());
    returnValue.put("objectClass", "inetOrgPerson");
    returnValue.put(
        "description", contact.getDescription());
    returnValue.put("sn", contact.getLastName());
    returnValue.put("cn", contact.getUserId());
    returnValue.put("givenName", contact.getFirstName());
    return returnValue;
}

private Contact getContact(Attributes attributes) {
    Contact contact = new Contact();
    contact.setDescription(
            getAttributeValue(attributes, "description"));
    contact.setLastName(
            getAttributeValue(attributes, "sn"));
    contact.setFirstName(
            getAttributeValue(attributes, "givenName"));
    contact.setMail(getAttributeValue(attributes, "mail"));
    contact.setUserId(
            getAttributeValue(attributes, "uid"));
    return contact;
}

private String getAttributeValue(
        Attributes attributes, String attrID
        ) {
    Attribute attribute = attributes.get(attrID);
    try {
        return (null==attribute?"":(String)attribute.get());
    } catch (NamingException e) {
        throw new DaoException(e);
    }
}
```

`Attributes` 인터페이스는 Sun의 JDK에 포함돼 있는 JNDI 패키지의 일부이며 또한 동일한 패키지에 포함돼 있는 `BasicAttributes` 클래스가 이의 구현체이다. `Contact` 클래스는 LDAP 디렉터리에 매핑하고자 하는 빈즈이다. 마지막으로 `getAttributeValue()` 메서드는 도우미 메서드로써 `null` 값 등을 처리해 주어 매핑 과정을 단순화하고, JNDI 종속적인 예외들을 `DaoException`으로 변경해 주는 일을 한다.

다른 DAO 구현체들과 마찬가지로 데이터베이스로의 접근을 어디에서 어떻게 할지에 대한 몇 가지 결정을 내려야 한다. JNDI 컨텍스트를 제공해 즈는 J2EE 컨테이너를 사용하고 있다면 JNDI 컨텍스트를 사용하는 것이 끌릴 것이다. 만약 요구사항에 적합하다면 이를 사용하지 않을 이유가 없다. 하지만 JNDI를 사용하면 몇 가지 트레이드오프가 있다. 이는 코드는 단순해지지만 테스트는 어렵게 만든다. 요구사항이 뭐냐에 따라서, 이 정도 희생은 감수할 만하다고 할 수도 있다.

이번 예제에서는 가능한 한 테스트하기 쉽게 만들려고 한다. 따라서 생성자 기반의 의존성 삽입 방식을 통해서 DAO 클래스의 설정을 실행시간에 할 수 있게 만들 것이다. iBATIS의 DAO는 이런 식으로 사용할 수 없기 때문에, 디폴트 값으로 지정했으면 하는 값 두 개를 사용하는 디폴트 생성자도 함께 만들 것이다. 11.3절에서는 Spring 프레임워크로 DAO 계층을 구성해 볼 것이다. 이때는 설정 파일을 통해서 실행시간 설정을 할 수 있다. 하지만 지금 당장은 디폴트 생성자 메서드를 사용하자.

두 번째 생성자는 두 개의 파라미터를 받아서 디폴트 생성자에서 하드코딩한 두 가지 설정을 수행한다. 하나는 `Contact` 빈즈에서 사용할 LDAP DN 속성을 결정한다. 이 속성은 데이터베이스 테이블의 기본키와 같은 역할을 한다. 하지만 테이블에서 행에 대한 기본키의 역할처럼 특정 단일 세그먼트에서만 값이 유일한 게 아니라 전체 디렉터리에서 동일한 값이 나오면 안 된다. 아래 메서드는 DAO 구현체에서 `Contact` 빈즈에 중복되지 않는 DN을 생성해준다.

```
private String getDn(String userId){
    return MessageFormat.format(this.dnTemplate, userId);
}
```

두 번째로 해야 할 설정은 초기 디렉터리 컨텍스트를 가져오는 것이다. DAO의 디폴트 생성자는 하드코딩한 프로퍼티를 사용하여 LDAP 디렉터리에 접속한다. 다시 한 번 말하지만, 두 번째 생성자를 사용하면 다른 목적을 수행하는데 필요한 사용자 정의 프로퍼티를 지정할 수 있다.

```java
private DirContext getInitialContext() {
    DirContext ctx = null;
    try {
        ctx = new InitialDirContext(env);
    } catch (NamingException e) {
        log.error("Exception getting initial context", e);
        throw new DaoException(e);
    }
    return ctx;
}
```

이제 빈즈를 매핑하고 LDAP 디렉터리에 접속하는데 필요한 모든 인프라스트럭처 코드를 구축했으니, DAO 구현체를 구성할 때가 되었다. 처음으로 볼 메서드는 이 중에서 가장 간단한 것으로 userId를 통해서 연락처를 찾는 것이다. 이 메서드를 구현하는 코드가 아래에 있다.

```java
public Contact getById(String id) {
    DirContext ctx = getInitialContext();
    Attributes attributes;
    try {
        attributes = ctx.getAttributes(getDn(id));
    } catch (NamingException e) {
        throw new DaoException(e);
    }
    return getContact(attributes);
}
```

여기서는 디렉터리 컨텍스트를 가져와서 이를 통해 userId 값으로 받은 파라미터의 DN을 기반으로 하여 연락처의 속성들을 가져온다. 일단 속성들을 가져오면 이를 Contact 빈즈로 변환해서 반환하다. LDAP에 종속적인 NamingException이 발생하면 DaoException으로 변경해서 다시 던진다. DAO 메서드의 시그너처에는 데이터 소스를 가리키는 특징이 들어가면 안 되기 때문이다.

삽입(insert) 작업은 LDAP식으로 말하면 바인딩(binding)이라고 부른다. 우리 예제에서는 이것이 LDAP의 바인딩인지 절대로 알 수 없다. DAO에서 이 과정을 감싸서 처리하고 바인딩 대신 insert라고 부를 것이기 때문이다.

```java
public Contact insert(Contact contact) {
    try {
```

```
            DirContext ctx = getInitialContext();
            ctx.bind(getDn(
                    contact.getUserId()),
                null,
                getAttributes(contact));
        } catch (Exception e) {
            log.error("Error adding contact", e);
            throw new DaoException(e);
        }
        return contact;
    }
```

유사하게, 수정(update)과 삭제(delete) 메서드도 LDAP에 종속적인 클래스를 사용해서 일을 처리하고서 예외는 위와 같은 기법을 사용해서 던진다. JNDI 용어로 수정은 리바인딩(rebiding)이고 삭제는 언바인딩(unbiding)이라고 부른다. 어쨌든 우리는 DAO 패턴을 사용하기 때문에 이런 용어들은 애플리케이션에서는 볼 수 없다. 우리가 DAO 구현체에서 만든 것이 LDAP에 종속적인지 여부는 결코 외부에서는 알 수가 없다.

앞으로 개발하면서 다루게 될 낯선 데이터 소스에 LDAP에만 있는 것은 아니다. 그 모든 것들을 이 한 장(혹은 책 한 권을 다 할애한다 해도)에서 다룰 수 없기 때문에 가까운 미래에 다루게 될 확률이 높은 다른 것, 바로 웹 서비스에 대해서 살펴보자.

11.2.2 예제: 웹 서비스로 DAO 사용하기

DAO 패턴을 사용하여 웹 서비스를 구축하는 것은 정말 좋은 생각이다. 추상 계층 같은 것을 통해 웹 서비스를 사용하는 이유는 웹 서비스를 사용하는 컴포넌트를 테스트하는 것이 간편해지기 때문이다. 예를 들어 사용하고자 하는 것이 신용 카드를 처리하는 서비스이거나 혹은 다른 원거리 서비스라서 접속 시간이나 실행 시간, 결과를 처리하는 시간 등이 오래 걸린다고 할 때, 만약 서비스 처리를 기다려야 한다면(그것도 여러 번) 테스트하는 것이 아주 심각하게 느려질 수 있다. 게다가 서비스가 요청 단위로 요금을 내야 하거나 혹은 (아마존, 구글, eBay처럼) 공개적인 것이어서 반환되는 데이터가 일정치 않고 계속 변한다면, 통합이나 사용자 검수 테스트(User Acceptance Test) 이외의 목적으로 사용하는 것은 하기 힘들게 된다. 비용이 너무 많이 들고, 반환되는 데이터가 너무 다양하기 때문이다. 이런 문제와 더불어 시간이 지나면 결과가 바뀌는 테스트를 위해서 데이터를 준비할 필요가 정말 있을까? 대신 의미 있는 정적(혹은 쉽게 예측 가능한) 데이터를 필요로 하는 단위 테스트를 작성하는 것이 낫다.

그럼, 여러분이 시스템을 만들고 있고 시스템 애플리케이션 안에서 사용자들이 구글 검색을 할 수 있길 바란다고 하자. 웹 서비스를 호출하는 구글 API는 매우 간단해서 쉽게 사용할 수 있다. 하지만 지금은 다른 검색 엔진들도 유사한 API를 제공하기 때문에 좀 더 (모든 검색 엔진에서) 일반적으로 사용할 수 있는 검색 API를 만들어 구글 구현체를 감싸서 애플리케이션에서 그 감싸고 있는 API를 호출하도록 만들 것이다.

먼저 검색 인터페이스를 만들고 검색 결과를 반환 받는 구조를 정할 필요가 있다. 자, 간단한 빈즈와 인터페이스를 만드는 것으로 시작해보자.

```java
public class SearchResult {
    private String url;
    private String summary;
    private String title;
    // getters와 setters 생략...
}

public interface WebSearchDao {
    List<SearchResult> getSearchResults(String text);
}
```

여기서 우리의 빈즈에는 세 개의 프로퍼티가 있고, 인터페이스에는 List 타입을 반환하는 한 개의 메서드가 있다. 다음은 구글 API를 사용한 검색 API의 구현체다.

```java
public class GoogleDaoImpl implements WebSearchDao {
    private String googleKey;
    public GoogleDaoImpl(){
        this("insert-your-key-value-here");
    }
    public GoogleDaoImpl(String key){
        this.googleKey = key;
    }
    public List<SearchResult> getSearchResults(String text){
        List<SearchResult> returnValue = new
            ArrayList<SearchResult>();
        GoogleSearch s = new GoogleSearch();
        s.setKey(googleKey);
        s.setQueryString(text);
        try {
            GoogleSearchResult gsr = s.doSearch();
```

```
                for (int i = 0; i < gsr.getResultElements().length;
                    i++){
                    GoogleSearchResultElement sre =
                        gsr.getResultElements()[i];
                    SearchResult sr = new SearchResult();
                    sr.setSummary(sre.getSummary());
                    sr.setTitle(sre.getTitle());
                    sr.setUrl(sre.getURL());
                    returnValue.add(sr);
                }
                return returnValue;
        } catch (GoogleSearchFault googleSearchFault) {
            throw new DaoException(googleSearchFault);
        }
    }
}
```

구글 API는 작업을 하려면 키가 필요하다는 점만 제외하고는 DAO 인터페이스와 매우 유사하다. 우리의 예제에서는 구현체에 하드코딩한 키를 사용하기 때문에 이것은 문제가 되지 않는다. 실제 운영할 애플리케이션에서는 여럿이 공유하는 키보다는 특정 사용자 전용 키를 제공하는 것이 아마도 더 나을 것이다.

여기서 iBATIS DAO 계층의 또 다른 한계를 볼 수 있다. DAO 클래스의 인스턴스를 다중으로 제공할 수 없고 디폴트 생성자만을 사용하기 때문에, 이 DAO를 우리가 원하는 방식대로 실행시키려면 몇 가지 추가적인 작업을 해줘야만 한다.

다음 절에서는, 좀 더 고급 설정 기법을 제공해 주는 Spring 프레임워크를 사용하여 더 많은 기능을 가진 DAO 계층을 만드는 방법을 알아볼 것이다.

11.3 Spring DAO 사용하기

iBATIS와는 상관없이, Spring 프레임워크를 사용하여 애플리케이션의 데이터 접근 계층을 다루는 방법은 매우 많이 있다. 이번 절에서는 Spring의 iBATIS 지원기능을 사용하여 데이터 접근 계층을 구축하는 방법을 공부할 것이다.

11.3.1 코드 작성하기

Spring 프레임워크는 데이터 접근 객체에 템플릿(Template) 패턴을 사용하여 iBATIS를 지원한다. 템플릿 패턴을 사용한다는 것은 Spring이 제공해 주는 클래스(SqlMapClientTemplate)를 개발자가 작성하는 DAO가 상속받아서 구현을 시작한다는 의미이다. Spring에서 이러한 기법을 사용해서 만든 AccountDao 구현은 리스트 11.6과 같은 형태가 될 것이다.

리 스 트 11.6   SQL Maps Account DAO의 Spring 버전

```java
public class AccountDaoImplSpring
    extends SqlMapClientTemplate
    implements AccountDao
{
    public Integer insert(Account account) {
        return (Integer) insert("Account.insert", account);
    }

    public int update(Account account) {
        return update("Account.update", account);
    }

    public int delete(Account account) {
        return delete(account.getAccountId());
    }

    public int delete(Integer accountId) {
        return delete("Account.delete", accountId);
    }

    public List<Account> getAccountListByExample(
                                    Account account) {
      return queryForList("Account.getAccountListByExample",
                    account);
    }

    public List<Map<String, Object>>
                    getMapListByExample(Account account) {
      return queryForList("Account.getMapListByExample",
                    account);
    }

    public List<IdDescription>
```

```
            getIdDescriptionListByExample(Account account) {
    return
      queryForList("Account.getIdDescriptionListByExample",
              account);
  }

  public Account getById(Integer accountId) {
    return (Account) queryForObject("Account.getById",
            accountId);
  }

  public Account getById(Account account) {
    return (Account) queryForList("Account.getById",
            account);
  }
}
```

예리한 독자는 리스트 10.11에서 본 코드와 거의 같다는 것을 알아차렸을 것이다. 하지만 여기서 알아둬야 할 것은 상속받는 클래스가 이전 코드와 다르다는 것이다. 이 클래스에서 다른 모든 점은 리스트 10.11과 동일하다. 자 그렇다면 이제, 언제 어떤 클래스를 상속받아야 하는지 의문이 생길 것이다. 다음 절에서 알아보자.

11.3.2 왜 iBATIS 대신에 Spring을 사용하는가?

이것은 당연히 물어볼 만한 질문이다. 이 책은 iBATIS에 대한 책인데 DAO 계층에 다른 것을 사용하는 방법에 대해 언급하는 이유는 무엇일까? Spring과 iBATIS는 그들만의 장점과 단점을 가지고 있고, 둘 중에 무엇을 사용할지 결정하려면 서로의 장단점에 대한 이해는 물론 개발하는 애플리케이션이 요구하는 것이 무엇인가도 이해해야 한다.

iBATIS DAO 계층의 장점은 빠르고 쉬운 솔루션이라는 점이다. 이미 iBATIS SQL Maps를 다운로드 하였다면, iBATIS DAO 프레임워크도 역시 사용할 수 있게 된 것이다.[1] 필요한 것이 트랜잭션과 커넥션 관리뿐이라면 Spring보다 훨씬 더 간단하게 사용할 수 있는 프레임워크인 셈이다. 이러한 경우에는 iBATIS DAO 계층이 애플리케이션에 적합할 것이다.

---

1. **역자주** | 2.3 버전 부터는 별도로 분리 되었다

iBATIS DAO의 간결함은 또한 가장 큰 단점이 되기도 한다. 일단 DAO 패턴을 사용하기 시작하면, 결합도가 낮아짐으로써(decoupling) 테스트하기 쉽다는 장점도 누릴 수 있게 되는 것이다. 개발자는 애플리케이션의 다른 영역에서도 동일한 접근 방법을 사용하고자 할 것이다.

예를 들면 스트럿츠 애플리케이션에서 비즈니스 로직 클래스와 DAO 클래스 사이에서 사용하는 것과 동일한 접근 방법을 Action 클래스와 비즈니스 로직 클래스 사이에서도 사용할 것이다. Action에서 필요한 코드의 구현을 알 필요 없이 오직 필요한 인터페이스만 알면 된다. 또한 구현체는 설정을 통해 끼워 넣게 된다. 이렇게 하면 Action 클래스를 간결하게 유지하면서 모든 계층이 테스트하기 쉬워진다.

계층 간의 분리를 관리하는 것과 더불어, Spring은 iBATIS DAO 계층과 마찬가지로 커넥션과 트랜잭션도 관리할 수 있다. Spring의 큰 장점은 이것이 DAO 계층에만 적용되는 것이 아니라 애플리케이션의 모든 부분에 적용된다는 점이다.

11.4 개발자 스스로 DAO 계층을 생성하기

때로는 iBATIS DAO 지원도 Spring DAO 지원도 여러분이 필요한 것을 정확히 채워주지 못할 수 있다. 이럴 때는, "스스로 만든 DAO 계층을 굴릴" 필요가 있다.

바닥부터 DAO 계층을 만들어가는 것은 굉장히 어려운 작업처럼 보일 것이다. 하지만, 실제로 구현하기 꽤 수월한 패턴임을 알고 나면 놀라게 될 것이다. 효율적인 DAO 계층에는 본질적으로 세 개의 티어(tier)가 존재한다.

1. 구현체에서 인터페이스를 분리하기
2. 외부에서 설정된 팩토리(factory)를 사용하여 구현체의 결합도 낮추기
3. 트랜잭션과 커넥션 관리기능 제공하기

우리의 목표에 따라서 처음 두 티어를 수행하려면 무엇이 필요한지 알아볼 것이다. 하지만 트랜잭션과 커넥션 관리는 7장을 참고하고 거기서부터 시작하라.

11.4.1 구현체에서 인터페이스를 분리하기

DAO를 인터페이스와 구현체로 분리해야 하는 이유는 두 가지가 있다. 첫째로 다른 형태의 데이터 접근을 지원해야 할 필요가 생길 경우 구현체를 바꿔 치기 할 수 있기 때문이다. 둘

째로 분리를 하면 테스트가 훨씬 쉽고 빨라진다. 실제 데이터베이스에 접근하는 객체 대신 모의 DAO 객체를 끼워 넣는 것이 가능해지기 때문이다.

IDE를 사용한다면, 이 분리 과정을 매우 쉽게 처리할 수 있다. 대부분의 개발 환경에는 리팩터링 툴이 있어서 클래스에서 인터페이스를 분리해낼 수 있다. 하지만 이는 DAO를 구축하는 것에서는 아주 작은 일부분에 불과하다.

개발자가 DAO 패턴을 처음으로 접했다면, 인터페이스를 만들 때 구현 클래스를 JDBC나 iBATIS 혹은 어떤 다른 데이터베이스를 다루는 툴에 종속적인 부분에 노출시켜 버리기가 쉽다. 이것이 인터페이스를 관리할 때 더욱 어려운 부분이다. 이러한 노출은 DAO가 아닌 데이터 접근 구현체에 애플리케이션을 묶어버리기 때문에 문제가 된다. 비록 크게 어려운 일은 아니지만, 사소하게 다룰 문제도 아닌 것이다.

컬렉션(빈즈의 List 같은 것들)은 결과셋을 사용하는 코드를 변경하면 쉽게 사용할 수 있다. 하지만 다른 변경들과 마찬가지로 테스트를 해야 하며, 애플리케이션에서 어디에 이 코드가 위치해 있느냐에 따라서 테스트 과정이 매우 어려울 수도 있다. 예를 들면 대용량 데이터 셋에 가벼운 리포팅 기능을 제공하는 'Fast Lane Reader' 패턴을 사용하는 웹 애플리케이션에서는 JDBC 코드가 뷰 계층과 직접 소통하는 경우가 있다. 이렇게 하면 테스트하기가 너무도 어려워진다. 사람의 개입을 필요로 하는 것은 무엇이든 더 많은 시간을 잡아먹기 때문이다. 게다가 원본뿐만 아니라 테스트 코드를 제대로 수행하도록 재작성하는 것도 어려울 것이다. 한 가지 해결책은 콜백을 사용해서 코드를 작성하여 데이터 접근 속도를 개선하는 것이다(따라서 이 예제에서는 뷰가 요청한 데이터를 처리하는 RowHandler 같은 것이 있으면 좋을 것이다).

SQL Maps API를 직접 사용하는 애플리케이션을 좀 더 캡슐화된 API를 사용하도록 수정하는 것은 어느 정도 쉽게 해결할 수 있다. 예를 들어 `SqlMapClient` 객체의 `queryForList()` 메서드를 호출하는 클래스를 개발하고 있다면, 이 호출을 스스로 작성한 DAO 클래스를 호출하도록 리팩터링하고 그 클래스의 메서드에서는 List 객체를 반환하게 하면 데이터 사용자 측에서는 오직 스스로 만든 DAO하고만 소통하게 된다.

11.4.2 결합도 낮추기(decoupling)와 팩토리(factory) 생성하기

자, 이제 인터페이스와 구현의 분리를 끝냈다. 인터페이스와 구현체 둘 다 DAO를 사용하는 클래스에 노출시키면 안 된다. 구현체에 대한 의존성을 제거하는 대신 인터페이스에 대한 의존성을 DAO를 사용하는 클래스에 추가한 것이기 때문이다.

내가 말하고자 하는 것은 DAO에 인터페이스를 추가하고 그 인터페이스를 구현하였다면, 그 구현체를 어떻게 사용할 수 있는가 하는 것이다. 팩토리를 사용하지 않는다면 아마도 다음과 같은 방법을 사용하기 십상이다.

```
AccountDao accountDao = new AccountDaoImpl();
```

뭐가 문제인지 알겠는가? DAO를 구현에서 분리했음에도, 여전히 곳곳에서 구현체를 직접 참조하고 있다. 이것은 여기서 생성한 DAO 객체를 애플리케이션 모든 곳에 전달하지 않는다면 가치가 없는 일이다. 아래와 같은 방식으로 사용하는 것이 더 나은 패턴이다.

```
AccountDao accountDao =
    (AccountDao)DaoFactory.get(AccountDao.class);
```

이 예제에서는 무엇이 구현체일까? 개발자는 이에 대해 알지도 못하고 신경 쓸 필요도 없다. DaoFactory가 우리 대신 다 처리해 줄 것이기 때문이다. 우리가 신경 써야 할 것은 단지 이 DaoFactory가 AccountDao 인터페이스를 구현한 객체를 반환한다는 점뿐이다. 이 구현체가 일만 제대로 처리한다면 LDAP, JDBC 혹은 어떤 속임수를 사용해서 일을 처리하든 신경 쓰지 않는다.

추상 팩토리를 생성하는 것은 쉽고 재미있다! 그래, 어쩌면 재미는 없을지도 모르지만 여전히 쉬운 것은 사실이다. 이번 절에서는 간단한 팩토리를 만들고 우리가 직접 만든 DAO 클래스를 가져오는데 왜 팩토리를 사용해야 하는지 얘기해보자.

자, 대체 DaoFactory는 어떻게 생긴 것일까? 놀랍게도 리스트 11.7에서 볼 수 있듯이 코드가 몇 십 줄밖에 안 된다.

리스트 11.7   굉장히 간단한 DAO factory

```
public class DaoFactory {
    private static DaoFactory instance = new DaoFactory();
    private final String defaultConfigLocation =
        "DaoFactory.properties";
    private Properties daoMap;
    private Properties instanceMap;
    private String configLocation = System.getProperty(
            "dao.factory.config",
            defaultConfigLocation
            );
    private DaoFactory(){          ←──❶ private 생성자를 선언한다.
        daoMap = new Properties();      – 싱글턴(singleton)이다.
```

11 장
DAO 더 살펴보기

```java
        instanceMap = new Properties();
        try {
            daoMap.load(getInputStream(configLocation));
        } catch (IOException e) {
            throw new RuntimeException(e);
        }
    }

    private InputStream getInputStream(String configLocation)
    {
        return Thread
            .currentThread()
            .getContextClassLoader()
            .getResourceAsStream(configLocation);
    }

    public static DaoFactory getInstance() {     // ❷ 간단한 팩토리 메서드
        return instance;                         //    를 선언한다
    }

    public Object getDao(Class daoInterface){    // ❸ DAO를 가져온다
        if (instanceMap.containsKey(daoInterface)) {
            return instanceMap.get(daoInterface);
        }
        return createDao(daoInterface);
    }
                                                 // ❹ 타입 별로 단 하나의 DAO만
    private synchronized Object createDao(       //    생성함을 보장해준다
      Class daoInterface
    ) {
      Class implementationClass;
      try {
        implementationClass = Class.forName((String)
                        daoMap.get(daoInterface));
        Object implementation =
                        implementationClass.newInstance();
        instanceMap.put(implementationClass, implementation);
      } catch (Exception e) {
        throw new RuntimeException(e);
      }
      return instanceMap.get(daoInterface);
    }
}
```

확실히, 이것이 역사상 가장 멋진 팩토리는 아니다. 하지만 상당히 작으면서도 효율적이다. 이 팩토리의 public 인터페이스는 getInstance()와 getDao() 오직 이 두 개의 메서드만으로 이루어져 있다. private 생성자❶는 설정 파일을 읽어 들인다. 이번 경우에 설정 파일은 인터페이스와 구현체의 이름을 나타내는 이름/값 쌍을 저장하는 properties 파일이다. 이 클래스는 스스로를 포함하는(self-contained) 싱글턴[2]이다. 따라서 getInstance() 메서드❷는 그저 이 클래스의 유일한 인스턴스를 반환한다. getDao() 메서드❸는 인터페이스의 구현체를 반환한다. DAO는 나중에 DAO에 대한 실제 요청이 발생할 때 createDao() 메서드❹에서 생성된다.

11.5 요약

11장에서는 데이터 접근 객체(Data Access Object, DAO) 패턴 탐험을 모두 마쳤다. iBATIS SQL Maps 이외의 데이터 접근 툴을 통해 DAO를 사용하는 방법을 공부해 보았다. 또한 DAO 패턴을 Gateway 패턴의 한 형태로써 사용하는 방법과 전형적인 데이터 소스뿐만 아니라 LDAP 디렉터리나 웹 서비스처럼 일반적으로 사용하지는 않는 데이터 소스들을 감쌀 수 있게 적용하는 방법도 살펴보았다.

iBATIS DAO 프레임워크가 제공하는 DAO 생성기능의 한계가 무엇인지도 살펴보았다. Spring 프레임워크를 사용하면 DAO 클래스를 생성하고 설정하는 거의 모든 것이 가능하다는 것을 직접 볼 수 있었다.

또한 개발자 스스로 DAO 계층을 구축할 때 필요한 것들과 간단하게 시작할 수 있는 DAO 팩토리를 함께 적용하는 방법을 간략하게 살펴보았다.

여기까지, 여러분은 iBATIS로 할 수 있는 모든 것을 다 공부했다. 12장에서는 iBATIS 프레임워크를 확장해서, 설정 파일만으로는 불가능한 일들을 어떻게 해내는지 공부할 것이다!

2.**역자주** | 싱글턴은 오직 단 한 개의 객체만 생성할 수 있는 클래스이다. 디자인 패턴을 참조할 것

12 장

iBATIS 확장하기

: 사용자 정의 타입 핸들러
: 캐시 컨트롤러
: 사용자 정의 데이터 소스

모든 사람의 요구사항을 한꺼번에 만족시켜줄 수 있는 프리임워크는 없다. 이 때문에 프레임워크에서 사용자가 스스로 프레임워크의 행동을 수정할 수 있는 확장 기능을 제공해 주는 것이 중요하다. 프레임워크에는 플러그인을 가능하게 하는 기능이 필요하다.

   iBATIS가 오픈 소스라서 최종 사용자가 원하는 대로 코드를 쉽게 변경할 수 있다고는 하더라도, 프레임워크를 확장하는 일관성 있고 지원 가능한 방법을 제공하는 것이 매우 중요하다. 그렇지 않으면 iBATIS의 복사본을 변경한 사용자는 iBATIS의 새로운 버전이 나올 때마다 변경사항을 새 버전에 다시 적용하고 전체 프레임워크를 다시 컴파일해야만 한다.

   iBATIS는 다양한 수준에서 사용자 정의 기능 추가를 지원한다. 우선, 일반적인 가장 좋은 방식으로 iBATIS 프레임워크는 설계 계층 사이의 연결에 인터페이스를 사용한다는 점이다. 이것은 프레임워크가 제공하는 표준적인 확장기능이 없을 때라도, 사용자가 인터페이스를 구현해서 표준 구현체를 사용자 정의 구현체로 바꿔 치기만 해도 된다는 의미이다. 이번 장의 뒷부분에서 SqlMapClient 인터페이스를 사용자 정의하는 것에 대해 공부하면서 예제를 살펴볼 것이다.

애플리케이션 또는 플랫폼마다 사용자 정의가 필요한 영역에서 iBATIS는 타입 핸들러, 트랜잭션 관리자, 데이터 소스 및 캐시 컨트롤러와 같은 것들을 위해 플러그인 형태의 표준 컴포넌트 아키텍처를 제공해준다.

다음 절에서는 이러한 것들을 상세히 다뤄 본다. 플러그인 아키텍처의 일반적인 개념을 함께 생각해 보면서 시작하자.

12.1 플러그인 가능한 컴포넌트 설계 이해하기

플러그인 가능한 컴포넌트의 설계는 일반적으로 3개의 부분으로 구성된다.

- 인터페이스
- 구현체
- 팩토리(Factory)

인터페이스는 어떤 기능을 원하는지 설명하며, 모든 구현체가 따라야 하는 계약서와 같은 것이다. 다시 말해서 인터페이스는 수행할 기능이 '무엇'인지 설명한다.

구현체는 기능들을 어떻게 수행하는지 묘사하는 특정한 행위이다. 이는 써드파티 프레임워크나 혹은 고급 캐싱 시스템이나 애플리케이션 서버와 같은 대규모 인프라스트럭처에 의존할 수도 있다.

팩토리는 몇몇 설정을 기반으로 해서 인터페이스에 구현체를 바인딩하는 역할을 한다. 이것의 기본적인 개념은 애플리케이션이 프레임워크에 대해 단 하나의 일관성 있는 인터페이스 이외의 다른 것에는 의존하지 않는다는 점을 명확히 하는 것이다. 애플리케이션이 세부적으로 봤을 때 다른 구현체에 많이 의존한다면 프레임워

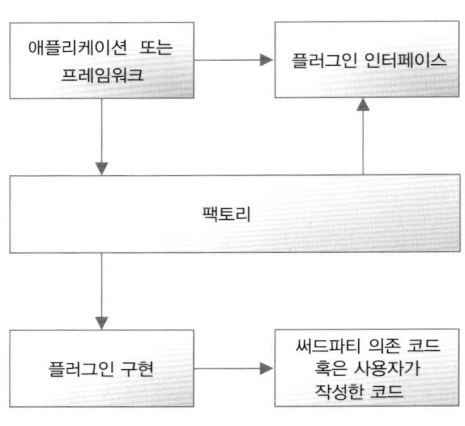

그림 12.1 | 플러그인 가능한 설계의 예

크가 자신의 소명을 제대로 하지 못한다는 것을 의미한다.

그림 12.1는 이 개념을 설명하고 있다. 화살표는 "~에 의존한다(depends upon)" 또는 적어도 "~를 알고 있다(knows about)" 정도의 의미를 나타낸다.

앞에서 말했듯이, iBATIS는 iBATIS의 수많은 기능들을 확장할 수 있도록 플러그인 할 수 있는 컴포넌트 설계 방식을 지원한다. 하지만 이게 정확히 무슨 뜻일까? 보통 '플러그인(plug-in)'은 이전에 존재하지 않은 새로운 기능을 추가하거나 존재하는 기능을 다른 기능으로 대체하는 애플리케이션이나 프레임워크의 확장 기능이다. 대부분의 경우에 iBATIS의 확장은 이미 존재하는 기능을 대체하는 것과 관련돼 있다.

iBATIS는 계층적으로 설계되었으며, iBATIS는 모든 계층에 걸쳐서 개발자 스스로 기능을 확장할 수 있도록 지원하고 있다. 표 12.1에서는 iBATIS의 각 계층을 설명하고, 고수준(high-level)의 관점에서 어떻게 확장할 수 있는지 간단히 설명했다.

표 12.1 계층화된 확장 요약

확장 가능한 기능	확장 개요
`TypeHandlerCallback`	비표준 데이터베이스, 드라이버 그리고/또는 데이터 타입을 다루기 위한 사용자 정의 처리 로직을 구현한다.
`CacheController`	개발자가 만든 캐시 코드 또는 써드파티 캐싱 솔루션을 지원하기 위한 사용자 정의 `CacheController`를 구현한다.
`DataSourceFactory`	모든 표준적인 JDBC `DataSource` 구현체를 대체한다.
`TransactionConfig`	사용자의 환경에서 가장 잘 작동하는 사용자 정의 트랜잭션 관리자를 구현한다.

다음 절에서는 가장 일반적인 확장 타입인 `TypeHandlerCallback`을 시작으로 각각에 대해 좀 더 상세하게 알아볼 것이다.

12.2 사용자 정의 타입 핸들러로 작업하기

우리 모두가 관계형 데이터베이스 관리 시스템이 표준화되길 바라지만, 운 나쁘게도 표준화가 안 돼 있다. 모든 RDBMS 시스템들은 자체적인 SQL 확장 기능을 구현하고, 자신만의 데이터 타입을 가지고 있다. 비록 대부분의 관계형 데이터베이스가 BLOB이나 CLOB과 같은 좀 더 공통적인 데이터 타입을 지원하긴 하지만, 각각의 드라이버는 서로 다른 방법으로 이를 처리한다. 따라서 iBATIS가 단 하나의 타입 핸들러 구현체만을 사용하여 모든 데이터베이스를 지원하기는 어렵다. 이러한 문제를 해결하기 위해, iBATIS는 특정 타입을 다루는 방법을 사용자가 정의하도록 허용하는 사용자 정의 타입 핸들러를 지원한다. 사용자 정의 타입 핸들러를 사용하면 iBATIS가 관계형 데이터베이스 타입을 자바 타입으로 매핑하는 방법을 직접 지정할 수 있다. 또한 개발자는 iBATIS 내장 타입 핸들러조차도 오버라이드(override)할 수 있다. 이번 절에서 그 방법을 알아보자.

12.2.1 사용자 정의타입 핸들러 구현하기

사용자 정의 타입 핸들러를 구현할 때는, 오직 기능의 일부분만 구현하면 된다. 이 기능은 `TypeHandlerCallback`이라고 불리는 매우 간단한 인터페이스에 정의돼 있다. 리스트 12.1에서 인터페이스의 정의를 볼 수 있다.

리스트 12.1   TypeHandlerCallback

```
public interface TypeHandlerCallback {
  public void setParameter(
    ParameterSetter setter, Object parameter)
      throws SQLException;

  public Object getResult(ResultGetter getter)
      throws SQLException;

  public Object valueOf(String s);

}
```

`TypeHandlerCallback`의 구현체를 순서대로 살펴보자. 예제를 살펴보기 위해서, boolean 값을 'YES'와 'NO'(각각 true와 false를 나타낸다) 두 단어로 나타내는 데이터베이스가 있다고 가정하자. 표 12.2에서 이 예제를 볼 수 있다.

표 12.2   boolean 값을 표시하기 위해 YES와 NO를 사용하는 테이블

UserID	Username	PasswordHashcode	Enabled
1	asmith	1190B32A35FACBEF	YES
2	brobertson	35FACBEFAF35FAC2	YES
3	cjohnson	AF35FAC21190B32A	NO

이 테이블을 다음과 같은 클래스에 매핑한다고 생각해보자.

```
public class User {
    private int id;
    private String username;
    private String passwordHashcode;
    private boolean enabled;

    // 자바빈즈 프로퍼티 규칙을 따른다고 가정하자.
    // 이 아래에 getter와 setter들이 있다.
}
```

여기서 데이터 타입이 서로 일치하지 않는 것에 주목하라. Enabled 칼럼이 자바 클래스에서는 boolean 타입이지만 데이터베이스에서 YES 와 NO 값을 저장하는 VARCHAR이다. boolean 타입에 YES나 NO 값을 직접 지정할 수는 없다. 그러므로 이것을 변환할 필요가 있다. 사실 JDBC 드라이버도 변환을 자동으로 수행하지만, 이 경우는 못한다고 가정해보자.

TypeHandlerCallback의 목적은 이러한 상황을 다루는 것이다. 이제 이를 수행하는 구현체를 작성해보자.

12.2.2 TypeHandlerCallback 생성하기

이미 본 것처럼, TypeHandlerCallback 인터페이스는 매우 간단하다. 우리가 할 일은 오직 인터페이스를 구현하는 클래스를 생성하는 것뿐이다. 멋지게 자신을 잘 나타내도록 클래스 이름을 지어주고 몇 가지 private 상수들도 생성하였다.

```
public class YesNoTypeHandlerCallback
    implements TypeHandlerCallback {

    private static final String YES = "YES";
    private static final String NO = "NO";

    public void setParameter(
      ParameterSetter setter, Object parameter)
        throws SQLException {
    }

    public Object getResult(ResultGetter getter)
        throws SQLException {
    }
```

```
        public Object valueOf(String s) {
        }
    }
```

이것은 타입 핸들러의 골격만 가진 구현체다. 다음 절에서 살을 붙여 나갈 것이다.

파라미터를 설정하기

데이터베이스에 값을 보낼 때는 값이 YES나 NO여야 한다. 이 경우 null은 유효하지 않다. 자바 클래스에서 true나 false라는 강력한 타입의 boolean 값을 가져올 것이다. 따라서 true를 YES값으로 false를 NO 값으로 변환할 필요가 있다. 이를 위해 다음처럼 간단한 메서드를 사용할 수 있다.

```
    private String booleanToYesNo(Boolean b) {
        if (b == null) {
            throw new IllegalArgumentException (
                "Could not convert null to a boolean value. " +
                "Valid arguments are 'true' and 'false'.");
        } else if (b.booleanValue()) {
            return YES;
        } else {
            return NO;
        }
    }
```

이제 파라미터 값을 지정하기 전에 이 메서드를 사용하여 변환할 수 있다. 파라미터 지정은 쉽게 할 수 있다. `TypeHandlerCallback` 인터페이스의 `setParameter()` 메서드는 두 개의 파라미터를 받아들인다. 첫 번째로 받는 `ParameterSetter`를 사용하여 다양한 setter 메서드에 접근할 수 있다. 각각의 setter 메서드는 서로 다른 데이터 타입에 대한 처리를 한다. 예를 들면 `setString()` 메서드, `setInt()` 메서드, `setDate()` 메서드 등이 있다. 여기서 이를 모두 나열하려면 목록이 너무 길다. 하지만 개발자들이 알고 있는 거의 모든 자바 데이터 타입들이 그에 관련된 set 메서드를 가지고 있다고 생각하면 된다. 이번 경우에는 데이터베이스 테이블의 데이터 타입이 VARCHAR이기 때문에 `ParameterSetter`의 `setString()` 메서드를 사용할 것이다.

두 번째 파라미터는 데이터베이스에 전달하는 변환될 필요가 있는 값이다. 우리의 경우, `User` 클래스의 enabled 프로퍼티로부터 boolean 값을 가져올 것이다. 다음은 위에서 작성한 편리한 booleanToYesNo() 메서드를 사용하는 setParameter() 메서드의 코드이다.

```
public void setParameter(
        ParameterSetter setter, Object parameter
) throws SQLException {
    setter.setString(booleanToYesNo((Boolean) parameter));
}
```

메서드의 내용은 단순히 ParameterSetter를 사용하여 변환 메서드를 통해 변환한 문자 값을 파라미터로 지정한다. TypeHandlerCallback이 모든 타입을 지원하는 인터페이스이기 때문에 파라미터로 받은 값을 Boolean으로 형 변환해야 한다.

참 간단하게 끝났다. 그렇지 않은가? 다음 절에서 살펴보겠지만, 결과를 가져오는 것도 이만큼 쉽다.

결과 가져오기

데이터베이스로부터 'YES'나 'NO' 값을 가져올 때는 이 값을 true나 false의 boolean 타입의 값으로 변환해야 한다. 이것은 파라미터를 지정하는 것과 정확히 반대로 하는 것이다. 그렇다면 같은 방식으로 접근해보자. 다음과 같이 문자열 타입을 boolean 타입으로 변환하는 메서드를 만들어 보자.

```
private Boolean yesNoToBoolean(String s) {
    if (YES.equalsIgnoreCase(s)) {
        return Boolean.TRUE;
    } else if (NO.equalsIgnoreCase(s)) {
        return Boolean.FALSE;
    } else {
        throw new IllegalArgumentException (
            "Could not convert " + s +
            " to a boolean value. " +
            "Valid arguments are 'YES' and 'NO'.");
    }
}
```

이제는 이 메서드를 사용하여 데이터베이스에서 가져온 String 타입의 결과를 boolean 타입의 값으로 변환할 수 있게 되었다. TypeHandlerCallback의 getResult() 메서드에서 새로운 변환 메서드를 호출하면 된다. getResult() 메서드는 ResultGetter

라는 오직 하나의 파라미터만 받는다. ResultGetter는 서로 다른 타입의 값을 가져오는 메서드를 포함하고 있다. 우리의 경우, String 타입의 값을 가져올 필요가 있다. 다음은 getResult() 구현체의 코드이다.

```
public Object getResult(ResultGetter getter)
    throws SQLException {
    return yesNoToBoolean(getter.getString());
}
```

이 경우 간단히 ResultGetter의 getString()을 호출해서 데이터베이스에서 문자열 값을 받는다. 그리고 나서는 그 반환받은 값을 간편한 변환 메서드(yesNoToBoolean())에 전달하면 이 메서드는 User 클래스의 enabled 프로퍼티에 값으로 지정할 수 있는 Boolean 값으로 변환해준다.

null 다루기 - valueOf() 메서드는 왜 존재할까?

iBATIS는 null 값 변환 기능을 통해서 객체 모델에서 null이 가능한 타입(nullable type)을 사용하지 않고도 데이터베이스의 null 값이 가능한 칼럼을 처리할 수 있다. 이는 개발자에게 객체 모델이나 데이터베이스에 대한 완전한 설계 결정권이 없을 때 유용하다. 하지만 데이터베이스와 객체 모델을 매핑해야만 한다. 예를 들어 자바 클래스에 int 타입의 프로퍼티가 있다면 int는 null 값을 허용하지 않는다. 이 프로퍼티를 nullable 타입의 데이터베이스 칼럼에 매핑해야만 한다면, 그 때 null 값을 대신해서 상수 값을 사용해야 한다. 때로 이를 '매직 넘버(magic number)'라고 부르기도 한다. 그리고 일반적으로 그다지 좋지 못한 방법이기도 하다. 하지만 가끔 이 방법 외의 다른 해결책이 없을 때도 있다. 그리고 때로는 이 방법이 가장 알맞을 경우도 있다.

iBATIS는 XML 파일을 사용해서 설정하기 때문에 null 값 대체는 문자열로 지정한다. 다음 예를 보자.

```
<result property="enabled" column="Enabled" nullValue="NO"/>
```

이러한 이유로, 실제 값으로 변환하는 일을 무언가가 수행해 줘야만 한다. iBATIS는 TypeHandlerCallback의 valueOf() 메서드에 이 변환 작업을 맡긴다. 위의 경우에서는 NO 값을 boolean 값 false로 변환해야 한다. 운 좋게도 이 작업은 보통 결과를 가져올 때 하는 변환과 매우 유사하다. 실제로, YesNoTypeHandlerCallback의 경우에는 두 가지가 완전히 동일하다. 따라서 이를 구현하면 다음과 같이 될 것이다.

```
public Object valueOf(String s) {
    return yesNoToBoolean(s);
}
```

이게 전부다! 우리가 원하는 사용자 정의 타입 핸들러를 모두 완성했다! 리스트 12.2에서 완전한 소스를 볼 수 있다.

리스트 12.2 TypeHandler

```
public class YesNoTypeHandlerCallback
    implements TypeHandlerCallback {

  public static final String YES = "YES";    ◀── yes와 no 데이터베이스 값에 대한 상수를 정의한다.
  public static final String NO = "NO";

  public void setParameter(                  ◀── 사용자 정의 타입 핸들러를 사용하여 파라미터를 지정한다
    ParameterSetter setter, Object parameter
  )
      throws SQLException {
    setter.setString(booleanToYesNo((Boolean)parameter));
  }

  public Object getResult(ResultGetter getter)  ◀── 사용자 정의 타입 핸들러를 사용하여 결과를 가져온다
      throws SQLException {
    return yesNoToBoolean(getter.getString());
  }

  public Object valueOf(String s) {          ◀── 문자열을 우리가 원하는 타입으로 변환한다
    return yesNoToBoolean(s);
  }

  private Boolean yesNoToBoolean(String s) { ◀── 문자열을 Boolean 타입으로 변환한다
    if (YES.equalsIgnoreCase(s)) {
      return Boolean.TRUE;
    } else if (NO.equalsIgnoreCase(s)) {
      return Boolean.FALSE;
    } else {
      throw new IllegalArgumentException (
          "Could not convert " + s +
          " to a boolean value. " +
          "Valid arguments are 'YES' and 'NO'.");
    }
  }
}
```

```
    private String booleanToYesNo(Boolean b) {     ← Boolean 타입을 문자열로 변환한
                                                      다
      if (b == null) {
        throw new IllegalArgumentException (
          "Could not convert null to a boolean value. " +
          "Valid arguments are 'true' and 'false'.");
      } else if (b.booleanValue()) {
        return YES;
      } else {
        return NO;
      }
    }
}
```

이제 TypeHandlerCallback을 모두 완성하였다. 이를 사용하려면 등록을 해줘야 한다. 다음 절에서는 등록을 다룰 것이다.

12.2.3 TypeHandlerCallback을 등록해서 사용하기

TypeHandlerCallback을 사용하려면, 몇 가지 방법으로 사용할 위치와 시점을 명시해 줘야 한다. 아래 세 가지 중에서 선택할 수 있다.

1. SqlMapConfig.xml 파일에 전역적으로 등록하기
2. 간단히 SqlMap.xml 파일에 지역적으로 등록하기
3. 단일 결과 매핑 혹은 파라미터 매핑에 등록하기

TypeHandlerCallback을 전역으로 등록하려면 SqlMapConfig.xml 파일에 간단히 `<typeHandler>` 요소를 추가하면 된다. 다음은 `<typeHandler>` 요소의 완전한 예제이다.

```
<typeHandler
    callback="com.domain.package.YesNoTypeHandlerCallback"
    javaType="boolean" jdbcType="VARCHAR" />
```

`<typeHandler>` 요소는 2개 또는 3개의 속성을 가지고 있다. 첫 번째는 TypeHandlerCallback 클래스 자체이다. 패키지 경로를 포함한 완전한 클래스 명을 간단히 명시하거나, 원한다면 타입 별칭을 사용하여 설정 파일을 좀 더 읽기 쉽게 할 수 있다. 두 번째는 TypeHandlerCallback이 다루어야 하는 자바 타입을 명시하는 `javaType` 속성이다. 마지막으로 세 번째 속성은 선택사항으로 TypeHandlerCallback이 적용되는

JDBC (이를테면 데이터베이스) 타입을 명시한다. 따라서 위의 경우에는, 자바 타입은 boolean 이고 JDBC 타입은 VARCHAR로 지정하여 작업한다. 데이터 타입을 명시하지 않는다면 이 타입 핸들러는 기본적으로 모든 boolean 타입에 적용될 것이다. 하지만 좀 더 상세하게 정의하면 어떤 타입 핸들러도 오버라이드 하지 않게 된다. 따라서 자바 타입과 JDBC 타입 모두에 가장 명확하게 일치하는 타입 핸들러 등록이 사용된다.

사용자 정의 타입 핸들러는 iBATIS의 확장 중에서 가장 일반적인 형태이다. 이는 대개 관계형 데이터베이스 시스템들이 폭넓게 비표준 기능과 데이터 타입을 지원하기 때문이다. 나머지 절에서는 많이는 안 쓰이지만 여전히 알아두면 유용한 다른 확장 기능 형태들을 공부할 것이다.

12.3 CacheController 다루기

iBATIS는 많은 수의 내장 캐싱 구현체를 포함하고 있다. 이전 장에서 이미 다루었지만 다시 기억을 되살리기 위해 표 12.3에서 다양한 캐시 구현체를 요약해 보았다.

표 12.3 캐시 구현체 요약

클래스	상세 설명
LruCacheController	Least Recently Used(LRU) 캐시는 캐시된 항목들을 언제 마지막으로 접근했는지를 기준으로 감시한다. 새로운 항목을 캐싱하기 위해 공간이 필요하면 최근에 가장 오랫동안 사용하지 않은 캐시 항목을 삭제한다.
FifoCacheController	First-In, First-Out(FIFO) 캐시는 캐시에서 가장 오래된 항목을 삭제해서 새로운 항목을 위한 공간을 만든다.
MemoryCacheController	Memory 캐시는 자바 메모리 모델과 가비지 컬렉터를 사용하여 캐시된 항목을 삭제할지 여부를 결정한다.
OSCacheController	OpenSymphony 캐시를 통해 CSCache라는 매우 고급 써드파티 캐싱 솔루션을 사용할 수 있다. OSCache는 그 자체에서 다양한 캐시 모델을 제공해 주며 분산 캐싱 같은 고급 기능들도 제공한다.

iBATIS는 CahceController라는 인터페이스를 제공하여 사용자 정의 캐싱 솔루션이나 기존에 존재하는 써드파티 캐싱 솔루션을 플러그인으로 만들 수 있도록 하고 있다. CacheController 인터페이스는 상당히 단순하며 다음과 같다.

```
public interface CacheController {
    public void configure(Properties props);
    public void putObject(CacheModel cacheModel,
                    Object key, Object object);
```

```
            public Object getObject(CacheModel cacheModel,
                                    Object key);
            public Object removeObject(CacheModel cacheModel,
                                       Object key);
            public void flush(CacheModel cacheModel);
        }
```

아래 몇 절에서 캐시를 구현하는 예제를 살펴볼 것이다. 이 예제는 전사적인 애플리케이션에서 사용할 수 있는 캐시 컨트롤러 작성법을 가르치려는 것이 아니다. 그저 Map을 사용한 간단한 캐싱 방법을 살펴볼 것이다. 고급 기능을 가진 써드파티 캐시를 플러그인 하는 것을 만드는 것이 좀 더 일반적일 것이다. 여기서 예로 든 캐시를 실제 애플리케이션의 캐싱 기법으로 사용하는 것은 추천하지 않는다.

12.3.1 CacheController 생성하기

CacheController 구현은 설정으로 시작한다. 설정은 configure() 메서드를 구현해서 처리한다. 이 메서드는 자바의 Properties 인스턴스를 파라미터로 받는다. Properties 인스턴스에는 관련 설정 정보를 저장한다. 예제 캐시에서는 설정 프로퍼티는 필요 없다. 하지만 객체를 저장할 Map은 필요할 것이다. 이제 예제 CacheController의 구현을 시작해보자.

```
    public class MapCacheController {

        private Map cache = new HashMap();

        public void configure(Properties props) {

            // 여기서는 설정이 불필요하다
            // 따라서 이 캐시는 외부의 캐시 지우기 정책(예를 들면, 시간 간격)을 따를 것이다
        }

        // 다른 메서드들은 구현했다고 가정한다
    }
```

좋다. 이제 캐시 모델의 골격을 완성했으니, 나머지를 채워보자.

12.3.2 CacheController의 저장, 가져오기, 삭제하기

현 시점에서는, 캐시에 객체를 어떻게 추가할지에 대해 생각해 볼 수 있다. iBATIS Cache Model이 모든 키를 관리하고 다양한 매핑 구문 호출과 결과셋을 어떻게 구분할지를 결정한다. 따라서 캐시에 객체를 저장할 때는 키와 객체를 선택한 캐시 구현체에 전달하는 것만 해 주면 된다.

여기 저장, 가져오기 그리고 삭제를 처리하는 메서드의 예가 있다.

```
public void putObject(CacheModel cacheModel, Object key,
                      Object object) {
    cache.put (key, object);
}

public Object getObject(CacheModel cacheModel,
                        Object key) {
    return cache.get(key);
}

public Object removeObject(CacheModel cacheModel,
                           Object key) {
    return cache.remove(key);
}
```

어떻게 각 메서드들에서 캐시를 제어하는 CacheModel 인스턴스에 접근할 수 있는지 주의해서 보라. 이를 통해 CahceModel에 있는 필요한 모든 프로퍼티에 접근할 수 있다. key 파라미터는 매핑 구문에 전달된 파라미터들을 비교하는 iBATIS의 특별한 클래스인 CacheKey의 인스턴스이다. 거의 모든 부분에서 key 객체를 어떤 방식으로도 관리할 필요는 없다. putObject()의 경우에는 object 파라미터가 캐싱할 객체의 컬렉션을 저장하고 있다.

CacheModel에 필요한 마지막 메서드는 flush() 메서드이다. 이 메서드는 간단히 전체 캐시를 지워버린다.

```
public void flush(CacheModel cacheModel) {
    cache.clear();
}
```

바로 이것이, 한 마디로 말하자면 완전한 CacheController 구현체이다. 이제 CacheController를 어떻게 사용하는지 공부할 차례다.

12.3.3 CacheController를 등록해서 사용하기

다른 모든 iBATIS 설정들과 마찬가지로, CacheModel과 CacheController도 XML 설정 파일에서 설정한다. CacheModel 사용을 시작하는 가장 쉬운 방법은, 먼저 새로운 클래스에 대한 타입 별칭을 선언하는 것이다. 이를 통해 나중에 타이핑 횟수를 줄일 수 있다.

```
<typeAlias alias="MapCacheController"
    type="com.domain.package.MapCacheController"/>
```

이제 타이핑 횟수를 줄였으니, 다른 캐시 모델 타입에서 했던 것처럼, 캐시 컨트롤러 타입을 <cacheModel> 정의에 적용할 수 있다. 예를 보자.

```
<cacheModel id="PersonCache" type="MapCacheController" >
    <flushInterval hours="24"/>
    <flushOnExecute statement="updatePerson"/>
    <flushOnExecute statement="insertPerson"/>
    <flushOnExecute statement="deletePerson"/>
</cacheModel>
```

이로써 사용자 정의 캐시 구현체를 완성했다. 하지만 이것이 단순히 예제임을 기억하라.

만약 스스로 캐시 구현체를 작성하면 실제 애플리케이션을 작성하는 것보다 더 많은 시간을 들여야 할 것이다. 되도록 다른 캐시 구현체를 iBATIS에 플러그인 하는 것이 좋다.

12.4 지원되지 않는 DataSource 설정하기

iBATIS는 JNDI(애플리케이션 서버에서 관리하는 DataSource), Apache DBCP 그리고 SimpleDataSource라고 부르는 내장 DataSource 구현체를 포함하여 거의 대부분의 일반적인 DataSource 대체재들을 지원한다. 하지만 개발자들이 DataSource 구현을 추가할 수도 있는 기능을 지원한다.

새로운 DataSource 구현체를 설정하고자 한다면, iBATIS에 DataSource 인스턴스를 iBATIS 프레임워크에 공급해 주는 팩토리를 만들어줘야 한다. 이 팩토리 클래스는 DataSourceFactory 인터페이스를 구현해야 하며, 이는 아래와 같다.

```
public interface DataSourceFactory {
    public void initialize(Map map);
    public DataSource getDataSource();
}
```

DataSourceFactory는 하나는 DataSource를 초기화하고 다른 하나는 DataSource에 접근하는 오직 두 개의 메서드만을 가지고 있다. initialize() 메서드는 JDBC 드라이버 이름, 데이터베이스 URL, 사용자명과 비밀번호와 같은 설정 정보들을 포함하는 Map 인스턴스를 제공한다.

getDataSource() 메서드는 간단히 설정된 DataSource를 반환하면 된다. 이는 매우 간단한 인터페이스이며, 이를 구현할 때의 복잡도는 개발자가 제공하는 DataSource 구현체의 복잡도에 달려 있다. 아래는 iBATIS 소스 코드에서 가져온 예제이다. 이는 SimpleDataSource 구현체의 DataSourceFactory이다. 보다시피, 정말로 '간단'하다.

```
public class SimpleDataSourceFactory
    implements DataSourceFactory {

    private DataSource dataSource;

    public void initialize(Map map) {
        dataSource = new SimpleDataSource(map);
    }

    public DataSource getDataSource() {
        return dataSource;
    }
}
```

전에 말했다시피, 더 복잡한 DataSource의 구현은 더 많은 작업을 필요로 한다. 하지만 지나치게 걱정할 정도까지는 아니다.

iBATIS 확장하기에서 마지막으로 다룰 주제는 사용자 정의 트랜잭션 관리이다.

12.5 사용자 정의 트랜잭션 관리

iBATIS는 앞의 장들에서 보았듯이, 여러 가지 트랜잭션을 제공한다. 하지만 요즘에는 애플리케이션 서버가 매우 다양하고 트랜잭션 관리방법도 다양하기 때문에 항상 사용자 정의 구현을 할 수 있도록 하고 있다. 외부에서 보기엔 트랜잭션이 간단하고 시작, 커밋, 롤백, 종료라는 몇 안 되는 기능만 제공하는 것 같다. 하지만 내부를 들여다 보면 트랜잭션은 매우 복잡하고 표준을 어기기 쉬운 애플리케이션 서버의 기능들 중 하나이다. 따라서 iBATIS는 개발자가 스스로 사용자 정의 트랜잭션 관리 시스템을 만들 수 있도록 하고 있다. 만약 트랜잭션 관리 시스템을 만들어 본 경험이 있다면, 이 말을 듣고 나서 등골이 오싹해졌을 것이다. 트랜잭션 관리자를 제대로 구현하는 것은 굉장히 어려운 일이다. 그런 까닭에 우리는 여기서 실제 구현에 착수하는 수고는 하지 않을 것이다. 대신, 인터페이스에 대해 자세히 공부해서 머리를 쥐어짜며 구현해야 할 것을 약간이나마 쉽게 시작할 수 있도록 할 것이다. 예제를 원한다면, iBATIS가 세 가지 구현체-JDBC, JTA, EXTERNAL을 제공해 주니 그것을 보라. 혹시나 이전 장에서 다룬 내용을 잊었을까 하여 표 12.4에 이에 관해 요약해 두었다.

표 12.4 내장 트랜잭션 관리자 설정

구현체	설명
JdbcTransactionConfig	JDBC Connection API가 제공하는 트랜잭션 기능을 사용
JtaTransactionConfig	전역 트랜잭션을 시작하거나 이미 존재하는 것에 합류
ExternalTransactionConfig	커밋과 롤백을 수행하지 않는 구현체, 다른 외부 트랜잭션 관리자가 커밋과 롤백을 하도록 한다.

대부분의 경우에는 표 12.4의 관리자 중 하나로 문제가 해결될 것이다. 어쨌든 애플리케이션 서버나 트랜잭션 관리자가 비표준일 경우(또는 버그가 많을 경우)에 대비해, iBATIS는 자체적인 트랜잭션 관리 어댑터를 구축할 수 있는 인터페이스-TransactionConfig와 Transaction을 제공한다. 다른 구현체들 중 하나의 Transaction 클래스를 재사용할 수 있는 상황이 아니라면, 일반적으로 두 인터페이스를 모두 구현해야만 완전한 구현체를 얻을 수 있다.

12.5.1 TransactionConfig 인터페이스 이해하기

TransactionConfig 인터페이스는 일종의 팩토리이다. 하지만 대부분은 구현체의 트랜잭션 기능을 설정하는 역할을 한다. 이 인터페이스는 아래와 같다.

```
public interface TransactionConfig {
    public void initialize(Properties props)
        throws SQLException, TransactionException;

    public Transaction newTransaction(int
            transactionIsolation)
        throws SQLException, TransactionException;

    public int getMaximumConcurrentTransactions();
```

```
        public void setMaximumConcurrentTransactions(int max);

        public DataSource getDataSource();

        public void setDataSource(DataSource ds);

    }
```

첫 번째 메서드는 `initialize()`이다. 프레임워크의 다른 확장 가능한 부분에서 보았듯이, 이 메서드는 트랜잭션 기능을 설정하는 데 사용한다. 이 메서드는 유일한 파라미터로 Properties 인스턴스를 받는다. 이 인스턴스는 설정 옵션을 몇 개라도 포함하고 있을 수 있다. 예를 들면 JTA 구현체는 JNDI 트리에서 가져오는 `UserTransaction` 인스턴스를 필요로 한다. 따라서 JTA 구현체에 전달되는 프로퍼티 중 하나는 이 구현체가 필요로 하는 `UserTransaction`의 JNDI 경로를 나타낸다.

다음은 `newTransaction()` 메서드이다. 이것은 트랜잭션의 새로운 인스턴스를 생성하는 팩토리 메서드이다. 이 메서드는 트랜잭션이 취해야 하는 트랜잭션 격리 레벨을 나타내는 int 파라미터를 받는다(운 나쁘게도 타입이 안전한 열거형 이어야만 한다). 사용 가능한 격리 레벨은 JDBC Connection 클래스에 상수로 정의돼 있으며 다음과 같다.

- TRANSACTION_READ_UNCOMMITTED
- TRANSACTION_READ_COMMITTED
- TRANSACTION_REPEATABLE_READ
- TRANSACTION_SERIALIZABLE
- TRANSACTION_NONE

이 각각은 JDBC Connection API에 문서화돼 있다. 그리고 7장에서 더 상세히 알아볼 수 있다. 여기서 꼭 알아둬야 할 점은 여러분이 만든 트랜잭션 관리자 구현이 격리 레벨을 하나 혹은 그 이상 지원하지 못한다면, 개발자가 알 수 있도록 예외를 확실하게 던져야 한다는 것이다. 그렇지 않으면, 예기치 않은 결과가 발생하여 개발자들이 디버깅하기 힘들어지게 될 수도 있다.

다음에 볼 메서드 쌍은 `getDataSource()`와 `setDataSource()`이다. 이 두 메서드는 TransactionConfig 인스턴스와 DataSource에 관련된 자바빈즈 프로퍼티를 묘사한다. 보통은 DataSource에 무슨 특별한 일을 할 필요는 없다. 하지만 이 메서드들을 제공함으로써 만일 필요한 경우에 추가적인 행위로 꾸며주는 것이 가능해진다. 많은 트랜잭션 관리자 구현체들은 자기가 제공하는 `DataSource`와 `Connection` 객체를 감싸서 그 각각에 트랜잭션 관련 기능을 추가한다.

마지막으로 알아볼 두 개의 메서드는 프레임워크가 동시에 지원할 수 있는 트랜잭션의 최대 개수를 설정할 수 있는 자바빈즈 프로퍼티를 구성한다. 여러분이 만든 구현체는 설정이 가능할 수도 불가능할 수도 있다. 하지만 하나 확실히 해야 할 점은, 시스템이 처리할 수 있는 것보다 더 큰 숫자를 설정하면 적절한 예외를 던져야 한다는 것이다.

12.5.2 Transaction 인터페이스 이해하기

이전 절에서 언급된 `TransactionConfig` 클래스의 `newTransaction()`이라는 팩토리 메서드를 다시 살펴보자. 이 메서드가 반환하는 값은 `Transaction` 인스턴스이다. `Transaction` 인터페이스는 iBATIS 프레임워크 내에서 트랜잭션을 지원하는 데 필요한 기능들을 나타낸다. 상당히 전형적인 기능들이며 예전에 트랜잭션 관련 작업을 해봤다면 모두 익숙한 것들이다. `Transaction` 인터페이스는 다음과 같다.

```
public interface Transaction {
    public void commit() throws SQLException,
        TransactionException;

    public void rollback() throws SQLException,
        TransactionException;

    public void close() throws SQLException,
        TransactionException;

    public Connection getConnection()
        throws SQLException, TransactionException;
}
```

이 인터페이스에는 특별한 것이 없다. 만약 트랜잭션에 대한 경험이 있다면 친숙하게 느껴질 것이다. 예상했겠지만 `commit()` 메서드는 작업 단위에 포함된 모든 변경사항을 영구적으로 반영하는 수단이다. 반면에 `rollback()` 메서드는 마지막 커밋 이후 작업 단위에 발생한 모든 변경사항을 취소하고 되돌리는 수단이다. `close()` 메서드는 트랜잭션에 할당되거나 예약된 모든 자원을 해제하는 역할을 담당한다.

마지막 메서드인 getConnection()은 아마도 뜻밖일 것이다. 설계에 따르면 iBATIS는 JDBC API에 비해 상위 레벨의 프레임워크이다. 대충 말하자면 JDBC에서 Connection은 곧 트랜잭션이다. 좀 더 정확히 말하면, JDBC 커넥션 차원에서 트랜잭션을 관리하고 제어하고 이해해야 한다. 이러한 까닭에 대부분의 트랜잭션 구현체는 Connection 인스턴스에 묶여 있다. 이는 유용한 것이다. 왜냐하면 iBATIS는 트랜잭션에 관련해서 현재 커넥션에 접근해야 하기 때문이다.

12.6 요약

12장에서는 iBATIS를 확장하는 다양한 방법을 알아보았다. 프레임워크가 잠재적으로 원치 않고 유지보수하기 어려운 방식으로 제어하기 힘들게 변경되는 것을 피하려면, 오픈 소스 소프트웨어에서도 표준 확장 기능은 매우 중요하다. iBATIS는 TypeHandlerCallback, CacheController, DataSourceFactory, TransactionConfig 등을 포함하여 여러 종류의 확장 기능을 제공한다.

TypeHandlerCallback은 비표준 데이터 타입에서 발생하는 일반적인 문제들을 처리하기 때문에 가장 일반적으로 사용되는 확장 타입이다. TypeHandlerCallback은 구현이 단순하다. 몇 개 안 되는 메서드만 구현하면 자바 타입과 JDBC 타입 간의 매핑을 직접 사용자가 정의할 수 있다. 한 마디로, TypeHandlerCallback은 매핑 구문에 파라미터를 지정하고 결과셋에서 결과를 가져오며, Null이 가능한 데이터베이스 타입을 Null이 불가능한 자바 타입에 매핑할 때 null 값 대체를 수행한다.

CacheController는 간단한 방법으로 써드파티 캐싱 솔루션을 iBATIS에 통합한다. 물론 개발자 스스로 자신만의 캐시를 만들 수도 있지만, 훌륭한 캐시를 작성하는 것은 굉장히 어려운 일이다. CacheController 인터페이스는 구현체를 설정하고 캐시에 객체를 넣고, 캐시에서 객체를 가져오고, 그리고 캐시에서 객체를 삭제하거나 모두 비워버리는 메서드들을 포함하고 있다.

DataSourceFactory는 표준 JDBC DataScurce 구현체로의 접근과 그 인스턴스를 제공하는 역할을 맡고 있다. 꼭 자기 자신의 DataSource를 만들어야만 하는 확실한 이유가 있지 않은 한(이런 경우는 되도록 피하라고 권하고 싶다), 써드파티 DataSource를 설정하는 경우가 대부분일 것이다. DataSourceFactory는 오직 두 메서드만을 구현하면 된다. 하나는 DataSource를 설정하고, 다른 하나는 그 DataSource에 접근할 수 있게 해준다.

TransactionConfig와 Transaction 인터페이스는 구현하기 가장 복잡하고 또한 사용하는 경우도 가장 적다. 사용자 정의 TransactionConfig를 필요로 하는 상황은 거의 없다. 하지만 정말로 꼭 필요한 경우에는 스스로 작성할 수 있도록 iBATIS가 지원해준다.

지금까지 표준적으로 지원되는 iBATIS의 확장 기능들을 알아보았다. iBATIS의 설계상 가능하다면 어디서나 인터페이스를 사용하여 기존에 존재하는 기능을 대체할 수 있도록 하였다. 12장에서 혹은 이 책 전반에 걸쳐서 모든 것을 다 알아보지 못했다. 하지만 코드를 직접 살펴보면 설계상 대부분의 계층이 인터페이스를 구현하여 훌륭하게 분리돼 있음을 알 수 있다. 대부분의 경우 이번 장에서 보여준 것과 유사하게 설계돼 있다.

4부

iBATIS 활용하기

이제는 iBATIS의 기초와 고급 기능들을 모두 잘 다룰 수 있게 되고, 언제 어떻게 iBATIS를 다룰지 완벽하게 이해했을 것이다. 이 책의 네 번째이자 마지막 부에서는 iBATIS의 최적 활용법에 관해 요약하고, 완전한 샘플 애플리케이션을 사용하여 데모를 보여줄 것이다. 한 번 보는 것이 천 마디 말을 듣는 것과 같은 가치를 지닌다면, 샘플 애플리케이션은 수천 줄의 코드만큼의 가치를 보여줄 것이다. 독자 여러분들이 재밌게 볼 수 있길 바란다.

iBATIS

13 장

iBATIS 최적 활용 기법

: 단위 테스팅
: 설정파일 관리
: 명명하기
: 데이터 구조들

iBATIS는 그 자체가 최적의 활용 기법을 모은 것이다. 이 점이 iBATIS를 만든 가장 큰 이유이다. 초보자들에게 iBATIS는 애플리케이션과 퍼시스턴스 계층 간의 업무 영역을 분리해준다. 또한 자바와 SQL이 섞이는 것을 막아주고 코드가 꼬여 너저분해지지 않도록 해준다. iBATIS는 객체 지향 도메인 모델의 설계를 관계형 데이터 모델과 분리할 수 있게 한다. 13장에서는 iBATIS로 할 수 있는 최적의 활용 기법들에 대해 공부할 것이다.

13.1 iBATIS에서 단위 테스트하기

단위 테스트는 현대 소프트웨어 개발 방법에서 매우 중요한 사항이 되었다. 비록 여러분이 익스트림 프로그래밍 혹은 그 외의 다른 애자일 개발 방법론의 장점에 대해 동의하지 않더라도 단위 테스트는 소프트웨어 개발 생명주기에서 주춧돌이 되는 기법으로 사용해야 한다.

개념적으로 퍼시스턴스 단(tier)은 세 개의 계층으로 분리된다. 그림 13.1에서 보듯이 iBATIS는 각 계층들에서 단위 테스트를 쉽게 할 수 있게 해준다.

iBATIS는 각 계층에서 최소한 세 가지 방법으로 테스트를 용이하게 해준다.

그림 13.1 ㅣ 퍼시스턴스에 직접적으로 관련된 전형적인 계층들을 보여준다 (퍼시스턴스와 관련 없는 계층은 이 그림에 없다).

- 매핑과 SQL 구문 그리고 매핑된 도메인 객체를 포함한 매핑 계층 자체를 테스트한다.
- DAO 계층을 테스트하여 DAO에 있을 수 있는 퍼시스턴스 고유의 로직을 테스트하도록 한다.
- DAO의 소비 계층 내부에서 테스트한다.

13.1.1 매핑 계층 단위 테스트

이 테스트는 일반적으로 대부분의 애플리케이션에 존재하는 단위 테스트의 최하위 수준이다. 이 과정에서 SQL 구문과 이 구문에 매핑된 도메인 객체를 테스트한다. 이것은 테스트를 하려면 데이터베이스의 인스턴스가 필요함을 의미한다.

테스트용 데이터베이스 인스턴스

테스트용 데이터베이스 인스턴스는 Oracle이나 마이크로소프트 SQL Server와 같이, 개발자가 실제로 사용하는 데이터베이스에서 실행되는 인스턴스일 것이다. 개발자의 환경이 단위 테스트에 적합하다면 준비하고 실행하는 것은 간단히 끝날 것이다. 저장 프로시저 같은 비표준 데이터베이스 기능을 사용할 경우에는 실제 데이터베이스를 사용할 필요가 있다. 저장 프로시저나 다른 데이터베이스로 이식 가능하지 않은 데이터베이스 설계를 선택하면,

실제 데이터베이스 인스턴스를 사용하는 것을 제외한 다른 방식으로는 데이터베이스 단위 테스트를 수행하기가 어려워진다.

실제 데이터베이스 인스턴스를 사용할 때의 단점은 단위 테스트가 네트워크에 연결돼 있을 때만 실행할 수 있다는 점이다. 대신, 로컬에 데이터베이스 인스턴스를 설치해서 사용할 수도 있지만 단위 테스트를 실행하기 전에 추가적인 로컬 환경 설정 작업이 필요하게 된다. 어떤 방식을 선택하든지 간에 실제 데이터베이스를 사용하는 것은 테스트 스위트(suite)나 각각의 단위 테스트 사이 사이에서 테스트 데이터 혹은 스키마까지도 재구축해야 하는 문제에 직면할 수밖에 없다. 이렇게 작업하면 비록 대용량의 기업용 데이터베이스 서버를 사용하더라도 굉장히 느리게 수행된다. 다른 문제점으로, 중앙 집중적인 데이터베이스의 경우 여러 개발자들이 동시에 단위 테스트를 실행하면 충돌이 발생할 수도 있다. 그러므로 개발자별로 스키마를 분리해서 각각의 테스트가 서로 영향을 끼치지 않아야 할 것이다. 보다시피 이 방식의 일반적인 문제점은 단위 테스트가 꽤 큰 규모의 인프라스트럭처의 일부분에 의존한다는 점에 있다. 이것은 경험 많은 테스트 주도 개발자들이 보기에는 이상적이지 않다.

자바 개발자들은 운 좋게도, 상대적으로 표준적인 데이터베이스 설계의 단위 테스트를 매우 쉽게 실행할 수 있는 훌륭한 메모리 기반 데이터베이스를 최소한 한 개는 가지고 있다. HSQLDB는 전적으로 자바로 작성된 메모리 기반 데이터베이스이다. 이 데이터베이스를 작동시키기 위해서는 디스크상에 어떠한 파일도 만들 필요가 없고 네트워크 접속도 불필요하다. 게다가 Oracle이나 마이크로소프트 SQL Server 같은 전형적인 데이터베이스에서 대부분의 데이터베이스 설계를 그대로 가져다가 생성해서 쓸 수 있다. 비록 설계가 복잡하여(저장 프로시저처럼) 전체 데이터베이스를 다시 생성할 수는 없더라도 거의 대부분을 재생성하는 것이 가능하다. HSQLDB를 사용하면 스키마와 테스트 데이터를 포함하는 데이터베이스 재구축을 매우 빠르게 수행할 수 있다. iBATIS 자체를 위한 단위 테스트는 HSQLDB를 사용하고 각각의 개별적인 테스트마다 스키마와 테스트 데이터를 다시 생성한다. 우리는 개인적으로 데이터베이스에 의존적인 1,000개 정도되는 테스트들의 테스트 스위트를 HSQLDB를 사용하여 30초 이내에 테스트하였다. HSQLDB에 대한 자세한 정보는 http://hsqldb.sourceforge.net에서 볼 수 있다. 마이크로소프트 .NET 개발자들도 대안으로 메모리 기반 데이터베이스 제품을 만드는 것뿐만 아니라 HSQLDB를 포팅하려는 시도가 이뤄지고 있음을 안다면 행복해 할 것 같다.

데이터베이스 스크립트

이제 데이터베이스 인스턴스는 해결되었으니, 스키마와 테스트 데이터에 관해서는 뭘 해줘야 할까? 개발자들은 아마도 데이터베이스 스키마와 테스트 데이터를 생성하는 스크립트들을 만들 것이다. 스크립트들을 버전 관리 시스템(CVS나 서브버전 등)에 등록해 두었다면 더 좋다. 스크립트들은 애플리케이션에서 여느 다른 코드들처럼 다루어진다. 비록 개발자가 데이터베이스에 대한 제어 권한이 없다 하더라도 권한이 있는 누군가가 정기적으로 수정을 하고 있어야 한다. 애플리케이션의 소스 코드와 데이터베이스 스크립트는 항상 동기화가 되어 있어야 하고, 거기에 있는 단위 테스트들도 확실히 동기화를 시켜야 한다. 단위 테스트 스위트를 실행할 때마다 스크립트를 실행하여 데이터베이스 스키마를 생성해야 한다. 이 방법을 사용하면 버전 관리 시스템에 새로운 데이터베이스 생성 스크립트들을 커밋하고서 변경된 사항들이 애플리케이션에 문제를 일으키지는 않는지 테스트해 볼 수 있다. 이게 이상적인 상황이다. 테스트를 실행하기 위해 HSQLDB 같은 메모리 기반 데이터베이스를 사용하면 스키마를 변환하는 추가 작업이 필요할 수도 있다. 수작업에 의한 오류를 피하고 통합 작업시간을 줄이려면 이 변환 작업을 자동화하도록 하라.

iBATIS 설정파일(SqlMapConfig.xml)

단위 테스트를 하려는 목적으로, 여러분은 iBATIS 설정 파일을 분리해서 사용하고자 할 것이다. 이 설정 파일은 데이터 소스와 트랜잭션 관리자를 다룬다. 이 설정은 테스트 환경과 운영 환경에서 매우 크게 차이가 나는 부분이다. 예를 들어 운영할 때는 J2EE 애플리케이션 서버 같은 관리 시스템 환경하에 놓이게 된다. 운영 환경에서는 아마도 JNDI에서 DataSource 인스턴스를 가져올 것이다. 또한 운영시에는 글로벌 트랜잭션을 사용할 수도 있다. 하지만 테스트 환경에서는 서버상에서 실행하지 않을 것이고 DataSource 설정도 간단하며 로컬 트랜잭션을 사용할 것이다. 테스트와 운영 환경의 설정 정보를 독립적으로 설정하는 가장 쉬운 방법은, 운영 설정 파일과 동일한 모든 SQL 매핑 파일을 참조하는 또 하나의 iBATIS 설정 파일을 사용하는 것이다.

iBATIS SqlMapClient 단위 테스트

이제 데이터베이스 인스턴스, 자동화된 데이터베이스 빌드 스크립트 그리고 테스트용 설정 파일을 포함하여 미리 준비해야 할 것들을 모두 마련했으니 단위 테스트를 작성할 준비가 다 됐다. 리스트 13.1은 JUnit을 사용하여 간단한 단위 테스트를 만드는 예를 보여준다.

리 스 트 13.1   SqlMapClient 단위 테스트 예제

```
public class PersonMapTest extends TestCase {

    private SqlMapClient sqlMapClient;

    public void setup () {
        sqlMapClient = SqlMapClientBuilder.
            build("maps/TestSqlMapConfig.xml");
        runSqlScript("scripts/drop-person-schema.sql");
        runSqlScript("scripts/create-person-schema.sql");
        runSqlScript("scripts/create-person-test-data.sql");
    }

    public void testShouldGetPersonWithIdOfOne() {
        Person person = (Person) sqlMapClient.
            queryForObject("getPerson", new Integer(1));
        assertNotNull("Expected to find a person.", person);
        assertEquals("Expected person ID to be 1.",
            new Integer(1), person.getId());
    }
}
```

❶ 단위 테스트와 테스트 데이터 준비

❷ 기본키 값으로 한 사람의 정보를 가져오는 테스트

리스트 13.1의 예제는 자바용 단위 테스트 프레임워크인 JUnit을 사용한다(JUnit에 관해서는 www.junit.org에서 더 많은 정보를 얻을 수 있다. .NET 프레임워크용으로 유사한 도구가 있는데 그 중 하나로 NUnit이 있고 www.nunit.org에서 관련 정보를 찾을 수 있다). setup 메서드❶에서 데이터베이스 테이블을 삭제한 뒤 다시 생성하고서 데이터를 재구축하였다. 테스트별로 모든 것을 재구축함으로써 다른 테스트의 영향을 받지 않도록 보장할 수 있다. 하지만 이 접근 방식은 Oracle이나 SQL Server 같은 RDBMS에서 사용하기엔 너무 느리다. 속도가 문제가 되는 경우에는 HSQLDB 같은 메모리 기반 데이터베이스를 고려하라. 실제 테스트 케이스❷에서 레코드 하나를 가져와서 빈즈에 매핑하고 빈즈에 들어 있는 값이 우리가 기대했던 값과 같은지 확인한다.

이상이 매핑 계층을 테스트하는데 필요한 모든 것이다. 테스트할 필요가 있는 다음 계층은 DAO 계층이다. 여기서는 애플리케이션이 DAO 계층을 포함하고 있다고 가정한다.

13.1.2 데이터 접근 객체(DAO) 단위 테스트하기

데이터 접근 객체 계층은 추상 계층이다. 추상 계층의 특성 때문에 DAO는 테스트하기 쉬울 것이다. DAO는 또한 DAO 계층을 사용하는 부분의 테스트도 쉽게 만든다. 이번 절에서는 DAO 자체의 테스트에 대해 공부할 것이다. DAO는 일반적으로 인터페이스와 구현체로 분리돼 있다. DAO를 직접 테스트할 것이기 때문에 여기서 인터페이스의 역할은 없다. 테스트 목적으로 DAO 구현체를 사용해서 직접 작업할 것이다. 이렇게 하면 DAO 디자인 패턴의 사용법을 거스르는 것처럼 보이겠지만, 이게 바로 단위 테스트의 멋진점이다. 우리가 시스템 밖에서 나쁜 짓을 해도 그냥 내버려 둘 것이다!

DAO 레벨에서 테스트할 때는 가능하면 데이터베이스나 하부 인프라스트럭처를 사용하지 말아야 한다. DAO 계층은 퍼시스턴스 구현체를 위한 인터페이스이다. 하지만 DAO를 테스트할 때는 DAO 내부에 무엇이 있는지 테스트하는 것이지, DAO의 외부에 있는 것을 테스트하려는 것이 아니다.

DAO 테스트의 복잡도는 오로지 DAO 구현체에 전적으로 달려 있다. 예를 들어 JDBC DAO를 테스트하는 것은 상당히 힘이 든다. `Connection`, `ResultSet`, `PreparedStatement` 등과 같은 전형적인 JDBC 컴포넌트들을 대체할 훌륭한 모의 객체 프레임워크가 필요할 것이다. 모의 객체 프레임워크가 있다고 하더라도 모의 객체의 복잡한 API를 관리하려면 많은 노력이 들어간다. iBATIS의 `SqlMapClient` 인터페이스의 모의 객체가 더 쉽다. 자, 한번 시도해보자.

모의 객체로 DAO 단위 테스트하기

모의 객체란 단위 테스트를 목적으로 실제 구현체를 대신해 사용하는 객체이다. 모의 객체는 일반적으로 많은 기능을 가지고 있지 않다. 모의 객체는 한 가지 경우만을 만족시킴으로써 단위 테스트가 추가적인 복잡성에 대한 걱정 없이 몇 가지 다른 영역에 집중할 수 있도록 해준다. 우리는 이번 예제에서 모의 객체를 사용하여 DAO 계층을 테스트하는 방법을 보여줄 것이다.

이 예제에서는 간단한 DAO를 사용한다. 트랜잭션 같은 것에 대해 신경쓰지 않도록 하기 위해서, 여기서는 iBATIS의 DAO 프레임워크를 사용하지 않을 것이다. 이 예제의 목적은 개발자가 어떤 종류의 DAO 프레임워크를 사용하는지에 관계 없이, DAO 계층을 테스트하는 것을 보여주려는 것이다.

첫째로 테스트하려는 DAO를 생각해보자. 리스트 13.2는 13.1.1 절의 예제와 유사한 SQL Map을 호출하는 `SqlMapPersonDao` 구현체를 보여준다.

리스트 13.2   테스트할 간단한 DAO

```java
public class SqlMapPersonDao implements PersonDao {

    private SqlMapClient sqlMapClient;

    public SqlMapPersonDao(SqlMapClient sqlMapClient) {
        this.sqlMapClient = sqlMapClient;
    }

    public Person getPerson (int id) {
        try {
            return (Person)
                sqlMapClient.queryForObject("getPerson", id);
        } catch (SQLException e) {
            throw new DaoRuntimeException(
                "Error getting person. Cause: " + e, e);
        }
    }
}
```

리스트 13.2에서 어떻게 `SqlMapClient`를 DAO의 생성자에 넣었는지 주의해서 보라. 이 방식은 DAO의 단위 테스트를 쉽게 할 수 있게 해준다. `SqlMapClient` 인터페이스의 모의 객체를 넘겨주면 되기 때문이다. 분명히 이 예제는 간단하고 별로 테스트할 것도 없어 보인다. 하지만 모든 테스트에는 의미가 있다. 리스트 13.3에서 `SqlMapClient`의 모의 객체를 생성하고 `getPerson()` 메서드를 테스트하는 단위 테스트를 볼 수 있다.

리스트 13.3   SqlMapClient 모의 객체로 PersonDao 단위 테스트 하기

```java
public void testShouldGetPersonFromDaoWithIDofOne() {
    final Integer PERSON_ID = new Integer(1);

    Mock mock = new Mock(SqlMapClient.class);
    mock.expects(once())
        .method("queryForObject")
        .with(eq("getPerson"),eq(PERSON_ID))
        .will(returnValue(new Person (PERSON_ID)));

    PersonDao daoSqlMap =
```

```
        new SqlMapPersonDao((SqlMapClient) mock.proxy());
    Person person = daoSqlMap.getPerson(PERSON_ID);

    assertNotNull("Expected non-null person instance.",
            person);
    assertEquals("Expected ID to be " + PERSON_ID,
            PERSON_ID, person.getId());
}
```

리스트 13.3의 예제는 JUnit과 자바용 모의 객체 프레임워크인 jMock을 사용한다. 굵은 글씨체 부분에서 볼 수 있듯이 jMock으로 `SqlMapClient` 인터페이스의 모의 객체를 생성하면, 실제 `SqlMapClient`나 함께 사용할 SQL, XML 그리고 데이터베이스 등에 대한 걱정없이 DAO의 행위를 테스트 할 수 있게 된다. jMock은 편리한 도구로 www.jmock.org에서 더 많이 배울 수 있다. 이미 예상했겠지만 NMock이라고 불리는 .NET용 모의 객체 프레임워크도 있으며 http://nmock.org에서 찾아볼 수 있다.

13.1.3 DAO 소비자 계층 단위 테스트 하기

애플리케이션에서 DAO를 사용하는 또 다른 계층을 소비자(consumer)라고 부른다. DAO 디자인 패턴을 사용하면 퍼시스턴스 계층의 모든 기능을 구현할 필요 없이 이 소비자의 기능을 테스트할 수 있게 된다. 좋은 DAO 구현체는 사용 가능한 기능을 설명해줄 수 있는 인터페이스를 가지고 있다. 소비자 계층을 테스트할 수 있는 열쇠가 바로 이 인터페이스의 존재이다. 리스트 13.4의 인터페이스를 살펴보자. 윗 절에 나왔던 `getPerson()` 메서드를 알아볼 수 있을 것이다.

리 스 트 13.4   간단한 DAO 인터페이스

```
public interface PersonDao extends Dao {
    Person getPerson(Integer id);
}
```

리스트 13.4의 인터페이스가 DAO 계층의 소비자 테스트를 시작하는 데 필요한 전부이다. 인터페이스의 완전한 구현체는 필요 없다. jMock을 사용하면 `getPerson()` 메서드의 행동을 쉽게 예측한 대로 흉내낼 수 있다. `PersonDao` 인터페이스를 사용하는 서비스를 살펴보자.(리스트 13.5)

리 스 트 13.5   PersonDao를 사용하는 서비스

```
public class PersonService {
    private PersonDao personDao;
    public PersonService(PersonDao personDao) {
        this.personDao = personDao;
    }

    public Person getValidatedPerson(Integer personId) {

        Person person = personDao.getPerson(personId);

        validateAgainstPublicSystems(person);
        validateAgainstPrivateSystems(person);
        validateAgainstInternalSystems(person);

        return person;
    }
}
```

단위 테스트의 대상은 DAO가 아니라 getValidatedPerson() 메서드가 수행하는 다양한 유효성 검사 같은 로직이다. 각 유효성 검사 메서드는 아마도 private일 것이고, 논지를 벗어나지 않기 위해 여기서는 그냥 private 인터페이스만을 테스트한다고 치자.

좀 전에 살펴본 PersonDao 인터페이스 덕분에 데이터베이스 없어도 이 로직을 테스트하는 것은 쉬울 것이다. 우리가 해야 하는 것은 PersonDao의 모의 객체를 만들어서 서비스의 생성자에 넘겨 주고 getValidatedPerson() 메서드만 호출하는 것뿐이다. 리스트 13.6에서는 앞에서 설명한 그대로 처리하는 단위 테스트를 볼 수 있다.

리 스 트 13.6   데이터베이스 접근을 피하기 위해 실제 DAO 대신 모의 객체 사용하기

```
public void testShouldRetrieveAValidatedPerson (){
    final Integer PERSON_ID = new Integer(1);

    Mock mock = new Mock(PersonDao.class);
    mock.expects(once())
        .method("getPerson")
        .with(eq(PERSON_ID))
        .will(returnValue(new Person(PERSON_ID)));

    PersonService service =
        new PersonService((PersonDao)mock.proxy());
```

```
        person = service.getValidatedPerson(new Integer(1));

    assertNotNull("Expected non-null person instance.",
            person);
    assertEquals("Expected ID to be " + PERSON_ID,
            PERSON_ID, person.getId());
    assertTrue("Expected valid person.",
            person.isValid());
}
```

다시 JUnit과 jMock을 사용하였다. 리스트 13.6에서 보듯이 테스트 방식은 애플리케이션의 각 계층에서 일관적이다. 이렇게 하면 간단하고 관리하기 쉬운 단위 테스트에 집중하게 되어서 좋은 현상이라 할 수 있다.

여기까지 iBATIS에서의 단위 테스트에 대해 알아볼 만큼 알아보았다. 단위 테스트에 대한 일반적인 논의는 여러 곳에서 찾아볼 수 있다. 구글에서 '단위 테스트'로 검색해 봐라. 당신의 단위 테스트 스킬을 높여 줄 수 있는 많은 정보를 찾을 수 있으며, 아마도 여기서 설명한 것보다 더 나은 것도 발견할 수 있을 것이다.

13.2 iBATIS 설정 파일 관리하기

지금쯤이면 iBATIS가 설정과 SQL 구문 매핑을 위해 XML을 사용한다는 것이 명확하게 기억 속에 있을 것이다. 이 XML 파일들은 순식간에 커져서 다루기가 어렵게 될 수 있다. 이번 절에서는 SQL 매핑 파일들을 다루는 몇가지 좋은 방법들을 공부해 볼 것이다.

13.2.1 클래스패스 안에 두기

위치 투명성(Location Transparency)은 애플리케이션의 유지 보수성 측면에서 매우 중요하다. 이 위치 투명성을 통해 애플리케이션의 테스트와 배포를 간단하게 할 수 있다. /usr/local/myapp/config/나 C:\myapp\ 같은 고정적인 파일 위치에서 애플리케이션을 자유롭게 유지하게 하는 것도 위치 투명성의 한 가지이다. iBATIS에서 특정 파일 위치를 사용할 수 있다고 하더라도, 클래스패스를 사용하는 것이 더 낫다. 자바 클래스패스는 애플리케이션을 어떤 특정한 파일 경로에 얽매이지 않게 해준다. 클래스패스를 애플리케이션에서 클래스로더(ClassLoader)를 사용하여 참조할 수 있는 작은 파일 시스템이라고 생각해도 된다.

클래스로더는 클래스패스에서 클래스와 다른 파일들 같은 리소스를 읽어들일 수 있다. 예제를 살펴보자. 클래스패스에 아래와 같은 파일 구조가 있다고 상상해보자.

```
/org
    /example
        /myapp
            /domain
            /persistence
            /presentation
            /service
```

이 구조에서 완전한 클래스패스인 org/example/myapp/persistence를 사용하여 persistence 패키지를 참조할 수 있다. 매핑 파일을 둘만한 좋은 장소로 org/example/myapp/persistence/sqlmaps가 있겠다. 이것은 파일 구조에서 다음과 같이 보일 것이다.

```
/org
    /example
        /myapp
            /domain
            /persistence
                /sqlmaps
                    SqlMapConfig.xml
                    Person.xml
                    Department.xml
            /presentation
            /service
```

위 구조 대신에 설정 파일들을 좀 더 단순한 구조에 두길 원한다면 설정파일들만 별도로 둘 수 있다. 예를 들어 config/sqlmaps를 사용할 수 있겠다. 그러면 아래와 같은 형태가 될 것이다.

```
/config
    /sqlmaps
        SqlMapConfig.xml
        Person.xml
        Department.xml
/org
    /example
    /myapp
        /domain
        /persistence
```

```
            /presentation
            /service
```

매핑 파일들을 클래스패스에 두면 iBATIS가 내장된 `Resources` 유틸리티 클래스를 이용해서 이 파일들을 쉽게 읽어들인다. `Resources` 클래스는 SqlMapBuilder와 호환되는 `getResourceAsReader()` 같은 메서드를 포함하고 있다. 위와 같은 형태의 클래스패스를 사용할 경우에는, 다음과 같이 SqlMapConfig.xml 파일을 적재할 수 있다.

```
Reader reader = Resources
    .getResourceAsReader("config/maps/SqlMapConfig.xml");
```

만약 데이터베이스 리소스 설정을 고정된 파일 경로처럼 한 곳에서 관리하는 위치에 둬야 할 필요가 있는 환경이라 하더라도, 여전히 매핑 파일은 클래스패스에 두어야 할 것이다. 이 방법은 SqlMapConfig.xml은 고정된 경로에 두지만 매핑 파일들은 여전히 클래스패스에 두는 복합적인 접근 방식을 사용하라는 의미이다. 예를 들어 아래 구조를 생각해보자.

```
    C:\common\config\
        /sqlmaps
            SqlMapConfig.xml

        /config
            /sqlmaps
                Person.xml
                Department.xml
        /org
            /example
                /myapp
                    /domain
                    /persistence
                    /presentation
                    /service
```

SqlMapConfig.xml 파일이 고정된 경로에 있다고 하더라도 내부적으로는 클래스패스의 XML 매핑 파일을 참조할 수 있다. 이로 인해 대부분의 리소스를 원하는 곳에 두고 부적절한 매핑 파일이 애플리케이션과 함께 배포될 가능성을 낮춰준다.

13.2.2 파일들을 함께 두자

매핑 파일들을 함께 둬라. 파일들을 클래스패스가 아닌 다른 곳에 이리저리 두는 행위를 삼가해

라. 사용하는 클래스가 위치한 곳이나 다른 패키지에 별도로 매핑 파일을 두지 말라. 그렇게 하면 설정이 복잡해지고 어떤 매핑 파일들을 사용해야 할지 알기 어렵게 된다. 매핑 파일이 내부적으로 구조화되어 있기 때문에 추가적으로 분류하는 작업은 필요하지 않다. 파일 이름을 현명하게 짓고 XML 파일들을 한 디렉터리에 두도록 하라. 클래스를 매핑 파일과 같은 디렉터리(예를 들면 같은 패키지)에 두지말고 다른 XML 파일들과 섞이게 하지 말라!

이렇게 하는 것은 일반적으로 매핑 파일과 프로젝트를 찾아보기 수월하게 해준다. 파일을 어디에 두더라도 iBATIS 프레임워크에게는 아무 상관이 없다. 하지만 동료 개발자에게는 많은 영향을 끼칠 것이다.

13.2.3 리턴타입 별로 정리하라

매핑 파일을 어떻게 정리하는가에 대한 가장 일반적인 질문으로, 무엇을 기준으로 정리하는가 하는 문제가 있다. 데이터베이스 테이블을 기준으로 정리할까? 클래스를 기준으로 하는 것은 어떨까? 어쩌면 SQL 구문 타입별로 정리하는 것은?

답은 "개발환경에 따라 다르다"이다. 비록 '정확한' 답이 없긴 하지만 그렇다고 맘대로 하지는 말라. iBATIS는 매우 유연해서 나중에 언제든지 SQL 구문을 이동시킬 수 있다.

처음에는 매핑 구문의 리턴타입과 매핑 구문의 파라미터를 기준으로 정리해 보는 게 가장 좋다. 이 방법으로 대개 개발자가 찾고자 하는 것을 기준으로 잘 찾을수 있게 매핑을 정리할 수 있다. 예를들어 Person.xml 매핑 파일에서는 Person 객체(혹은 Person 객체의 컬렉션)를 반환하는 매핑 구문이나 Person 객체를 파라미터로 받는 매핑 구문(insertPerson 혹은 updatePerson 처럼)이 있을 거라 예상할 수 있다.

13.3 명명 규칙

iBATIS에는 이름을 지어줘야 하는 것이 매우 많을 수 있다. 매핑 구문, 결과 맵, 파라미터 맵, SQL Maps와 XML 파일들이 모두 이름을 필요로 한다. 따라서 이름을 짓는 데 특별한 규칙을 정해 놓는 것이 좋다. 여기서 한 가지 규칙을 논의할 것이지만 개발자 스스로가 규칙을 만드는 것에 주저하지 말라. 애플리케이션 내부에서 일관성 있게 사용하기만 한다면 문제될 것은 없다.

13.3.1 매핑 구문의 이름 짓기

일반적으로 매핑 구문은 사용하는 프로그래밍 언어의 메서드 명명 규칙을 그대로 따른다. 따라서 자바 애플리케이션에서라면 `loadPerson` 혹은 `getPerson`과 같은 매핑 구문명을 사용한다. C#에서라면 `SavePerson` 혹은 `UpdatePerson`과 같은 매핑 구문명을 사용한다. 이러한 규칙을 따르면 일관성 있게 유지보수할 수 있을 뿐만 아니라 메서드 바인딩(method binding) 기능이나 코드 생성 도구들을 사용할 수 있게 해준다.

13.3.2 파라미터 맵의 이름 짓기

대부분의 경우 파라미터 맵은 이름을 필요로 하지 않는다. 왜냐하면 명시적으로 파라미터 맵을 선언하는 것보다는 인라인 파라미터 맵을 사용하는 것이 훨씬 더 일반적이기 때문이다. SQL 구문의 특성상 파라미터 맵은 재사용할 가능성이 별로 없다. 일반적으로는 INSERT 구문과 UPDATE 구문에 동일한 파라미터 맵을 사용할 수 없다. 이러한 이유로 명시적으로 선언한 파라미터 맵을 사용한다면 `Param` 이라는 접미사를 파라미터 맵 이름 뒤에 붙여주기를 권한다. 예를 들어보자.

```
<select id="getPerson" parameterMap="getPersonParam" ... >
```

13.3.3 결과 맵 이름 짓기

결과 맵은 단일 클래스 타입과 결합되고 매우 빈번하게 재사용된다. 이러한 이유로 결과 맵은 결합되는 클래스 타입에 따라서 이름을 지으라고 권하고 있다. 또한 끝에 `Result`를 붙여준다. 예를 들어보자.

```
<resultMap id="PersonResult" type="com.domain.Person">
```

13.3.4 XML 파일들

iBAITS에는 두 가지 종류의 XML 파일이 있다. 하나는 주 설정 파일이고 다른 하나는 SQL 매핑 파일이 있다.

주 설정 파일

주 설정 파일은 원하는 어떤 이름이라도 붙일 수 있다. 그렇지만 우리는 `SqlMapConfig`.

xml 이라고 짓기를 권장한다. 애플리케이션의 서로 다른 부분들에 대해 여러 개의 설정 파일을 만들고 싶다면 애플리케이션 모듈 이름을 접두사로 주어서 설정 파일 이름을 지으면 된다. 따라서 애플리케이션이 서로 다른 설정 파일을 사용하는 웹 클라이언트와 GUI 클라이언트로 구성돼 있다면 `WebSqlMapConfig.xml`과 `GUISqlMapConfig.xml`을 이름으로 사용할 수 있겠다. 또한 운영 환경이나 테스트 환경 처럼 어디에 배포를 하느냐에 따라서 다중 환경 설정을 가질 수도 있다. 이럴 경우에는 어떤 환경인지를 접두사로 지정하여 파일명을 정한다. 앞의 예제를 이어서 보자면 `ProductionWebSqlMapConfig.xml`과 `TestWebSqlMapConfig.xml`로 이름을 지을 수 있겠다. 이 이름들은 그 자체로 설명적이고 이러한 일관성 덕분에 여러 상이한 환경에서도 자동 빌드 기능을 구축하는 것이 가능해진다.

SQL 매핑 파일

SQL 매핑 파일의 이름을 어떻게 짓는가 하는 것은 매핑 구문을 어떻게 구성하느냐에 달려 있다. 이 책의 초반에 매핑 구문을 리턴 타입과 파라미터에 따라서 서로 다른 XML 파일로 구성하기를 추천했었다. 그렇게 했다면 파일 이름을 지을 때 리턴 타입과 파라미터 이름을 따라서 지으면 효과적이다. 예를 들면 한 개의 XML 매핑 파일이 `Person` 클래스와 관련된 SQL 구문을 포함하고 있다면 매핑 파일 이름을 `Person.xml`이라고 짓는 것이 적절할 것이다. 이 방법은 대부분의 애플리케이션에서 효과적인 명명법일 것이다. 하지만 고려사항 몇 가지가 더 있다.

반환하는 결과는 동일하지만 서로 다른 데이터베이스용으로 사용하는 여러가지 형태의 SQL 구문이 필요할 수도 있다. 대부분의 경우 SQL은 이식 가능한 방법으로 작성할 수 있다. 예를 들어 iBATIS를 이용해 작성된 초기의 JPetStore 애플리케이션은 11개의 서로 다른 데이터베이스에서 작동할 수 있다. 하지만 때로는 이식할 수는 없지만 문제 해결에 가장 적합한 데이터베이스 전용 기능을 구현해야 할 경우도 있다. 이러한 경우에는 매핑 파일의 이름에 해당 매핑 파일이 사용하는 데이터베이스의 이름도 포함시켜 지어도 되고, 때로는 데이터베이스의 이름을 포함시켜 짓는 것이 매우 중요한 경우도 있다. 예를 들어 `Person`을 위한 Oracle 전용 파일을 가지고 있다면 이 파일의 이름을 `OraclePerson.xml`이라고 지을 것이다. 또 다른 방법으로 각 데이터베이스별로 데이터베이스의 이름을 딴 별도의 디렉터리를 만드는 방법이 있다. 하지만 이런 방법에 너무 집착하지는 말라. 파일이나 디렉터리 이름을 명확하게 짓고 그 이름에 적합하게 Oracle에 특화된 기능을 가진 매핑 파일이 되도록 하면 된다. Oracle에 의존적인 SQL 구문이 단 한 개 뿐이라면 해당 구문이 Oracle 이라는 단어를 포함하도록 이름을 짓는 것이 나을 것이다.

13.4 빈즈, Map 혹은 XML?

iBATIS는 다양한 형태의 파라미터나 결과 매핑을 지원한다. 자바빈즈, Map(HashMap 같은), XML 그리고 물론 원시 타입까지도 지원한다. 그럼 매핑 구문을 어디에 매핑해야 좋을까? 우리는 기본적으로 자바빈즈를 권장한다.

13.4.1 자바빈즈

자바빈즈는 최고의 성능, 최대의 유연성 그리고 타입 안전성(type safety)을 제공해준다. 자바빈즈는 프로퍼티 매핑을 할 때 간단한 저수준 메서드 호출을 사용하기 때문에 빠르다. 자바빈즈에 프로퍼티를 추가한다고 해서 성능이 저하되지 않으며 다른 것들보다 메모리도 효율적으로 사용한다. 자바빈즈를 선택하게 만드는 더욱 중요한 점은 타입 안전성 때문이다. 이 타입 안전성 덕분에 iBATIS가 데이터베이스에서 반환받은 값에 적절한 타입을 부여하고 정확하게 바인딩할 수 있게 된다. Map이나 XML을 사용하여 겪게 되는 추측에 의한 바인딩이 없어진다. 또한 자바빈즈를 사용하면 더 큰 유연성을 확보하게 되는데 이는 자바빈즈의 getter와 setter 메서드를 직접 작성하여 데이터를 세밀하게 조정할 수 있기 때문이다.

13.4.2 Map

iBATIS에서는 두 가지 목적으로 Map을 지원한다. 첫째로 iBATIS는 Map을 사용하여 매핑 구문에 다양하고 복잡한 파라미터를 전송한다. 둘째로 가끔씩 데이터베이스에 있는 테이블이 단순히 Map -키와 값의 쌍-을 나타내기 때문이다.

하지만 Map은 형편없는 도메인 모델이다. 그러므로 비즈니스 객체를 표현하기 위해 Map을 사용해서는 안된다. 이것은 단지 iBATIS에 국한된 문제가 아니다. 어떤 퍼시스턴스 계층을 사용하든 간에 Map을 사용해서 도메인 모델을 나타내서는 안 된다. Map은 느리고 타입 안전성을 보장하지 않으며 자바빈즈보다 더 많은 메모리를 사용한다. 그리고 예측할 수 없는 행동을 하고 유지보수하기도 어렵다. 현명하게 판단해서 Map을 사용하라.

13.4.3 XML

iBATIS는 데이터베이스로 보낼 때나 혹은 그로부터 값을 반환받을 때 문서 객체 모델(DOM) 혹은 단순한 문자열(String) 형태로 XML을 직접 사용할 수 있다. XML을 사용할 때는 다소 값에 제한이 있지만 데이터를 이식 가능하고 파싱 가능한 형태로 빨리 바꾸고자 하는 대체로 간단한 애플리케이션에서는 유용하게 사용할 수 있다.

하지만 Map과 마찬가지로 도메인 모델을 나타내는데 XML을 우선 순위로 고려해서는 안 된다. XML은 모든 형태들 중에서 가장 느리고 타입 안전성도 가장 낮으며 메모리도 가장 많이 사용한다. XML은 데이터를 표현하는 가장 최종 상태(예를 들면 보통은 HTML)에 가장 가깝다. 하지만 그런 이점은 다루기 힘들고 시간이 지남에 따라 유지보수하기 어렵다는 대가를 치루게 한다. Map과 마찬가지로 현명하게 판단해서 XML을 사용하라.

13.4.4 원시 타입(primitives)

원시 타입은 iBATIS에서 직접적으로 파라미터나 결과 타입으로 사용할 수 있다. 두 경우 모두 원시타입을 사용하는 데 특별히 문제될 것은 없다. 원시타입은 빠르고 타입 안전성을 갖추고 있다. 당연히 데이터가 얼마나 복잡하냐에 따라 다소 제약을 받는다. 하지만 주어진 쿼리에 결과 행 수가 얼마인지를 세는 간단한 요구사항이 있을 때 정수 원시 타입은 좋은 선택이 될 수 있다. 요구사항만 만족시킨다면 원시 타입을 사용하는 데 주저할 것은 없다.

13.5 요약

iBATIS는 어렵지 않게 사용할 수 있다. 하지만 다른 프레임워크들과 마찬가지로 추천하는 최적의 활용법을 따르면 더 좋은 결과를 이끌어 낼 수 있다.

13장에서는 애플리케이션의 퍼시스턴스 계층을 어떻게 제대로 테스트할 수 있는지 공부해 보았다. 두 가지 유명한 단위 테스트 프레임워크인 JUnit과 jMock을 사용하여 간단하면서 일관성 있는 방식으로 애플리케이션의 세 가지 계층을 테스트 할 수 있다. 네트워크 접속이나 관계형 데이터베이스 관리 시스템 같은 복잡한 인프라스트럭처 구성 요소 없이 데이터베이스를 테스트할 수 있도록 적절히 구성하는 방법을 논의해 보았다.

또한 XML 파일을 관리하는 최적의 방법도 생각해 보았다. 위치 투명성을 유지하는 것이 배치를 간단하게 하고 테스팅과 앞으로의 유지 보수를 쉽게 해 주는 열쇠이다. 자바 애플리케이션에서 위치 투명성은 모든 SQL Map 파일을 클래스패스에 둠으로써 해결할 수 있다. 가끔 모든 파일을 클래스패스 내에 둘 수 없는 경우도 있기 때문에 설정 파일을 분리하여 중점적으로 관리하는 한곳에 저장하고 다른 매핑 파일은 우리가 원하는 클래스패스에 계속 저장해 두는 방법도 알아보았다.

다음으로 iBATIS 객체들의 이름을 어떻게 지을지 논의해 보았었다. 맵을 읽고 이해하기 쉽게 하려면 파일 조직화 만큼이나 이름 짓기도 중요하다. 매핑 구문이 메서드와 다르지 않기 때문에 매핑 구문의 이름을 메서드 이름을 따라 일관성 있게 지으면 친숙한 방법으로 그대로 유지할 수 있다. 파라미터 맵을 사용한다면 그 이름은 매핑 구문의 이름을 따라 짓도록 한다. 파라미터 맵은 재사용성이 떨어지기 때문이다. 하지만 결과 맵은 재사용성이 높으므로 매핑된 타입의 이름에 따라 짓도록 한다.

13장의 마지막 주제의 핵심은 어떤 타입에 매핑할 것인가 하는 것이다. 도메인 모델이 자바빈즈, Map 혹은 XML 중에서 무엇을 사용해야 하는가? 해답은 명백하다. 비즈니스 객체 모델에는 자바빈즈를 사용해야 한다. Map과 XML은 비슷한 단점을 가지고 있는데 성능이 떨어지고 타입 안전성도 낮으며 두 가지 다 지속적인 유지보수시에 악몽이 될 것이다.

14 장

모두 종합해서 보기

: 도구 선택하기

: 프로젝트 구성하기

: 컴포넌트들을 함께 작성하기

iBATIS는 홀로 떨어진 섬 같은 존재가 아니다. 다시 말해 iBATIS는 전체의 일부라는 뜻이다. iBATIS는 SQL 데이터베이스에 접근하는 어떤 애플리케이션에서도 사용할 수 있다. SQL 데이터베이스에 접근하는 애플리케이션의 형태가 많기 때문에 인기 있는 형태 하나를 선택해서 집중적으로 다룰 것이다. 웹 애플리케이션은 잘 알려져 있고, 대부분의 경우 보이진 않지만 어디에선가 SQL 데이터베이스를 사용한다. 쓸모 있는 곳에 iBATIS를 사용하고 싶어서 장바구니 애플리케이션을 만드는 과정을 훑어보기로 하였다. 무언가를 최초로 만들어 보고 싶어서, 애완동물 가게[1] 보다는 게임 가게를 만들기로 결정했다. 그럼 지금부터 애플리케이션을 만들어 보자.

---

1. **역자주** | 애완동물 가게(Pet Store)는 많은 프로그래밍 책에서 예제로 사용했다.

14.1 설계 컨셉

애플리케이션을 작성할 때는 몇 가지 방향을 사전에 정의하고 시작하는 것이 좋다. 애플리케이션으로 무엇을 하고자 하는지 총체적으로 살펴봐야 한다. 다시 말하면 '요구사항'을 정리해 보는 것을 뜻한다. 장바구니는 많은 책에서 다루어졌었기 때문에 요구사항을 정리하기가 쉽다. 지겹긴 하겠지만 이번에도 역시 장바구니를 할 것이다 (이봐, 최소한 애완동물 가게는 아니라고!).

우리는 장바구니의 설계를 단순하게 유지하면서 네 가지 주요 부분에 집중할 것이다. 여기서 말하는 네 가지 부분은 계정(account), 카탈로그(catalog), 장바구니(cart) 그리고 주문(order)이다. 관리 부분에 대해서는 그냥 넘어갈 것이다. 관리 부분은 이 책에서 그다지 핵심적인 부분은 아니면서도 많은 시간을 요하고 복잡성도 증가시킨다. 이제 애플리케이션 컴포넌트 그룹들의 역할을 알아보며, 각 요구사항의 세세한 부분들을 정하자.

14.1.1 계정

계정(account)에는 사용자와 관련된 정보를 저장할 것이다. 계정은 개인의 주소와 추가정보를 포함하고 있다. 사용자는 계정을 만들고 수정할 수 있어야만 한다. 계정은 또한 고객의 로그인을 위한 보안 관련 부분을 처리한다.

14.1.2 카탈로그

우리가 코딩해야 하는 많은 부분들이 카탈로그(catalog)에 포함된다. 카테고리(category), 제품(product), 항목(item)등을 여기서 사용할 것이다. 카테고리, 제품, 항목들은 오직 1차 레벨만 있으며, 카테고리는 제품들을 자식으로 소유한다. 그리고 제품은 항목들을 소유한다. 항목은 제품의 변종이다. 예를 들어 Action이라는 카테고리에는 Doom과 같은 게임/제품이 있을 것이다. 게임/제품에는 PC, PlayStation, XBox 그리고 이와 유사한 변형 항목들이 있을 것이다.

14.1.3 장바구니

장바구니(cart)를 통해서 사용자가 선택한 제품을 관리한다. 장바구니는 현재 장바구니에 들어있는 항목들을 기록하여 주문을 준비할 때 사용할 수 있도록 한다.

14.1.4 주문

애플리케이션의 주문(order) 영역은 계산할 때 사용한다. 고객이 모든 항목을 선택하고서 장바구니에서 선택한 항목을 구매하고자 한다면, 장바구니에서 주문을 선택한다. 장바구니는 주문할 항목들을 확인, 지불, 계산서 작성, 배송, 최종 확인의 절차를 통해 처리할 것이다. 일단 주문이 완료되면 사용자는 주문 내역에서 이를 확인할 수 있을 것이다.

14.2 기술 선택

이제 몇 가지 측면의 요구사항을 이끌어냈으니, 어떤 기술을 사용하여 필요한 기능을 구현할지를 결정할 때가 되었다. 우리가 만들고자 하는 것이 웹 애플리케이션이기 때문에, 각 계층별로 어떤 것을 선택할 수 있는지 살펴볼 것이다. 표준 웹 애플리케이션은 몇 가지로 나눠서 볼 수 있다.

- 프레젠테이션(Presentation) 계층 - 웹에 한정되는 애플리케이션의 영역.
- 서비스(Service) 계층 - 대부분의 비즈니스 규칙들이 있는 곳.
- 퍼시스턴스(Persistence) 계층 - 데이터베이스 접근에 한정된 요소들만 다루는 곳.

14.2.1 프레젠테이션

프레젠테이션 계층에서는 선택 사양이 다양하다. 가장 유명한 프레임워크로는 스트럿츠(Struts), JSF, Spring과 WebWork 등이 있다. 이 모든 프레임워크들은 각각 지지층을 확보하고 있으며 다른 것에 의존하지 않고 잘 작동하는 것으로 알려져 있다. 여기서는 이 프레임워크들 중에서 스트럿츠를 사용한다. 스트럿츠는 매우 안정적이고 범용적이며 계속해서 점진적으로 발전하고 새로운 애플리케이션이나 기존 애플리케이션 모두에 충분히 사용 가능하다. 여기서는 스트럿츠 프레임워크에 대해 적당히 이해 하고 있다고 가정할 것이다. 혹시나 그렇지 않다면 테드 N. 허스테드, 세드릭 듀몰린, 조지 프랜시스커스와 데이비드 윈터펠트의 Struts In Action 책(Manning, 2002)을 구매해서 읽어보길 권한다[2].

---

[2].역자주 | 스트럿츠에 관한 모르고, Struts In Action 책이 너무 두껍게 느껴진다면, 역자가 작성한 http://kwon37xi.egloos.com/1503795 문서를 참조해서 스트럿츠에 관한 기초적인 이해를 한 뒤에 14장을 공부하면 이해가 더 쉬울 것이다.

14.2.2 서비스

서비스 계층은 선택하기가 다소 간단하다. 이 책은 iBATIS에 대한 것이기 때문에 서비스 클래스 내부에서는 iBATIS DAO를 사용할 것이다. iBATIS DAO를 통해서 데이터 접근 객체를 가져와서 이를 서비스 클래스의 인스턴스 변수로 저장할 것이다. 이렇게 하면 DAO 구현체를 서비스 클래스로부터 숨겨 둘 수 있다. iBATIS DAO를 사용하여 트랜잭션을 구분하고, 세세한 메서드 호출은 퍼시스턴스 계층에 모을 것이다.

14.2.3 퍼시스턴스

퍼시스턴스 계층에는 당연히 iBATIS SQL Maps를 사용할 것이다. iBATIS SQL Maps는 SQL, 퍼시스턴스 캐시를 관리하고 데이터베이스에 대한 호출을 책임진다. 이 책이 바로 그런 주제를 다루기 때문에 여기서 다시 상세하게 다루지는 않을 것이다.

14.3 스트럿츠 최적화하기 : BeanAction

최근 웹 애플리케이션 프레임워크들은 약간의 변화를 겪고 있다. 상태 관리, 빈즈 기반의 프레젠테이션 클래스, 고급 GUI 컴포넌트 그리고 정교한 이벤트 모델과 같은 기능이 도입되어 개발이 좀 더 쉬워졌다. 이러한 차세대 프레임워크들의 한 가운데에서도 스트럿츠는 여전히 계속해서 강력한 위용을 과시하고 있다. JGameStore 애플리케이션의 가장 훌륭한 접근 방법이 무엇일까 평가해본 결과, 스트럿츠를 사용하면서 신세대 프레임워크들과의 앞으로의 관계도 유지하기로 결정하였다. 이러한 생각으로, 우리가 BeanAction이라고 이름 붙인 접근 방법을 사용하기로 결정하였다. BeanAction을 사용하면 표준 스트럿츠 애플리케이션 개발자들이 쉽게 iBATIS를 표준 스트럿츠 애플리케이션에 통합할 수 있게 된다. 동시에, JSF, Wicket, 그리고 Tapestry 같은 차세대 프레임워크를 사용하는 개발자들도 BeanAction의 의미를 이해할 수 있을 것이다. 마지막으로, 스트럿츠를 변형하려 들지는 않을 것이다. 우리는 단지 우리 애플리케이션을 더 많은 사람들에게 의미 있도록 만들고자 할 뿐이다.

BeanAction은 Action과 ActionForm의 역할을 한 개의 클래스에 성공적으로 집약시킨다. 이는 또한 세션(session)이나 요청(request) 같은 웹에 종속적인 컴포넌트들에 직접적으로 접근하지 않도록 추상화 시켜준다. 이런 형태의 아키텍처는 WebWork나 JSF

와 유사하다. 스트럿츠의 Action 클래스를 상속한 BeanAction과 BaseBean 그리고 ActionContext라는 몇 가지 핵심 컴포넌트들을 통해서 이러한 일을 할 수 있다. 이 컴포넌트들은 BeanAction이 어떻게 작동하는지 이해하는 데 매우 중요하다. 이들은 그림 14.1에서 볼 수 있다.

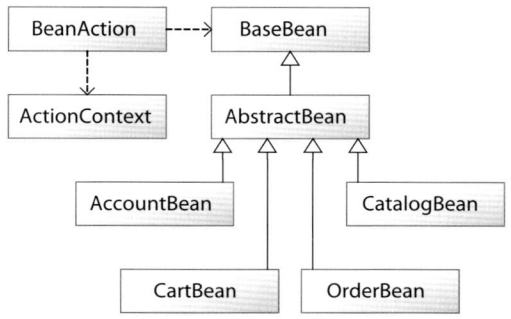

그림 14.1 | BeanAction 아키텍처의 UML 다이어그램

14.3.1 BaseBean

ActionContext와 BeanAction을 보기 전에 먼저 BaseBean의 목적을 이해하고 있어야 한다. BaseBean은 스트럿츠에서 유효성 검사에 사용하는 ValidatorActionForm을 확장한다. 그래서 ActionForm을 직접 상속하는 것 대신에 BaseBean을 상속한다. BaseBean은 ActionForm이 갖고 있는 일반적인 프로퍼티를 모두 포함한다. 게다가 BaseBean은 그 자체가 ActionForm이기 때문에 스트럿츠가 ActionForm을 만드는 것과 동일한 방식으로 만들어진다. 유일한 차이점은 상속받은 BaseBean이 public String methodName()라는 간략한 시그너처를 가진 행위 메서드를 포함한다는 것이다.

14.3.2 BeanAction

퍼즐의 다음 조각은 BeanAction이다. BeanAction은 두 가지 역할을 한다. 먼저 BeanAction은 ActionContext를 생성한다. 그 다음은, 상속받은 BaseBean의 행위 메서드를 호출하고 행위 메서드가 반환한 문자열을 스트럿츠의 ActionForward로 변환한다. 이 덕분에 BaseBean은 행위 메서드를 스트럿츠에 종속적인 컴포넌트들이 하나도 없는 깔끔한 상태로 유지할 수 있다. BeanAction 클래스는 상속받은 BaseBean의 행위 메서드 중에서 무엇을 호출할지 결정할 때 서로 다른 두 곳을 살펴본다. 먼저 액션 매핑에 파라미터가 지정돼 있고, 명시적으로 어떤 메서드를 호출하라고 지정하고 있는지 확인한다. 파라미터가 *로 지정돼 있다면 메서드를 호출하지 않고 success(성공) 액션 포워드를 대신 사용한다. 만약 액션 매핑 파라미터 속성이 지정돼 있지 않거나 비어 있다면 ActionBean이 경로를 확인하고 확장자를 뺀 파일 이름을 메서드 이름으로 간주해서 메서드를 호출한다. 따라서 표준 .do 매핑을 사용하고 호출 경로가 /myMethod.do로 끝났다면 BaseBean을 상속받은 클래스의 myMethod라는 행위 메서드를 호출할 것이다.

14.3.3 ActionContext

마지막으로 ActionContext는 특정 웹 관련 정보를 추상화한다. 이를 사용하여 요청(request), 파라미터(parameter), 쿠키(cookie), 세션(session), 애플리케이션(application) 등 모든 스코프를 Map 인터페이스를 통해 접근할 수 있다. 이를 통해 웹 계층에 대한 직접적인 의존성을 줄일 수 있게 된다. 대부분의 경우 ActionContext는 개발자가 스트럿츠와 Servlet API에 신경 쓰지 않아도 되게 해준다. 하지만 ActionContext는 여전히 개발자가 꼭 필요한 경우에 대비해서 HttpServletRequest와 HttpServletResponse에 직접 접근할 수도 있도록 하고 있다.

이러한 접근 방법은 여러 가지 장점을 가지고 있다. 무엇보다도 ActionForm 객체를 ActionForm을 상속받은 타입으로 형 변환하느라 시간과 코드를 낭비할 필요가 없어진다. Action이 곧 ActionForm이기 때문에 그러한 일은 발생하지 않는다. 개발자는 오로지 BaseBean을 상속받은 빈즈 객체의 프로퍼티에 직접 접근하면 된다. 둘째로 행위 메서드를 호출함으로써 복잡성을 줄일 수 있다. 일반적으로는 HttpServletRequest나 HttpServletResponse, ActionForm 그리고 ActionMapping을 받는 메서드 시그너처가 필요하다. 또한 Action의 수행 메서드는 ActionForward를 반환해야 한다. BeanAction은 이런 것들을 모두 줄여서 간단하게 시그너처는 비워두고 반환 값으로는 String만 있으면 된다. 셋째로 간단한 빈즈를 단위 테스트하는 것이 ActionForm이나 Action을 단위 테스트하는 것보다 훨씬 더 쉽다. MockObjects와 StrutsTestCase를 통해서 스트럿츠의 Action 클래스를 완벽하게 테스트할 수 있다. 하지만 간단한 빈즈를 테스트하는 것이 훨씬 더 쉽다. 마지막으로 BeanAction 아키텍처는 기존 스트럿츠 애플리케이션들과도 부드럽게 작동한다. 이 때문에 기존에 열심히 작업한 것들을 없애지 않고도 기존 애플리케이션 아키텍처를 현대적인 접근 방식을 사용하도록 이전할 수 있다.

14.4 기초 닦기

이제 개발 환경을 구축해보자. iBATIS를 사용하는 애플리케이션을 개발하기 위해서 특정 개발 도구에 초점을 맞추지는 않을 것이다. 대신 우리에게 유용했던 기반 구조를 살펴보는 데 시간을 할애할 것이다. 소스 트리를 조직화하는 것은 훌륭하고 깔끔하고 간결한 코드를 작성함에 있어서 매우 중요한 부분이다. 원한다면 iBATIS JGameStore 애플리케이션의 소스를 사용해서 14장의 나머지 부분을 따라 해도 된다. 앞에서 정한 모든 요구사항을 다 다루지는 못할 것이다. 하지만 iBATIS JGameStore 애플리케이션의 소스를 살펴보면 여기서 다루지 않은 코드를 보고 어떻게 작동하는지 이해할 수 있을 것이다.

jgamestore라는 기본 폴더를 만드는 것으로 시작해보자. 이 폴더는 프로젝트 폴더가 될 것이고 소스 트리를 포함하고 있다. 여러분이 선호하는 IDE에서 이 폴더를 구성하고 프로젝트 이름을 jgamestore라고 지어도 되고 혹은 간단히 운영체제에서 수작업으로 해도 된다.

프로젝트 폴더 하위에 src, test, web, build, devlib 그리고 lib라는 폴더를 생성한다.

```
/jgamestore
  /src
  /test
  /web
  /build
  /devlib
  /lib
```

각각의 폴더를 좀 더 자세히 살펴보자.

14.4.1 src

`src`라는 이름은 source의 줄임말이다. src 폴더에 모든 자바 소스 코드와 클래스패스에 위치해야만 하는 property 및 xml 파일을 저장한다. 이 파일들은 분산 애플리케이션에서 사용될 것이다. 이 폴더는 단위 테스트와 같은 테스트 코드를 포함해서는 안 된다.

모든 소스는 org.apache.ibatis.jgamestore라는 기본 패키지에 포함될 것이다. 기본 패키지 아래의 각각의 패키지는 애플리케이션 컴포넌트를 분류한다.

하위 패키지는 다음처럼 될 것이다.

- domain – 이 패키지에는 애플리케이션에서 투명한 객체인 DTO/POJO 클래스들이 들어간다. 이 객체들은 애플리케이션의 각 계층 사이에서 전달/사용된다.
- persistence – 데이터 접근 인터페이스와 구현체가 SQL Map xml 파일들과 함께 위치하는 곳이다. 데이터 접근 구현체는 iBATIS SQL Maps API를 사용할 것이다.
- presentation – 이 패키지에는 프레젠테이션 빈즈들이 들어간다. 이 클래스들은 웹 애플리케이션의 서로 다른 화면들에 관련된 프로퍼티와 행위를 포함한다.
- service – 이 패키지에는 비즈니스 로직이 들어간다. 이 포괄적인(coarse-grained) 클래스는 퍼시스턴스 계층의 세부적인(fine-grained) 호출들을 함께 묶는 역할을 한다.

14.4.2 test

test 디렉터리에는 모든 단위 테스트 코드를 저장한다. 패키지 구조는 src 디렉터리의 패키지 구조와 동일할 것이다. 각각의 패키지는 단위 테스트들을 저장한다. 단위 테스트는 src 디렉터리의 동일한 패키지에 있는 클래스들을 테스트한다. 이런 식으로 하는 데는 여러 가지 이유가 있는데 대부분의 이유는 코드를 안전하고 테스트 가능하게 관리하기 위해서이다.

14.4.3 web

web 폴더는 JSP, 이미지, 스트럿츠 설정 그리고 그 외의 유사한 파일 등 웹에 관련된 산출물을 모두 포함할 것이다.

web 폴더의 구조는 다음과 같다.

- JSP 디렉터리들 – account, cart, catalog, common, order 디렉터리에는 애플리케이션에서 디렉터리 이름과 관련된 부분을 위한 JSP 파일들을 저장한다. 각각의 디렉터리 명은 해당 디렉터리 안의 JSP가 무엇을 위한 것인지 단어 자체가 설명하기 때문에 별도의 설명이 필요 없다.
- css – 이 디렉터리에는 스타일 시트(CSS)를 저장한다. 스타일 시트에 친숙하지 않다면 웹 검색을 통해 많은 자료를 찾을 수 있다.
- images – 이 디렉터리에는 사이트에 관련된 모든 이미지를 저장한다.
- WEB-INF – WEB-INF 디렉터리에는 서블릿과 스트럿츠 관련 설정 파일을 저장한다.

14.4.4 build

build 디렉터리에는 빌드를 쉽게 실행할 수 있도록 하는 셸 스크립트와 윈도우 배치 파일 그리고 Ant 스크립트를 저장한다.

14.4.5 devlib

devlib는 컴파일에 필요한 jar파일을 포함하지만 WAR에 포함되어 배포되지는 않는다.

개발을 위해 필요한 라이브러리(devlib)에는 다음이 있다:

- ant.jar
- ant-junit.jar
- ant-launcher.jar
- cgilib-nodep-2.1.3.jar
- emma_ant.jar
- emma.jar
- jmock-1.0.1.jar
- jmock-cglib-1.0.1.jar
- junit.jar
- servlet.jar

14.4.6 lib

lib 디렉터리는 컴파일에 필요한 모든 jar 파일을 포함하고, WAR에도 포함되어 배포된다.

실행과 배포를 위해 필요한 라이브러리(lib)는 다음과 같다:

- antlr.jar
- beanaction.jar
- commons-beanutils.jar
- commons-digester.jar
- commons-fileupload.jar
- commons-logging.jar

- commons-validator.jar
- hsqldb.jar
- ibatis-common-2.jar
- ibatis-dao-2.jar
- ibatis-sqlmap-2.jar
- jakarta-oro.jar
- struts.jar

이 기본적인 소스 트리 구조를 가지고, 실제로 작동하는 애플리케이션 코딩을 시작해보자. 애플리케이션의 카탈로그 부분이 고객이 처음으로 보게 되는 곳이기 때문에, 그것에 집중해서 개발해보자.

14.5 web.xml 설정하기

web.xml을 설정하는 것은 지극히 간단하다. JSP 페이지에 직접 접근하는 것을 막는 간단한 보안 설정과 스트럿츠 ActionServlet 구성을 할 것이다.

리스트 14.1   web.xml에서의 ActionServlet 설정

```
<servlet>
    <servlet-name>action</servlet-name>
    <servlet-class>
        org.apache.struts.action.ActionServlet</servlet-class>
    <init-param>
        <param-name>config</param-name>
        <param-value>/WEB-INF/struts-config.xml</param-value>
    </init-param>
    <init-param>
        <param-name>debug</param-name>
        <param-value>2</param-value>
    </init-param>
    <init-param>
        <param-name>detail</param-name>
        <param-value>2</param-value>
    </init-param>
    <load-on-startup>2</load-on-startup>
</servlet>
```

```xml
<servlet-mapping>
    <servlet-name>action</servlet-name>
    <url-pattern>*.shtml</url-pattern>
</servlet-mapping>
```

<servlet> 요소를 사용하여 요청을 처리하는 ActionServlet을 설정한다. ActionServlet을 위한 설정은 기본적인 스트럿츠 설정에서와 다를 바 없으며 특별한 것은 없다. <servlet-class> 요소에 명시된 ActionServlet은 표준 ActionServlet이다. 우리는 표준 struts-config.xml 파일의 위치, debug 레벨로 2, detail 레벨을 2, 그리고 load-on-startup 값을 2로 지정하였다.

<servlet-mapping> 요소를 주의하라. 똑똑해 보이고 싶어서 ActionServlet에 요청을 매핑하는 확장자를 표준인 .do 말고 다른 것을 사용하기로 결정했다. 그래서 표준 .do 대신에 .shtml을 사용한다[3]. 이렇게 하는 단 한가지 이유는 장난삼아 오래된 기술을 사용하는 것처럼 보이도록 하기 위해서이다. 누가 알겠는가? 이 때문에 사이트를 해킹(어림도 없다네!)하려던 사람들이 지쳐 포기하게 될지.

스트럿츠를 사용할 때는 JSP 페이지에 대한 직접적인 접근을 막는 것이 중요하다. JGameStore가 사용하는 모든 JSP 페이지는 pages 디렉터리 아래에 위치한다. 모든 JSP 페이지가 디렉터리 아래에 있기 때문에 그 디렉터리에 대한 직접 접근을 간단히 막을 수 있다 (리스트 14.2). 아래 설정은 JSP 페이지에 대한 모든 접근이 스트럿츠 ActionServlet을 통해서 이루어짐을 보장한다.

리 스 트 14.2   web.xml에서의 보안 설정

```xml
<security-constraint>
    <web-resource-collection>
        <web-resource-name>
            Restrict access to JSP pages
        </web-resource-name>
        <url-pattern>/pages/*</url-pattern>
    </web-resource-collection>
    <auth-constraint>
        <description>
            With no roles defined, no access granted
        </description>
```

---

[3].역자주 | shtml은 요즘에는 거의 사용되지 않는 기술이다. 자세한 사항은 http://terms.co.kr/SHTML.htm와 http://terms.co.kr/SSI.htm를 참조하라.

```
        </auth-constraint>
</security-constraint>
```

web.xml을 다 설정하면 이제 우리는 스트럿츠의 프레젠테이션 계층에서 사용할 클래스와 설정을 만드는 데 집중할 수 있게 된다. 스트럿츠의 BeanAction 방식의 장점에 대해 좀 더 자세히 얘기해보자.

14.6 프레젠테이션 설정하기

카탈로그는 애플리케이션에서 장바구니 사용자들이 가장 먼저 사용하는 부분이기 때문에 카탈로그의 프레젠테이션 부분 설정을 집중해서 알아보자.

14.6.1 첫 번째 단계

방문자들이 JGameStore에 방문하면 초기 페이지를 만나게 된다. 스트럿츠를 사용할 때는 항상 스트럿츠 컨트롤러(ActionServlet)을 통과하도록 요청을 포워딩해야 한다는 것은 우리 웹 애플리케이션의 중요한 규칙이다. 스트럿츠 프레임워크를 통과해서 방문자들을 초기 페이지로 보내려면, 간단하게 포워딩을 수행하는 index.jsp 페이지를 만들고 struts-config.xml에서 포워딩 할 URL을 정의하고, tiles-defs.xml 파일에서 타일을 정의하며 그러고 나서 우리의 방문자들이 보게 될 초기 JSP 페이지를 생성한다.

JSP의 포워딩이 작동하려면 방문자들이 보게 될 초기 페이지(그림 14.2)를 구축해야 한다.

이 페이지는 소스 트리에서 web/catalog/ 디렉터리에 위치하게 되고 이름은 Main.jsp로 저장한다. 방문자들이 카탈로그를 제일 처음 보게 되기 때문에, 우리는 메인 페이지를 카탈로그 디렉터리에 둘 것이다.

추가로 tiles-defs.xml 파일(리스트 14.3)에서 이 페이지를 위한 정의를 살펴볼 필요가 있다. Tiles를 사용하면 공통 템플릿을 생성하고 재사용하는 것이 쉬워져서 JSP의 include를 중복해서 사용하지 않아도 된다. Tiles에 대해 더 배우고 싶다면 Struts in Action을 참조하라.

14 장

모두 종합해서 보기

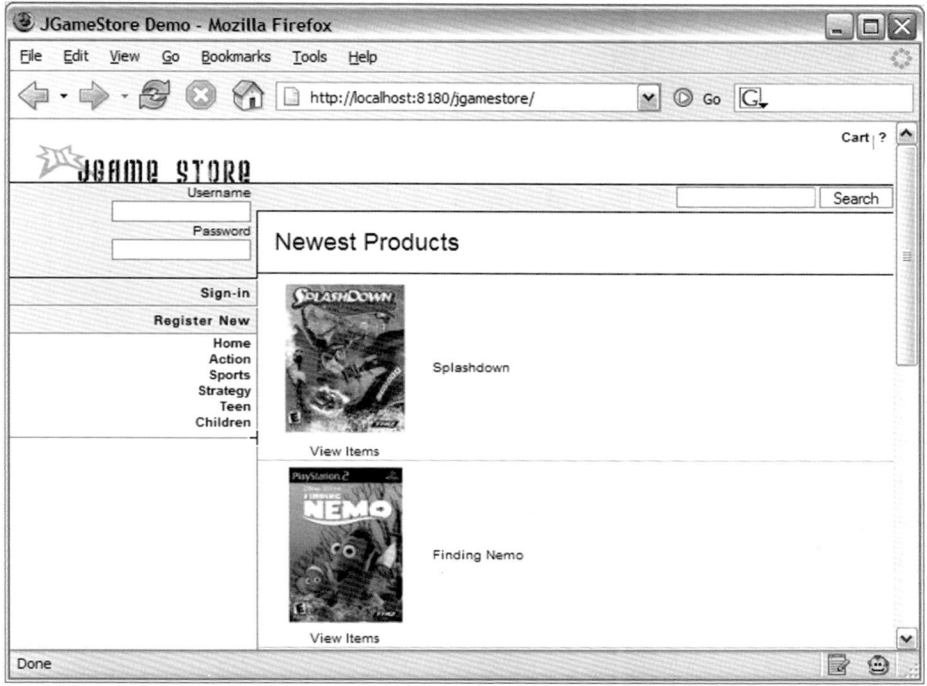

그림 14.2 | 방문자들이 처음으로 보게 될 /catalog/Main.jsp 페이지

리 스 트 14.3   Tiles 정의 설정

```
<tiles-definitions>
    ...
    <definition name="layout.main" path="/pages/main.jsp" >
        <put name="header"
            value="/pages/common/header.jsp" />
        <put name="footer"
            value="/pages/common/footer.jsp" />
        <put name="left"
            value="/pages/common/left-blank.jsp" />
    </definition>

    <definition name="layout.catalog"
        extends="layout.main" >
        <put name="header"
            value="/pages/common/header.jsp" />
        <put name="footer"
            value="/pages/common/footer.jsp" />
        <put name="left"
```

343

```
                value="/pages/common/left.jsp" />
        </definition>

        <definition name="index.tiles"
            extends="layout.catalog" >
            <put name="body"
                value="/pages/catalog/Main.jsp" />
        </definition>
        ...
<tiles-definitions>
```

`tiles-defs.xml` 파일에서는 `index.tiles`를 정의하기 전에 `layout.main`과 `layout.catalog`를 정의해야 한다. `index.tiles` 정의는 `layout.catalog` 정의를 상속다. 또한 `layout.catalog`도 `layout.main` 정의를 상속한다. `layout.main`은 소스 트리에서 `web/pages/main.jsp`에 위치해 있는 기본 템플릿을 정의한다.

일단 메인 페이지를 구축하고 나면, 그 페이지로의 포워딩을 정의해서 우리의 `index.jsp` 파일의 포워드가 작동할 수 있게 만들어야 한다. 매핑 설정에서 parameter 속성의 값을 index 로 정의했음을 주의해서 보라(리스트 14.4). 결과적으로 `/catalog/Main.jsp`로 포워딩 되기 전에 `catalogBean`의 `index()` 메서드를 먼저 호출할 것이다.

리 스 트 14.4   스트럿츠의 액션 매핑 설정

```
<action-mappings>
    <action path="/index"
        type="org.apache.struts.beanaction.BeanAction"
        name="catalogBean" parameter="index"
        validate="false">
        <forward name="success" path="index.tiles"/>
    </action>
</action-mappings>
```

JGameStore 애플리케이션에서 `CatalogBean`의 `index()` 메서드는 `CatalogService`를 호출하여 각 카테고리의 신규 제품의 List를 생성한다. 조금 뒤에 이에 관하여 좀 더 나은 예제를 살펴볼 것이기 때문에, 설명은 이것으로 마친다. 지금 이 시점에서는 `index()` 메서드가 "success" 문자열을 반환하고 장바구니의 첫 번째 페이지로 포워딩되는 것을 확인하기만 하면 된다.(리스트 14.5)

리 스 트 14.5   catalogBean 의 index() 메서드

```
public String index() {
    ...
    return SUCCESS;
}
```

다음으로, index.jsp를 사용하여 스트럿츠 컨트롤러를 통해 메인 페이지에 성공적으로 포워딩을 할 수 있다. index.jsp 페이지에서는 포워딩간 해 주면 된다. 포워딩 URL에 .shtml 확장자를 꼭 써야 됨을 명심하라. 그래야 서블릿 컨테이너가 요청을 스트럿츠 컨트롤러를 통해서 처리한다(리스트 14.6을 보라).

리 스 트 14.6   JSP Forward

```
<jsp:forward page="/index.shtml"/>
```

다음으로, 프레젠테이션 빈즈를 구성하고 호출할 행위 메서드를 생성할 것이다.

14.6.2 프레젠테이션 빈즈 이용하기

방문자가 장바구니에 방문해서 확인하고 싶은 카테고리를 선택한다. 우리는 그 카테고리를 확인하고 그 다음 페이지에서 제품의 목록을 출력해준다. 이렇게 하려면 다음과 같이 만들어야 한다.

- `tiles-defs.xml` 파일의 tiles 정의
- Category 도메인 객체(리스트 14.7을 보라)
- Product 도메인 객체(리스트 14.8을 보라)
- 프로퍼티와 행위 메서드를 가지고 있고 사용자의 입력을 받아들이는 프레젠테이션 빈즈(리스트 14.9를 보라)
- 카테고리 제품을 나열하는 JSP 페이지(리스트 14.10을 보라)

그리고 나서 스트럿츠 설정에 액션 매핑을 추가한다.

카테고리 사용에 관한 코드에 대해 이야기하고 있으니, `org.apache.ibatis.jgamestore.doamin` 패키지에 Category라는 이름으로 이 객체의 클래스를 생성하자. Category 도메인 객체(리스트 14.7)는 간단한 객체로 오직 `categoryId`와 `name`, description 그리고 image로만 구성돼 있다. 우리의 카테고리가 한 단계 이상의 깊이를 가지는 경우는 결코 없기 때문에, 부모 카테고리에 관한 사항은 고려하지 않을 것이다.

리 스 트 14.7   Category 도메인 객체

```
...
public class Category implements Serializable {
    private String categoryId;
    private String name;
    private String description;
    private String image;
    // 간단한 setter와 getter들
...
```

우리가 작성할 코드는 Product(제품) 도메인 객체(리스트 14.8)의 사용과도 관련돼 있다. 제품 객체는 JSP 페이지에서 출력할 때 List에 저장하여 읽어 들일 것이다. 이는 현 시점에서는 어떤 자바 코드도 제품에 직접적으로 접근하지는 않을 것이라는 뜻이다. 어쨌든 철저하게 코딩하는 것이 현명할 것이다. 이 코드를 org.apache.ibatis.jgamestore. domain 패키지에 Product.java 파일로 추가하자. Product 객체는 productId, categoryId, name, description, image로 구성된다. Product는 Product 도메인 객체가 관련된 categoryId를 포함하고 있다는 점만 빼고는 Category 도메인 객체와 별로 크게 다르지 않다.

리 스 트 14.8   Product 도메인 객체

```
...
public class Product implements Serializable {

    private String productId;
    private String categoryId;
    private String name;
    private String description;
    private String image;

    // 간단한 setter와 getter들
...
```

이제 도메인 클래스를 모두 구성하였으니, 프레젠테이션 빈즈에 대해 알아보자. CatalogBean 프레젠테이션 클래스(리스트 14.9)를 살펴보면 실세계에서 BeanAction이 어좋게 작동하는지 처음으로 슬쩍 확인할 수 있다. CatalogBean을 만들면서 viewCategory 행위 메서드도 함께 만들어야 한다. 이 행위 메서드는 public String 〈행위이름〉()와 같은 BeanAction 형태의 행위 메서드 시그너처를 사용한다. viewCategory 행위 메서드는 상당히 단순하다. 이것의 역할은 선택한 카테고리에 관련된 제품의 목록을 가져와서 완전한 Category 객체를 생성하고 그 다음에 뷰 페이지로 포워딩한다. viewCategory 메서드 안에서는 CatalogService 클래스를 호출하여 productList와 categoryList 객체를 생성한다. 서비스 클래스는 나중에 살펴볼 것이다. 지금 현재는 서비스 클래스가 객체들을 올바로 반환한다고 가정하는 것만으로도 족하다.

리 스 트 14.9   프로퍼티와 viewCategory 행위 메서드를 포함하는 CatalogBean 프레젠테이션 클래스

```
...
private String categoryId;
private Category category;
...
private PaginatedList productList;
...
public String viewCategory() {
    if (categoryId != null) {
        productList =
            catalogService.getProductListByCategory(categoryId);
        category = catalogService.getCategory(categoryId);
    }
    return SUCCESS;
}
...
// category setter/getter
...
// productList setter/getter
...
```

CatalogBean을 컴파일하기 위해 org.apache.ibatis.jgamestore.service 패키지에 CatalogService 인터페이스를 만들 것이다. 인터페이스에 public List getProductListByCategory(Integer categoryId)와 public Category getCategory(Integer categoryId)라는 두 개의 메서드를 추가할 것이다. 이후에는 구현에 대해서는 걱정할 필요 없이 코딩을 계속적으로 진행할 수 있다.

    viewCategory 메서드가 완료되면, SUCCESS라고 부르는 public static String을 반환 값으로 사용한다. SUCCESS 변수의 실제 값은 "success"이다. 반환된 String은

BeanAction에게 다음으로 호출할 액션 포워드의 이름을 제공해준다. 그 결과로 JSP 페이지가 출력된다(리스트 14.10을 보라).

리 스 트 14.10   Product 목록 — /catalog/Category.jsp

```
...
<c:set var="category"
    value="${catalogBean.category}"/>         ❶ page 스코프에 Category 객체와
<c:set var="productList"                         productList를 저장한다.
    value="${catalogBean.productList}"/>
<table width="100%">
<tr>
    <td colspan="2" class="PageHeader" align="left">
        <c:out value="${category.name}"/>
    </td>
</tr>
<tr>
    <td colspan="2" align="left">
        <html:link page="/index.shtml" styleClass="BackLink">
            Return to Main Page
        </html:link>
    </td>
</tr>
                                              ❷ productList를
<c:forEach var="product" items="${productList}">   순회한다.
    <tr>
        <td width="128" align="center"
            style="border-bottom: 1px solid #ccc">
            <html:link paramId="productId"
                    paramName="product"
                    paramProperty="productId"   ❸ 링크를 생성하고
                    page="/viewProduct.shtml">     텍스트를 출력한다
                <c:out value="${product.image}"
                    escapeXml="false"/>
            </html:link>
            <html:link paramId="productId"
                    paramName="product"
                    paramProperty="productId"
                    page="/viewProduct.shtml">
                View Items
            </html:link>
        </td>
        <td align="left"
            style="border-bottom: 1px solid #ccc">
            <html:link styleClass="ZLink"   #3
```

```
                         paramId="productId"
                         paramName="product"
                         paramProperty="productId"
                         page="/viewProduct.shtml">
            <c:out value="${product.name}"/>
        </html:link>
      </td>
    </tr>
</c:forEach>
...
```

<c:set> 태그❶를 처음 부분에서 사용하여 Category객체와 productList를 page 스코프에 저장한다. 일단 이 객체들을 page 스코프에 저장하면, 그 이후의 태그에서 그 객체들을 사용할 수 있다. JSTL core 태그❷와 스트럿츠 <html> 태그❸는 product와 category의 List를 사용하여 객체들을 출력한다. <c:out> 태그를 사용하여 Category 객체의 name 프로퍼티를 표시한다. <c:forEach> 태그를 사용하여 product의 List를 순회하여 List에 있는 각각의 product를 이 태그의 내용으로 노출시킨다. 그러면 <html:link> 가 노출된 product를 사용하여 제품을 보여주는 페이지에 대한 링크를 생성해낸다. <html:link> 태그의 내부에서는 <c:out> 태그를 사용하여 제품의 이름을 보여준다.

스트럿츠의 태그들은 공통적인 명명 방법을 사용하여 객체를 처리한다. name 속성은 특정 스코프에 노출된 객체를 가리키는 키의 역할을 한다. 예를 들어 page 스코프에 category라는 이름으로 객체를 저장했다고 하자. name 속성은 바로 이 category를 참조하게 된다. name 속성에 대응하는 속성으로 property 속성이 있다. 스트럿츠 태그는 이 속성을 통해서 name이 가리키는 객체의 특정 프로퍼티에 접근한다.

이와는 달리, JSTL 태그에는 스트럿츠 태그의 name과 property 속성보다 훨씬 더 강력한 EL(Expression Language, 표현식)이라는 것이 있다. EL을 사용하여 스코프 안의 객체를 특정 JSTL 속성의 값으로 지정할 수 있다. EL에 대해서는 더 이상 자세히 다루지 않을 것이다. 하지만 좀 더 공부해 보고 싶다면 숀 바이에른(Shawn Bayern)의 JSTL in Action(Manning, 2002)를 보라고 추천하겠다.

필요한 모든 컴포넌트들을 코딩하였다면, struts-config.xml(리스트 14.11을 보라)에 액션 매핑을 추가하여 애플리케이션이 그 컴포넌트들을 사용할 수 있게 될 것이다. 우리는 먼저 CatalogBean을 catalogBean이라 이름 짓고 CatalogBean의 완전한 클래스 이름을 타입으로 제공하여 폼 빈으로 지정할 것이다. 이제 액션 매핑이 사용할 수 있는 폼 빈을 갖추게 되었다.

리 스 트 14.11   /viewCategory 를 위한 액션 매핑

```
<form-bean
    name="catalogBean"
    type=
    "org.apache.ibatis.jgamestore.presentation.CatalogBean"/>
...
<action
    path="/viewCategory"
    type="org.apache.struts.beanaction.BeanAction"
    name="catalogBean" scope="session" validate="false">
    <forward name="success" path="/catalog/Category.jsp"/>
</action>
```

마무리로, 리스트 14.11에서 볼 수 있는 것처럼 액션 매핑을 설정해보자. 액션 매핑은 `path`를 명시해야만 하고, 위의 경우에는 `/viewCategory` 이다. `type` 속성에는 요청을 처리하기 위해 사용될 Action 클래스의 패키지 경로를 포함한 클래스명을 지정해준다. 이 예제에서는 `type`이 `BeanAction`이다. `BeanAction`은 액션 매핑이 사용하는 폼 빈에 있는 행위 메서드에 요청을 전달한다. 이는 액션 매핑의 `name` 속성에 지정된 폼 빈 이름에 기초하여 판단된다. 우리의 경우 앞서 설정한 `catalogBean`을 사용할 것이다. 그 다음에는 `scope` 속성을 사용하여 폼 빈을 세션 스코프에 저장하라고 지정하였다. 이 경우 유효성을 검사할 입력 값이 없기 때문에 `validate` 속성은 `false`로 지정한다.

마지막으로 `<forward>` 태그를 사용하여 포워드될 페이지를 결정한다. `name` 속성은 프레젠테이션 빈즈의 행위 메서드에 의해 반환되는 값으로 매핑된다. 우리의 경우에는 항상 `success`라는 반환 값을 가져오고 따라서 `/catalog/Category.jsp`로 포워딩한다.

이제부터는 서비스 계층을 만들어 보자.

14.7 서비스 작성하기

서비스 계층은 서비스 인터페이스와 그 구현체, 단 두 개의 부분으로 구성할 것이다. 서비스 클래스는 좀 더 잘게 나눈 데이터 접근 호출들을 포괄적으로 모아서 처리하는 클래스로 만들 것이다. 듣기에는 간단할 것 같지만, 실제로는 서비스 클래스의 구현은 몇 가지 어려운 문제로 우리를 괴롭힐 것이다. 서비스 클래스에 어떠한 데이터베이스 종속적인 정보도 들어가서는 안 되기 때문에, 적절히 추상화할 수 있는 추가적인 대책을 마련해야 한다.

서비스 계층은 데이터 접근 계층을 호출하고 트랜잭션 구분을 처리해야 하기 때문에, 간단히 데이터베이스 커넥션을 가져와서 그 커넥션을 가지고 트랜잭션 구분을 관리하는 것은 쉽게 할 수 있다. 하지만 이렇게 하면 JDBC에 종속적인 내용들을 서비스 계층에 노출시키게 된다. 이는 서비스 계층이 우리가 사용할 데이터 저장 구현체를 인지하게 됨을 의미한다. 서비스 계층에 우리가 사용하는 데이터 저장 형태가 노출되는 순간 서비스 계층의 근본적인 목적을 손상시키게 된다.

10장에서 배웠듯이, iBATIS는 이러한 상황에서 사용할 수 있는 iBATIS DAO라는 작은 프레임워크를 제공한다. iBATIS DAO는 몇 가지 중요한 역할을 수행해 줄 것이다. 첫째로 데이터 접근 객체의 팩토리 역할을 할 것이다. 둘째로 iBATIS DAO를 사용하여 트랜잭션을 구분할 것이고, 따라서 서비스 계층이 내부적인 데이터 접근 기법에 의존하는 것을 줄여준다. 이번 절에서는 앞에서 본 예제를 계속 살펴보고 iBATIS DAO를 사용하여 서비스 계층을 어떻게 구축하는지 공부해 볼 것이다.

14.7.1 dao.xml 설정하기

프레젠테이션 계층에서와는 다르게, 먼저 iBATIS DAO 프레임워크를 설정하는 것으로 서비스 계층을 살펴보기로 한다. 이렇게 하면 서비스 계층에 관련된 컴포넌트들을 이해하기가 더 쉬워진다. iBATIS DAO 프레임워크를 사용하면 설정을 통해 필수적인 추상화를 관리할 수 있기 때문에 이것부터 살펴보는 것이 적절하다.

iBATIS DAO에서 처음으로 설정한 컴포넌트는 트랜잭션 관리자이다(리스트 14.12를 보라). 트랜잭션 관리자를 사용하여 데이터 접근 계층을 호출하면서 트랜잭션 구분 짓기를 처리한다. 우리의 예제에서는 SQLMAP 타입의 트랜잭션 관리자를 사용할 것이다. SQLMAP은 iBATIS SQL Maps 프레임워크와 통합시켜주는 타입이다. iBATIS DAO와 iBATIS SQL Maps를 구분하는 것이 어렵긴 하지만, 이 둘은 확실히 서로 다른 프레임워크이다. SQLMAP 트랜잭션 관리자는 뛰어나며 사용하기도 쉽다. 만약 iBATIS DAO 프레임워크를 다른 퍼시스턴스 계층과 함께 사용하지 않는다면, 대부분의 경우에 SQLMAP이 가장 적합한 트랜잭션 관리자일 것이다. SQLMAP 트랜잭션 관리자를 사용할 때는 `SqlMapConfigResource` 프로퍼티 단 하나만 지정해주면 된다. 이 프로퍼티는

<transactionManager> 태그 안에서 <property> 태그를 사용하여 지정해주면 된다. SqlMapConfigResource 프로퍼티에는 간단히 모든 필수적인 데이터베이스 접속 정보를 포함하고 있는 SQL Maps 설정 파일을 값으로 지정해주면 된다. 트랜잭션을 시작하고 커밋하고 종료하는 호출이 일어날 때마다, 필요한 요청을 SQL Maps 설정 파일에서 지정한 숨겨진 커넥션 객체에 투명하게 전달할 것이다.

리 스 트 14.12 | dao.xml 파일의 transactionManager 설정

```xml
<transactionManager type="SQLMAP">
  <property name="SqlMapConfigResource"
    value=
"org/apache/ibatis/jgamestore/persistence/sqlmapdao/sql/sql-map-
    config.xml"/>
  </transactionManager>
```

dao.xml 설정의 다음 단계는 인터페이스를 구현체에 매핑하는 것이다(리스트 14.13을 보라). 이는 상당히 쉽게 할 수 있다. <dao> 요소의 interface 속성에 완전한 패키지 명을 포함하는 인터페이스 이름만 지정해주면 된다. implementation 속성에는 해당 인터페이스의 완전한 패키지 명을 포함한 구현체 이름을 지정해주면 된다. 만약 지정된 인터페이스를 사용하지 않는 구현체를 설정하였다면, iBATIS DAO가 실행시간에 이에 관해 확실히 알려 줄 것이다.

리 스 트 14.13 | dao.xml 파일의 DAO 설정

```xml
<dao
interface=
  "org.apache.ibatis.jgamestore.persistence.iface.ProductDao"
implementation=
  "org.apache.ibatis.jgamestore.persistence.sqlmapdao.ProductSqlMapDao"/>
```

14.7.2 트랜잭션 구분하기

iBATIS DAO 프레임워크에서 SQLMAP 타입을 사용하면 암묵적인 트랜잭션 관리자와 명시적인 트랜잭션 관리자를 사용하게 된다. 기본적으로 트랜잭션을 명시적으로 지정하지 않으면 자동으로 트랜잭션이 시작될 것이다. 이를 피하는 방법이 여러 가지가 있는데 4장과 10장에서 이에 관해 읽어 볼 수 있다.

SQLMAP 타입에서 암묵적인 트랜잭션 관리는 간단하다. 우리가 해야 할 것이라고는 데이터 접근 객체의 메서드를 호출하는 것뿐이다(리스트 14.14를 보라). 트랜잭션 관리자는 자동으로 수행된다. select 구문의 경우에는 트랜잭션이 꼭 필요한 것은 아니지만, 트랜잭션을 사용한다고 해서 나쁠 것도 없다.

리 스 트 14.14   암묵적인 트랜잭션 관리 예제

```
public PaginatedList getProductListByCategory(String categoryId) {
    return productDao.getProductListByCategory(categoryId);
}
```

명시적인 트랜잭션 관리(리스트 14.15를 보라)는 좀 더 복잡하다. 이는 데이터 접근 객체에 하나 이상의 호출을 수행할 때만 필요하다. try 블록 안에서 daoManager.startTransaction();을 처음으로 호출하고, 그 이후에 하나 혹은 그 이상의 데이터 접근 객체 호출을 수행한다. 데이터 접근 객체 호출이 모두 끝나면, daoManager.commitTransaction()을 호출하여 커밋한다. 만약 어떠한 이유에서라도 호출이 실패하면 finally 블록에 있는 daoManager.endTransaction()이 호출될 것이다. 이는 트랜잭션을 롤백하고 데이터 저장에 손상이 없도록 보호해준다. 예제에서 수행할 간단한 select 구문 처리는 이러한 수준의 트랜잭션 관리까지는 필요가 없다. 어쨌든, 그래도 원한다면 이러한 방법을 사용할 수도 있다.

리 스 트 14.15   명시적인 트랜잭션 관리의 예제

```
public PaginatedList getProductListByCategory(
        String categoryId
) {
    PaginatedList retVal = null;
    try {
        // 다른 트랜잭션에서 id 값을 미리 가져왔다.
        daoManager.startTransaction();
        retVal = productDao
            .getProductListByCategory(categoryId);
        daoManager.commitTransaction();
    } finally {
        daoManager.endTransaction();
    }
    return retVal;
}
```

자, 이제 간단한 카테고리 보기 예제에서 서비스 계층을 모두 살펴보았다. DAO 계층의 나머지 조각들을 모두 조합하여 완성해보자.

14.8 DAO 작성하기

데이터 접근 계층은 데이터베이스를 호출하는 자바 코드가 있는 곳이다. SQL을 더 쉽게 처리하기 위해 iBATIS SQL Maps 프레임워크를 사용한다. iBATIS SQL Maps를 사용하는 데이터 접근 계층은 SQL Maps 설정 파일, SQL Map 파일들의 묶음, 그리고 데이터 접근 객체의 세 가지 기본적인 부분으로 나눌 수 있다.

카테고리 보기 예제에 이들을 어떻게 적용해서 제품 목록을 가져오는지 살펴보자.

14.8.1 SQL Maps 설정

`sql-map-config.xml` 파일을 사용하여 데이터베이스 프로퍼티들을 지정하고 트랜잭션 관리자를 구성하고 SQL Map 파일들(리스트 14.16을 보라)을 함께 묶을 것이다. `<properties>` 태그는 `database.properties` 파일을 가리킬 것이다. 이 파일에는 키/값 쌍이 저장돼 있는데, ${...}로 작성된 항목들을 이 파일에 있는 값으로 대체할 것이다. `database.properties` 파일에는 사용할 데이터베이스에 적합한 드라이버와 URL, 사용자명 그리고 비밀번호 등이 확실하게 들어가 있어야 한다.

리스트 14.16 SQL Maps 트랜잭션 관리자 설정

```xml
<sqlMapConfig>
<properties resource="properties/database.properties"/>
<transactionManager type="JDBC">
  <dataSource type="SIMPLE">
    <property value="${driver}" name="JDBC.Driver"/>
    <property value="${url}" name="JDBC.ConnectionURL"/>
    <property value="${username}" name="JDBC.Username"/>
    <property value="${password}" name="JDBC.Password"/>
  </dataSource>
</transactionManager>

<sqlMap resource=
 "org/apache/ibatis/jgamestore/persistence/sqlmapdao/sql/Product.xml"/>
</sqlMapConfig>
```

다음으로 트랜잭션 관리자를 설정하자. 우리의 목적에 따라, 가장 쉬운 트랜잭션 관리자인 JDBC 타입을 사용할 것이다. JDBC 타입을 사용한다는 것은 SQL Maps가 표준 Connection 객체의 commit과 rollback 메서드를 사용한다는 의미이다. 트랜잭션 구분은 서비스 계층에서 처리할 것이기 때문에 이 설정 파일이 더 중요해진다. 어쨌든 iBATIS DAO에서 트랜잭션 관리자를 제대로 작동시키려면 이 트랜잭션 관리자를 설정해야 한다.

transactionManager 안의 데이터 소스는 트랜잭션 관리자가 커넥션을 가져올 때 사용할 JDBC 데이터 소스를 정의한다. iBATIS가 데이터 소스 커넥션 풀을 처리하도록 할 것이기 때문에, SIMPLE 타입으로 지정하였다. 그 다음에 <property> 태그를 사용하여 드라이버와 접속 URL, 사용자명 그리고 비밀번호를 지정하였다. 각각의 <property> 태그는 ${...} 표기법을 사용하여 database.properties 파일에서 값을 가져다 쓴다.

마지막으로 설정할 요소는 <sqlMap> 요소이다. 이 요소로 SQL Map 파일들의 위치를 지정한다. iBATIS가 처음으로 호출될 때마다, 설정한 SQL Map 파일들과 그 내용을 메모리에 적재하여 필요할 때 SQL 구문을 실행할 수 있도록 한다.

14.8.2 SQL Map

카테고리 제품 목록을 가져오는 SQL 호출 구문을 저장하는 SQL Map 파일을 만들어야 한다. 이름은 Product.xml이라고 짓고, Product 객체를 위한 typeAlias, 결과를 캐싱할 캐시 모델 그리고 실행할 select SQL을 저장하는 select 매핑 구문을 정의해야 한다.

리스트 14.17 SQL Map Product.xml SQL 파일

```xml
<sqlMap namespace="Product">
    <typeAlias
        alias="product"
        type="org.apache.ibatis.jgamestore.domain.Product"/>
    <cacheModel id="productCache" type="LRU">
        <flushInterval hours="24"/>
        <property name="size" value="100"/>
    </cacheModel>
    ...
    <select
        id="getProductListByCategory" resultClass="product"
        parameterClass="string" cacheModel="productCache">
        SELECT
            PRODUCTID,
            NAME,
```

```
                DESCRIPTION,
                IMAGE,
                CATEGORYID
            FROM PRODUCT
            WHERE CATEGORYID = #value#
    </select>
    ...
</sqlMap>
```

typeAlias 요소는 Product 도메인 클래스의 완전한 클래스 이름에 대한 별칭을 지정한다. 여기서 지정한 별칭은 product이다. 이를 사용하면 Product 도메인 객체를 참조할 때마다 완전한 클래스 이름을 기입할 필요가 없어져서 타이핑이 줄어든다.

예제 캐시 모델은 간단하게 만들 것이다. 캐시 타입은 LRU이고 이름은 productCache라고 설정할 것이다. LRU 캐시는 잠재적으로 오랫동안 지속될 수 있기 때문에 <flushInterval> 요소를 사용하여 24시간 이상은 절대로 붙들려 있지 않게 하였다. 이렇게 하면 애플리케이션에서 상대적으로 새로운 데이터를 유지하게 할 수 있다. LRU의 크기는 productCache 캐시 모델이 100개의 서로 다른 결과를 저장할 수 있을 만큼으로 지정하였다. 사이트의 트래픽이 높아지면, 최소한 하루 한 번의 의무적인 캐시 비우기로 성능을 계속 유지할 수 있을 거라고 확신한다.

그 다음으로 select 요소가 나온다. select 요소에 SQL이 하는 일을 나타낼 만한 이름으로 id 속성값을 지정해주었다. id가 길어지는 것을 두려워할 필요는 없다. 길면 select 요소 내의 SQL이 하는 역할을 더욱 명확하게 나타낼 수 있다. 이번 경우에는 id 값으로 getProductListByCategory("카테고리에 따라 제품의 목록을 가져오라"는 의미)를 지정하였다. 이 SQL은 틀림없이 지정된 카테고리를 기반으로 해서 List를 반환할 것이다.

위에서 정의한 typeAlias를 사용하여, select 구문의 resultClass를 product로 지정하였다. 비록 데이터 접근 객체에서 이 select 구문을 실행하여 목록을 얻어오지만, 반환 결과로 List를 지정하지는 않는다는 점에 주의하라. 이렇게 하는 이유는 동일한 select 구문을 사용하여 한 개의 Product 객체를 반환받을 수도 있기 때문이다. 이름을 getProductListByCategory라고 지었기 때문에 이렇게 하는 것이 불합리하게 느껴질 수 도 있다. 하지만 select 구문이 여러 목적을 가지고 단일 객체나 객체의 List를 반환하는 상황도 있을 수 있다.

이 select 구문의 parameterClass는 string 별칭(기본적으로 정의돼 있는 것이다)을 사용한다. 이미 예상했겠지만, 이 별칭은 String 객체를 나타낸다. 또한 사용자 정의 별칭을 사용해서 parameterClass 속성을 지정할 수도 있다.

select 구문에서 사용한 마지막 속성은 cacheModel이다. 이 속성은 앞에서 정의한 productCache 캐시 모델을 참조한다. cacheModel을 명시하여 쿼리 결과로 가져온 모든 카테고리 제품 목록이 캐싱될 것임을 보장할 수 있다. 이를 통해 속도 향상과 불필요한 데이터베이스 접근을 줄여주는 효과를 얻을 수 있다.

다음 단계는 SQL 문장으로 select 요소의 내용을 채우는 것이다. 예제의 select 구문은 select 요소에 설정한 대로 product 테이블에서 레코드의 결과셋을 가져다가 Product 객체의 목록에 매핑한다.

일단 sql-map-config.xml 파일, 별칭과 캐시 모델, select 구문 설정을 모두 마치고 나면 이제는 자바 코드에서 iBATIS API를 사용할 준비가 다 된 것이다. SQL Map을 사용하여 ProductDao 인터페이스의 구현체를 작성할 것이다.

14.8.3 인터페이스와 구현체

애플리케이션에서 계층 간의 작업을 할 때는 인터페이스를 기반으로 코딩하는 것이 좋은 방법이다. 이 예제에서는 서비스 계층과 데이터 접근 계층 사이에서 작업을 하고 있다. 서비스 계층은 항상 DAO 인터페이스와만 소통하고 DAO 구현체에 대해서는 몰라야 한다. 이 경우는 아래에서 보다시피 아무런 차이가 없다.

```
public interface ProductDao {
    PaginatedList getProductListByCategory(
            String categoryId);
    ...
}
```

CatalogService 클래스에서 사용할 ProductDao 인터페이스를 만들었다. CatalogService는 ProductDao 인터페이스와 소통하기 때문에, 실제 구현체가 어떤지에 관해서는 신경 쓰지 않는다. ProductDao에서는 CatalogService가 사용할 수 있는 getProductListByCategory 메서드를 정의해야 한다. 반환타입은 PaginatedList이고 메서드의 시그너처는 String 타입의 categoryId로 구성돼 있다.

```
public class ProductSqlMapDao
    extends BaseSqlMapDao
```

```
        implements ProductDao {
...
    public ProductSqlMapDao(DaoManager daoManager) {
        super(daoManager);
    }
...
    public PaginatedList getProductListByCategory(
            String categoryId
            ) {
        return queryForPaginatedList(
            "Product.getProductListByCategory",
            categoryId, PAGE_SIZE);
    }
...
}
```

org.apache.ibatis.jgamestore.persistence.sqlmapdao 패키지의 `ProductSqlMapDao`가 `ProductDao`의 구현체이다. `ProductSqlMapDao`는 `BaseSqlMapDao`를 상속받고, `BaseSqlMapDao`는 `SqlMapDaoTemplate`을 상속받는다. `SqlMapDaoTemplate`은 iBATIS SQL Map의 기반 클래스이다. 이 클래스는 SQL Map XML 파일에 정의된 SQL을 호출할 때 사용하는 메서드들을 포함하고 있다. `ProductSqlMapDao` 클래스의 `getProductListByCategory` 메서드 구현에서 `queryForPaginatedList` 메서드를 사용한다. `queryForPaginatedList`를 호출할 때는 명명공간과 실행하고자 하는 매핑 구문의 이름(예를 들어 Product.getProductListByCategory), 결과를 가져오고자 하는 카테고리의 `categoryId`, 반환 받아서 화면에 출력할 목록의 페이지 크기를 파라미터로 넘겨준다.

14.9 요약

끝났다! 간단한 애플리케이션의 컴포넌트들을 모두 한데 모았다. 프레젠테이션, 서비스, 데이터 접근 계층들을 모두 훑어 보았다. 각 계층에는 살펴볼 만한 그 계층만의 클래스 묶음과 프레임워크들이 있다. 스트럿츠와 BeanAction, iBATIS DAO 그리고 iBATIS SQL Maps 등을 살펴보았다. 하지만 시험해 볼 것들이 꽤 많이 남아 있다. update와 insert, delete 그리고 동적 SQL을 사용해야 하는 검색에 관해서는 살펴보지 않았다. 이에 대한 많은 부분들을 JGameStore 샘플 애플리케이션에서 볼 수 있다. 여기서 배운 것들을 이해하고 JGameStore 전체를 살펴보면 많은 도움이 될 것이다.

부 록 A

iBATIS.NET 빠른 시작

이 책의 앞 부분에서 우리는 iBATIS의 개념이 이식 가능하다고 말했었다. iBATIS 2.0이 배포되고 나서 얼마 되지 않아 팀 멤버들 중의 새로운 그룹이 iBATIS를 .NET 플랫폼으로 이식하였다. 이 부록에서는 .NET 플랫폼용 iBATIS를 간략하게 살펴볼 것이다.

A.1 iBATIS 와 iBATIS.NET 비교

오픈 소스 프로젝트에서는 보통 다른 플랫폼으로 이전하는 것에 냉담한 편이며, 한다고 해도 시작한 지 얼마 안돼서 조용히 접는 경우도 많다. 하지만 iBATIS.NET은 그렇지 않다.

  iBATIS.NET 팀은 iBATIS.NET의 핵심 기능들을 개선했을 뿐만 아니라, 자바 버전에 뒤처지지 않게 부지런히 개발하였다. iBATIS.NET은 iBATIS 자바 버전과 같은 프로젝트 안에서 개발되고 있으며 우리는 같은 팀이다. 이는 큰 장졈인데, 덕분에 지속적으로 의사 소통하고 각 플랫폼별 개발자들이 매일 매일 서로에게서 무언가를 배울 수 있기 때문이다. 이는 자바와 .NET 플랫폼 모두에게 큰 잇점으로 작용하여 두 팀 사이에서 혁신을 촉진하였다.

자바 개발자가 왜 iBATIS.NET에 관심을 가져야 하는가?

사실, .NET은 확고한 지위를 구축하였다. 우리는 다양한 환경 안에 존재하며, 언제나 그래 왔다. 여러분이 전문적인 소프트웨어 개발자이고 오랜 기간 동안 이 분야에 종사하고 싶다면, 자바를 넘어서서 당신의 한계를 확장할 필요가 있을 것이다. 이 말은 자바가 어디로 가 버린다는 얘기가 아니다. 물론 .NET도 마찬가지이고. 여러분이 독립 컨설턴트라면, .NET은 당신의 시장에서 아마도 50%를 차지하고 있을 것이다. 이러한 시장을 무시하는 것은 비즈니스에 좋지 않다. 만약 여러분이 큰 회사의 정규직 근로자라면, .NET이 하나 혹은 그 이상의 형태로 당신의 환경에 자리하게 될 것이다. .NET은 전사적 애플리케이션 시장에서 그 자신만의 위치있 점하고 있는 훌륭한 플랫폼이다.

iBATIS를 공부하고 있는 자바 개발자들에게는 자바에서와 동일한 퍼시스턴스 계층의 원칙들을 .NET에도 적용할 수 있다는 이점이 있다. 둘 사이에는 차이가 없으며, 다를 이유도 없다. .NET에는 빠르고 대충 소프트웨어를 작성하는 것 때문에 항상 논쟁을 불러 일으키는 DataSet 같은 멋진 기능들이 있다. 하지만 진짜 전사적 애플리케이션을 만들 때는 항상 도메인 모델을 사용하는 것이 좋다. 이 책을 읽으며 공부한 바와 같이, iBATIS를 사용하면 전사적 애플리케이션에서 도메인 모델을 데이터베이스에 매핑할 수 있는 이점을 얻게 된다.

.NET 개발자는 왜 iBATIS.NET에 관심을 가져야 하는가?

많은 .NET 개발자들에게는 보통 오픈 소스가 새롭게 느껴질 것이다. .NET은 상업적인 제품이고 따라서 쓸만한 많은 써드파티 솔루션들도 상용이며, 소스를 공개하지 않는 제품들이다. 어떤이는 오픈 소스 무료 소프트웨어는 .NET 커뮤니티의 문화에 맞지 않는다고 말하기도 한다. 아직 바뀌지 않았다면, 이제는 바뀔 때가 되었다.

자유로운 오픈 소스 솔루션은 .NET 커뮤니티에서도 점차 인기가 높아지는 중이다. 이는 오랜 동안 상용 소프트웨어에서는 부족했던 오픈 소스 빌드 툴과 테스트 툴의 증가로 인한 현상이다. Mono, SharpDevelop, NAnt, NUnit, NHibernate, 그리고 CruiseControl .NET 과 같은 프로젝트는 마이크로소프트사의 개발 도구만 사용했던 전통적인 .NET 개발자들에게 커다란 영향을 주었다. .NET 커뮤니티는 오픈 소스 소프트웨어의 가치를 발견하였다. 마이크로소프트 조차도 www.CodePlex.com을 열면서 오픈 소스에 투자하고 있다. .NET 오픈 소스 매니아를 환영한다!

주요 차이점은 무엇인가?

iBATIS.NET을 만든 뛰어난 개발자들이 iBATIS를 일관성있게 유지할 수 있도록 많은 작업을 수행하였다. 대부분의 경우 자바와 .NET 플랫폼 간의 설계 철학의 차이로 인해 생기는 작은 차이점들이 몇 개 있다. 클래스, 인터페이스 그리고 게서드의 명명규칙 등은 확실히 다른데 이들은 .NET 플랫폼의 규정을 준수한다. 추가적으로, XML의 구조도 다소 다르다. 하지만 이에 관해서는 잠시 후에 얘기해보자.

무엇이 유사한가?

iBATIS.NET은 자바 버전과 동일한 원칙과 가치들을 모두 갖추고 있다. iBATIS.NET도 가능한 많은 애플리케이션에서 사용할 수 있도록 상당한 유연성을 갖추면서도 간결함을 목표로 삼는다. iBATIS.NET은 애플리케이션의 아키텍처에 대한 의존성과 전제조건이 거의 없다. 이는 이 책의 앞부분에서 논의한 iBATIS 자바 버전과 동일한 이점과 고려사항들 대부분이 iBATIS.NET에도 적용됨을 뜻한다.

부록의 나머지 부분에서는 iBATIS.NET 데이터 매퍼 프레임워크의 기본적인 사용법을 공부할 것이다. iBATIS.NET은 또한 IbatisNet.DataAccess라고 부르는 DAO 프레임워크도 갖추고 있다. 하지만 이 책에서는 DAO 프레임워크를 포함하여 iBATIS.NET의 모든 기능들을 자세히 알아보지는 않을 것이다.

A.2 iBATIS.NET으로 작업하기

iBATIS를 사용한 경험이 있다면, iBATIS.NET에 빠르고 쉽게 적응 할 수 있을 것이다. 이 절에서는 iBATIS.NET을 사용하기 위해 이해해야 하는 핵심 사항들을 설명할 것이다. iBATIS.NET이 의존하는 것들(DLL)과 iBATIS.NET의 설정을 살펴보는 것으로 시작하자. 그리고 나서 현재 가지고 있는 iBATIS 지식을 가지고 다양한 SQL매핑 파일의 사용법을 볼 것이다.

DLL 과 의존성

운이 좋게도, 이 책의 나머지를 읽으면서 알고 있어야만 하는 것은 그리 많지 않다. 지금은 .NET으로 작업하기 때문에 당연히 JAR 파일은 필요가 없다. 대신, iBATIS.NET 데이터 매퍼는 DLL 파일로 배포가 되며, 개발자는 자신의 어셈블리에서 이 DLL을 레퍼런스로 포함시키면 된다. 자바 형제와 마찬가지로 .NET 버전도 의존성이 거의 없다. 사실 오직 세 개의 DLL만 있으면 된다. 표 A.1을 보라.

표 A.1 iBATIS.NET 은 다음의 3개의 의존성을 가진다.

파일명	목적
IbatisNet.Common.dll	iBATIS.NET 프레임워크의 공통적인 유틸리티. 일반적으로 이 공통 클래스들은 iBATIS 데이터 매퍼와 데이터 접근 프레임워크 사이에서 공유된다.
IbatisNet.DataMapper.dll	iBATIS.NET 데이터 매퍼의 핵심 클래스. 개발자가 iBATIS.NET과 소통하는데 사용하는 거의 모든 클래스들로 구성되어 있다.
Castle.DynamicProxy.dll	오직 두 개뿐인 써드파티 의존 DLL 중의 하나인 Castle Dynamic Proxy는 클래스와 인터페이스 구현체의 실행시간에 동적 확장을 지원하는 기능을 제공한다. iBATIS는 이 프락시들을 사용하여 적재 지연과 몇몇 경우에는 자동 트랜잭션 관리 기능도 제공한다.

XML 설정파일

iBATIS.NET에도 자바 버전처럼 XML 설정 파일이 있다. 파일의 구조는 약간 다르지만, 개발자들이 의심할 바 없이 이해할수 있을 만큼 충분히 유사하다. XSD 스키마로 설정 파일의 모든 사항들의 유효성을 검사 한다. Visual Studio에 설정 파일 유효성 검사에 사용할 XSD를 설치하였다면, IntelliSense(Miscrosoft Visual Studio에서 지원하는 코드 자동완성 기능)의 지원을 받는 이점도 누릴 수 있을 것이다. 이를 사용하면 XML 파일을 코딩하는 것이 훨씬 더 쉬워진다. XSD 파일 설치에 관한 정보는 Visual Studio 문서에서 볼 수 있다.

리 스 트 A.1   SqlMap.config XML 설정파일

```xml
<?xml version="1.0" encoding="utf-8"?>
<sqlMapConfig
    xmlns="http://ibatis.apache.org/dataMapper"
    xmlns:xsi="http://www.w3.org/2001/XMLSchema-instance">
    <providers resource="providers.config"/>
    <!-- Database connection information -->
    <database>
        <provider name="sqlServer2.0"/>
        <dataSource name="Northwind"
➥connectionString="server=localhost,1403;database=Northwind;
➥user id  =sa;password=sa;connection reset=false;connection
➥lifetime=5;min pool size=1; max pool size=50"/>
    </database>
```

```
    <sqlMaps>
        <sqlMap resource="Employee.xml"/>
    </sqlMaps>

</sqlMapConfig>
```

iBATIS 자바 버전에 익숙하다면, 리스트 A.1의 설정파일이 다소 익숙하게 느껴질 것이다. 이 설정은 provider를 선언하는 것으로 시작된다. provider는 다양한 종류의 데이터베이스 드라이버들의 설정 정보를 포함하고 있다. ADO.NET 데이터베이스 드라이버 모델은 JDBC보다 약간 더 많은 초기 구축 과정을 필요로 한다. 그 설정들은 `providers.config` 파일안에 포함되어 있고, 이 파일은 iBATIS.NET 배포판에 포함돼 있다. 데이터베이스 접속 정보가 상당히 다르다는 것에 주의하라. 자바 버전이 JDBC를 사용하는데 반해, iBATIS.NET은 ADO.NET을 사용한다는 것을 말할 필요도 없다. 이 각각의 저수준 API들은 서로 다른 드라이버 모델과 서로 다른 접속 문자열을 사용한다. XML 파일의 이 부분의 구조가 이 때문에 달라지게 된 것이다. 어쨌든 설정 파일은 여전히 간결하다. 보통은 provider와 데이터 소스 이름 그리고 접속 문자열을 지정하는 것만으로도 끝난다.

provider는 iBATIS에게 어떤 종류의 데이터베이스에 접속하고 있는지를 알려준다. provider는 iBATIS.NET에 끼워넣을 수 있는 컴프넌트로, 각각의 지원되는 데이터베이스 타입마다 하나씩 있다. 어쨌든 `providers.config` 파일을 살펴보고 드라이버버를 갖고 있지 않은 provider를 해제하거나 삭제할 수 있다. 그렇지 않고 드라이버 없이 애플리케이션을 실행할 경우에는 오류가 발생할 것이다. 데이터베이스의 이름과 접속 문자열은 인증서와 개발자가 제공한 다른 정보들(예를 들면, 사용자명과 비밀번호)을 사용하여 데이터베이스에 접속한다. 여러분이 자바에 익숙하다면 전형적인 JDBC 접속 URL과 다르지 않게 느껴질 것이다.

설정 파일의 마지막 부분은 `<sqlMaps>` 절이다. 이 부분에서는 SQL 구문과 결과 맵 그리고 다른 iBATIS 요소들을 포함하고 있는 SQL 매핑 파일들을 나열한다. 이번 예제에는 `Employee.xml` 이라 불리는 단 한 개의 매핑 파일만이 있다.

아마도 이미 알아챘을텐데, 이 예제는 모두 Microsoft SQL 서버와 Microsoft Access에 포함돼 있는 Northwind 데이터베이스를 사용해서 만들어졌다. 이 데이터베이스는 이 부록에서처럼, 샘플 코드로 인기가 좋다.

설정 API

리스트 A.1의 설정파일을 사용하여 SqlMapper 인스턴스를 설정한다. SqlMapper 클래스는 매핑 구문 작업을 할 때 사용된다. SqlMapper 인스턴스는 DomSqlMapBuilder라는 팩토리 클래스를 사용하여 생성한다. 이 팩토리 클래스는 설정 파일 XML을 읽어서 SqlMapper를 구성한다. 아래는 이 설정의 예이다.

```
ISqlMapper sqlMap =
new DomSqlMapBuilder().Configure("SqlMap.config");
```

이 한 줄의 코드(이 예제에서는 두 줄로 나눠 놓았다)면 끝이다.

이제 설정이 끝난 ISqlMapper 인스턴스가 생성되었으니, Employee.xml의 매핑 구문을 호출할 때 사용할 수 있게 되었다. 다음 절에서는 Employee.xml 파일 안에 무엇이 있는지 살펴볼 것이다.

SQL 매핑 파일

리스트 A.1의 설정 파일과 마찬가지로, SQL 매핑 파일도 또한 약간 다르다. 하지만 모든 iBATIS 사용자들이 편안하게 느낄만큼 충분히 비슷하다. iBATIS.NET은 저장 프로시저 까지 포함하여 모든 동일한 타입의 구문을 지원한다. 아래에 Employee.xml에서 가져온 간단한 쿼리 구문이 있다.

```
<select id="SelectEmployee" parameterClass="int"
        resultClass="Employee">
 select
        EmployeeID as ID,
        FirstName,
        LastName
    from
        Employees
    where
        EmployeeID = #value#
</select>
```

select 구문은 정수값을 파라미터로 받고, Northwind 데이터베이스의 Employees 테이블의 데이터로 Employee 객체를 생성하여 반환한다. 독자 여러분도 알아챘듯이, 이 특별한 구문은 자동 매핑을 사용한다. 이는 결과 맵을 지정하지 않았다는 의미이다. 대신, 칼럼들을 이름에 따라 클래스의 프라퍼티에 매핑한다. 어떻게 EmployeeID를 Employee 클래스의 프라퍼티 이름인 ID라는 별칭으로 지정했는지 주의해서 보라. 명시적으로 결과 맵을 정의할 수도 있었다. 그 경우에는 소스가 다음과 같이 바뀔 것이다.

```xml
<resultMap id="EmployeeResult" class="Employee">
    <result property="ID" column="EmployeeId"/>
    <result property="FirstName" column="FirstName"/>
    <result property="LastName" column="LastName "/>
</resultMap>

<select id="SelectEmployee" parameterClass="int"
    resultMap="EmployeeResult">
    select *
    from
        Employees
    where
        EmployeeID = #value#
</select>
```

SQL 구문이 어떻게 간결해 졌는지 주의해서 보라. 하지만 <resultMap>이라는 XML 요소를 추가하는 비용이 들었다. 이는 개발자들이 가끔 결정해야 하는 트레이드오프이다. 하지만 자바 버전에서는 때로 <resultMap>이 결과 처리시에 제공해 주는 추가적인 기능들 때문에 꼭 필요한 경우도 있다.

이제 매핑 구문을 완성했으니, C#에서 다음과 같이 호출해보자.

```csharp
Employee emp =
    sqlMap.QueryForObject<Employee>("SelectEmployee", 1);

// 콘솔에 결과를 찍어보는 센스를 발휘해 보라.
// "1: Nancy Davolio"가 찍힐 것이다.
Console.WriteLine(emp.ID + ": " + emp.FirstName + " " +
    emp.LastName);
```

쿼리가 아닌 구문은 iBATIS.NET에서 아무런 차이도 없다. 아래 예제에서 insert 구문을 어떻게 정의했는지 볼 수 있다.

먼저, 이 코드를 살펴보자.

```xml
<insert id="InsertEmployee" parameterClass="Employee">
    insert into Employees
        ( FirstName, LastName )
    values
        ( #FirstName#, #LastName# )
    <selectKey resultClass="int" property="ID" >
        select @@IDENTITY
    </selectKey>
</insert>
```

대부분은 이는 그저 간단한 insert 구문일 뿐이다. 하지만 이 구문에서 강조 처리한 부분을 주의해서 보라. 안에 포함된 <selectKey> 절이 iBATIS 사용자들에게는 익숙하게 느껴질 것이다. 이것이 자동 생성된 기본키 컬럼의 값을 가져올 때 사용하는 매커니즘이다.

C#에서 이 구문을 호출 할때는, Insert() 메서드가 자동 생성된 키를 반환하고, 또한 Insert() 메서드에 전달된 Employee 인스턴스의 ID 프라퍼티의 값으로도 저장된다. 좀 더 명확하게 이해할 수 있도록 C# 코드 예제를 살펴보자.

```csharp
Employee employee = new Employee();
employee.FirstName = "Clinton";
employee.LastName = "Begin";
Object id = sqlMap.Insert("InsertEmployee", employee);
```

Northwind 데이터베이스는 IDENTITY 칼럼을 사용하여 Employees 테이블의 EmployeeId 기본키를 생성한다. 따라서 insert 구문에 기본키 값을 전달하지는 않는다. 어쨌든, employee 인스턴스의 ID 프라퍼티는 자동 생성된 기본키 값으로 수정 될 것이다. 또한 Insert() 메서드도 자동 생성된 키를 반환할 것이다.

iBATIS 자바 버전에서 처럼, 일단 몇 개의 구문을 살펴보면, 나머지는 쉽게 이해할 수 있게 된다. update와 delete는 insert과 매우 유사하게 구현되었으나, 각각 <update>와 <delete> 요소를 사용하면 된다.

A.3 어디에서 더 많은 정보를 얻을 수 있나?

지금까지 본 것처럼, iBATIS 자바 버전과 iBATIS.NET 사이에는 차이점이 많지 않다. 주로 각 언어에 관계된 기능에 따라 구별이 되지만, 일관성있게 유지되고 있다. iBATIS.NET에 관해서 배울것이 훨씬 더 많이 있긴 하지만, 웹 상에서 자료들을 구할 수 있다. http://ibatis.apache.org에 방문해 보라. iBATIS 사용자 가이드와 NPetShop 샘플 애플리케이션을 볼 수 있을 것이다.

부록 B

iBATIS 팁 모음

부록 B에서는 iBATIS를 쓸 때 도움이 될 만한 팁을 모아 놓았다.

B.1 매핑 구문에 XML 특수문자들(<,>,& 등)이 많을 때의 처리

XML 특수 문자들은 모두 XML 엔티티로 변경을 해 주는 것이 기본 원칙이다.

- < : <
- \> : >
- & : &
- " : "

이러한 특수문자들이 지나치게 많을 때는 CDATA 섹션을 사용하면 편리하다.

```xml
<select id="getByIdValue" resultClass="Account">
    <![CDATA[
    select
        accountId,
        username,
        password
    from Account
    where accountId = #value#
    ]]>
</select>
```

하지만 여기서 주의해야 할 점이 있는데, CDATA 섹션 안에 있는 XML 요소들도 모두 무시되기 때문에 CDATA 섹션 안에서는 동적 SQL을 사용할 수 없다는 점이다.

동적 SQL을 사용해야 할 경우에는 특수문자를 엔티티로 변경하는 방법만을 사용할 수 있다.

B.2 iBATIS가 실행하는 쿼리를 Log4j 로거로 출력하기

iBATIS는 쿼리 문자열을 모두 로그로 남긴다. 하지만 개발자가 명시적으로 로그 내용을 출력하지 않으면 볼 수 없다.

http://logging.apache.org/log4j/docs/index.html 에서 Log4j를 받아서 jar 파일을 클래스패스에 두고 log4j.properties에 로거를 설정하고 다음과 같은 내용을 추가해준다.

```
log4j.logger.java.sql.Connection=DEBUG
log4j.logger.java.sql.Statement=DEBUG
log4j.logger.java.sql.PreparedStatement=DEBUG
log4j.logger.java.sql.ResultSet=DEBUG
```

DEBUG는 디버그 레벨에서만 찍으라는 의미이다. 쿼리 내용은 양이 너무 많기 때문에 매우 중요 쿼리가 아니라면 DEBUG 레벨로 맞춘다.

쿼리 출력 내용을 보면, 새 줄 기호(₩n)가 모두 사라져서 쿼리 문장을 제대로 보기가 어렵다. 이럴 때는 http://www.sqlinform.com/ 에서 쿼리 문자열을 보기 좋게 정렬할 수 있다. 이 외에도 구글에서 "sql formatter"로 검색하면 다양한 SQL 문자열 정리 도구들을 볼 수 있다.

또한, 쿼리 문자열에서 PreparedStatement의 파라미터 값이 모두 물음표(?)로 나오는데, 역자는 이 문자열을 모두 제대로 보고 싶어서 간단한 웹 애플리케이션을 만들어서 값을 채워주도록 하기도 하였다. 이에 대해서는 http://kwon37xi.egloos.com/1897209 를 참조하라.

혹, Log4j의 설정 방법을 모르겠다면, 워낙 이에 관한 문서가 인터넷에 많이 있으므로 검색해 보길 권한다.

B.3 DBCP 연결하기

Apache Jakarta Commons DBCP는 가장 많이 사용되는 데이터베이스 커넥션 풀 중 하나이다. (Spring 등과 연동하지 않고)iBATIS를 단독으로 사용한다면 이 커넥션 풀을 사용하는 경우가 많을 것이다.

아래와 같은 방식으로 각 값을 지정해주면 된다.

```
<dataSource type="DBCP">
    <property name="driverClassName" value="드라이버클래스명"/>
    <property name="url" value="JDBC URL"/>
    <property name="username" value="데이터베이스 사용자명"/>
    <property name="password" value="데이터베이스 비밀번호"/>
    <property name="testWhileIdle" value="true"/>
    <property name="validationQuery" value="SELECT 1 FROM DUAL"/>
    <property name="timeBetweenEvictionRunsMillis" value="6000"/>
    <property name="Driver.JDBC프로퍼티명" value="값" />
</datasource>
```

그리고 각 데이터베이스 별 JDBC 드라이버에는 그 드라이버만의 특별한 프로퍼티가 있는 경우가 있다. 이럴 때는 다음과 같이 지정하면 된다.

    <property name="Driver.프로퍼티명" value="값" />

어떤 운영체제들은 통신 소켓을 열고서 특정 시간 동안 아무런 데이터 전송이 없을 경우(즉, 사용자가 없는 시간대)에 그 소켓을 강제로 닫아버리기도 한다. 그리고서 다시 데이터베이스를 사용하려고 하면 커넥션을 사용할 수 없다는 오류가 발생하게 된다.

위 코드에 나온 validationQuery, testWhileIdle, timeBetweenEvictionRunsMillis 프로퍼티들은 그렇게 운영체제에 의해서 강제로 커넥션 소켓이 닫히는 것을 방지하기 위해 주기적(timeBetweenEvictionRunsMillis, 여기서는 6000ms로 설정)으로 아주 간단한 쿼리(validationQuery, 여기서는 Oracle 용으로 SELECT 1 FROM DUAL)을 실행하라고 설정(testWhileIdle, true로 지정)한 것이다.

DBCP에서 사용 가능한 프로퍼티 목록은 http://jakarta.apache.org/commons/dbcp/configuration.html 를 참조하라.

B.4 작지만 자주 범하는 실수

iBATIS 쿼리에 Oracle의 주석문 /* */ 을 달 때는 주의를 해야 한다. /* 이후에 꼭 공백이 있어야 하며, */ 앞에도 공백이 있어야 한다.

그리고 일반적인 SQL 쿼리 툴에서 쿼리를 실행할 때 하던 습관대로 쿼리 문장 뒤에 세미콜론(;)을 찍어서는 안 된다. JDBC는 세미콜론을 만나면 SQL 문법 오류로 간주한다. 물론 JDBC를 기반으로 하는 iBATIS SQL Maps도 마찬가지이다.

그 외에 많은 iBATIS 관련 주의점과 정보들을 인터넷에서 볼 수 있으며, 우리나라의 경우에는 특히 역자(이동국)가 운영하는 http://openframework.or.kr/JSPWiki/Wiki.jsp?page=PersistentLayer 에서 많이 볼 수 있다.

찾아보기

| 코드 · 기호 · 숫자 |

<delete> 구문 타입 96,116
<dynamic> 요소 181
<dynamic>을 부모 요소로 197
<flushInterval> 요소 218,219-220
<flushOnExecute> 요소 218-220
<include> 구문 타입 96,117
<include> 요소 96
<insert> 구문 타입 96,116
<isEmpty> 단항연산 요소 187
<isEqual> 요소 197-198
<isGreaterEqual> 이항연산 동적 요소 186
<isGreaterThan> 이항연산 동적 요소 186
<isLessEqual> 이항연산 동적 요소 186
<isLessThan> 이항연산 동적 요소 186
<isNotEmpty> 단항연산 요소 188
<isNotEqual> 이항연산 동적 요소 186
<isNotNull> 요소 180,183
    단항연산 요소 187
<isNotParameterPresent> 파라미터 요소 188
<isNotPropertyAvailable> 단항연산 요소 187
<isNull> 요소 180,183
    단항연산 요소 187
<isParameterPresent> 파라미터 요소 188
<isPropertyAvailable> 단항연산 요소 187
<iterate> 요소 183,189,199
<parameter> 요소 135
<procedure> 구문 타입 95,116
<property> 요소 85
<select> 구문 타입 95
    매핑 구문 95
<select> 요소 14
<settings> 요소 79
    cacheModelsEnabled 80
    enhancementEnabled 80
    lazyLoadingEnabled 79
    maxRequests(비권장) 81
    maxSessions(비권장) 81
    maxTransactions(비권장) 81
    useStatementNamespaces 81
<sql> 구문 타입 96,116
<sql> 요소 96
<sqlMap> 요소 86

<statement> 구문 타입 96
<transactionManager> 요소 84
    EXTERNAL 트랜잭션 관리자 243
    Hibernate 트랜잭션 관리자 243
    Java Transaction API(JTA) 트랜잭션 관리자 246
    JDBC 트랜잭션 243
        관리자 243
        DBCP 데이터소스 244,245
        JNDI 데이터소스 245,246
        SIMPLE 데이터소스 243,244
    ObJectRelationalBridge(OJB) 트랜잭션 관리자 246
    SQLMAP 트랜잭션 관리자 246
    TOPLINK 트랜잭션 관리자 247
<typeHandler> 요소 300
<update> 구문 타입 95,116
2-티어 애플리케이션 7

| ㄱ |

가비지 컬렉션 73,230
간단해진 조건 태그 207
객체 관계 매핑 11
객체식별자 215
객체의 구분자 158
게이트웨이 패턴 275
격리성-개요 164,165
결과 맵 112,146
    자동 102-104
    인라인 자바빈즈와 명시적인 자바빈즈 그리고 Map 형태의 결과 112,113
    개요 109,110
    원시타입의 결과 110,111
    이름 짓기 326
결과 클래스 타입 198
계층화 전략 15
계층화된 아키텍처 174
고급 쿼리 기법
    개요 134
    매우 큰 데이터 셋 처리하기
        개요 152
        RowHandler 예제 153
        RowHandler 인터페이스 152-158
    매핑 구문을 객체와 연관 시키기
        N+1 Select 문제 피해가기 146-148
        복잡한 컬렉션 141-143
        적재 지연 145
        개요 141
    구문 타입과 데이터 정의 언어 사용하기 151
    iBATIS에서 XML 사용하기
        개요 134
        XML파라미터 135-137
        XML결과 137-140
공유키 283
과도하게 정규화된 모델 33,34

과잉수정 8
관계형 데이터베이스
　　무결성 22
　　개요 22
　　성능 23,24
　　보안 25
관계형 데이터베이스 관리 시스템(RDBMS) 3
관련된 데이터 조인하기 104
관리 트랜잭션 171
구글 282
구별되는 이름 (DN) 277
글로벌 트랜잭션 162,171
　　컨텍스트 169
　　개요 168
　　트랜잭션을 시작하고 커밋하고 종료하기 170,171
　　능동 혹은 수동 트랜잭션 사용하기 169,170
기본키 32
기술 선택
　　개요 333
　　퍼시스턴스 334
　　프레젠테이션 333
　　서비스 333,334
기업용 데이터베이스 27
깊은 복사 214

| ㄴ |

내부 트랜잭션 범위 170
네이티브 파일 시스템 22

| ㄷ |

다중 데이터베이스 250
다중 사용자 인터페이스 176
다중 서브쿼리 129
다중 선택 드롭다운 195
다중 테이블 조회 매핑 104
단일 테이블 조회 매핑 104
단항연산 요소 186,187
데이터 수정하고 삭제하기
　　동시 수정 다루기 123
　　개요 123,124
　　자식 레코드 수정하거나 삭제하기 124
데이터 수정하기
　　를 위한 기초 다지기
　　　　쿼리가 아닌 매핑 구문 116
　　　　개요 115
　　　　쿼리가 아닌 SQL 구문을 위한 SQLMaps API 115,116
데이터 삽입하기
　　자동 생성 키 120-123
　　개요 117
　　외부 파라미터 맵 사용하기 118
　　인라인 파라미터 매핑 사용하기 117,118
데이터 전송 객체 17

데이터 접근 객체 팩토리 351
데이터 접근 객체(DAO)
　　클래스 261
　　설정 247
　　설정하기
　　　　context 요소 241
　　　　데이터 접근 객체(DAO) 요소 247,249
　　　　개요 241
　　　　properties 요소 241
　　　　팁 249-252
　　　　트랜잭션 관리자 요소 242-247
　　자신만의 DAO 계층 만들기
　　　　결합도 낮추기와 팩토리 생성하기 287-290
　　　　개요 287
　　　　인터페이스와 구현의 분리 287
　　프레임워크 285
　　Hibernate DAO 구현체
　　　　실제 DAO 구현체 266-269
　　　　DAO context 정의 263,265
　　　　Account 테이블 매핑하기 265,266
　　　　개요 263
　　상세한 구현 숨기기
　　　　개요 236
　　　　데이터 접근 인터페이스로부터 데이터 접근 구현체를 분리 이유 237,238
　　　　간단한 예제 238-241
　　JDBC DAO
　　　　구현 270-275
　　계층 182,285
　　　　테스트 314
　　관리자 251
　　개요 236,263
　　패턴 21,236,263
　　SQL Map DAO 구현 예제
　　　　DAO 구현체 작성하기 259-261
　　　　iBATIS에서 DAO 설정 253,254
　　　　DaoManager 인스턴스 생성 254
　　　　트랜잭션 관리자 설정하기 254,255
　　　　맵 읽어들이기 255-259
　　　　개요 252,253
　　단위 테스트
　　　　DAO 소비자 계층 320-322
　　　　개요 317,319
　　　　모의 객체 사용하기 319,320
　　데이터베이스가 아닌 데이터 소스에 DAO 패턴 사용하기
　　　　예제 275-283
　　　　개요 275
　　Spring DAO 사용하기
　　　　개요 283
　　　　iBATIS 대신 Spring을 사용하는 이유 285
　　　　코드 작성하기 283,284
　　작성하기
　　　　인터페이스와 구현체 356,357

개요 353,354
SQL Map 355,356
설정 354,355
데이터 접근 계층 214,226,356
데이터 접근 메커니즘 238
데이터 정의 언어(DDL) 5,151
　　DDL스크립트 206
데이터 조작 언어(DML) 7
데이터 처리 17
데이터베이스 관리 시스템 23
데이터베이스 관리팀 31
데이터베이스 벤더 120
데이터베이스 서버 52
데이터베이스 제어 30,31
데이터베이스 타입
　　애플리케이션 데이터베이스 26
　　기업용 데이터베이스 27
　　레거시 데이터베이스 29
　　독점적 데이터베이스 28
　　개요 25
데이터베이스 테이블 23,214
데이터베이스 트랜잭션 80
데이터베이스 팀 31
데이터베이스 퍼센트(%) 문법 195
데이터베이스가 얼마나 오래 되었는가 25
데이터베이스를 과도하게 정규화하기 34
데이터베이스의 문제점
　　여러 이종 시스템에 의한 접근 31
　　복잡한 키와 관계들 32
　　비정규화된 혹은 과도하게 정규화된 모델 33
　　개요 30
　　소유권과 제어권 30
　　앙상한 데이터 모델 35-37
데이터베이스의 소유권 30,31
데이터소스 316
도메인 클래스 16
도태시키기 229
독점적 데이터베이스 29
동시 수정 124
동적 요소 182
동적 SQL 9,179
　　advanced techniques
　　　　동적 SQL 요소를 정적 SQL에 적용하기 197-199
　　　　필수 입력 항목 정의하기 195,196
　　　　결과 데이터 정의하기 194,195
　　　　개요 194
　　　　정적인 형태로 SQL 작성하기 192
　　대안이 되는 접근법
　　　　개요 199,200
　　　　자바코드 사용하기 200-203
　　　　저장 프로시저 사용하기 204
　　동적 요소
　　　　이항연산 요소 185,186
　　　　<dynamic> 요소 184
　　　　Iterate 요소 189

　　　　개요 182,183
　　　　parameter 요소 188,189
　　　　단항연산 요소 186
　　동적인 WHERE 절
　　　　조건 179-182
　　미래
　　　　표현식 208
　　　　개요 207
　　　　간단해진 조건 태그 207
　　개요 179
　　간단한 예제
　　　　정적인 SQL에 SQL요소 적용하기 193,194
　　　　데이터를 가져오고 표시하는 방법을 정의하기 191
　　　　어떤 데이터베이스 구조를 사용할지 결정한다 192
　　　　개요 192
　　　　정적인 형태로 SQL 작성하기 192,193
동적 SQL 요소 207
동적인 결과 매핑 103
동적인 필드 36
디폴트 생성자 93
디폴트 셋팅 80
디폴트 키워드 216

| ㄹ |

래퍼 클래스 110
레거시 데이터베이스 29,30
로컬 트랜잭션 162,166-168
리눅스에서 $PATH 변수 70
리눅스의 bash 쉘 스크립트 65
리포팅 데이터베이스 27

| ㅁ |

마법 숫자 107,297
마이크로소프트의 ODBC API 73
매핑 146
매핑 구문의 이름 짓기 325
매핑 파라미터
　　외부 파라미터 맵 106
　　인라인 파라미터 매핑 다시보기 106-108
　　자바빈즈와 Map 파라미터 108
　　개요 104
　　원시타입 파라미터 108
매핑 구문 80,93,94,137
　　자바빈즈 생성
　　　　빈즈 탐색 92
　　　　개요 89
　　　　어떻게 빈즈를 만드나 89
　　인라인 결과 맵과 명시적인 결과 맵 사용하기
　　　　자바빈즈와 Map 결과 111,112
　　　　개요 109,110
　　　　원시타입의 결과 110,111

매핑 구문 타입 95-98
매핑 파라미터
    외부 파라미터 맵 105
    인라인 파라미터 매핑 다시 보기 106-108
    자바빈즈와 Map 파라미터 108
    개요 104
    원시타입 파라미터 108
개요 89
relating objects with
    N+1 Select 문제 피해가기 146
    복잡한 컬렉션 141
    적재 지연 145
    개요 141
SELECT 구문
    자동 결과 맵 102-104
    관련된 데이터 조인하기 104
    개요 98
    SQL 주입 101,102
    $ 대입자로 인라인 파라미터 사용하기 98-100
    $ 대입자로 인라인 파라미터 사용하기 100,101
SQLMaps API
    개요 93
    queryForList( ) 메서드 93
    queryForMap( ) 메서드 94
    queryForObject( ) 메서드 93
명명 규칙
    개요 325
    파라미터 맵 325
    결과 맵 326
    구문 325
    XML 파일
        주 설정 파일 326
        개요 326
        SQL 매핑 파일 326,328
명시적인 결과 맵
    자바빈즈와 Map 결과 111,112
    개요 109,110
    원시타입의 결과 110,111
모듈화 14
"무결성 데이터베이스" 23
무상태 세션 빈즈 174,175
문서 객체 모델 329
    DOM 객체 134
문서 타입 정의(DTD) 56
문자열 134
문자열 대체($) 문법 100,102
문자열 버퍼 139
문자타입 13

| ㅂ |

바이너리 배포판 64
반환값 93
보안, 관계형 데이터베이스 24-25
복잡한 관계 32
복잡한 키와 관계들 32

복합 키 32
부모 요소 180
분산 캐시 70
비정규화 34
비정규화된 모델 34,35
비즈니스 로직 계층
    트랜잭션을 구분 짓는 곳 19
비즈니스 객체 모델 175,176
    클래스 16
빈즈 112
빈즈 프라퍼티 이름 102
빌드 339

| ㅅ |

사용자 정의 트랜잭션 163,171-173
사용자정의 타입 핸들러 85
    TypeHandlerCallback 생성하기
        결과 가져오기 297
        null 297-300
        개요 295
        파라미터 설정하기 296
    구현하기 294,295
    개요 293,294
    TypeHandlerCallback 사용을 위해 등록하기 300,301
상세히 구현된 비즈니스 로직 19
생성 키 120,123
서브버전(SVN) 315
    저장소 64,65
    소스 컨트롤 57
서블릿 스펙 74
서블릿 스펙 74
서블릿 필터 174
서비스 333,334
서비스 계층 350,356
서비스 작성하기
    dao.xml 설정 351,352
    개요 350,351
    트랜잭션 경계 352,353
서비스 클래스 19
서비스 패키지 338
설계 개념
    계정 332
    장바구니 333
    카탈로그 332
    주문 333
    개요 332
설계 지층 292
설정 파일 48,56
    관리하기 322-325
성능 대 효율 비율 214
성능, 관계형 데이터베이스 23,24
소프트웨어 튜닝 24
속성의 기능 182
수동 트랜잭션 169,170
스트럿츠 74,285,333,341

스트럿츠 태그 라이브러리 207
스트럿츠 Action 클래스 336
스트럿츠 html 태그 349
스파게티 코드 15
실행 스크립트 70
쓰레드 호출하기 217

| ㅇ |

앙상한 데이터 모델 35,37
애플리케이션 데이터베이스 25-27
애플리케이션 서버 174
애플리케이션 소스코드 4
애플리케이션 아키텍처 계층
    비즈니스로직 계층 19
    비즈니스 객체 모델 16
    개요 15
    퍼시스턴스 계층
        추상 계층 20,21
        드라이버 혹은 인터페이스 21
        개요 20
        퍼시스턴스 프레임워크 21
    프레젠테이션 계층 16-19
    관계형 데이터베이스
        무결성 23
        개요 21,23
        성능 23,24
        보안 24,25
언어 57,58
영구저장,영구적인 저장 334
영속성혹은 내구성,지속성 166
영역 락 165
영역을 나타내는 절 165
예제 애플리케이션
    애플리케이션 빌드하기 55
    iBATIS설정하기 54,55
    개요 51
    애플리케이션 실행하기 55,56
    데이터베이스 준비하기 52
    코드 작성하기 52,53
옛날식의 저장 프로시저 7
외래키 제약조건 23
외부 매핑 104
외부 파라미터 매핑 117
외부 파라미터 맵 106
    사용해서 데이터 입력하기 119
외부로 뺀 SQL 12,13
외부저장 12
외부화 12
외브 트랜잭션 관리자 243
원시타입 329
원시타입 래퍼 클래스 108
원시타입 파라미터 108
원시타입의 정수값 123
원자성 163,164
웹 서비스로 DAO사용하기 281-283

윈도우에서 %PATH% 변수 70
윈도우즈용 배치파일 65
의존성
    적재 지연을 위해 필요한 바이트 코드 확장 69
    분산 캐시 70
    Jakarta Commons Database Connection Pool(DBCP) 69,70
    개요 68
이식성 47,48
이항연산 동적 요소 186
이항연산 요소 185,186
익스트림 프로그래밍 314
인덱스 처리된 프라퍼티 91
인라인 매핑 104
인라인 파라미터 매핑 106,117
    를 사용하여 데이터 입력하기 117,118
    다시보기 106,108
인라인 파라미터
    # 대입자로 사용하기 98-100
    $ 대입자로 사용하기 100,101
인라인 결과 맵
    자바빈즈와 Map 결과 111,112
    개요 109,110
    원시타입의 결과 110,111
인라인 SQL 8,9
일관성 164
일괄 업데이트, 일괄 실행 125-127
일반 자바 객체 134
읽기/쓰기 데이터
    캐싱 230,231
읽기전용, 장기간 유지 데이터
    캐싱 226-229

| ㅈ |

자동 결과맵 102-104
자동 매핑 103
자동 트랜잭션 162,166,167
자동으로 생성된 키 119,123
자동커밋 모드 166
자바 47,48
    LDAP에 매핑하기 276-281
자바 코드 203
    dynamic SQL에 대안 접근 방법으로 사용 200-203
자바빈즈 89,328
    생성하기
        빈즈 탐색 92
        개요 89
        어떻게 빈즈를 만드나 90-92
자바빈즈와 Map 파라미터 108
자바에 내장된 Introspector 클래스 92
자바에서 SQLJ 9
자바의 Map 인터페이스 277
자식 레코드 수정하거나 삭제하기 125
자연키(?) 32
장바구니 333

저장 프로시저 12,127,205
    IN 파라미터 129
    INOUT 파라미터 130
    현대적인 8
    옛날식 7
    OUT 파라미터 130,131
    개요 127
    장단점 127-129
    dynamic SQL에 대안 접근 방법으로 사용 203-206
적재 지연을 위한 바이트코드 확장 68,69
적재 지연 68,143-145
    를 위해 필요한 바이트 코드 확장 68
    데이터 11
점 표기 92
접근자 메서드 90
정규화 34
정반대인 극단적인 성향 127
정적 SQL 179
제약조건 23
종속키 283
주 설정 파일 326
주문 333
중복 34
중복 98

| ㅊ |

추가가능한 인터페이스 51
추상 계층 21,281

| ㅋ |

카탈로그 332
칼럼 109
칼럼이 많은 테이블 34
캐시 구현 218
캐시 모델 설정 215
캐시모델의 FIFO 타입 216
캐싱 79
    시간이 지나면 의미가 없어지는 정적 데이터 캐싱하기 231-234
    캐시 모델
        읽기 전용과 직렬화 조합하기 217,218
        디폴트 캐시 구현 타입 215,216
        개요 215
        readOnly 속성 216
        serialize 속성 216
        타입 221-225
        내부에서 요소 사용하기 218-221
    캐싱 전략 결정하기 225,226
    분산된 70
    iBATIS 캐싱의 철학 214,215
    개요 213
    읽기전용, 장시간 유지 데이터 226-229
    읽기-쓰기 데이터 230,231
    단순한 예제 213,214

캐싱된 객체 217
캡슐화 14
캡슐화된 SQL 14
코드 커버리지 67
쿼리 매핑 툴 89
쿼리가 아닌 구문
    데이터 갱신을 위한 기초 다지기
        개요 115
        쿼리가 아닌 SQL구문을 위한 SQLMaps API 115,116
        실행하기 118
쿼리가 아닌 매핑 구문으로 데이터 수정하기 117
    데이터 입력하기
        자동 생성 키 119-123
        개요 117
        외부 파라미터 맵 사용하기 119
        인라인 파라미터 매핑 사용하기 117,118
    개요 115
    일괄 업데이트 실행하기 125-127
    저장 프로시저
        IN 파라미터 129
        INOUT 파라미터 130
        OUT 파라미터 130,131
        개요 127
        장단점 127-129
    데이터를 수정하고 삭제하기
        동시 수정 다루기 124
        개요 123,124
        자식 레코드 수정하거나 삭제하기 125
클래스로더 71,78
클래스패스 70
    환경변수 253,322-324
키
    복잡한 32
    생성 방법 120
    파라미터 94
    값 120

| ㅌ |

타입 핸들러 콜백 85
테스트 338
템플릿 패턴 283
통합 데이터베이스 27
트랜잭션
    자동 165
    사용자 정의 171-173
    경계를 구분하기
        비즈니스 로직 계층에서 176
        프레젠테이션 계층에서 175
        개요 173,174
    글로벌
        개요 168
        트랜잭션을 시작하고 커밋하고 종료하기 170-171
        능동 혹은 수동 트랜잭션 사용하기 169,170

로컬 167-168
개요 161
프라퍼티
   원자성 163,164
   일관성 164
   영속성혹은 내구성,지속성 166
   격리성,고립성- 164,165
      read committed 격리단계 165
      read uncommitted 격리단계 165
      repeatable read 격리단계 165,166
      serializable 격리단계 166
   개요 163
   간단한 은행 예제 161-163
트랜잭션 경계 167
트랜잭션 관리 83
트랜잭션 관리자 54,351
   설정 167,316
트랜잭션 구분 짓기
   비즈니스 로직 계층에서 175,176
   프레젠테이션 계층에서 174,175
   개요 173,174
티켓 127

| ㅍ |

파라미터 193
파라미터 맵 131
   이름 짓기 325
파라미터 클래스 타입 198
패키지 29
퍼시스턴스 계층 17,175
   추상 계층 20,21
   드라이버 혹은 인터페이스 21
   프레임워크 15
   개요 20
   퍼시스턴스 프레임워크 21
퍼시스턴스 패키지 338
포괄적으로 구현된 서비스 메서드 19
표준 웹 애플리케이션 333
표현식 208
   J2EE 208
프라퍼티 매핑 속성 105
프라퍼티 파일 77
프레젠테이션 333
   셋팅하기 341,350
프레젠테이션 계층 16-19 ,175
   에서 트랜잭션을 구분짓기 174,175
프레젠테이션 패키지 338
프레젠테이션, 셋팅하기 341,349
플랫폼 57,58
플러그인 57
플러그인 가능한 컴포넌트 설계 292,293

| ㅎ |

하이버네이트 50,238,241

하이버네이트 세션 팩토리 243
하이버네이트 트랜잭션 관리자 243,265
하이버네이트 DAO 구현체
   실제 DAO구현체 266-269
   DAO 컨텍스트 정의하기 263,265
   Account 테이블 매핑하기 265,266
   개요 263
한 업무에서 다른 업무로의 트랜잭션 162
해시 (#) 문법 99
행 처리기
   예제 156
   인터페이스 152-158
현대적인 저장 프로시저 8
확장 57

| A |

Account 객체 269
account.accountId 프라퍼티 147
Account.getByIdValue 매핑 구문 99
Account.xml 파일 255
AccountDao 변수 249
AccountDao 인터페이스 249,261,288
AccountDaoImpl 클래스 249
accountId 값 99,102
accountId 파라미터 134
accountId 프라퍼티 94,126
AccountManufacturerProduct 클래스 156
Action 334
   클래스 285
ActionContext 334-336
ActionForm 334,335
ActionForward 335
ActionMapping 336
ActionServlet 340
address 필드 36
Adventure Deus 192
aging static data caching 231-234
Ajax 17
Apache 라이선스 56
Apache 이슈 트래킹 시스템(JIRA) 67
Apache Software Foundation 56,57
Atlassian 57
Attributes 인터페이스 279

| B |

BaseSqlMapDao 클래스 357
BasicAttributes 클래스 279
BeanAction 335
   ActionContext 335,336
   BeanAction 335
   BeanBase 335
   개요 334
   style behavior 346
BeanBase 335

찾아보기

best practices
  iBATIS 설정파일 관리하기 322-325
  명명 규칙
    개요 325
    파라미터 맵 325
    결과 맵 326
    구문 325
    XML 파일 326,328
  개요 314
  iBATIS로 단위 테스트하기
    개요 314
    Data Access Objects (DAO) 단위 테스트하기 317-320
    소비자 계층 320,322
    매핑 계층 단위 테스트하기 314-317
  빈즈, 맵 또는 XML를 사용할지에 대한 여부
    자바빈즈 328
    맵 328
    개요 328
    원시타입 329
    XML 329
BLOB 293
boolean 값 294,296
booleanToYesNo( ) 메서드 296
build 디렉터리 66
build.bat 실행 66
build.sh 실행 66

| C |

c:forEach 태그 349
c:set 태그 349
CacheController 293,301
  생성 302
  인터페이스 216,301
  개요 301,302
  넣기, 얻기 그리고 지우기 302,303
  사용하기위해 등록하기 303,304
CacheKey 인스턴스 303
cacheModel 355,356
  인스턴스 303
  요소 215
  type 속성 230
cacheModelsEnabled 81
CallableStatement 객체 237
camel-case 패턴 90
CatalogBean 344,349
CatalogService 344
  클래스 346,357
  캐싱 227
  코드 31
  객체 179
  파라미터 클래스 180
  테이블 196
categoryCache 228

categoryId 357
  name 192
  property 179,200
CategorySearchCriteria 200
CDATA 107
CGLIB 68,144
  최적화된 클래스 79
ClassCastException 73
ClassLoader 322
CLOB 292
close 속성
  이항연산 요소 185
  Dynamic 요소 184
  Iterate 요소 190
  Parameter 요소 189
  단항연산 요소 187
close( ) 메서드 308
closeStatement(s) 271
Cocoon 137
columnIndex 속성 109
com.iBATIS.sqlmap.engine.cache.CacheController 인터페이스 225
commit( ) 메서드 308
commitRequired 속성 84
commitTransaction( ) 메서드 174
compareProperty 속성 185
  이항연산 요소 185
compareValue 속성 185
  이항연산 요소 185
Concurrent Version System(CVS) 65
configure( ) 메서드 302
conjunction 속성 189
  Iterate 요소 190
Connection 객체 75
Connection 인스턴스 171
Contact 클래스 279
createDao( ) 메서드 290
CRUD 작업 253
css 디렉터리 338
CVS 315

| D |

dao 요소 352
dao.xml
  설정 파일 239,269
  설정하기 351,352
  파일 241,249,263
DaoException 271,280
DaoFactory interface 289
DaoManager
  클래스 239
  생성하기 239-241
  인스턴스 240,254

daoManager.commitTransaction() 메서드 353
daoManager.endTransaction() 메서드 353
daoManager.startTransaction() 메서드 353
DaoManagerBuilder 인스턴스 240,254
DaoService 클래스 239
daoXmlResource 변수 240
database.properties 파일 354
DataSource 354
    커넥션 풀 354
    DataSourceFactory 293
        구현체 84
        인터페이스 304,305
    요소 84,85
    인스턴스 316
    인터페이스 237
    프로퍼티 243
    지원되지 않는, 설정
        DataSourceFactory 인터페이스 304,305
    개요 304
db.properties 프로퍼티 파일 78
DBCP 데이터소스 244,245
DBCP 데이터소스 팩토리 85
DBJndiContext 프로퍼티 246
delete 구문 실행하기 116
delete 메서드 116
deleteOrder 메서드 127
dev-javadoc.zip 파일 68
devlib 339
    디렉터리 66
devsrc 디렉터리 66
doc 디렉터리 66
domain 패키지 338

| E |

EMMA 67
enabled 프로퍼티 296
endTransaction() 메서드 174
enhancementEnabled 79
    속성 144
executeBatch() 메서드 126
eXtensible Markup Language(XML).
EXTERNAL 84,243
EXTERNAL 트랜잭션 170
ExternalDaoTransactionManager
    EXTERNAL 타입 242
ExternalTransactionConfig
    구현체 305
FifoCacheController 클래스 301

| F |

First in, first out (FIFO)
    캐시 232
    캐시 모델 224
    전략 224

firstLetter 프라퍼티 200
flush 요소 218
flush() 메서드 303
flushInterval 요소 227
flushInterval 요소의 hours 속성 220
flushInterval 요소의 milliseconds 속성 220
flushInterval 요소의 minutes 속성 220
flushInterval 요소의 seconds속성 220
flushOnExecute 214,226
    요소 220,233

| G |

getAccountInfoList 매핑 구문 142
getAccountInfoListN 매핑 구문 147
getAttributeValue 메서드 279
getChildCateogries 쿼리 매핑 구문 229
getConnection() 메서드 308
getDao() 메서드 289
getDataSource() 메서드 304,307
getIdDescriptionListByExample 매핑 구문 259
getInstance() 메서드 289
getOrderItem() 메서드 91
getOrderItemList 매핑 구문 143
getPerson() 메서드 319,320
getProductById 쿼리 매핑 구문 231
getProductListByCategory 356,357
    메서드 357
getProperty 90
getResourceAsReader() 메서드 325
getResult() 메서드 297
getString() 메서드 85,297
getValidatedPerson() 메서드 321
groupBy 속성 147,155
GROUPNAME 파라미터 53
GuiSqlMapConfig.xml 327

| H |

handleRow 메서드 153
HashMap 55
HIBERNATE 타입
    HibernateDaoTransactionManager 243
hibernate.properties 파일 265
HibernateDaoTransactionManager
    HIBERNATE 타입 243
hotProductsCache 요소 233
HSQLDB 메모리 데이터베이스 315
html:link 349
HttpServletRequest 336
HttpServletResponse 337

| I |

iBATIS

찾아보기

의 장점
    캡슐화된 SQL 14
    외부로 뺀 SQL 12,13
    개요 11,12
예제 애플리케이션
    애플리케이션 빌드하기 55
    iBATIS 설정 54,55
    개요 51
    애플리케이션 실행하기 55,56
    데이터베이스 준비하기 52
    코드 작성하기 52,53
의 미래
    추가적인 플랫폼과 언어 57,58
    Apache Software Foundation 56,57
    더 많은 확장과 플러그인 57
    개요 56
    더 간단하게, 더 작게, 더 적은 의존성으로 57
데이터베이스의 공통적인 문제점을 다루는 방법
    여러 이종 시스템들에 의한 접근 31,32
    복잡한 키와 관계들 32
    비정규화된 혹은 과도하게 정규화된 모델 34,35
    개요 30
    소유권과 제어관 30,31
    앙상한 데이터 모델 35-37
개요 4,5
사용하는 이유
    작업의 분배 47
    오픈 소스와 정직성 48
    이식성 47,48
application architecture layers 사이의 관계
    비즈니스 로직 계층 19
    비즈니스 객체 모델 16
    개요 15
    퍼시스턴스 계층 20,21
    프레젠테이션 계층 16-19
    관계형 데이터베이스 21,25
의 기원
    동적인 SQL 9,10
    인라인 SQL 8,9
    현대적인 저장 프로시저 8
    객체 관계 매핑(ORM) 11
    옛날식의 저장 프로시저 7
    개요 5
    구조적 쿼리 언어 5,7
사용하지 않는 경우
    개요 48
    애플리케이션이 완전히 동적인 SQL을 요구할 때 50
    작동하지 않을때 51
    모든 결정권을 갖고 있을 때 48,50
    관계형 데이터베이스를 사용하지 않을때 50,51
여러 종류의 데이터베이스로 작업하기
    애플리케이션 데이터베이스 25,26
    기업용 데이터베이스 26-29
    레거시 데이터베이스 29,30

    개요 25
    독점적 데이터베이스 29
iBATIS 배포판, 얻기
    바이너리 배포판 65
    소스로부터 빌드하기
        저장소 파헤치기 65,66
        개요 65
        빌드 수행하기 66,67
    개요 64,65
iBATIS 설정 파일 317
iBATIS 설정하기 54,55
iBATIS 설치와 설정
    애플리케이션에 iBATIS 추가하기
        개요 70
        단독 실행 애플리케이션에서 iBATIS 사용하기 70 71
        웹 애플리케이션에서 iBATIS 사용하기 71
    의존성
        적재 지연을 위해 필요한 바이트 코드 확장 69
        분산 캐시 70
        Jakarta Commons Database Connection Pool(DBCP) 69,70
        개요 68
    배포관의 구성 68
iBATIS 배포판 얻기
    바이너리 배포판 64
    소스에서 빌드하기 65-67
    개요 64,65
iBATIS와 JDBC
    개요 71,73
    복잡도 낮추기 74,75
    JDBC 리소스를 해제하기 73
    SQL 주입 73,74
개요 64,75
properties 요소 77,78
settings 요소
    cacheModelsEnabled 81
    enhancementEnabled 81
    lazyLoadingEnabled 78,79
    maxRequests(비권장) 81
    maxSessions(비권장) 81
    maxTransactions(비권장) 81
    개요 78,79
    useStatementNamespaces 77
<sqlMap> 요소 86
SQL Map 설정파일 76,77
typeAlias 요소 80-83
typeHandler 요소 85,86
iBATIS 확장하기
    CacheController
        생성 302
        개요 301,302
        두고, 가지고 버리기 302,303
        사용하기 위해 등록하기 303,304
    지원되지 않는 DataSource 설정하기

DataSourceFactory 인터페이스 304,305
  개요 304
사용자 정의 타입 핸들러
  TypeHandlerCallback 생성하기 295-300
  구현하기 294,295
  개요 293,294
  사용하기 위해 TypeHandlerCallback 등록하기 300,301
customizing transaction management
  개요 305,306
  Transaction 인터페이스 307,308
  TransactionConfig 인터페이스 306,307
  개요 292
  플러그인 가능한 컴포넌트 설계 292-293
iBATIS로 단위 테스트하기
  데이터 접근 객체 소비자 계층 320-322
  데이터 접근 객체
    개요 317,319
    모의 객체로 DAO 단위 테스트하기 319,320
  매핑 계층
    데이터베이스 스크립트 315,316
    iBATIS 설정 파일(예:SqlMapConfig.xml) 316
    iBATIS SqlMapClient 단위 테스트 316,317
    개요 314
    테스트 데이터베이스 인스턴스 314,315
  개요 314
iBATIS를 사용하는 이유
  작업의 분배 47
  오픈 소스와 정직성 48
  이식성 47,48
iBATIS의 기원
  동적인 SQL 9,10
  인라인 SQL 8,9
  현대적인 저장 프로시저 8
  객체 관계 매핑(ORM) 11
  옛날식의 저장 프로시저 7
  개요 5
  구조적 쿼리 언어 5,7
iBATIS의 미래
  추가적인 플랫폼과 언어 57,58
  Apache Software Foundation 56,57
  더 많은 확장과 플러그인 57
  개요 56
  더 간단하게, 더 작게, 더 적은 의존성으로 57
ibatis-common-2.jar 파일 69
ibatis-dao-2.jar 파일 69
ibatis-sqlmap-2.jar 파일 69
ibatis-src.zip 파일 69
iBSqlMapConfig.xml 316
id 속성 227
  cacheModel 요소 215
IdDescription 객체 269
images 디렉터리 339
IN 구문 179,203
IN 파라미터 129

includePassword 프라퍼티 104
index() 메서드 343
index.jsp 342
index.tiles 정의 343
InitialContext 생성자 246
initialize( ) 메서드 304,306
INOUT 파라미터 130
INSERT 구문 325
insert 메서드 115,121,123
int 파라미터 306
int 프라퍼티 111
int타입의 프라퍼티 297
Integer 객체 102
interface 속성 352
interface 프라퍼티 247
IS 키워드 179
isolation-read
  committed 165
  uncommitted 165
isProperty 90
Item 테이블 196
iterate 요소 190,194

| J |

J2EE 208
Jakarta Commons Database Connection Pool (DBCP) 69,70
  프로젝트 70,244
JAR 파일 68
Java Runtime Environment(JRE) 70
Java Transaction API (JTA)
java.net.URL 클래스 78
javadoc 디렉터리 66
javaType
  속성 109
  매핑 속성 105
JDBC 84
  그리고 iBATIS
    개요 71,73
    복잡도 낮추기 74,75
    JDBC 리소스를 해제하기 73
    SQL 주입 73,74
JDBC DAO 319
  구현체 269-275
JDBC 드라이버 구현체 237
JDBC 타입 242
JDBC 트랜잭션 관리자
  DBCP 데이터소스 244,245
  JNDI 데이터소스 245,246
  개요 243
  SIMPLE 데이터소스 243,244
JDBC 타입
  JdbcDaoTransactionManager 242

JDBC.ConnectionURL 프라퍼티
　　DBCP 데이터소스 245
　　SIMPLE 데이터소스 243
"JDBC.DefaultAutoCommit 프라퍼티SIMPLE 데이터소스"
243
JDBC.Driver 프라퍼티
　　DBCP 데이터소스 245
　　SIMPLE 데이터소스 243
JDBC.Password 프라퍼티
　　DBCP 데이터소스 245
　　SIMPLE 데이터소스 243
JDBC.Username 프라퍼티
　　DBCP 데이터소스 245
　　SIMPLE 데이터소스 243
JdbcDaoTemplate 클래스 270
JdbcDaoTransactionManager
JdbcTransactionConfig 구현체 305
jdbcType
　　속성 109
　　매핑 속성 105
JGameStore 애플리케이션 191
JIRA 67
　　Atlassian의 57
JMock 객체 320
JNDI 데이터소스 245,246
JNDI 데이터소스 팩토리 85
JNDI 컨텍스트 170
JSP 디렉터리 338
JSTL (Java Standard Tag Library) 207
　　core 태그 349
JTA 84,170
JTA 타입
　　JtaDaoTransactionManager 242
JtaDaoTransactionManager
　　JTA 타입 242
JtaTransactionConfig
　　구현체 305
JUnit 리포트 67

| K |

keyProperty 속성 121

| L |

layout.catalog 정의 343
layout.main 정의 343
lazyLoadingEnabled 78,79
　　속성 144
LDAP
　　자바에서 LDAP로 매핑하여 DAO사용하기
276-281
　　개요 275,276
　　LDAP 용어 이해하기 276
LDAP DN 속성 279

lib 339,340
LruCacheController 클래스 301

| M |

Main.jsp 342
manufacturer 객체 158
Map 328
Map 112
Map 객체 155
Map 의 키 102
Map 파라미터 108
Map객체의 List 269
maxRequests(비권장) 81
maxSessions (비권장) 81
maxTransactions(비권장) 81
memberSince 프라퍼티 119
MEMORY 캐시모델 216,222,223
MEMORY 캐시의 SOFT 참조타입 222
MEMORY 캐시의 WEAK 참조타입 222
MemoryCacheController 클래스 301
MockObjects 336
mode 매핑 속성 106
MyNiftyTransactionManager 클래스 247
MySQL 50

| N |

N+1 Selects 문제 143,145-147
name 속성 350
　　property 요소 221
name 프라퍼티 349
namespace 속성 219
NamingException 280
newTransaction( ) 메서드 306,307
nullable columns 297
NullPointerException 111
nullValue
　　속성 110
　　매핑 속성 106
NUnit 317

| O |

ObjectRelationalBridge(OJB) 246
　　트랜잭션 관리자 246
OjbBrokerTransactionManager OJB 타입 243
oper 속성
　　이항연산 요소 185
　　<dynamic> 요소 184
　　Iterate 요소 190
　　Parameter 요소 188
　　단항연산 요소 187
　　값 189
OpenSymphony 캐시(OSCache) 71
OraclePerson.xml 327

Order 객체 124
OrderItem 객체 91,124,141
orderItemList 프로퍼티 143,147
orderList 프로퍼티 142
org.apache.ibatis.jgamestore.domain 패키지 345
org.apache.ibatis.jgamestore.persistence.sqlmapdao 패키지 357
org.apache.ibatis.jgamestore.service 패키지 346
ORM 도구 215
OSCACHE
    캐시 모델 216,225
    OSCache 2.0 225
OSCache jars 파일 225
oscache.properties 파일 225
OSCacheController 클래스 301
OUT 파라미터 130,131

| P |

pages 디렉터리 341
pageSize 파라미터 194
PaginatedList 357
parameter 객체 182
parameter 속성 335,343
parameter 요소 188,189
parameter 프로퍼티 185
parameterClass 속성 356
ParameterSetter 인터페이스 296
parentCategoryId 227
    프로퍼티 179
parentCategoryId 값이 null 인지 여부 182
Person.xml 매핑 파일 325
PersonDao 인터페이스 321
Pool.MaximumActiveConnections property
    DBCP 데이터소스 245
    SIMPLE 데이터소스 244
Pool.MaximumCheckoutTime 프로퍼티, SIMPLE 데이터소스 245
Pool.MaximumIdleConnections property
    DBCP 데이터소스 246
    SIMPLE 데이터소스 245
Pool.MaximumWait 프로퍼티,DBCP 데이터소스 245
Pool.PingConnectionsNotUsedFor 프로퍼티, SIMPLE 데이터소스 245
Pool.PingConnectionsOlderThan 프로퍼티, SIMPLE 데이터소스 245
Pool.PingEnabled 프로퍼티,SIMPLE 데이터소스 245
Pool.PingQuery 프로퍼티, SIMPLE 데이터소스 245
Pool.TimeToWait 프로퍼티, SIMPLE 데이터소스 245
Pool.ValidationQuery 프로퍼티,DBCP 데이터소스 245
PostgreSQL 238
    데이터베이스 151
PreparedStatement 73,203,272
    객체 126,237
prepend 속성 180,198
    이항연산 요소 185

<dynamic> 요소 184
Iterate 요소 190
Parameter 요소 188
단항연산 요소 187
prepend 값 198
product 객체 158
Product 테이블 192,196
Product.java 345
Product.xml 355
productCache 355
    캐시 모델 356
ProductDao 인터페이스 356,357
ProductionWebSqlMapConfig.xml 326
ProductSqlMapDao 클래스 357
productType 파라미터 189
productType 프로퍼티 188
Properties 객체 221
properties 요소 77,78
property 속성 109,187,349
    이항연산 요소 185
    Iterate 요소 190
    단항연산 요소 187
property 요소 214,221,351
property 요소의 value 속성 221
PropertyDescriptor 객체 92
public Category getCategory(Integer categoryId) 346
public List getProductListByCategory(Integer categoryId) 346
public String 335,346
public String methodName() 메서드 335
putObject( ) 메서드 303

| Q |

queryForList( ) 메서드 93,287
queryForMap( ) 메서드 94,155
queryForObject( ) 메서드 93,111
queryForPaginatedList
    클래스 357
    메서드 194,199
queryWithRowHandler 메서드 154

| R |

RDBMS 소프트웨어 24
readOnly 속성 216,231
    cacheModel 요소 215
reference-type 222
    MEMORY 캐시의 프로퍼티 223
remapResults 속성 105
removeFirstPrepend 속성 183,207
    이항연산 요소 185
    Iterate 요소 190
    Parameter 요소 189
    단항연산 요소 187
repeatable read 격리단계 165,166

resource 속성 78, 86
Resources 클래스 240
ResultAccountInfoMap 143
　　결과 맵 142
resultClass 356
ResultGetter interface 297
ResultOrderInfoMap 143
ResultOrderInfoNMap
　　결과 맵 147
ResultOrderItemMap 143
ResultSet 객체 75
ResultSet 핸들러 57
returnValue 변수 121
rollback( ) 메서드 308

| S |

scope 속성 350
SCOPE_IDENTITY 함수 120
searchProductList 매핑 구문 194
SELECT … FROM Products 193
SELECT 구문
　　자동 결과 맵 102-104
　　관련된 데이터 조인하기 104
　　SQL 주입 101, 102
　　# 대입자로 인라인 파라미터 사용하기 98-100
　　$ 대입자로 인라인 파라미터 사용하기 100, 101
select 속성 110
SELECT 절 193
selectKey 구문 126
selectKey 요소 120, 121
serializable 격리단계 166
serialize 속성, cacheModel 요소 215
server.properties 파일 250
service 인터페이스 350
servlet 요소 341
servlet-class 요소 341
servlet-mapping 요소 342
session.name 프라퍼티 246
setDataSource( ) 메서드 307
setDate( ) 메서드 296
setInt( ) 메서드 296
setObject 203
setParameter( ) 메서드 297
setString( ) 메서드 297
SIMPLE 데이터소스 243, 244
SIMPLE 데이터소스 173
SIMPLE 데이터소스 팩토리 85
SimpleDataSource, iBATIS 243
size 프라퍼티 234
Spring 클래스 283
Spring 프레임워크 174, 175, 279, 283
Spring DAO
　　개요 283
　　iBATIS 대신에 Spring을 사용하는 이유 285
　　코드 작성하기 283, 284

SQL 구문 47
　　매핑 314
SQL 문자열을 치환하는 문법 74
SQL 수행 엔진 57
SQL 조각 259
SQL 표서 9
SQL Maps 설정 215
SQLException 메서드 271
SqlExecutor 클래스 127
SQLMAP
　　SqlMapDaoTransactionManager 242
　　트랜잭션 관리자 246
　　　　타입 핸들러 콜백 351
　　설정 75, 355, 356, 354, 355
SqlMap.xml 파일 52
SqlMapBuilder 인터페이스 325
SqlMapClient 객체 287
SqlMapClient 단위 테스트 316, 317
SqlMapClient 인터페이스 93, 292, 319, 320
SqlMapConfig 파일 75, 351
SqlMapConfig.xml 52, 53, 86
SqlMapConfigResource 프라퍼티 246, 254, 351
SqlMapConfigURL 프라퍼티 246
SqlMapDaoTemplate 클래스 261, 357
SqlMapDaoTransactionManager
　　SQLMAP 타입 242
SqlMapExecutor 인스턴스 261
SqlMapPersonDao
　　구현체 319
SQLMaps 설정 220
SQLMaps 파일 354
SQLMaps 프레임워크 206
SQLMaps API
　　쿼리가 아닌 SQL 구문을 위한
　　　　delete 메서드 116
　　　　insert 메서드 115
　　　　update 메서드 115, 116
　　queryForList( ) 메서드 93
　　queryForMap( ) 메서드 94
　　queryForObject( ) 메서드 93
src 336, 338
src 디렉터리 66, 338
startTransaction( ) 메서드 174
Statement 객체 75
statement 속성 219
String 85, 329
String 파라미터 54
String(java.util.String)의 리스트 193
StringTypeHandler 85
STRONG 메모리 캐시 229
　　MEMORY 캐시의 STRONG 참조타입 222
구조적 쿼리 언어 4, 7
　　동적인 9, 10
　　캡슐화된 14
　　외부로 뺀 12, 13

완전히 동적인 50
주입 73,74,101,102
인라인 8,9
매핑 파일 326,328
struts-config.xml 342,349
　　위치 340
StrutsTestCase 336
Sun 71

| T |

tag 속성 184,185,188
TellerService 클래스 19
test 디렉터리 66
TestWebSqlMapConfig.xml 326
tiles-defs.xml 342,344
TIMESTAMP 데이터베이스 타입 119
Tomcat 71
tools 디렉터리 66
TOPLINK
　　트랜잭션 관리자 246
　　ToplinkDaoTransactionManager 타입 242
transaction 인터페이스 306,308
TransactionConfig 293
TransactionConfig 인스턴스 307
TransactionConfig 인터페이스 306,307
TransactionConfig 클래스 307
transactionManager 354
　　dataSource 요소 84,85
　　요소 254
　　개요 83,84
　　<property> 요소 84
　　요소 351
type 속성 83,216,350
　　cacheModel 요소 215
typeAlias 355
　　요소 80,83
typeHandler 매핑
　　속성 106
TypeHandlerCallback 295
　　클래스 300
　　생성
　　　　결과 가져오기 297
　　　　nulls 297-300
　　　　파라미터 설정하기 296
　　인터페이스 294,296
　　사용하기 위해 등록하기 300,301
typeHandler 요소 85,86
TypeHandler 인터페이스 294

| U |

UNIQUE 제약조건 23
update 구문 124
UPDATE 구문 325
update 메서드 115,116

url 속성 78,86
User 클래스 296
user-javadoc.zip 파일 68
UserTransaction 인스턴스 169,306
UserTransaction 프라퍼티 246
useStatementNamespaces 79,80

| V |

validate 속성 350
ValidatorActionForm 335
value 파라미터 94
value 프라퍼티 90
valueOf( ) 메서드 299
view 카테고리 353
viewCategory 행위 346

| W |

WEAK 메모리 캐시 230
web 338,339
web.xml 설정하기 340,341
WebSqlMapConfig.xml 326
WebWork 333-334

| Y |

YesNoTypeHandlerCallback 인터페이스 298-299

| Z |

ZIP 파일 68